开天辟地

中华创世神话考述

赵昌平 / 著

复旦大学出版社

目 录

导 论 　1

第一篇　开辟：两种传说　一个意识　7
　　一、盘古开天地　9
　　二、伏羲女娲创世说　16
　　三、中华初民心目中的天地人　28

第二篇　法天象地：初创　45
　　一、重黎绝地天通　47
　　二、八卦与历法　64
　　三、女娲补天理水　75

第三篇　龙与凤　89
　　一、日出与日落：太昊氏与少昊氏的龙凤崇拜　92
　　二、伏羲、太昊与太昊伏羲　98
　　三、龙凤文化的发生、演变与颛顼氏　106

第四篇　炎黄与蚩尤（上）：和战篇　123
　　一、神龙的两大支系与相互关系　125
　　二、千古之谜——阪泉之战与涿鹿之战　136
　　三、涿鹿大战　143

第五篇　炎黄与蚩尤（下）：共创篇　159
　　一、农耕与百业　162

1

五、城邦的兴起与"中央"之帝的"礼文"建树　　184
　　六、炎黄时期的妇女们　　216

第六篇　公天下：唐尧与虞舜　　233
　　一、尧舜与龙凤——出身与族属　　238
　　二、公天下——尧舜禅让的文化背景　　243
　　三、尧对舜的考察与禅让——由"孝"到"五伦"　　259

第七篇　夷羿射日除凶与嫦娥窃药奔月　　271
　　一、射日故事的有关文化背景　　274
　　二、夷羿射日除凶　　283
　　三、羿谒西王母与嫦娥奔月　　292

第八篇　鲧禹治水（上）：伯鲧篇　　311
　　一、鲧禹治水的有关背景资料　　313
　　二、洚水警予与群议举鲧——附说早期中国的忧患意识　　326
　　三、中国的普罗米修斯——伯鲧理水献身　　330

第九篇　鲧禹治水（下）：大禹篇　　339
　　一、大禹出山——自强不息的罪人之子　　343
　　二、大禹治水的规划与勘察——有关神话的意蕴　　352
　　三、伟大的工程　　360
　　四、禹与涂山氏女的故事　　404

第十篇　九州攸同　四海归一　　411
　　一、导水与民族国家的雏型——九州、四海与五服　　414
　　二、舜禅大禹，地平天成　　432
　　三、由涂山到稽山——鼎定天下　　442

导论

导 论

中国创世神话与世界各民族创世神话一样,讲的是"开天辟地"的故事。她的内涵,简言之,包含着初民对这样三个困惑的追问:我们从哪里来?我们是谁?我们向哪里去?战国时期屈原的《天问》就是这类疑问的集中体现。

对于生我,养我,却又不时威胁着我们的大自然的崇敬与畏惧,是中华初民创世神话的源头。敬畏将自然力神化,造就了创世神话的第一种类型,即以自然崇拜为本质,以崇高感为特征,以众多的自然神为载体的自然神话乃至宇宙神话故事,而这些被神圣化的自然物与自然神,又往往被转化为族群的标识,一般称之为"图腾"。各种图腾的先民族群都经历了既顺应、效法自然,又应对、改造自然,既相互依存、又相互争斗的漫长发展过程,从而产生了自己的英雄人物、领袖人物,也催生了创世神话的第二种类型,即将自然伟力与人类英雄糅合在一起的半人半神的族群性的始祖神话。一族群本身的繁衍,族群之间的交流或者兼并,既使某些族群不断壮大,也使她产生了许多分支,比如部落之于氏族、部落联盟之于部落、姓之于氏等等,于是,族群的标识图腾也就分化为标识大族群的主图腾与标识所属小族群的亚图腾。二者之间或者存在质的联系,如风之于龙与凤,龙之于雷、电、云、雨,等等,或者是两个甚至数个原始图腾的融合,如鱼龙、马龙、犬龙、牛龙等等,由此也产生了各族始祖神形象的变迁,如龙首蛇身、龙首犬身、龙首牛身等等。族群的分分合合与威权更著的族群领袖的产生,加以生存资料逐渐丰富所提供的现实可能,使得族群与族群之间乃至人与人之间产生了等差,更形成了虽有等差,却又相互依存着的各级各类的生存共同体,这就是社会的雏形,于是又产生了创世神话的第三种类型,社会化乃至谱系化的神话。这时,处于某一族群或某一谱系顶端的族群及其领袖人物,如部落联盟中占主导地位的族群及其首领,便处于可说是绝对的强势地位。其原始图腾,便成为这一社群共尊的主图腾——尽管也可能糅合有所属族群原始图腾的某些部件,比如以蛇身鸟足为主糅合了多种动物特征的龙;这族群大首领则成为可通过巫觋与天神交通的唯一的人,而大首领往往本身就行使着巫觋的职能。

当主图腾取代了各种亚图腾,大首领被视为神人合一、天人合一的绝对权威时,图腾以及原始神话的神性便逐渐淡化,而将主位让于人的意识。因此,神话可说是人类蒙昧与半蒙昧时代的产物,神话时代的结束,便是文明时代的开始。战国时代的哲人庄子说"七窍凿,混沌死",也就是这意思。然而,如同孩提时期的朦胧意识是各人后来种种观念建构的发生源一样,一个民族原始神话中所含蕴的种种朦胧的意念与想象,是这个民族后来形成的民族精神的发生源。这也是创世神话的发掘与研究为世界各民族尤其重视的原因所在。

见于文字记载的中国创世神话,虽然在殷商卜辞中已有一鳞半爪,而其大量的重现、重构,则要晚至周秦与两汉时期,适应建立大一统帝国的历史选择,由百家争鸣而至独尊儒术,神话的社会化、谱系化。在中华民族,便以历史化、世系化的独特形态呈现,围绕着"道"这一核心命题,人们纷纷从远古神话中追根溯源,寻找自身的学说或所主张的世系存在之合理性。这一形态在后世不断的改朝换代中,更伴随着宗教的发展,越演越烈,从而产生了林林总总的神谱与世系。于是形成了这样两种相互联系的悖论。正因为周汉以来人们纷纷致力于神话谱系、世系的建构，反而使任何一种系统都难以取得全民族的认同；不断地重新建构，既使原始神话得以发掘、保存、丰富多彩，却又使其原初的面貌模糊得难以辨识。对于中国神话为什么这样丰富却又零碎，难以构成统系，人们举出了种种原因，而我们认为根本原因即在于此。

历史化、世系化的追根溯源，本质上是论证自身权威的合理性。由此产生了今存中国创世神话的又一特征。如果说崇高感是世界创世神话的共同特征，那么与原罪意识相关的西亚、希腊等神话更多地映现着人性中善和恶的争斗，并伴随着一种释放情欲的戏剧化成分，而今存中国神话则更多在"道"的核心命题下，追索着天、地、人的关系，以人功与天命的契合为终极追求，而着力于宇宙与人间秩序的建立，并表现出对坚忍不拔、九死未悔、艰苦卓绝的创造伟力的讴歌礼敬；如果说中西神话中的主角都是半人半神的英雄，那么希腊神话的主要角色，更多为人格化的神，而中国神话却更多神格化的人，也因此可以说希腊神话是希腊悲喜剧的精神源头，而中国神话却成为了正史的开端，更渗透于各种专门史的研究之中，虽然这或许是一团公说公有理、婆说婆有理、永远也理不清的乱麻。

好在，在相互矛盾着的各种传说中，对于创世神话的演衍，一直存在着一个最大公约数，这就是以道的诠释为核心，对于被称作"三才"的"天、地、人"三者关系的阐述。这样就又产生了一个有趣的悖论：正因为矛盾着，所以也包容着，更丰富着。隋王通语"天为元气，地为原形，人为元识"，人的元识参与着天地造化，不仅是晚周儒、道、法、墨等各家的共识，也成为后世对创世神话作种种阐述的一以贯之的红线。这就启发了我们，不妨放弃对远古先民世系徒劳无功的重构，不妨淡化历史，而主要以讲故事与故事探源、解谜的形式来发掘、展现史前先民们是怎么样回答"我们从哪里来""我们是谁""我们往哪里去"这些世界神话的普遍命题的。

第一篇 开辟

两种传说 一个意识

"我们从哪里来?"问的是人类是怎样产生的,我们的始祖又是谁?世界各族都对这个问题有自己的回答,并形成相关的自然崇拜与祖先崇拜。在中华各地各族林林总总的有关解答中,有两个流传最广,为许多民族认同的始祖神——一个是盘古,一个是伏羲和他的妹妹及妻子女娲。而两者的共同父母,不约而同都是天地。于是"我们从哪里来"的问题便具有了更深一层的意蕴:天、地、人的关系是什么?先民对这一问题的想象,便是中华民族宇宙观念的起始,而当我们追寻这两种创世神话的关系时,便会发现,其中更包蕴着一些多民族融合的重要历史信息。

一、盘古开天地

这是一个见于书面记载虽较晚,但起源并不晚,且在民间流传尤广的创世故事,至今不仅流传于中原地区,西南苗、瑶、畲、壮、侗等民族都共同敬祠着这位后来居上的始祖神。

1. 大神盘古

① 混沌育盘古

有迹象显示,东汉末年,西南可能已有盘古形象的绘画,然而首先记录盘古故事的是三国时吴人徐整的《三五历记》与《五运历年记》,说是:

太古之时,天地不分,混混沌沌。盘古就生于其中……(想来就如同这巨大鸡蛋中的蛋黄)

② 盘古一日九变

这样过了一万八千年,天与地辟分了,混沌中化生了阴阳二气。阳气清澄,上升为天,阴气浑浊,下降为地。而盘古在天地之间,日长夜大,一天多变,他的神奇胜过了天地。天每天升高一丈,地每天增厚一丈,盘古也每天长高一丈……

③ 天地开辟

这样又经过了一万八千年,天高到了极点,地也厚到了极点,盘古也成了一个顶天立地的、极长的龙首蛇身的巨人。他,就是我们的始祖。

盘古之后才有了三皇,有了五帝……

2. 盘古化生

① 盘古化生万物

传说中,盘古不但是人类始祖,而且是万物的生成者。徐整继续记叙道:

盘古既是天地阴阳之气交感的"中和"之气的结晶,因此,他去世后,化生为万物:他的气息化为风云,他的声音化为雷霆,左眼化为太阳,右眼化为月亮,四肢与身体化作了大地与地之四极以及泰、衡、华、恒、嵩五岳,血脉化成了江河,筋脉化作了地理,肌肉化作了田地,发须化作了星辰,皮肤与汗毛化为了草木,精津骨髓化作了珠玉,汗水化为恩泽大地的雨水,身上的寄生虫化为百姓万民。……五岳的说法形成于汉代,且所指有所变化,由此可知徐整所记已以汉代意识对故事作了改造。

大抵成书于战国时期的《山海经》记有一个可与盘古化生互参的故事,说是西北海外有座钟山,山神名为烛阴,又叫烛龙。它开眼为昼,闭目为夜。吹

(吸)气成冬,呼气成夏。不饮不食。不喘息时风平雨歇,一旦喘气,便作大风,它身长千里,人面蛇身而红色,居于钟山之下。徐整所说盘古化生故事应是糅合了"烛龙"的传说,所谓盘古人面蛇身也当与此相关。

② 盘古救灾

盘古既被尊为人类始祖与万物之祖。后世也就衍化出盘古为救世

烛阴

主的民间传说。这类传说以瑶族为最多。广西凌云瑶,又称盘古瑶,传说道:

瑶人原居南方,后来人口繁盛,土地日见狭窄,于是就结队渡海,寻找新的生存之所。途中大风吹翻了数艘舟船,瑶人向天哀号呼救,这时盘王显圣,救起溺水者,又护送其他船只安全渡海登陆。这一支瑶人又渐向西北方迁移到了凌云,是为凌云瑶。瑶人因感念盘古之恩,便奉为至尊。

这一传说在广西板瑶中又变化为:汉人瑶人共同渡海遇难,为盘古解救。汉人富裕,修七天佛事,酬谢盘王并尊其为天王,板瑶贫困,就只能设盘古神龛于厅屋的东南角,供奉盘古的纸质神像为至尊的家神,板瑶人有病痛,就宰猪一头奉祭盘王,祈祷他保护。这个传说已经讲到做佛事,所以肯定是汉末佛教东传之后的产物。其中瑶汉共渡的情节,透露了民族融合的信息,而汉尊盘古为天神,瑶奉盘古为家神的分流,更折射出盘古神话由瑶及汉发生发展的隐隐轨迹。

③ 盘古族与盘王庙祀

梁代任昉的《述异记》不仅丰富了盘古化生的情节,并记道:今南海(属广东)有盘古氏墓,绵亘三百余里。后人称是追葬盘古之魂所建;桂林(属广西)又有盘古庙;南海中更有盘古国,当地人皆以盘古为姓等等。

上世纪中叶的田野考察发现广东北江的瑶山中还生活着未曾迁移的盘古瑶。齐梁以后的多种文献更记载,盘古庙祀广泛散布于今江苏、江西、湖南、

四川、贵州乃至河南、陕西等中原与关中各地。此外,大洋洲土著有盘格神的故事,其情节为盘古创世及后面要介绍的女娲造人故事的糅合,从而体现了中华文化与域外文化的交流。

综合这些资料,以及盘古创世说见于中土最早的记载要晚于伏羲、女娲创世说,可以大抵推测盘王——盘古神的原型应当是两广地区瑶民的家神,在民族融合的过程中,以东南的江苏为枢纽,向西向北流播。也因此最早整合盘古传说等为人神的是吴人徐整。徐整笔下的盘古,不仅显然有《山海经》中烛龙故事的痕迹,也可能参融了佛经中有关阿德摩造世、自在化身的故事。而尤其重要的是,以阴阳二气这一最终形成于汉代的宇宙观作为故事的大背景,因此,可以肯定地认为盘古创世的故事是多民族文化融合的产物。更有趣的是,据传清代板瑶谒见汉族长官,长揖不拜,有人问他们为什么,答说"先有瑶,后有朝",意思是说有了我们板瑶的家神,才会有天下共尊的天神与天朝,所以瑶人不能拜汉官。这一传至近世的民俗,可以为上述推测作佐证。①

那么作为瑶民家神,盘王的原型究竟是怎样的呢?徐整又为什么要在汉代广泛流传的伏羲、女娲创世说后,再造一个盘古创世的故事呢?让我们慢慢看来。

3. 龙狗——从槃瓠到盘古

① 高辛氏与槃瓠犬的故事

徐整记载盘古的形象是同于烛龙的"龙首人身",然而在盘古故事流传最广的瑶族的若干分支如湖南邵阳的黄金瑶中,留存至近现代都有神犬崇拜的习俗与救主神犬的遗迹。盘古族究竟是龙崇拜还是犬崇拜呢?我们来看一则书面记载较早又最完整的有关故事。

东晋干宝的《搜神记》记:

---

① 中原的民族民俗工作者有的强调盘古的传说起源于中原,经以中原、中南的盘古传说,如《盘王歌》《黑暗传》与西南的有关传说相比较,会发现,前者有关盘古的情节,基本上是瑶族传说的整合性的复制,且与伏羲女娲创世故事混杂,所以较之西南的传说,应当是后起的。

五帝之一帝喾高辛氏宫中有一老妇人,得了耳疾,医生从她耳中挑出一只蚕茧般大的"顶虫",老妇人将虫放在葫芦瓢——瓠做成的酒樽中,上面盖了一个盘子,一会儿顶虫化作一只犬,毛色五彩,于是为这犬起名叫槃瓠。当时强盛的戎族吴氏来犯,高辛氏不能胜,就布告天下,有能得戎吴将军首级者,赐金千斤,封邑万户,并把少公主下嫁给他。后来槃瓠果然衔来了戎吴将军的头。由于槃瓠是犬,群臣以为不

帝喾高辛氏

可将少公主下嫁给它。少公主禀父王说:这是天命吧。王者不可因一女子失信于天下。于是,王下诏将少公主嫁给槃瓠犬。槃瓠与少公主上了没有人迹的南山,公主解去衣裙,盘起仆妇的椎状发髻,穿上适宜于劳作的短衣裤,与槃瓠居住在石窟中。王多次派人去寻找,总是因岭云晦暗,风雨大作,而无路可循。三年后,槃瓠氏夫妇产下六男六女,槃瓠去世后,他们自相婚配。后来公主回朝,王遣使召槃瓠氏男女下山,但他们都不喜城邑喜山林,不愿下山,久而久之,形成了自己的风俗、喜好。穿五色的有尾形的衣服,用米饭拌合鱼肉,叩槽而号,来祭祀槃瓠。这种风俗,至晋代还存在。所以,也称"赤髀横裙,槃瓠子孙"(前一句意谓以布横缠为裙不穿内裤)。

《搜神记》的这个故事,后来为南朝的范晔记入了正史《后汉书·南蛮传》中。只是他将看似荒唐,其实十分重要的"耳出顶虫"的情节删去了,又释戎吴将军为北方犬戎族的吴将军。这样槃瓠成为受中原帝命抗御北敌的英雄,所以后来更有槃瓠因功受封定边侯的说法。

据《搜神记》稍后的记载,槃瓠氏的后裔,散居于相当于现在川陕、巴蜀、两湖乃至湘赣的交界处,《后汉书》更称之为"武陵蛮",而就穿"五色衣"来看,也就是唐人所称的五溪蛮。这是一个众多民族的集合体,后来记载说是槃瓠之子分别为僮、瑶、僚、偲、伶、侗各族,甚至朝鲜、越南等地都有他们的后裔。其影响范围除中原有所参差外,与盘古神基本重合。

② 从高辛氏补天到盘古开天地

槃瓠故事与盘古故事究竟有没有关系？这是创世神话中的一个众说纷纭的难题。从西南各族众多的传说中看，答案应当是肯定的。与苗瑶语系、风俗都相近的畲族，其民间故事《犬皇歌》记载有高辛氏开天的故事。说是：

高辛氏生于凤凰山，随风而长，成年后悬松枝火把为日，编柳条球为月，钉宝石补天裂而成星星，又创生了动植物与人类，并教人牧羊、耕田、穿着衣服。一日，王后耳痒，三年后耳中爬出一条三寸长的金虫，把它放在金盘中，化为一条二丈长龙状的犬首人身的龙狗。

以下的故事，情节大同于槃瓠犬。由田野考察可知，畲族的祖图与族谱上，把槃瓠称为"龙期"或"麒麟"，他们每个族姓都刻有一个龙首的犬，即槃瓠头像。祭祀时，子孙即供龙犬首而罗拜之。更值得注意的是，有关兄弟民族的传说中，槃瓠与盘古不仅并传，而且经常混同：都被称为盘王；槃瓠的生日为农历十月六日，而与武陵为邻的荆州一带的瑶族也以十月六日为盘古的生日；瑶族古老的《盘古圣王檄文》讲的即是槃瓠的故事；前面讲到的以米饭拌鱼肉，叩槽而号的盘古祭祀，更明显有着仿犬的图腾崇拜痕迹。而畲族高辛氏补天创万物的传说，更为由槃瓠到盘古的演化补足了关键的一笔。

据畲族民俗学者蓝周根等的研究，畲族本为东夷族中的徐夷（徐方）。这是一条重要的线索。综合有关资料，我们认为徐方发祥地近于五帝之一少昊族的鲁地，都奉信鸟崇拜。高辛氏传称为少昊之后，也是《史记》所传五帝之一。商族系出少昊而奉高辛氏为始祖，因此，商与东夷当有一定亲缘关系。周族灭商后，徐夷也受到挤迫而南迁至江淮间，后来又不断南迁，散布于今安徽、江西、福建一带，成为畲族，其中更有一部分迁至两广与苗族、瑶族杂处，所以习俗与语言与二族相近。文字记载以外，在槃瓠的民间传说中，以高辛氏为神犬主君的，仅见于畲族，而槃瓠神犬故事的原生民族瑶族的各种说法中，这犬主都不是高辛氏。因此可以推断，以高辛氏为神犬之主是畲族以自己属东方民族的历史记忆，对瑶族槃瓠犬神话的改造，而就《搜神记》前，汉代的《风俗通义》已简略提到高辛氏槃瓠犬来看，这种改造至晚在汉代已经完成，且由范昉《后汉书》载录而在诸多说法中占据了主导地位。瑶家各种传说中的各位犬主反而沉湮不彰。然而细察瑶家有关的说法，虽有的肯定为后起的附会，似称"北京皇帝"，等等；但广西大瑶山板瑶的传说称龙犬的主君为"盘护评王"很值得注意。专家认为，盘护与槃瓠同音，或许是后来瑶人尊槃瓠为盘王大帝后使之由犬升格为人而创造了"盘护评王"一说；这一推测可从越南的有关传说中得到佐证。越南谅山的多个瑶民传说中，犬主为"评王"，神犬则名"盘护"或"槃瓠"，由此可知盘护即槃瓠，而所谓"盘护评王"是后起的由犬名再造升格的人王。再参证两广瑶民，如广东连山瑶，广西龙胜、义宁的盘瑶、板瑶，都安、隆山的东陇瑶与都安的弄瑶都自承为神犬之后，由此可以证实专家以上推断是正确的。连山瑶的传说又说槃瓠犬的主君是盘古，这神犬衔得"番王"头来，携公主入山，生瑶民十万。推究起来，盘古时鸿蒙初开，不可能有"番王"这样的名号，称少数民族为"番人"，其首领为番王，是宋代才开始出现的。因此盘古为槃瓠主君的说法应是魏晋后盘古开天地在民间影响越来越深远的历史现象在赵宋以后的反映，这反倒说明了夏曾佑、闻一多等大师主张的"盘古"是"槃瓠"之音转的推断是正确的。由槃瓠神犬(盘护犬)到盘护评王，再到盘古圣王，是瑶族这一系列故事的演化脉络。而畲族上举传说，以高辛氏代替盘古开天地，加在神犬故事之前，则是槃瓠故事的别支，是接受中原文化较早的东夷族对瑶族传说的改造；其中钉宝石补天裂成为星星的说法，还显然融入了女娲补天故事的苗族版《龙牙颗颗钉满天》的因素。因此，高辛氏开天说，恰恰成为由槃瓠到盘古故事演化中，中原、东南、西南各族文化融合的一个接合部。

③ 由犬到龙犬到龙首人身——附"顶虫说"

既然起于南方瑶家的盘古开天地在受中原文化影响的畲族传说中变成了高辛氏帝喾开天地，那么犬崇拜变为龙犬崇拜也就顺理成章了。其实《搜神记》所记"顶虫"一说已留下了一丝犬与龙犬关系的痕迹。因为顶有尖义(山顶一般都是尖的，三角形的上部的锐角就叫顶角)，而龙的古文从"巳"，即蛇类，也就是虫类，所以顶虫就是带角的虫，当然就是未成形的龙了。顶虫化为龙狗,应是槃瓠与盘古关系的又一重要线索。《后汉书·南蛮传》将这一节删去,是十分可惜的。龙首犬身的龙狗,应是周族挤压东夷族后龙图腾与犬图腾的融合,而犬已从属于龙。畲族各姓的龙首犬身图像就是这一过程的历史折光。那么,龙首犬身又怎样变成徐整《五运历年记》中的龙首人身的呢?自然这里借用了"烛龙"的形象,然而从深层的意识来看,是汉人认为犬身不雅,而不顾犬图腾民族中犬的义勇与神性,故改"龙首犬身"为"龙首人身",然而正是这一改,本已降为亚图腾的犬消失了,并引起了后世槃瓠与盘古关系的争论。然而无论如何,盘古开天辟地的神话是多民族文化融合的结晶。在民间,他的影响甚至超过了更早成形的伏羲女娲创世说。下面我们就来看看羲娲创世是怎样一种故事,它与盘古创世,是否又存在着某些内在联系呢?

二、伏羲女娲创世说

这是一种较盘古更早见于文字记载的创世神话,它又是怎样来讲述中华先民的创世故事的呢?两种创世故事又是否有什么关系呢?让我们先从这一神话的背景所在处昆仑神山讲起吧。

1. 昆仑山上的风姓兄妹

① 鸿蒙初辟与昆仑神山

昆仑山在哪儿,形成于战国时期的《山海经》已经有不同的记载,后世更众说纷纭。这本身就说明了各地人们都想把昆仑的归属权放在自己名下,因为,这是一座关系到中华民族起源的神山。

昆仑的发音近于混沦、浑沌。由此可知它与天地未分时的浑沌状态相关。因此,汉代扬雄《太玄经》又说,昆仑代表着天象。古人认为,天圆地方,象天的昆仑山是圆形的,因此又说昆仑是"穹窿""穹庐"的音转,圆形的茫茫的昆仑像个游牧民族的毡包,应合着"天形穹庐,其色苍苍"。北朝的《敕勒歌》说"天似穹庐,笼盖四野,天苍苍,野茫茫",应当是先民这种意识的遗存。昆仑山又名天山,道理就在于此。于是,《山海经》又说,昆仑山是天帝的下都,是"百神之所在"。管理昆仑山的是名叫"陆吾"的神,他虎身而九尾,人面而虎爪;而人身虎齿豹尾的西王母,也居住在山中,后来的传说更为她配属了一应仙众。陆吾、王母的形象透露了他们或许与从事狩猎的民族有关。

这样一座神山,自然极高极大。《山海经》说她方圆八百里,山高万余尺,后人踵事增华,一直增加到了高九万里,方圆一万余里。昆仑不仅成为擎天的地柱,"上承皇天,气吐宇内,下处后土",更成为"地之首"、"天地之心",人神相通的"天梯"之最威赫有名者,而"河出昆仑"的说法,更说明,古人认为她是中华民族的母亲河黄河的发源地,自然也是中华文明的发祥地。

神山昆仑,当然有她的神秘性。我们先不管后世道教的种种说法,单就汉以前的记载来看,她已经无比伟丽。投羽即沉的三千里弱水与赤水、洋水还有河水环萦着她,又奔腾向西南、西北或东南一路流去。长年烈焰熊熊的火焰山遮阻着他,令凡人不敢向迩。一系列大神如轩辕、颛顼、共工等的陵台,围绕着她,三十六头开明神兽守围着她四周的四个九门、四个九井。四水自然是这三十六井水与中间瑶池的源泉,被称作神潢的池井之水灌沃着山上的各种宝树——大多是珠玉的。沙棠、琅玕在其东,绛树在其南,珠树、玉树、璇树、不死树在其西,碧树、瑶树在其北,其间,更点缀着许许多多的芝田蕙圃;而无数野麦之间矗立着长达四十余尺、粗五围的木禾。这些也许是居住于琼瑶修建的宫室中的仙人们的食粮,他们还汲引着神泉来和合百药,用以救护与润泽万物。

神山昆仑,更多的是一个符号,标志着包孕元气、化育万物的浑沌。当然符号中也有着历史的折光,指示着昆仑山的原初所在地应在西北,这些后面还会讲到,现在不妨先来看一下,神山昆仑是怎么孕育了我们的始祖的。

② **人首蛇身的交尾兄妹**

近现代考古发现,在山东嘉祥今存东汉武梁祠石室画像中有数幅人首蛇身或龙身的男女合像,他们分别手执日月或者规矩,二人的龙蛇之尾则交缠在一起。画像的寓意就是阴阳、天地孕生了人类最初一对始祖。这类画像在山东、两湖、四川等地都有发现,甚至新疆多处故址,都发掘出了隋唐时代的同类

武梁祠人首蛇身画像石

图画数十幅。结合有关的文字记载,学术界普遍认同这些画像的主人公就是传说中的又一民族初祖——伏羲与女娲,合称"羲娲"。有关羲娲的记载,如果姑且认同伏羲即太昊的说法,那么在《山海经》已经出现。而战国的竹简中更明确有"雹戏女皇"的记载,因此有理由相信《楚辞·天问》所问"登立为帝,孰道尚之?女娲有体,孰制匠之"的帝,应当就是伏羲;而《易经·系辞下传》更以伏羲为法天象地、开辟鸿蒙的五位古圣贤之第一位。汉代是伏羲崇拜的第一个高潮期,"伏羲蛇躯,女娲鳞身",东汉王延寿《鲁灵光殿赋》对殿中西汉时壁画的描述便是由两汉到隋唐众多的交尾图像的文献表述。

文献与图像相结合,说明至晚在汉代,羲娲二神便以兄妹或说是姐弟夫妇的形态出现。众多的羲娲夫妇的故事中,最著名的是唐李冗《独异记》的记载:

当初,宇宙初开之时,有女娲兄妹二人在昆仑山。这时天下还没有民人。二人商议结为夫妇,又有点羞愧,于是兄妹俩登上昆仑山,点起了二堆柴火,并祈祷说,如果苍天让我们成亲,那么柴烟就聚拢在一起,如果不让,烟气就各自散开。刚说完,二缕柴烟就聚在了一起。于是妹妹就跑到哥哥那儿,成了婚。她还用草编了一把扇子,羞怯地遮住了自己的脸。今天新娘用扇障面,就是模仿羲娲的故事。

这故事被记录虽然晚至唐代,但从它所含的意蕴兄妹成婚,以及说"女娲兄妹",而不说"伏羲兄妹"来看,有着母系向父系过渡时"血缘婚"的遗迹。而各地多过五六十则的有关传说,又多有与洪水时代相联系的。因此它的起源应当也是很早的。

应当说明的是,由于伏羲氏后来与太昊氏在神话中合为一体,也有古籍将太昊氏的风姓加于伏羲,合并为一体,称"太昊伏羲",因而羲娲兄妹也被称为风姓兄妹,有关的变化过程,后面还会讲到,这里姑且从略。

③ 从女娲七十变到高禖氏

然而,羲娲在晚周之前本也是不同氏族的二位神人,发展到二人为兄妹或姐弟夫妇,其中的演变十分有趣而耐人寻味。

有关女娲的传说是更早的。其先称为"女娲之肠"。《山海经·大荒西经》记载:"有神十人,名曰女娲之肠,化为神,处栗广之荒,横道而处。"晋代郭璞的注解与《说文》更记载,女娲一日七十化,化生万物等等。1989年,刘放原先生在云南台江发现,当地苗族女子的绣品动物不少绣有一道由咽部贯通至肛门的肠道,而这一装饰在云南祥云出土的铜棺双虎雕刻上早已存在。《吴越春秋》又记载三国时吴国的开国之主孙坚出生时,他的母亲梦见肠出绕腰,又有童女负肠绕吴门一周。综合起来考察,可知曾经存在过以肠道为神圣的生殖崇拜,而以肠子为生殖器又说明这种崇拜应起于蒙昧时期。女娲之肠七十化,化生万物,即是母系社会时期这种观念的产物。以女性为人类始祖,在世界各族中普遍存在。如西非包果人的尼阿米,秘鲁加德人的维拉可查,我国彝族的尼支呷洛、纳西族的天女、满蒙萨满教的阿布卡赫赫和巴那吉额姆,都是育人造世的女神。

由女娲之肠的生殖崇拜,又衍生出女娲为高禖氏,即主司婚姻与子嗣的神道,原先各原始氏族都有自己的女性神禖。商族为吞食鸟卵而生契的简狄,周族为履巨人足迹而生弃的姜嫄。夏族的情况较为复杂,较早的传说称禹母女嬉吞薏苡(神珠)而孕禹,后来以涂山氏"女娲"为神禖。要之,早期中国夏商周三代都以为其始祖只知其母,不知其父。战国时的《吕氏春秋》记载"仲春之月,玄鸟至,至之日,以太牢祀高禖",这正是殷代神禖之祭的反映,也是高禖之称始见于文献者。到了以黄帝与禹的后裔自居的汉代,便独尊夏的神禖女娲为高禖氏了。应劭《风俗通义》记载:"娲祷祠神,祈而为女禖,因置昏姻。"参以《汉书》所说,汉武帝在元封元年正月于嵩山见夏后启母石,后来就立了高禖祠,可以推断,以禹妻化石生启的涂山氏与女娲合一的传说,应当产生于汉武帝时期。

高禖，又称皋媒、郊媒，皋是平野，郊是郊野，这就透露了高禖之由来。夏商周三代的老祖母都有在野外感遇神迹而受孕的传说，是"野合"这一上古习俗的神话化。这种习俗在《周礼·媒氏》中还有反映。媒氏是主司万民婚姻判合的职官。在春三月时，媒氏"令合男女，奔者不禁"，也就是说这一月，允许未成婚的男女自由恋爱与私奔。近世的《苗俗记》记载，男女幽会后，女的有了身孕才告知聘夫，请师巫结花楼祭圣母，这圣母就是女娲氏。而陆次云的《峒溪织志》更生动地记载了野合民俗的美妙景象，说是：苗人有跳月的习俗，也就是在春月跳舞求偶。那一日，父母们各率子女，择一佳地作跳月之会，父母们处于平野的小高坡上，孩子们男左女右，女执笼，男执笙，静默着，分列于坡下低平处。待到父母们发令，女孩们一起唱起歌来，男孩们一起吹起笙来，歌声哀艳，笙节参差，每唱毕一韵，必长声复唱末句三遍，音声缭绕，歌节酬和，跟着就渐次地手舞足蹈，回肢旋首，眉目传送，神情飞扬起来。刚开始时还若即若离，一会儿便酣畅飞舞，迅速交驰。有男追女而女孩拒绝的；有女追男而男孩逃开的，有数女争一男，也有数男追一女，而被追者有不知所措的，有已接近又分开的，有已分开而仍然情意绵绵地相望的。笼来笙往，目许心成，一会儿就结下了对子，于是漂亮的背着漂亮的，丑陋的背着丑陋的，渡涧越溪，一对对选择个幽静处而成其好事。事毕，女孩解下锦带系在男孩身上，又一对对携着手回到跳舞的场所，各随父母归家。然后依锦带所系，开始商议婚聘之事。

据田野考察，类似跳月的民俗近现代还有某些遗存。春月跳舞求偶而相合可以说是《媒氏》仲春奔者不禁的近世版，而值得注意的是跳月时女孩执笼以笼男，系带以结夫，是更有主动权的一方，这应当也是上古重视母系观念的遗痕。

从女娲之肠至高禖氏的故事，可以见出，女娲是三代以前当仁不让的婚姻、子嗣之神，也因此女娲的庙祀墓葬广泛分布于江西、山东、河南、山西、陕西直至四川各地。然而从《汉书》已著录的《世本》开始，又有记载说伏羲制定了以一对鹿皮为礼的嫁娶之仪。这也不奇怪，因为周秦西汉以后，称女娲为阴帝,是辅佐伏羲治理天下的,显然这是男阳女阴、男尊女卑观念介入了羲娲故事的后世造作,不过也因此衍化出了更多的兄妹造世的美丽神话。

关于兄妹创世的神话,广泛流传于汉族与东南、西南兄弟民族之中。仅苗族类似故事就有数十则,其中有六七则径以伏羲女娲称二兄妹,这说明各兄弟民族及其各分支原本即有与羲娲兄妹创世同类的故事与各自的兄妹始祖,而在民族融合的过程中,羲娲也逐渐为他们所接受。至于羲娲与盘古的关系如何,且待后说。

2. 造人与再造人

① 从女娲造人到羲娲造人

昆仑山上的兄妹初祖成婚后,便开始了创造人类的工作。有关的传说与兄妹诞生的故事相应,也有一个演变的过程。

应劭的《风俗通义》记载:

天地开辟,没有民人。女娲就抟黄土作人,这活儿很累,她疲乏了,就拽了一条大绳(应是藤编成的)放到泥淖中,又挥舞起来。泥点纷纷洒落,化成了许多许多的人。这样人就分为了两等:富贵的就是泥捏的人;贫贱的就是泥点化成的人。

泥人的故事,同样流传于众多兄弟民族之间,而具体情节又有所改变,阿细族的传说是这样的:

伏羲女娲老两口太寂寞了,于是合计造些泥人,造了许多,晾晒在屋外。突然,天色大变,他们急忙往屋里搬泥人,还没搬完,大雨就哗哗地下了起来,老俩口情急之下,就用扫帚将小泥人往屋里扫。于是有的泥人断了手脚,有的则瞎了眼睛、破了脸皮,等等。后来泥人变成了真人,而被扫帚伤着的泥人,就成了各种各样的残疾人。

相较于《风俗通义》所记,阿细族的传说除了"扫泥人"的细节与二等人的性质不同外,最重要的变化是由前者的女娲造人,变成了羲娲共同造人。在汉族的传说中也可找到类似的踪迹,如唐人小说《录异记》就记载原州上庸界有伏羲女娲庙,说是当初兄妹二人抟土为人之处。显然,造人主角由一女变成男女二人,是"女娲兄妹成婚"故事影响了《风俗通义》造人故事的合理想象。我们在《中华创世纪》①中有关造人的描述,也是这一演化的再创作。

② 从造人到再造人

羲娲成婚造人的故事,后来又与创世神话的又一母题"洪水"相糅合,演变为"再造人"的传说。这类故事在西南各兄弟民族中以各种细节不同的形态广泛流传,如水族《空心竹》的故事说:伏羲女娲兄妹之前已有了人类,但非常矮小且生活艰难。兄妹二人从小没了父母,更是困苦。天神想重造人类,就脱下一颗牙齿让二兄妹把它与瓜籽一起种在地上。第二年收获了一个大瓜。不久,大雨连连,洪水暴发,兄妹俩掏空了大瓜,躲入其中,顺水势漂流。洪水越来越猛,他们呼天求救,天神便降下水老鼠,四处挖洞引水,洪水才慢慢消退了,但除了兄妹二人,其他的人都淹死了。天神要羲娲兄妹成婚,再传人种。娲妹妹害羞,急忙逃走,伏羲一路紧追,娲妹妹问各种树木,应向哪里逃,树木都不回答,最后问到了竹子,竹子说,应向东方逃,女娲依言向东跑,却被伏羲追上了,于是兄妹成婚,繁衍了现在的人类。而女娲还是对竹子不满,咒竹子道,就你良心不好,让你永远空心。所以,竹子直至现在都是空心的。

③ 造人故事演化的意蕴

这类故事至20世纪90年代,专家们已收集有五六十个。围绕着洪水后兄妹幸存的主要情节,各个传说有不同变化。如洪水的起因,就有人类得罪了天神、神人兄弟相争、鬼魅为祸、精怪作祟等等。救助者有各类天神或始祖神、各种动物、神仙老人等等。遇救后兄妹成婚的占问形式则有燃烟、绕山、抛线入针、射箭、卜卦、滚石磨、绕树追逐等,更有串联上述多种方式的。促进婚事的则有龟、鹰、鸠、蛇、蜂等动物乃至神仙、佛菩萨。而种种传说中最值得注意的有三点:一是兄妹逃生的工具,几乎都是圆形的,尤其是多籽的瓜类,而其中更多的是葫芦;二是兄妹的子孙多为各民族各姓的先民,如苗、瑶、黎、彝、白、藏等等,而且大都说本族与汉族的先民同源共生。他们或者从救生物中直

---

① 参看赵昌平、骆玉明、汪涌豪:《中华创世纪》,少年儿童出版社,2011年。

接走了出来,或者说是兄妹成婚后生出个肉团,被砍成若干块而化成若干族、若干姓。也因此,黄土抟人的情节在一应与洪水相关的再生人传说中都不复存在,而被兄妹生育所代;最后,也是最重要的一点,这类传说中的兄妹(有的写成姐弟、兄弟)名称虽不一,却都是本族的始祖,其中更不乏径称伏羲与女娲的,而个别的,如汉族的传说中也有将伏羲兄妹替换为盘古兄妹的,然而在汉族的雅文献中,只有羲娲补天抗洪、拯救人类的说法,而完全见不到再造人的故事。

从这些迹象可见,羲娲兄妹抟土造人与洪水故事原本是两个独立的故事。洪水后再造人的故事,是兄妹造人与后面要介绍的女娲补天理水故事在民间流传中的糅合。

作为一种大劫难,洪水是初民沉痛的记忆。因此洪水后再造人的故事,在包括《圣经》在内的各民族的创世神话中都有记载。而中国有关神话中圆形的救生工具,尤其是葫芦等瓜类植物,则显然带有"混沌—昆仑"这潜在的民族的宇宙意识。而由众多故事中的众多兄妹到部分归结于羲娲甚至盘古兄妹,则折射出历劫重生的包括汉民族在内的各兄弟民族,以始祖认同为代表的民族融洽。因此,造人到再造人的演变可以称之为第一次的民族融洽——史前阶段的民族融合的折光。

3. 盘古与羲娲——多民族创世神话的融洽

① 两种创世说的叠合——音义、故事

追踪盘古创世、羲娲创世两个故事系列的来历,可见二者其实相互交织,而同出一源。

在民间传说中,盘古与羲娲是相互渗透的。流传这类故事最多的苗、瑶二族中,苗族羲娲崇拜为多,瑶族盘古崇拜为多;然而苗族中也有盘古崇拜的分支,瑶族中同样有羲娲崇拜的族群。20世纪80年代前期,河南省对中原创世神话的调查发现,同在河南,靠近安徽的淮阳地区多流传"羲娲兄妹婚"的故事,而靠近湖北的桐柏地区却是"盘古兄妹婚"故事的中心。有趣的是,桐柏地区的盘古兄妹占婚的情节——将石磨上下两爿滚下山去,二爿合为一体——就是西南兄弟民族伏羲兄妹婚中出现频率最高的情节。而淮阳地区的大型庙会"羲陵古会"纪念羲娲创世的系列活动中,有一项"捏泥泥狗",虽然所捏有人与各种动物,但以"泥泥狗"为活动名称,则多少透露了槃瓠——盘古一系神话渗透到羲娲故事系列的痕迹。

盘古(槃瓠)与羲娲两大创世说的相互渗透,说明二者同出一源。于是专家们更从语音学的角度,对这种情况作出了解释。伏羲,又作庖羲,战国竹简中已经出现,庖(伏)、盘古音相近,羲的古音又与古相近,所以说,盘古是庖(伏)羲的转音。而我们更认为盘古或许是庖、娲二音的转音,也就是说,盘古一名统合了庖羲与女娲二名,所以庖羲、女娲兄妹在布依族有关传说中,既有称"伏羲兄妹"的,也有称"盘"与"古"男女二人的,而这种统合的关键人物正是三国时吴国的徐整。

徐整的统合就现实政治层面探究,当与三国时期的正统之争相关:羲娲创世本是晚周至汉,中原形成的创世观念;汉代更是伏羲崇拜的第一个高潮期。三国时魏据中原,蜀承刘姓,都自称正统,因此,对地处东南,其族群多为原东夷族的吴国而言,需要有一个比魏、蜀更高的始祖神,以表示吴国的正统性。于是统合羲娲的盘古便应运而生了。徐整的统合并非胡编乱造,因为东南、西南本来就流传有槃瓠的故事与兄妹再造人的传说。恰恰其中多个故事中的兄妹主角名字的发音与伏羲女娲相近。于是,徐整将槃瓠故事转化为盘古而略去了"犬王"家神的原始面目。改以龙首人身的羲娲形象赋予盘古,使原本为"东夷"族、"南蛮"族的始祖可以为中原接受,并在盘古后引入汉代纬书所记天地人三皇及众多先民氏族,历世数十万年后,再到伏羲。这也就是后来盘古创世而羲娲再造人系列故事的雏型与骨架。

徐整的统合造成了两种有趣的现象。

从局部而言,河南的淮阳地区为中原边缘,是传说中伏羲的发源地,留存羲娲古迹尤多,所以,这地区坚持着固有的羲娲造世说,并将若干盘古说的因素吸纳其间。桐柏则是淮水的发源地,也是上古时东夷族集中的地区,更地近湖北,与西南各族为邻,所以这一地区的创世故事以盘古为主角,甚至将羲娲兄妹改造为盘古兄妹。这样就形成了河南省民间创世传说的两大支系。

就大范围而言,盘古故事多在民间流传;其影响甚至超过了羲娲创世说。反之,由汉及清各王朝,奉祀的开辟之祖都是伏羲。宋代官方的政史性质的类书《册府元龟》在《帝纪》《运历》中根本不载盘古,而断以伏羲为古帝王之首,就是统治层对两个创世系列态度的反映。

其实,就民族文化认同的角度来看,我们不必也几乎不可能去判定两种创世说孰早孰晚,谁是谁非。重要的是要充分注意二者的交织、渗透,这正是史前多民族融合的历史折光。

② 各民族创世故事举隅

除了盘古、羲娲二个流传最广的创世故事外,某些地区某些民族还流传有其他许多创世故事。流行于满蒙两族的萨满教也有纷繁多彩的开辟神话。说是很早很早的时候,天是没有形体的,它像水一样流溢,像云一样飘渺,后来天地初开,遍地洪水。一群群的白水鸟、野鸭与鸥等啄食水中的碎石泥沙吐到浅滩上堆出了大地,才有了适宜万物居住的环境,白水鸟也就成了始祖神。又传说水中小洲有鸟生蛋,蛋中孵出了六兄弟,就是满蒙汉等族的祖先。萨满教更认为有万物便有万神。天神是三位一体的天女"阿布卡赫赫"。她们的六只眼睛审视着六个不同方向,主宰着天地的安宁,还率领天上众神与邪魔撕杀,战而胜之。地母是巴那吉额姆,她身躯伟岸,丰乳隆腹而生性慈祥。她耳上搓落的碎泥软毛,化作了树海山木,她滴下的汗水淌成了道道清泉,从而养育了大地上的万物生灵。地母与天女同为主宰宇宙的姐妹神。有的萨满神话还说北方女神奇莫尼妈妈双眼闭合时天清云淡,双眼睁开时便是风雪雨雹。简直就是烛龙、盘古的化身。在满族的历史上更产生过许多英雄,如建州女真的英雄王杲,便是其母在晨曦中临渊祈祷,吸入天蟒与神龟交战时的弥漫精气而受孕生杲的。

藏族的文献中记载了由"神"来、由"赛"生、似"白"神的降魔大神威尔玛的出生故事:古昔之时,神与赛、白用神变之力从虚空的天宫中用五宝形成一卵,卵以己力开裂,蛋壳变作盔甲,外皮变成兵器,蛋清变成勇士威壮剂,内皮变成隐匿的城堡,而从蛋黄中变出一个具有神变法力的男子。他生得狮头,猕猴牙,大象鼻,双腿似长箭,翅膀像水剑,在鸟形与鹏形的两角间戴有如意宝的头饰,他没人起名,因而无名。盖辛旺宗以咒术修度之,唤作大勇威尔玛尼那。藏族史诗《降魔之部》则说,格萨尔王头顶上是神——祖先神,左角上是母神(阴神),右角上是阳神。

西南地区佤族的创世神话说:

天和地是由达利克神与达路安神创造的。原先天地被一根大藤条捆绑在一起,而且还有脐带相连,后来达昭崩布神用刀将藤条砍断,天地就分开了。天地分开后,从岩洞里走出了第一代人,一个个身高九尺,脸长九寸,长着许多眼睛,却都好吃懒做,一顿要吃一箩筐东西。把一切吃得光光。达昭崩布很生气,决心发洪水毁灭这一代人。他想测试一下人心的善恶,便变作一只癞蛤蟆趴在路上,路过的人都去踩上一脚,只有一个孤儿不忍心去踩踏,达昭崩布就在洪水到来前给了孤儿一只小船与一头母牛。孤儿因此在洪水中幸存下来。洪水过后,他宰了母牛,从牛腹中取出一粒葫芦籽,栽在山崖上,里面还发出各种声响。孤儿用力砍开葫芦,新一代的人和动物就从葫芦里走了出来……又传说从葫芦里走出来的人种有兄妹俩。他们从海底找来了谷种,从天上取来了神火,又用木杵把天撑得高高的,更教人盖房子。于是人们请妹妹来领导大家。可是,后来兄妹俩成了婚,于是旱谷长得不好了。兄妹俩便又分开来,旱谷又长得跟以前一样好了。佤族的创世故事有许多变体,大体上分为人是从洞穴里走出来的和人是从葫芦里走出来的两种。上面的故事应是二者的结合:从洞穴中走出第一代人,从葫芦中走出新一代人。此外佤族神话还讲到,人从洞穴或葫芦中走出来分为佤、汉、傣、拉祜等民族。还有一个故事讲到,一个独身神用泥巴捏出一男一女兄妹俩,兄妹成婚,繁衍了人类。

川陕交界处的古代巴族流传着一个"赤穴生廪君"的故事,说是:当初大巴山崩塌,有一红一黑两个洞穴,从红穴中走出一个人,以巴为姓,名务相;从黑穴中走出㬎、樊、柏、郑四姓人。五姓争相为君,于是相约竞技来决定。先比赛掷剑刺石穴,五人蹬岩掷剑,黑穴四姓的剑都掉了下来,唯有务相的剑牢牢地悬刺在石壁上。又约定用土造船,加以雕画,谁的土船能浮于水上便是廪君。结果还是只有务相的土船能浮起来。于是务相成为廪君。廪君出山了,他率领着部队,就乘着这土船,顺夷水而下,到了盐阳。盐水女神请他留下来,廪君说我要为您寻找廪人之地,不能留下。盐水女神就夜伴廪君就宿,到拂晓化为飞虫而去。诸神也都化虫随她飞翔,遮天蔽日。廪君想杀了她,又不辨东西南北,于是就在夜间送给女神一缕青丝,让她缠在身上。女神依言而行。到了白天,务相立在砀石上,望见飞虫中有一只胸前缠有青丝,就跪射杀了盐水女神,群虫立即飞去,天空才变得清朗起来。廪君又乘土船到了夷城,只见崖岸曲折,水流弯弯,望着仍像个洞穴,廪君叹息道:"我刚从洞穴中出来,现在又要进入这穴地,怎生是好!"话音未落,曲岸崩塌了一截,方广三丈余,有一个个石级通向崖岸高处,廪君拾级而上,岸上有一块长一丈、宽五尺的平坦巨石。廪君在石上休息,用木制的算筹投向石上来计算,不料木筹竟一一立在石上,于是就在巨石旁依筹立城而居住下来。以后巴族就繁衍强大起来。"廪"有中空能育藏之意,"廪君"之称暗示他是由洞穴走出来的。从石穴生人到射穿鸿蒙,到破穴建城,显示了人类由穴居到造屋建城的发展历程。

以上各个创世神话,出于南北东西不同的民族,虽然主人公与情节各异,然而又有着共同的母题:鸿蒙开辟、天地阴阳、造人或洪水后兄妹婚再造人;又有共同或类似的元素,创造人的是自然神与自然物,孕生人的是象征母腹的圆形物卵、葫芦、洞穴。人类的初祖都是半人半神,善良而具有神力,能创建百物者。造人与再造人的故事本为二系,又往往合为一体。从葫芦或洞穴走出来的人,都是本族、汉族与其他民族的始祖,从而显示这些民族有着原初的共同始祖。各族传说又与汉族的有关神话相互渗透,如佤族也有捏泥为人的传说,应当是女娲抟土造人神话传入佤族后创造的故事。不同的主人公与共同母题中相同相近的构成元素与情节正显示了中华文化多元中的同一,包容中的互动。

③ 中国创世神话的世界性与民族性

应当说,这些母题与有关情节并非仅仅存在于中国境内,如西亚、北欧的一些史诗中都有开辟之初宇宙间为一片混沌的无,而后化为清浊二气的说法。以泥巴造人的母题不仅见于《圣经》,也见于《可兰经》及其他一些境外传说,可见洪水时代是全人类沉痛的历史记忆。至于救生的葫芦故事则广泛流传于从南亚、东南亚到东亚的濒海地区,这说明中国创世神话的世界性、普遍性;当然中国创世神话更有其民族性、特殊性,而在亚洲尤其是东亚文化中具有代表性。下面我们再来进一步探寻这一奥秘。

三、中华初民心目中的天地人

1. 两种创世神话与天地人

① 太一与混沌——附七窍凿,混沌死

盘古、羲娲两种创世说发生的地区、具体的情节都不同,然而不难发现,二者有一种共同的特征。无论是盘古还是羲娲都是由一种混混沌沌、不可名状而大体是圆形的世界孕生的。盘古生于鸡蛋状的世界,羲娲则由圆形而可旋转却又飘渺不定的神山昆仑孕育,连洪水后再生的人类也是由大体圆形的葫芦或穴洞中走出来的。这种混沌的"圆",是否包蕴某种同样是"混沌"的意识呢?

"有物浑成,先天地生"——春秋时期的南方哲学家老子在他的著作《道德经·德篇》中开宗明义说,先于天地,有一种无上无下、无边无垠、似有似无、不可名状的东西存在。他为"物"这个东西勉强取了个名字,叫作"道",或者叫"大",合称就是"大道"。并说"道法自然"而化生万物,因此所谓"大道",简言之,就是自然而然地化生万物的气状的世界本源与这个本源之非人为的化生作用。用数字来表示就是数的起点"一"。老子的后学,战国时代的庄子把"大"与"一"合起来称为"太一",太就是大,认为"太一"是老子学说的出发点。意思是说:混沌的"大"(道)就是生成万物的总根子(一)。这不是与包孕盘古、羲娲的混沌世界十分相似吗?

庄子又讲了这样一个神话故事:

南海之帝叫作倏,北海之帝叫作忽。中央之帝叫作混沌,倏与忽时时在混沌那儿相会。混沌对他们很好。倏与忽商量着想报混沌的恩德,说:人都有七窍,用以视、听、食、呼吸,就是混沌没有,我们尝试着为它凿出七窍吧。于是,倏忽每天为混沌凿一窍。七天后,七窍凿成了,混沌却死了。

庄子这一则神话故事很幽默,它有三层意蕴:(1)混沌没有七窍(双眼、双耳、双鼻孔、一嘴巴),是混然不可分的,也就是老子所说的"有物浑成";(2)倏、忽为混沌开窍,是"不顺自然,强开耳目"(崔譔注),是人为的,而"为者败之"(郭象注);(3)七窍是用来感知世界的,知识初开,混沌的自然状态就结束了,同时一个有秩序的世界也就开始了。这个变化是在倏忽之间,也就是在不可踪迹的瞬间自然而然地发生的。总之,庄子认为由混沌中化生万物是一个自然而然的,不可捉摸的过程,没有人格或者神格的干预。对照盘古神话,盘古胎息于混沌之中,如鸡蛋中的鸡蛋黄,随着天地升降而长高,死后又转化为万物,其中的"自然"意识与庄子故事又是遥相呼应的。

② 二与三——二仪与三才

那么这万物的根本"一"又是怎样自然而然地化生万物的呢?《老子》紧接"道生一"后说:"一生二,二生三,三生万物;万物负阴而抱阳,冲气以为和。"意思是说:太一生成了"二"——阴阳,阴阳化合而生成了"三",这个"三",从下面"万物负阴而抱阳,冲气以为和"二句来看,在老子那儿是指阴阳二气摩擦激荡所生成的冲融的和合之气。万物便由这个"三"也就是"和气"所化生,所以"三"是阴阳化合的万物之共同形态,是总名;而万物中的各物,则是这种共同形态的精微玄妙的具体表现。用一句通俗的话来说,万物是"三"——阴阳二气相摩相荡的不同的具体配比。

擅长于玄想的南方人老子的哲理思维后来与北方注重人事而务实的儒家学说相抟合。于是在儒道共尊的经典《易经》的传辞中,"太一"被称作"太极","二"被称作"两仪"——日月或天地,"三"则转化为"三才"——天地人。太一(太极)产生了日月、天地,日月天地孕生了人类,天地人为宇宙间的三才,人参与了天地的造化,从而创造了万物。以晚周至西汉哲人们以上宇宙生成观念与三国时徐整整合的盘古神话相比较,又不难看出徐整的"故事新编"除了为东吴争取正统地位的现实需要外,更有着哲理上的根据与发挥。盘古在徐整的故事中,实际上已成为道生一、一生二、二生三,三生万物这一链索中的"三"。他生于混沌(一),与天地(二)同长而为"三",他死后化生了万物(三生万物),这就补足了汉代盛传的羲娲创世故事中混沌生羲娲(阴、阳)、羲娲创万物故事中含混不清的"三"这个重要环节。因此,我们虽不能断然地说晚周至汉魏中华民族的哲理化的宇宙观念是由盘古、羲娲创世神话产生的,但是可以决然地认为上古神话中所含蕴的朦胧的宇宙意识,是晚周时代已成系统的中华哲理观念的胚胎。这一点,从下面的故事中可以得到验证。

2. 由阴阳二气到阴阳二神

汉武帝时期的《淮南子》又是这样来描述宇宙开辟的:

古昔未有天地之时,只有一种无形的虚像,它奥玄幽暗,渺茫不清,混混沌沌的,广远无边,没有任何门径。有二神混生经营天地。天广大得无法知道它的边际,地辽阔得无法知道它的极至,于是就分别以阴阳来命名天地,又将天地分别为八方。阳刚阴柔,相激相成,于是生成了万物。混浊之气化为各种动物,精粹之气化为了人。(《淮南子·精神训》)

这个传说可称作二神创世说,显然是老子万物负阴而抱阳观念的神话化。老子的二气到这时化作了二神,汉代是羲娲创世说的形成期,因此有理由相信汉武梁祠的羲娲交尾图像是当时二神混生说法的图像化,混生的阴阳二神在图像中化为了羲娲。

由鸿蒙之元气,混生二神而开辟天地,创造万物的观念,也体现在许多兄弟民族的神话中。前面讲到的藏族威尔玛神的故事就是一例,又如彝族传说:

未有天地之先,只有啥(清)、呃(浊)二气,啥和呃化成了影与形,称作"哎"与"哺"。哎与哺又化作了日与月,称作"局"与"宏"。局与宏又生成了烟与雾,称作"闹"与"努"。要之,清浊二气生成了影与形、日与月、烟与雾六形,二气与六形被一把金锁锁着,后来圣人努娄哲打开了金锁,从而开天辟地。由蜘蛛撒出经纬线,织成了天地,由九女子造天,八男子造地,而千千万万的影

(哎)与形(哺)化成了天地间的万物。

类似的宇宙意识在纳西族中同样存在。只是阴阳二神被称作"动"与"色"或"东"与"色"。又如云南沧源佤族的岩画中有这样一幅场景：将要交媾的男女之间绘有重合的日月；而佤族司岗里的民间传说则说人是从葫芦中走出来的。司岗里的意思是成熟的葫芦或出入之洞。把岩画与传说合起来看，应当是在说日月之精化为男女，在葫芦状的洞穴中交合，人类就从中走了出来。

各族这类民间传说，说明了中华各族对于创世有着相类似的意识。文化上的趋同，是这个民族大家庭深层次的纽带。

当然，中华民族的宇宙意识并不是孤立的，例如西亚的创世传说中，同样有从"无"到清浊二气，到天地开辟的意识。所不同的是西亚神话以为清浊二气分别化为善神与恶神相互争斗，善神战胜了恶神。而太阳神马独克终于统一宇宙，成为至高无上的大神，并用恶神的血和着泥制作了人类。因此人类有一种"原罪"，是神的奴仆，听神召唤，供神驱使。与西亚隔海相望的希腊，其创世神话中也有类似的意识。中国创世神话的主流形态则不同，在中华民族看来，清浊二气没有善恶之分，万物都是"二生三"中"三"的一分子。都是负阴抱阳的"和"气所生成，虽有精粗之分，但无善恶之别。而同样由二气生的盘古或者羲娲，既不是高居"神山"对包括人类的万物发号施令的天神，也不是后世帝王自封的"天子"。如果说中国早期神话故事有至高的天神存在，那就只有以"昊天大帝"为符号的"天道自然"，我们的始祖神盘古或羲娲是人，也是一种符号。在神话的初创阶段，初民们用他们来回答"我们从哪里来"的问题——我们是自然化生的；至周汉时期，经过改造，则更回答了"我们往哪里去"的问题——我们作为天地日月之精而生成的人类，作为万物之灵，参与着天地的造化，在顺应自然中改造自然。这一哲理化的改造，固然不是初民原始意识的确切反映，却是一种理性的发展（一切发展都是对原初的扭曲与改造）。创世神话从此被赋予了两种极其重要的民族性的价值内涵：

一是，因为元气自然，化生万物，所以万物通于"一"，在本质上是平等的。

战国时庄子所说的"物我同一",孟子所说的"人皆可以为尧舜"都是这一观念的反映,而宋人张载则以"民胞物与"——兆民都是我的同胞,万物都是我的朋友,为这一观念作了总结。

二是,人参与着天地造化,所以人作为天地日月之精粹,要法天象地。应作于春秋战国时期的《易经·象传》在纲领性的乾坤两卦中说"天行健,君子以自强不息""地势坤,君子以厚德载物"——像天运不息那样阳刚的自强进取精神(道),像大地一样阴柔的宽厚有容的德性(德)就是人类有别于其他物种的本质所在,即人们所说"道德"的根本。

3. 初民心目中的万物、众神与始祖神——朦胧时期的宇宙意识

由远古时期初民们朦胧的宇宙意识到周秦、两汉时期的哲理化的宇宙观念,其间虽有发展变化,但是都有一个共同的核心,就是认为天地间万物都是有灵性的,都是大自然所生,也因此,天、地、人乃至万物之间也是相通的。由此而发挥想象形成了民族性的宇宙格局观。这大体可分为两个阶段。本节先介绍前一阶段的有关意识。

太阳以他的光辉温暖着万物,却又时而造成赤地千里的旱象;月亮继太阳而升起,使黑暗的夜晚留存有一片清光,然而她又为什么时而圆时而缺;风从四方来,带来了寒暑温凉的变化,也重复着草木荣枯的周期变化,可为什么他们一旦发怒,又掀起了滔天巨浪,拔木摧山,这样的可怕;雨滋润了大地的草木,而一旦肆威,又洪涝铺天盖地,淹没了大地上的一切;雨前的雷电为什么似利剑一般划破了天空,雨后的彩虹为什么又这样七彩绚丽;我们身边的花、草、树、木为什么姿态万千,而有的温馨有的剧毒;伴随我们一起生活的牛马犬羊,又为什么既供我们食用驱使,又时而挺身而出,卫护他们的主人;这一切都被毡包一般的苍天笼罩着,被母腹般的大地负载着,那么天又为什么不坠落,地又为什么不下沉;天地的边际又在哪里呢?晚至战国,屈原在《天问》中还发出了一连串的类似疑问,可想而知,初民们对于这一切自然现象更怀抱着既敬且畏的好奇。他们追问着,却不可能作出理性的解释,于是就归之于一种神奇的力量,从而创造了数以百计的自然神。同一种自然物又往往在不同

地域、不同时期有不同的名号与形貌。

风神,通称风伯。汉代的《三辅黄图》说他名叫飞廉,是一种神禽,身似鹿,头如雀,有角而长着一条蛇尾,身上的花纹则像豹子。虽然后世都据此而以飞廉称风神,但在更早的记载中,他又有着多种不同的名号。比如《山海经》中说:东风之神叫"折丹",东风名叫俊;南风之神叫"因因乎",南风叫作"民风";等等。有专家认为这些应当是东夷族的传说。殷墟甲骨文中,四方风神有四个象形字的名称,东风之神的象形意谓协和,代表着东风化育万物;南风之神象形是一人的头发随风飘舞,象征着这位风神性格温和,为人喜乐;西风之神叫作"彝",就是虎,象征西风的威严肃杀;北风之神的象形是手执木棒击打一个跪着的人的脊背,象征着北风的凛冽可畏。这些就是殷人的风神观念。汉人崇拜的风神飞廉,首见于楚辞。所以,应当是楚人的观念,而他集合多种动物形象,应当是与汉代大一统的虚拟龙有关。飞廉之称一出,前此的风神名号逐渐湮没不彰。

我们不可能在这里一一考究各种自然神的来龙去脉了,所以举风神为代表说明自然神的历史性、多元性。以下各神就主要取最通常的说法了。

雨神,通称为雨师,殷人称之为"妾",想来是位女神;楚人称之为萍号,又叫萍翳、屏翳,后世多称屏翳。她的形象据殷人的说法:黑身人面,两手各持一蛇,左耳有青蛇,右耳有赤蛇,也是与龙蛇相关的。人们奉礼雨神的惠泽,而当暴雨成灾时,就群起"鸣鼓而攻之"。

雷电之神通称雷神、雷公,名叫丰隆,这应当是象音雷声的。《山海经》说他生于雷泽,龙身人首,鼓动肚子就发出雷声。由于雷声一个连着一个,汉人又说雷公像个力士。左手执连成串的鼓(金文作上下各二鼓,共四鼓,以线条相

雷神

连),右手用槌击连鼓,隆隆不息。《搜神记》说他头部像猕猴,双目如镜子,其他部位像六畜,后人又为他加上翅膀,大抵就是后世《封神演义》中雷震子的形象了。雷电每年始发于农历二月,惊醒万物,这就是"惊蛰"节气的由来。大抵至冬月他消隐了,万物也都蛰伏,加上据说黄帝是雷神之子,因此,雷神被认为有"人君"之象,尤其威武。雷神出行伴风随雨,飞雪飘洒。于是,后人更为他加上了一些随从,童女挥舞着电鞭,为雷车开道,童男在前挽车,阿香在后推车。

风、云、雨、雷都与龙有关,下面还会讲到。此外,霜雪之神叫青女,虹霓之神叫美人等等,都传有一些美丽的故事。就不一一细讲了。反正对每一种天象,先民们都有拟人拟物的想象,不及细表。

马王堆1号汉墓帛画

最紧要的日、月、星辰,情况更复杂,盘古双目化日月之外,最早的传说是帝俊之二妻羲和生育了日,常羲生育了月,日有十个,月有十二个。日中有三足鸟,十日栖息于东海汤谷的扶桑树上,每天一个上天值班,乘着三足鸟由东向西,到了西方便沉入虞渊,又由龟驮着(参马王堆汉墓帛画)由地下返回扶桑,在汤谷中洗个澡后上树休息。十二月中有蟾蜍,月儿们也每夜轮流值班,望舒为她们驾车。食蚀、月蚀是因为三足鸟与蟾蜍吞食他们;天下大旱、大水是因为他们不守规矩,几兄弟、几姐妹一同跑了出来。黎族的传说最有趣,说是天下大水,五月并出,神仙派出仙猪咬碎了四个,星星就是四月的碎片化成的。汉族则以为星星与万物一样是由日的精气所化生,所以,"星"字从日从生。又认为"万物之精,上为历星"。在星是日月所生一点上倒是与黎族传说有共通处。由于日月星辰的这些神通,人们称之为三光,天上三光的变化对应着地上人事的变化。这些留待后面一组图画再细讲。

天象有神,地物当然不能没有。其中最重要的是山川之神。

初民认为山包蕴着气,含精藏雾,加以它的高峻,因此认为山无大小,必有神灵。可惜的是许多大山之神,如后来所说的五岳之神,在远古的名号大多没有传下来,有的记载,如泰山之神叫"天孙",肯定是后世的造作。较有名的可靠的大山神只有钟山(北方大山)之神名烛阴,昆仑之神名陆吾,巫山之神名帝女(瑶姬)。这大概因为"五岳"的确定已是商周以后的事。远古时,上述那些山比它们更出名。不过《山海经·五藏山经》中倒是有不少已不可确知所在地的山岭之神的名讳,如赢母之山神长乐,和山之神为吉神泰逢,尧山之神名计蒙,丰山之神名耕父,夫夫之山神于儿,等等,更有五方诸山众多神灵的形象记录,如龙首人身、鸟首龙身、马身龙首等等,这些应指示着相应的图腾崇拜。《五藏山经》所记止于大禹,因此可以相信这些名称是上古时就有的。

大河大海的神灵名称倒是留存不少,这也许与水是生命之源有关。水神的总头领为水伯,名叫天吴,他长着八个人面的脑袋,一个虎身,十条虎尾。大波之神叫阳侯,据说是古时一位诸侯投江而死所化成;洛水之神叫宓妃,据说是太昊伏羲的女儿溺水而化生;湘水之神是舜之二妃娥皇与女英;长江之神最早见于《山海经·海内经》,叫作术器,后来又有叫"奇相"的;至于"江妃",是汉代才出现的,不过因为她太美丽了,衍生出多个爱情故事,所以反使得前面三位较原始的江神不为常人所知了。

水神中最显赫的当推黄河之神了。

河伯是河神的总名。最早记载的是《山海经·海内北经》,叫作冰夷。汉代转音作凭夷,又转作无夷等,以凭夷最为流传。这里综合汉以前的故事如下:

凭夷身处黄河最深处中极之渊,人

河伯

面,乘二龙服驾的雷车穿云入雾,驰骛于混沌之中,升腾到至高至远之处。他经霜雪而不留踪迹,照日光而没有影子,乘着旋风而直上,经山历川,腾越昆仑,再推开天门,直上天庭。

也许因为这些早期的传说,汉代又产生了名叫"巨灵胡"的河神。这个名称透现了河伯形象已融入西部少数民族的传说。

据说,巨灵胡得地神之道,甚至得天神之道,与元气一起生于混沌之中,简直是又一个盘古氏了。相传华山本来是一山,正对大河,河水流经此山曲折而行,河神巨灵用双手辟开山头,用脚踢开山脚,于是华山分成了太华、少华二山,河水就从二华之间畅快地流了过去。

又传说巨灵更左手执着太华山,右脚踩住中条山,开裂了终南山,使河水穿地通行。

这种开山的情节,在西南有关盘古的后世传说中经常出现,相信受有巨灵故事的影响。

同样是《山海经·海内北经》,除冰夷外还记载黄河还有两个女神叫宵明、烛光,是舜之妻登比氏的两个女儿。她们深处大泽之中,光芒烛照方圆百里,想来起到的是类似灯塔的作用。照明二女与冰夷出于同书同章,冰夷处中极之渊,中极是天柱之中者,应在黄河中游晋陕一带,二女处大泽,当在黄河上游河套一带。因此二者应是不同地域不同时代的不同传说,而照明二女之传说或许更早些,因为其中有着母系社会的痕迹,且与河出昆仑的观念相照应。

再来看看海神。先民认为九州被四海包围,所以有四海之神。《山海经·大荒经》最早记载了四海之神的名号:东海之神叫禺䝞,南海之神叫不廷胡余,西海之神叫弇兹,北海之神是禺䝞之子禺京。这是夏族的四海神。海神还有一个总名叫海若,省称为"若"。不过其初这名字应是与东夷族有关的商族崇礼的北海之神,又为楚人敬祀。也许因为庄子、屈原二位大文豪都提到过他,这名号又好记,所以后世广泛流传,而被误认为海神的泛名。海神还有几个名号,如海童,应是东海之神;玄冥,则为北海之神,他又被称为水正——管理水的长官,这名字象征着海的玄深幽暗,初见于《左传》,应当也是较早的记载。可能起于少昊族的分支颛顼氏,因为颛顼氏后为北帝,玄冥是他的助手,北方属水,故让他升格为水正。

九州四海内外,生长着无数的动植物,与初民的生活息息相关。也同样被拟人并神化,《山海经·五藏山经》记有植物523处,动物473处,还有不少无生物。它们善善恶恶,被赋予种种奇形怪状,且与种种天象人事相关联。如说:

南方有鸟名酸与,样子像猫头鹰,人面、六目而有耳朵,它一出现,就天下大旱。

北方有兽名山𪸩,如犬而长着人面,善于投掷,走起路来像一阵风,见人就笑,它一出现,就天下大风。

西方有一种鱼叫作赢鱼,却长着一对翅膀,叫声像鸳鸯,它一出现天下就

酸与　　　　　　　　　　山𪸩

赢鱼　　　　　　　　　　獙獙

化蛇

发大水。

东方有一种兽叫㺎㺎。像狐狸而有翅膀，叫声像大雁，它一出现，天下就大旱。

中部有一种蛇，叫化蛇，人面豺身，鸟翼而蛇行，叫起来像人在喊叫，它一出现也是天下大水。

如此等等，不一而足。

《山海经》中的植物也千奇百怪，比如说西海的招摇山上有一种草，像韭菜，开青花，叫作祝余，吃了它就不会饥饿；又有一种树叫迷构树，像构树（榖树）而中有黑色的纹理，它的果实光华四照，人佩戴了它就不会迷路。又如符禺之山上有一种树，叫作文茎，果实像枣，可以治耳聋；这山上的草像葵叶那样一条条的，开红花，结黄果，果实像婴儿的舌头，人吃了就不再有迷惑。又如，昆仑山上有一种树木叫沙棠，黄花赤实，味道像李子而没有核，人吃了就不会溺水；又有一种草叫薲草，样子像葵，吃了可以消除疲劳。

凡此种种，与书中所记载的许多无生物，如金银铜铁、美玉珠贝等等，都不仅可供衣食住行，且往往与药理相关，这说明远古时代就有了中医学的萌芽。

当然与万物同处的更有人。有舌尖分叉，会多种语言的歧舌国；有皮肤白皙的白民国；有长臂及地的长臂国；有双腿交并的交胫国；有身材奇异的大人国、小人国；有讲究礼貌的君子国、淑士国；有以走兽名的讙头国、犬戎国、貊国；有与飞鸟相关的羽民国、卵民国、孟鸟国；还有与鱼虫相应的龙鱼陵居、大蟹国、陵鱼国、人面鱼身的氐

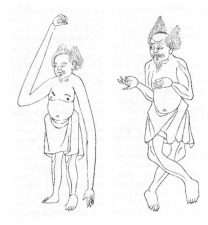

长臂国　　　交胫国

小人国

氐人国

人国等等。

以上这一切天象地理与万物,与人类都存在于混沌初开的天地之间。

天至高至远,所以叫作昊天,天神就叫昊天上帝,或简作"帝"。地至大至厚,称作后土、地神,其始是位老奶奶,叫作媪,后来又径改为后土。

后土之下各个族群都有自己的土地之神,叫作社神。昊天后土,一阴一阳,蕴生万物,所以又称天为父,称地为母。在多个兄弟民族的民间传说中,他们被合称为"天公地母",至于天为什么不坠落,地为什么不塌陷,说是有天柱撑着天,巨龟负着地等等,这些留到下文再细说。

天地之间是人间世,人死后为鬼。于是又产生了地上与地下交通的幻想——至少东方的初民认为人死后魂归泰山。

《山海经》中成书最晚的《海内经》又记有幽都之山。《楚辞》中把它作为地下世界,并说土伯为万鬼之王,鬼中最厉害的是疫鬼,疫鬼的总头领名叫伯强。有疫鬼,便有驱鬼的神,叫方相。他手掌上蒙着熊皮,黄金四目,黑衣红裙,执戈扬盾,以桃弓棘箭射杀疫鬼们。汉人王逸注解,认为幽都也由后土管领,所以地下之界,也是从属于大地的。

以上就是初民心目中天地之间人间世的大致情况。这个世界,首先是无序的。除天地之外,同一神有不同称呼,似乎也没有什么高下之分。而天公地母的观念又应当是由人分男女而引发的想象。因此,初民的宇宙意识是人以自我为中心对自然界的想象,是人的身心的物化。也因此各个时期各个地区

39

的各个族群,崇信着他们自己敬畏的神灵。其次,无论是天象地征之神,还是鸟兽虫鱼之灵,很多都参杂着人的某种形象。这一方面验证了多种古书所提到的上古之世"人与鸟兽同群""人神杂处"的淳朴的生存形态;另一方面,又指示着图腾崇拜的发生。诸如黄帝为云族,炎帝为火族,太昊为龙族,少昊为凤属,大禹的祖先是白马,戎族的祖先是白犬,匈奴族的祖先是狼,等等,只是许许多多半人半兽的始祖崇拜中尤其著名的图腾。再次,《山海经》中写到的各种动物,出现频率最高的是蛇,其次是鸟。与蛇、鸟相关的虚拟动物龙与凤也反复出现,这也指示着龙、凤二族后来在各民族中的崛起。又次,《山海经》中更写到很多神巫。正是他们攀着各种天梯,如昆仑、建木、若木等登上天庭,行使着人神交通的职能。最后据王红旗先生研究,《山海经》中成书最早的《五臧山经》(可能成于夏朝而为周朝王子朝携奔楚国)涉及 26 条山脉 447 座山岭及其相关水系。它们的地理位置东至东海诸岛,西至潼关段黄河以西,南至广东沿海,北至蒙古草原。除东北和西南的山川情况有所缺失外,其范围已与今天所说的华夏文明圈大致相当(至于此书中成文较晚的其他部分——至晚在战国时期,更明确提到今东亚、东北亚、南亚、东南亚若干国家的古称)。这说明了中华初民的视域并不像今天有些学者所认为的那样狭隘,也证明了夏禹时代的国土勘查工作的卓有成效。

以上种种都成为晚周至两汉时期,人们建构哲理化的宇宙秩序的素材。有关这个问题,且留到下章再细讲。

4. 初民宇宙意识的文学表现《楚辞》——以《九歌》为中心

散见于先秦典籍中有关初民宇宙意识的情状,在战国时期的《楚辞》中有较为接近原始形态的集中表现。

①《九歌》的神灵世界——神人之间

据《山海经》记载,《九歌》是大禹之子夏后启从天帝处窃得,带到人间,其起源应是很早的。《楚辞·九歌》则本是楚人敬祀神灵的歌舞,由巫师歌之舞之而与神灵交通。屈原因其辞句鄙陋,便在民间传唱的基础上作了改写。因此,今存《九歌》也并非是民间歌辞的原初面貌,甚至还渗透有屈大夫的幽愤之思。但是其中的神灵格局、职司及相关形象,还保存着大量原初的信息。

《九歌》共十一篇,最后一篇《礼魂》是对诸神总括性的礼赞。前十篇所祀神灵可分为三类。

祀天神五篇:《东皇太一》《云中君》《大司命》《少司命》《东君》;

祀地祇四篇:《湘君》《湘夫人》《河伯》《山鬼》;

祀国族英魂一篇:《国殇》。

天神五篇中,东皇太一是至高无上的"太一"在东方的代表。太一混沌无形,所以《东皇太一》中对于这位尊神的描写也仅一句,说是他服饰姣好,在空中飘舞。云中君,是云神,古人认为云是元气的运行,遍布恩泽,因此,是太一神恩典恍惚无定形象的体现。大司命主人之生死寿夭,少司命主子嗣,前者威严,后者亲和,他们应是太一神与人间关系的直接使者。东君即太阳神,楚人起源于东夷族,故称各族普遍崇拜的太阳神为东君,所以有人说这位神灵就是东夷族的祖先太昊氏,也有人说他是太昊氏的助手句芒,而太昊氏便升格为东皇太一了。要之,云中君、二司命与东君,都是至尊之神东皇太一恩泽的具体执行者。值得注意的是,起源于夏族的周族同样也有大司命,《汉书》所记晋祠五神中也有东君与云中君,而昊天上帝之名如前所述各地各时期有不同称呼。由此可见,楚地风俗与整个民族的关系。

地祇分为山、川二类。

湘君与湘夫人是湘水之神,汉时或以为即舜之二妃娥皇、女英,或以为是男女二神。从歌辞来看,以后说为长。湘水设二神,可能因为沅、湘、资、澧四水均入洞庭而注大江,以湘水为最大,所以古时称这一带为"江湘"地区,地跨两湖,是楚国的腹地。《湘君》《湘夫人》二歌,也着重描写二神交驰于江湘,相恋相慕的情状。而广涉这一水域的有关水名、地名,举湘而及江,湘水便具有了楚人母亲河的品格。楚人祀湘水男女二神,应有指示孕育之意。

河伯是黄河之神。楚人为什么要祠礼黄河之神呢?原来,本起于东南的楚人逐渐强盛,不仅据两湖为核心地区,其东北已扩展至今河南的东南部,与夏族文化融洽。

因此三水神并祠,正是楚人在敬礼本族水神的同时,更自承为华夏族一份子的民族心理的显示。

山鬼是山神,她的原型据《山鬼》篇的描写应是人面豹纹,小腰白齿,其鸣如鸣玉的"武罗神",至晚在战国秦汉间又演化为巫山女神,即南帝神农氏的次女瑶姬。当时楚国西南向已进至巴蜀一带,与巴族羌族融合;南向则及于岭南北部,与南方部族结合。以南帝之女为楚人山神的总代表,正是东夷文化与南方文化以两湖为接合部相互融合的表现。

《国殇》所祭祀的是"出不入兮往不返""首身离兮心不惩"的为国捐躯之民族英杰的亡魂,也可视作群体性的族神。而以人杰与自然神并祀,更使之具有族神与战神兼具的品格。"身既死兮神以灵,子魂魄兮为鬼雄",歌辞的结句在显示楚民族强毅的民族性格的同时,也透露了早期中国神人鬼三界交通的观念。

②《大招》与《招魂》——人鬼之间

这是《楚辞》中两篇召唤灵魂的作品。《大招》传为屈原流放九年,忧思烦乱,神与形离,而自招其生魂所作;《招魂》为屈原弟子宋玉召唤屈原亡灵而为。两者都极力铺陈四方穷山恶水、风霜雨雪、毒虫猛兽、山精水魅的凶险,而呼唤灵魂归回温馨的家园,可视作《国殇》中透露的神人鬼三界交通意识的铺展,而其中所表现的形神关系最可注意。形体仅仅是精神——魂魄的寄居处,人虽死,而魂魄常存,人未死,也可能精神超越躯体而神与物游。这一观念,同样体现于诸多兄弟民族的神话之中,如藏族认为人体内寄托着五守舍神等等,萨满教旋天术即是萨满在昏迷状态中灵魂上天入地的神功,高级的老萨满传称身有三至九"奥云"(一奥云三旋天),可以长时间地在天宇遨游,直至登上最高天。

萨满教的奥云——旋天术,正可以为《九歌》、二《招》中与神灵相通的神巫职能作出注释。神巫兰汤沐浴后,铺陈玉石镇压的瑶席,奉上桂酒椒浆,颂祝并与神灵交通,以至于与神灵合一。《九歌》中最难解的是"吾"字的指称。有时指神巫自身,有时指神灵,有时都难以区分究竟是指巫还是指神。这种

"混淆"正是巫师的灵魂与神灵合一的表现,最典型地反映出《九歌》的原始宗教色彩。

③《离骚》与《天问》——天人之间

《离骚》是《楚辞》中最出色的篇章,这一次屈原自己充当了一次近似巫师的角色。屈原自称在阴阳正中之时降生,名正则,字灵均,这名字便含蕴了得天地正中法则而与神灵均通的意思。因此在忠而见谤之时,他驾龙驭凤,乘风追电,朝发东津,夕至西极,登昆仑,过白水——遍谒各位著名的男女神巫,更与诸多男女天神地祇、往古圣贤对话,企望解答心中的困惑。最后在《九歌》与《九辨》的歌舞声中登上了光明的天庭,忽然又居高临下看到楚国的故土,因而"蜷局顾而不能行"。

与《离骚》相映成趣的是《天问》。《天问》是屈原游于楚国先王与公卿祠庙见到众多描绘天地山川神灵及古圣贤、怪物行事的壁画后创作的。因此不论《天问》作于屈原早年还是晚年,而可以确定无疑地说,《离骚》中上天入地与神灵圣贤交通的构想应是取材于楚国祠庙中上古神话的绘制与《九歌》所反映的原始神灵祭祀之礼仪歌舞,而屈原则以当时人参与天地作用的观念对上古神话作了更人性化的改造。也因此,《楚辞》中的神灵世界可视作由朦胧状态向理性秩序转化的一个结合部。

综上,可以认为《楚辞》,尤其是屈原的以上作品是根植于上古神话的文学想象,也是从神界通向人间的一座津梁。

第二篇 法天象地 初创

人神杂处,人与鸟兽同群的蒙昧状态,究竟经历了多长时间?这一时期,初民们是怎样生活的?什么时候人类世界才与神灵世界有了较明确的分界,初民才走出蒙昧而具备了较为明确的主体意识?对于这些问题,精确的甚至大体正确的回答几乎是不可能有的。然而可以肯定的是,初民们是依靠着自己在处理人与自然、族群与族群之间关系的过程中用自身的发明创造唤醒了自己的主体意识。而近一个多世纪来的考古发掘也让我们有可能结合有关的神话故事找到"觉醒"的一些大体标志与大体时段,虽然这个时段也是很长很长……

一、重黎绝地天通

1. 人与鸟兽同群的上古生活形态

其实,认真探究起来,无论是民间更流传的盘古还是上层所奉礼的羲娲,在蒙昧时期都没有任何绝对的权威,《庄子·胠箧》记载道:

古昔时代有容成氏、大庭氏、伯皇氏、中央氏、栗陆氏、骊富氏、轩辕氏、赫胥氏、尊卢氏、祝融氏、伏羲氏、神农氏。当时,民人结绳记事,满足于随时可获得的食物、衣服,乐于自己的风俗,安于自己的居所。邻国间可以相互望见,鸡狗的鸣声可相互听到,而民人之间则至老至死不相往来。

这也就是《老子》所说的"小国寡民",即自然形态的原始族群之生存形态。庄子的其他篇章与后来的《吕氏春秋》《淮南子》等都有所提及,其名号与《庄子·胠箧》虽有所异同,然而各书所记初民的生存形态都是"混沌"的,十分淳朴。如《庄子》又说:

泰氏——应当是最早的族群——安安逸逸地慢慢入睡,又不知不觉地醒过来,有时把自己当作马,有时又把自己当作羊。

赫胥氏时,民人居留时不知应当做什么,出行时也不问目的地何在,含着食物哺育婴儿而快快活活,鼓着肚子四处游荡。

《淮南子·本经训》则记道:

当初容成氏之时,民人行于道路,长幼如雁行般有序,将婴儿寄放在鸟巢中,在月末把余粮存储起来,揪住虎豹的尾巴,踩在毒蛇毒虫的身上,它们也与人们相安无事。

他们在劳作之余还模仿着动物歌舞以自娱。《吕氏春秋·古乐》记道:

当初葛天氏的古乐是这样的:三个人手执牛尾,跺着脚,唱起八首歌曲,一是《载民》,二是《玄鸟》,三是《遂草木》,四是《奋五谷》;五是《敬天常》,六是《建帝功》,七是《依地德》,八是《总禽兽之极》。

这应当是秦国的先祖商族的歌舞,"载民"就是生民——民之初生;玄鸟是指简狄吞燕子卵而怀上了商人的祖先契;遂草木是逐水草而居;奋五谷则是开始了农耕,说明当时商人的先祖已由渔猎向农耕转型;敬天常、依地理与建帝功三者相关,是敬天祭地歌颂昊天上帝;总禽兽之极,最有意思,应当是说人的生存依赖各种动物,而又为万物之灵长。

要之,虽然上古之世"禽兽多而民人少",也经常会有禽兽伤害人类的事情发生,然而人与万物、人与人之间的关系在不同学派的记载中总体上是和谐的。那些危害人的禽兽则被视作怪禽怪兽,如《山海经》中所记载,那时祸害

同类的已被称作"不才子",也经常被赋予兽形。《史记》集古代传说称:

当初帝鸿氏、少昊氏、颛顼氏、缙云氏都有不才子,分别叫"混沌""穷奇""梼杌""饕餮"。四者在《山海经》《神异经》中都是怪兽。如,穷奇兽在西北,似虎有翼能飞,伺机吃人,知人言语,听到有人相斗,就吃掉有理的一方;听到有人忠信,就吃掉他的鼻子;听到有人恶逆,反倒杀了野兽去送给他;等等。《史记》说这四个不才子后来被大舜流放到四裔,让他们抵御四方人面兽身的魑魅,使他们改恶从善了,而《山海经》《神异经》中的那四个怪兽也都为英雄所收服而变善了。最有趣的是那位兽身人面而贪吃的饕餮,它成了吉祥神,商周的铜鼎上往往饰有它的头像。据专家考证,它的原型应是羚羊。羚羊角是一种珍贵的药材,所以用它为鼎饰,有祛毒远害之意。对照《史记》与《山海》《神异》二经所记,可见上古之世,人兽杂居的生存状态及初民祈向善良并去恶从善的善恶意识。这也与西亚神话中的一味诛恶有所不同。

2. 天梯种种与人神杂糅

"缘天梯兮北上,登太一兮玉台。"传说中上古之世不仅人兽同处,而且神人杂居。而所谓天梯,是人神交通的途径。天梯是上古初民们对于高耸入云的大山巨木的想象。

高山型的天梯,最著名的自然是昆仑。《淮南子·墬形训》说:由昆仑之丘,再上一倍,是凉风之山,登上了人就能不死。再由凉风之山又上一倍,是所谓悬圃,登上了就有灵异的神通,能呼风唤雨。由悬圃再上一倍,就到了上天,登上了就化为神了,这里就是天帝的居所。

能攀天梯入云天的主要是神巫。《山海经·大荒西经》说道:灵山,是巫咸、巫即、巫朌、巫彭、巫姑、巫真、巫礼、巫抵、巫谢、巫罗十大神巫上下天地的高山,山上有一切可疗百病的药草。此外见于古籍的天梯类高山还有登葆山,是群巫所由上下处;华山东南的肇山,仙人伯高"上下于此,至于天"。

大树而为天梯者,最有名的是西方都广之野上的建木。传说太昊伏羲曾从这儿上下天地,是由黄帝(这里是天神)所建造并护理着的。众神也都从此上下,它形状似牛,有皮如黄蛇状的缨索。

巨木为天梯者尚有东方的扶桑、西方的若木、北方海外的寻木与三桑等等。

兄弟民族中也广有类似天梯的传说，比如苗族传说"楠木是天梯，架上九重天"；独龙族传说，天地之间有土台九重，人类可蹬台上天；藏族以林芝地区的贬税山为神山，山路上多有刻上梯状槽口的小木杆，象征人死后登天的阶梯；鄂伦春族有树葬，树木是人死后升天为星辰的媒介。

在初民的想象中，天梯是人获得天帝启示的媒介，然而也因而又人神杂糅，为天上的精怪开辟了骚扰人类的通道。最著名的凶神就是天狼了。

3. 举长矢兮射天狼——附《黑暗传》对传说中人神大战的整合

这是《楚辞·九歌》中的一句歌辞，说是神巫请得"青云衣兮白霓裳"的东君太阳神，用长箭——应当是日光的象喻——诛杀主司天灾的天狼。楚辞中的太阳神就是东夷族的始祖太昊氏，因此"举长矢兮射天狼"的神话是初民与自然灾害斗争的早期反映。《中华创世纪》中曾综合了有关资料，用故事新编的方式再造了一个太昊族与其分支少昊族，同天狼人神大战的故事[①]。这里，不妨再看一下神农架一带著名的民间传说《黑暗传》中有关盘古开天地后的一些故事：

《黑暗传》的开辟故事分为"先天一世"与"后天一世"。先天一世讲的是人类产生前仙界的开辟。说是玄元老祖由黑暗中化生出世界与三百六十位仙众与一众怪物，后来洪水淹没了仙界，只剩下三个半神仙，玄黄老祖斩杀了众多怪兽，并降服混沌怪兽作了坐骑。又将一个收纳洪水的葫芦交付泥隐子，让他在十万八千年后待盘古出世，助他重新开天辟地。后来玄黄老祖的头颅又化为混沌，盘古就从这个混沌中化生。然而天地间仍是一片黑暗，于是盘古开始重造天地。一斧劈开太阳洞，一斧劈开太阴府，释放出日月二珠，又追赶飞去的二珠到东方，将日月藏在深海咸池之中。然后又大步流星地赶向西方，在万丈深渊中找到了双眼碧绿、口吐黑气的混沌怪兽，盘古挥斧战胜了混沌兽，

---

① 参看赵昌平、骆玉明、汪涌豪：《中华创世纪》，少年儿童出版社，2011年。

又止住了黑水,归纳大海。就像玄黄收了先天黑暗那样,收了后天黑暗。然后盘古又来到北方,砍倒冰山,打败了鱼龙与鱼龙所化的苍鹰,历险犯难,开辟了寒冷的北溟。又来到南方战胜了火海火山之上守护着的万千火鸟并引水灭火,使得"南海从此对北溟"。这时他才回到东方,礼请日月二珠重新上天。正当二珠服驾金龙服驭的云车十二乘冉冉升天时,西方怪物(混沌)又吐出了满天黑气。这时日神抛出化云珠,月神洒下了甘露水,消除了黑气妖氛,从此日月照临大地,化育了万物。

盘古重开天地后就隐退了,传位于天皇兄弟,又传地皇兄弟、人皇兄弟,各历十数万年。

《黑暗传》是神农架一带的长篇丧鼓歌,成文于明末清初,多取材于《开辟衍义》等明代神魔小说而明显接受有道教的宇宙观念,也有一系列道教仙众登场,如玄元老祖、洪钧老祖等等,也兼取佛、儒,三教合一而汇为巨编。因此它不是真正意义上的神话,也难称有的研究者所说的"汉族的史诗"。然而丧鼓词作为一种民间的唱词,代代相传,而从歌辞也可以看出,原唱者对于上古传说相当熟悉。神农架地区为汉唐时"武陵蛮""五溪蛮"的东部,与西南苗瑶诸族关系密切,这里本来就流传着大量的盘古传说。《黑暗传》除了以道教观念构架出一个"先天一世",作为"后天一世"的母体以外,一应叙事如不论道教性质的"先天一世",从架构看基本沿用了徐整的《三五历记》的统系,即以盘古与伏羲女娲为创世与洪水后再创的两个关键。就具体的故事内容而言,则承继西南与中南南部神话的传统,将原属羲娲(如捏泥为人)甚至有羿(如除四凶)的传说,直接或变形后捏合入先天一世的玄元老祖与后天一世的盘古故事之中。而羲娲及以后的神农氏、轩辕氏、少昊氏、高辛氏、尧舜禹的故事骨架,又均是汉族的固有传说。因此可以认为《黑暗传》是汉魏以后汉族的三皇五帝与西南兄弟民族盘古创世说的捏合,而其中一应盘古战神魔的故事,也是多民族,尤其是汉族传说的半人半神英雄故事的综合。

从以上二节的所引述的资料来看,可以梳理出这样一条轨迹:

在先秦的典籍《庄子》中,各氏族,包括轩辕氏、伏羲氏、神农氏,是与其他许多氏族"当是时也"——同时并存的蒙昧时期的初民。这与《山海经》的有关记载是相应的。至汉代,伏羲与女娲被升格为创世神,演绎汉代《遁甲经》的《遁甲开山图》就说女娲氏没、大庭、伯皇、中央——等族十代"皆袭庖牺之号",而《竹书纪年》更将伏羲与炎帝列为《前记》叙述,正记中则为黄帝以下五帝,与《史记·五帝本纪》相同。至三国时徐整《三五历记》始引入盘古,置于伏羲女娲之前,从而形成了后世虽不为统治层认可,却在民间广泛流传的盘古开天地,羲娲再造人的两截创世神话,而后世的道教则再加上"先天一世"的故事,便形成二世三截的创世统系,而为多种演义小说所采用。

因此,可以认为在创世故事中的种种人与自然斗争的传说以及种种创造发明,虽然后世往往归总于几位主神——盘古、羲娲,以及黄帝等,但就创造的角度而言,他们只是一种符号。在顺应与改造自然过程中的种种发明创造,是包括汉族在内的诸多兄弟民族初民们群体智勇的结晶。下面我们再来看看有关的记载。

4. 初创的先哲们——以有巢氏、燧人氏为主

改造自然的关键,是初民们或利用种种自然现象,或创造了种种工具、用具,作为自己身体的强化或延伸。尽管汉以后的古籍与民间传说,将一应创造归总于各自认可的主神,然而先汉的典籍却有不同的记载,下面我们分门别类地检阅一下。

①网罟与弓箭、舟筏与车辆

这是渔猎时代最重要的发明。

1) 网罟

  圣人师蜘蛛,立网罟。(《关尹子》)

这应是最早带有仿生学意味的说法。"圣人"不知其名,传称与老子同时的关尹子很客观地说是某位智慧之人,以蜘蛛为师。到了晚周的《吕氏春秋》这位圣人总算有了个名字,说是"蜘蛴作网罟",蜘与蛴都是虫名,应当是指某个善于编织的民族。

与《吕氏春秋》时代相近的《世本》又说"芒作网""句芒作罗"。芒应是网的音转,还有着仿生的痕迹,而句芒,则是东帝太昊氏的助手,并为春神。也因此大抵同时期写成的《易经》的《系辞传》又直接称伏羲"作结绳而为网罟,以佃(狩猎)以渔"。

2) 弓箭

少昊生般,般是始为弓箭。

这是《山海经·海内经》的说法,少昊是太昊分支,后来到西方司日落,则《海内经》认为弓矢的发明者是东夷族或其西徙者。东夷族的另一英雄有羿善射,成书略早的《墨子》就把弓的发明权给了他。《荀子》的成书与《山海经·海内经》相先后,说是"倕作弓",倕是一位巧匠,《海内经》说他是帝俊的孙子。帝俊,有专家认为即高辛氏帝喾,所以倕为商族,商族崇风,与东夷族关系密切,后由山东进入河南,入主中原。所以,倕与般一样都可视作东方民族的弓箭之神,倕应是般的后辈吧。

不过,弓箭恐不是东方民族的专利。《山海经》中成文更早的《海外西经》与《大荒北经》都记西北(一说东北)有肃慎国。据郭璞注:肃慎国"其人皆工射,弓长四尺,劲强、箭以楛为之,长尺五寸,青石为镝(箭头),则肃慎人在石器时代就善作良弓利箭。"《竹书纪年》更称,帝舜时,肃慎(在东北)来朝,贡弓矢,所以后世以肃慎弓矢为这类武器的代表。差不多时期的《世本》则称作弓的是"挥",作箭的是"夷牟"与"浮游",这两个名称都有希微飘忽之意,可能是指弓矢的发明者目力极佳,能洞察幽微,有"仿生"的意味。想来应是较上述更早的传说,只是不知三者是何地何族。此外尚有"推亡""远望""续长"等弓箭之神。其命名也都有仿生迹象。虽见于记载稍晚,但起源未必晚于般与倕。

由此看来,弓箭也是由不同地区不同民族不约而同地发明的。而以东部与西北两地区所制更为坚利,因此他们的故事有较明确的记录,而其他就渐渐不为人知了。

3）舟楫

渔猎与稍后的游牧生活，居无定所，迁徙成为生活常态。甚至有数百数千里的举族大迁移，如商族由东南向中原，甚至向西南；九黎族由东南迁向南方；以及后面要介绍的伏羲族、黄帝族由西向东的发展；等等。于是，舟楫与车辆应运而生。

据《山海经·海内经》说，帝俊的曾孙"番禺是始为舟"，今广东南海有番禺市，《山海经·大荒东经》已有此地名记载，想来这位曾孙是帝俊或帝喾高辛氏在南方的分支。《大荒北经》又记：东北海之外附禺山南有帝俊竹林，大可为舟。这样看来番禺所制之舟似当为竹舟或竹筏。不过《大荒北经》所指竹林方位似乎在北方，因此引起很多讨论，清人郝懿行注引《初学记》《广韵》所存《神异经》佚文，称南方有沛竹（筛竹）长百余丈，可为舟。则应当是认为帝俊竹林在南方。王红旗先生认为，《大荒北经》这段文字本应是在《大荒南经》之中，而误入《大荒北经》的，可备一说。又古代的地图，多以北在下，南在上，因此也可能是经中所说东北之海外，即今天的东南之海外。帝俊为东夷始祖神，或说即帝喾，或说即虞舜，后二者之发源地也都在东南，因此东南部落是舟船发明的有功之臣。

不过同样的，东南部落也不享有舟船的专利权。《世本》记：共鼓看见一截中空的圆木可以浮水而渡，于是就将树木挖空而始作舟；又说：化狐看见鱼尾划水而游，就削木为船楫，以利行舟。同书又记"共鼓、货狄作舟"，货狄当是化狐的异文，共鼓与货狄都是中央之帝黄帝的臣子，则中原部落同样享有舟船的发明权。

应当成书更早的《吕氏春秋》则记"虞姁作舟"，姁从女，意指美好。所以虞姁应当是有虞氏的一位美丽女子，所以这传说应当起于母系社会时期，虞姁应是虞舜的祖先。

此外，前面介绍过廪君出穴造作土船，木船当然更不在话下。又有记载说伯益作舟，伯益是秦人祖先，他与廪君都在西部。

总之，舟楫的发明与网罟、弓箭一样也地及南北东西。

4）车辆

前面提到《庄子》所举上古民族有轩辕氏。《山海经》成文最早的《五臧山经》之《西山经》《北山经》已提到轩辕之山、轩辕之丘。稍后的《海外西经》与《海内经》则记有轩辕之国。因此，轩辕族是一个相当古老的民族。轩为车厢前用作屏障的部件，辕是搭在牛身上以利牵引的直木。因此，轩辕氏的名称就说明了这个民族是车的发明者。据《山海经》的记载，轩辕氏发祥于西北，近于昆仑。也许轩辕氏后来出了个大人物，他率族人一路东下而至中原，影响所及遍于四裔，于是后来被尊为中央之帝。中央属土，色黄，便以原先为上帝别称之一的黄(皇)帝加于这位大人物身上，称之为黄帝轩辕氏。

其实《山海经》中并没有黄帝轩辕氏的提法，轩辕氏自为轩辕氏，黄帝自为黄帝。也因此，后世把车的发明权归之于黄帝，只是以黄帝作为轩辕族造车的代表。

与西北民族造车相关的还有奇肱国的传说，见于《山海经·海外西经》，《海外经》成文略晚于《五臧山经》，在此书中也是较早的部分。故事说：奇肱国在一臂国之北。奇肱与一臂相对，所以有专家依《淮南子》的相关记载认为奇肱应是奇股独腿之意。其人乘文马，有赤黄色的两头鸟护持其旁。所谓"乘文马"是以四匹文马驾车，文马白身红鬃，双目若黄金，产于犬戎国，犬戎是后来匈奴族的前身，《山海经》亦认为黄帝之裔，是以犬为图腾的游牧民族。从高辛氏时代起便与中土不断征战。据此，有理由推想，车在西北的初创权，善于饲马的游牧民族也有着一分子。四马牵引的战车相当厉害。后来秦国统一六国，战车起了重要的作用。犬戎为秦军击败，其部分族裔归于秦国，这也许是秦军战车称雄战国的一大助力。由此可以推想，所谓奇肱，应当是中原人对擅长骑战车战而不善双腿着地步战之犬戎族的一种带有嫉恨之意的变形描写。

几乎与西北民族发明车的记载同时，更有另一位车祖是东部薛族人奚仲的记载。据《山海经》，他是舟船发明者番禺的儿子，奚仲之子吉光又对车作了改良。直至汉代，山东一带还广泛祠礼着这位车神。据传奚仲作车是受到了飞蓬的启发。蓬草干枯后呈圆形，被风一吹便遍地乱滚。所以，《淮南子》说"见飞蓬转而知为车"。

车辆发明者还有另外一些记载，《世本》记：殷人的车神是契的孙子相土，《荀子》则记"乘杜作乘马"，杜与土同，乘是"乘马"之省，所以乘杜应当就是相土。马车的发明又促进了驾车技艺的发展。《世本》记载，腊与韩完善了驾御车辆的技术，这二位在《淮南子》中又转作"乘雅"与"寒号"。不过最有名的车把式是王良、造父。《淮南子》记载，他们上车后一提马鞭绳，四马就协调齐整，步调一致，飞奔如电光明灭，不加鞭策就能左转右拐、周旋如园。因此，王良、造父的名声甚至压倒了同书同篇的钳甘、大丙，而成为历代歌咏中善驾者的象征。

以上资料中有一个疑问，车辆服牛驾马，究竟是牛车在先呢，还是马车在先呢？《世本》记"胲作服牛"，这个胲就是《山海经》中那位"两手操鸟，方食其头"的王亥。殷墟甲骨文中奉之为祖先，又《太平御览》卷七七三所引《古史考》的说法值得注意，说是"黄帝作车，少昊时略加牛"。这就是说轩辕氏初创车时应是用人力牵引的，到少昊氏时才或用牛车。于是研究者多称牛车先于马车。然而据以上奇肱（股）人乘文马的记载，我们有理由如此推想，王亥、少昊氏为东南民族，牛在南方较普遍，所以，东南部以牛车为先；而西北犬戎诸族是马上民族，当以马车为主。再从古籍中大量记载来看，直到晚周，马车主要为贵族所乘，或用于战争，民间则多用牛车。故直至今世，南方乡村中牛车仍屡见不鲜。

弓箭与网罟的发明延伸了手的作用，舟船与车辆的发明则延长了脚的功能。在众多的早期发明之中，除了取火与造屋外，这些是最为重要的创造，所以上面就以此为代表略作介绍。

② 燧人氏与有巢氏：火神与宅神

燧人氏与有巢氏，这是两个以功能命名的氏族或氏族首领而并非姓名。下面我们分别来作些探究。

1) 燧人氏与相关神祇

火的发明在人类的进化史上具有无可比拟的重大作用,因此《周易·说卦传》称"燥万物者,莫熯于火"。人类不仅用火烧煮食物,以利消化吸收,用火照明取暖,度过长夜寒冬,更"放火烧草猎"(《尔雅·拜天》郭注),即烧山驱兽以围猎;"焚莱,除陈草"(《周礼·夏官·大司马》郑注),即燎原除草以备耕。后来更用火烧陶铸铜等等,所谓"炼金合土"(《礼记·礼运》)。因此在汉代的纬书与今文经学书中,燧人氏成为三皇之一,与伏羲、神农并列,甚至超越伏羲为三皇之首(《尚书大传》)。

晋代王子年《拾遗记》载有一则燧人取火的神奇故事,说是:

南方有燧明国,不分四季昼夜(按:当是"黑暗""混沌"了),那里的人长生不死,他们一旦厌世了就升天,国中有火树叫燧木,屈曲万丈,云雾在它的树冠间吞吐出入,折取它的树枝相钻砺,火就出来了。后世有圣人为了改变生肉的腥臊之味,就游于日月之外,来到南方,见到这树上有一只鸟,形状像猫头鹰,用喙啄树,火就粲然而生,圣人受此启发,就折取小树枝来钻火,竟然成功了。因此这圣人号燧人氏,在伏羲之前。

王子年讲的这个故事有一定依据。战国前中期的《尸子》就记载"燧人上观星辰,下察五木,以为火也";稍后《韩非子》也有圣人"钻燧取火以化腥臊,而民悦之,使王天下,号曰燧人氏"的记载。以上《尸子》所记"下察五木",就是《论语·阳货》所说的"钻燧改火",据汉代马融注说《周书·月令》有更火之文:春取榆柳之火,夏取枣杏之火,季夏取桑柘之火,秋取柞楢之火,冬取槐檀之火。一年之中钻火各异木,故曰取火也"。则五木又与五行、五季(季夏单为一季,以补四季之不足)相配,火就有了指示时节变化的意义。《月令》所记当为《左传·昭公十七年》"炎帝氏以火纪"之遗意,而唐韩翃《寒食》诗说"日暮汉宫传蜡烛,轻烟散入五侯家",便是借汉喻唐,记宫中取火并赐贵族的情景,诗中所赐当是春末夏初时的枣杏之火吧。

由以上资料看来,王子年"燧明国"的故事,当是以由"混沌"——"黑暗"中产生光明的上古意识,糅合先秦古籍记载与南方传说而创作的。台湾高山族传说乌胡火鸟为人类取来火种,当是此类南方民间传说的遗存。

在五行与五方观念中,南方为火,因此南方有关火神的传说最多。南方之帝炎帝是当然的火神,春秋时《管子·轻重》就称"炎帝作,钻燧取火",《左传·哀公九年》又称"炎帝为火神"。传说炎帝"锐头",应是象征着火苗是尖的。炎帝又称神农氏、烈山氏(《国语》)则说明早期农业的刀耕火作起于炎帝时代。

炎帝的辅佐神祝融(黎),被尊为高辛氏时代的火正,它兽身人面,乘二龙。《山海经·海外南经》郭璞注则称他为火神。这位祝融或称黎,是上古神话中一位重要人物,后面我们还会重点介绍他的更重要的故事。

南方之神还有吴回,它只有一只左臂。传说是祝融的弟弟。吴回又叫回禄,也是火神,只不过他执掌的是火灾。《国语·郑语》记,人们向回禄祈祷以禳除火灾,后世因此把火灾叫作"回禄之灾"。祝融与回禄二兄弟同为火神,正显示了初民对于火正反两方面作用的认识。

从《庄子》将祝融氏与神农氏并提,参《尸子》已记有燧人氏来看,他们应是不同的氏族。战国末期五行说兴起,神农氏与炎帝合一为主火的南方之帝,火神的名号始专属于炎帝、祝融一系。然而到了汉代新的三皇说出现,将《尸子》中的燧人置于三皇之首称遂皇,为太阳神,伏羲与神农分别为人皇与地皇。这应当与汉朝已自视中央帝国,而东汉开始,汉由土德改火德有关。中央帝国的火神自然不宜是南帝,于是不知何方神圣的燧人氏也就又翻了个身,成为后世中华民族共尊的火的发明者。其实这些都是个符号。从文献记载郑人祀吴回、荆人礼祝融,更有称伏羲与伯牛钻燧取火、黄帝钻燧取火,乃至怒族火神为腊普与亚妞。独龙族火神为彭哥,高山族火神为阿波苦拉扬与塔里布拉扬,彝族火神为老龙等来看,取火当是各地各族在相近时段不约而同的发明。除钻木取火外,还有钻石,彝族老龙就是其中一位。

火的发明进一步催生了烧铸技艺,最重要的有两项:烧陶与铸铜。

著名的陶神有三位。

一是帝尧陶唐氏,《山海经·中山经》记尧山之阴多黄垩。又尧字从人从土,唐即燝,烧焙之意。因此刘城淮先生认为尧的部族是土图腾,尧的原型当是陶工。尧的继承者虞舜,也善于制陶。所以《国语·晋语》更记,虞舜以上陶祖为陶唐氏,至夏代为御龙氏,至商代为豕韦氏,至周代为唐杜氏。看来御龙氏以下各位,应是陶唐氏的徒子徒孙。考古学家发现,今山西襄汾陶寺遗址,距今约4500年,与古史所记尧至夏代孔甲时期的时间区间相应。这是《国语》所记的一条佐证。又传,为陶唐氏掌火的火正叫阏伯,后于商丘祀大火星,相土继承之。这应是商族的说法。

第二位是昆吾。见于晚周《世本》《尸子》《吕氏春秋》等。说他是吴回之孙,替夏伯制作陶器,还发明了瓦,代替茅茨来盖屋顶。这是夏族的说法。

第三位是宁封子,相传为黄帝时的陶正,见于汉代刘向的《列仙传》。

中国古籍对上古之事的记载有一种规律。越是后出的书,所记人事溯源越早形象也越高大。顾颉刚先生称之为"层累地造成的中国古史"。三位陶神的有关记述,正典型地反映了这种状况。宁封子传说属于仙话,故事也灵异幻变。有四川民间传说显示,其原型应是一位舍身救窑的陶工。这样的陶工在江苏的陶都宜兴也另有一位,故不足为凭。而就先秦古籍与上述考古发现来看,上文《国语·晋语》所举系列还是较为平实可信的。

铸铜之神据《山海经·五藏山经·西山经》记载是泑山之神蓐收,他人面虎爪、白尾、执钺,被称为金神,威严肃杀,故又被尊为刑神。战国时诸多故事称蓐收是少昊氏的后裔,这应与当时五方之帝说兴起,少昊为西帝,西方属金,故称少昊金天氏,蓐收为他佐贰有关。少昊本为东夷族,后西迁司日落(详后),故以其后裔该与西方的金神蓐收合一了。所

蓐收

以西方帝神的配置,隐隐透露出冶铜术的确立是东西方部落合作的结晶。可支持这种推测的有二点:一是《尸子》记"造冶者,蚩尤也",《遁甲开山图》又记"蚩尤,炎帝之后,与少昊治西方之金",而蚩尤为九黎族,与东夷族为邻,居

东南,后为黄帝战败,南迁而为苗族之祖,蚩尤族兄弟八十一人铜首铁额,善于以铜制作各种兵器,更广见于多种古籍;二是山东平丘的龙山文化考古发掘中,已见红铜器。龙山与少昊族的发祥地相近。红铜先于青铜,由红铜至青铜是冶铸史的一次飞跃。商代青铜器成就最高。商族系出东夷,后西迁据有中原,更有一支深入西南西北。联系汉代记载西域的刀具尤其锋利坚韧,如大食刀。有理由推想,商代的青铜冶炼技艺是在其固有的红铜技术基础上吸取了西部的冶炼术的成分而形成的。

2) 有巢氏与相关神祇

《庄子·盗跖》记,古时禽兽多而人民少,于是民皆筑巢以避禽兽。昼捡橡实,暮栖树巢,所以名之为"有巢氏"之民。

显然,庄子是把"有巢"看作一个氏族的,或者是指人类发展的一个阶段。稍后的《韩非子》记叙大体同《庄子》,只是说成有圣人作,构木为巢,所以人民拥戴他为王,号之曰"有巢氏"。于是,有巢氏由族群之称变为"圣人"了。

汉魏间的一些著作更称有巢氏治琅邪山南,王天下百有余年,因误用乱臣贼子而亡国。琅邪山在山东胶南,这就把有巢氏指为东方族群了。更后的《项峻始学篇》则称"上古皆穴居,有圣人教之巢居,号大巢氏,今南方人巢居,北方人穴处,古之遗俗也"。这就将有巢氏指为南方族群了,这类实指是有些问题的。

据考古发掘,北方的初民遗址,如甘肃的仰韶文化、陕西的半坡文化,甚至山东河南的龙山文化等,居处都是半穴居式的,即在地坑上以木支撑起茅草的屋顶,这应是穴洞与树巢的结合,并非与"有巢"全然无关。南方如良渚文化、河姆渡文化乃至西南的一些考古发掘,居处多为栅栏式的,即以大木为桩支撑起的竹木栅棚。这诚然是树巢的改进,然而前面所介绍的巴蜀的廪君、云南的司岗里传说及岩画也都指向穴居。因此说"上古皆穴居"是对的,但以为北方未有树屋的影响就有问题了。巢居应是南北共同的第一个进步,西北方的半穴居式与南方的栅栅式,只是因气候不同,可用的材料不同,为由穴居至巢居的变迁中两个不同方向的发展。"有巢氏"也应是中华民族共同的营造之神的符号。

《吕氏春秋·审分览》还记载"高元作室",《淮南子·氾论训》则说,"圣人乃作,为民筑屋构木,有栋梁支撑屋檐"。这应当就是后世土木建筑的雏型了。高元不知何时何地人、元字通玄,所以高元意指高深莫测的天人神人。也是一个符号性的名字。参以昆吾为夏伯作瓦的传说。房屋的建成应是夏代以前的事,这时初民应当已经定居。

甘肃大地湾仰韶文化各期的屋址,很典型地显示了人类居处的演进。第一期的时代均距今七八千年,发掘的居处是经过整修的洞穴。第四期距今5000年左右,发掘出来的建筑都是上栋下宇的宫室,且已经成片并有大型的会堂式建筑。这表明村落已经形成。中间的二、三期,则大多为半穴居式。因此从穴居发展到房屋,中间经过3000年左右的漫长时期。而同时,一期中已不仅有骨器、角器,还有陶器,甚至有少量的谷物。以后各期各种器物越来越精美,著名的彩陶在二、三期中已经成熟,动物骨骼与谷物也越来越多;而四期的会堂式建筑及四周密集的工艺成熟的居室,说明农耕文明至晚在5000年前已经产生。中华初民上述的种种初创都应在这一时期之前,而夏、商、周崇礼的名讳不同而实质相同的各位发明之神又说明各种初创的多元性与互补性。

有居室,自然就有宅神。宅神种种,汉代归结为五祀,即祀门、户、井、中霤与灶五神。不能一一介绍。其中最有名的是灶神。灶神是火神与宅神的结合体。穴居时代就有一种灶,由于灶中常寄居着蛙类动物,所以那时的灶多为蛙状,蛙或蛤蟆也被敬为灶神,属于动物崇拜。随着炎帝与祝融成为火神,灶神也曾由二者兼领。有趣的是,早期的记载称祝融为"老妇",这位老妇在《庄子》中又被称为"髻"——已婚女子的发型。这应是缘于炊事是妇女操作的。周代的奥祭,也是由女性家长——"老妇"主持的。据《周礼》贾疏,奥为灶神,"常祀在夏,以老妇配之",所以"奥灶"常连称。江苏昆山著名的"奥灶面",即取义于此。先炊之时行奥祭之礼,应当也是对灶神的敬礼。这些,有着上古之世女性为尊的遗响。晚周礼乐崩坏,各种祭祀的原始形态都面目不清了,祝融也由"老妇"恢复了男身,数变之后就有了后来的灶王爷。"灶王上天二十三",向天帝禀报这家人的善善恶恶,实际上包揽了各位宅神的职能。其他四位宅神,除门神唐以后传为秦叔宝、尉迟恭外,都不为人知了。而秦、尉迟二神也肯定不是门神的原型。

在众多的早期发明创造基础上,初民们又想象出一些通百巧、知万物的神人。

《山海经·海内经》是《山海经》中成书最晚的部分,应当在周秦之间或汉初。它记载,帝俊的孙子叫义均,也就是巧倕,他为下民创造了"百巧"——一应巧妙的东西。这记载集结了《墨子》《荀子》《吕氏春秋》《世本》等众多先秦古籍中有关"倕"的传说,而众多古籍的记载说明"倕"应当实有其人。帝俊是《山海经》中出现频率甚高的天帝,学界或认为即帝喾高辛氏,《吕氏春秋》即直接称帝喾命有倕创造了种种乐器,因此倕应当是商族的一位能工巧匠。传说他创造的"百巧"有各种农具、乐器、舟船,甚至规矩准绳——即木工的测量工具。因此,晋代的《抱朴子》称他为"机械之圣也"。想来倕应当对初民的种种创造都作过改进,而被尊为百巧之圣。

托名东方朔所作的《神异经》,是汉魏间仿《山海经》的一种志怪小说,其中《西南荒经》记载:

西南大荒之中有一人,长一丈,腰围九尺,足踏龟蛇,头戴朱鸟,右手凭靠着白虎。他知道河海的水有多少斗多少石,知道山石究竟有多少。不仅懂得大地上人民的各种语言,还通鸟兽之语。他知道哪些谷物可食用,各色草木的种种滋味。所以名曰圣、贤、哲、无不达等等。凡人见到他下拜,他就能令此人聪敏如有神助,因此这位天下圣人又名"先通"。先通的形象与本领明显具有汉赋那种"包荒宇内"的"夸饰"特点,是汉代所造的神而反映了周汉期间形成的圣贤先知先觉以教后知后觉的观念。尽管如此,他与巧倕一样透露出先民在敬重勇强之力的同时,对于智慧之光与技艺工巧的崇拜。可惜这种对"工匠精神"的崇拜,汉以后就失落了,这对中华民族的发展有很大的负影响。

5. 重黎绝地天通

智慧之光催生了形形色色的发明,而发明更反过来激发了人的主体精神的觉醒。《国语·楚语》记载了这样一个故事,说是:

上古之世,人神不相混杂,人只是依靠巫觋与神交流。到少昊氏衰微时,九黎族乱德,民神杂糅,一切秩序都乱了套。人人都可设祭,卿大夫之"家"也有巫史,然而没有诚信。民人因祭祀匮乏,却得不到神的福祐。祭享没有法度。民神同居一处。民亵渎了斋敬,没有威严;神熟稔于民间的习俗,也放松了行为的自律。于是,天不再将丰收降赐人间,民间也没有东西可以祭天神,祸灾接连而至,和气不能舒展。颛顼氏接替少昊氏,就命南正重管理天作为神的居所,让火正黎管理地,让人居住。使一切恢复旧规,神人不相扰,这就是所谓绝地天通。

这段话是楚大夫观射父就楚昭王问《尚书·吕刑》说重黎绝地天通是何意的答辞。东周时礼乐崩坏,观射父的解读显然有孔子所谓正定名分的意思。也因此研究者多谓这故事反映了阶级分化、反映了奴隶主的意志。然而,这并不符合神话故事的原意。

重黎绝地天通的故事最早见于《山海经·大荒西经》。说是,西北大荒之中有座日月山,是天的枢机。日月从天门吴姖出入,有位神,人面无臂,双足反过来拗到头上,名叫噱。颛顼帝生老童,老童生重与黎,帝命重将天抬高,命黎将地压低,地上生出了这个噱,处于西方极边,以便日月星辰依次而行。

《大荒经》所记没有商代以后的内容。王红旗先生据此认为成于商代,比《尚书·周书》中的《吕刑》更早,《国语·楚语》的故事,显然本源于此。《吕刑》已把这故事称为"绝地天通",可见天地初分之时相隔很近,有天梯可上下,因此民神杂处,人既受天神的庇佑指导,也会受到邪神精怪的侵扰,所以产生了"举长矢兮射天狼"一类的想象。民神杂处是人处于混沌状态主体意识尚未清晰的象喻。

瑞士心理学家皮亚杰的"发生认识论"阐述了人类认识的发生发展原理:儿童在七八岁前处于朦胧与半朦胧状态,至七八岁时,此前所接受的各种片断印象在大脑中构成了个人认识世界的最初图式。这时,主客体才有了分界,个人的主体意识便觉醒了。人类的认识史与儿童的认识过程是一样的。因此,我们认为颛顼命重黎绝天地通故事的实质正反映了人从神人杂糅的朦胧半朦胧状态中开始觉醒,企图掌握自己的命运的主体意识已经发生。《大荒西经》所说反瞏自身而"行日月星辰之行次"的噎,便是人对天体运行早期观测的反映。《山海经·海内经》还记有一个噎鸣,"噎鸣生岁十有二",就是说他观测到了岁星(木星)十二年环太阳一周的规律(王红旗说)。两相互参,再证以商周时期已经相当普遍的天文观测,可以认为在颛顼(高阳氏)时代,初民已跨过了由听天由命到知天顺天利天的门槛。这是一种伟大的开始具有形而上意味的创造。有关这一问题,我们将在下一节的伏羲创八卦中再行展开。

二、八卦与历法

如果把地下生噎以行日月星辰之行次,视作初民对天体运行认识的开始,那么八卦与历法的发明,便是早期典籍已言之凿凿的事实;如果说诸多发明创造的神人大抵众说纷纭或难以实指,那么八卦的创始者,却没有疑义,几乎所有的记载都指向伏羲。也因此在后来形成的"造人与再造人"的叙事架构中,盘古被指为中华人类始祖,伏羲则被尊为中华人文始祖,而在较早的伏羲创世说中,他更一身而二任,仅此一点就足以说明伏羲创八卦在中华文明史上地位的重要。

1. 伏羲创八卦

传为孔子所作的《易经·系辞传》记载:

> 古者包牺氏之王天下也,仰则观象于天,俯则观法于地与地之宜,近取诸身,远取诸物,于是始作八卦,以通神明之德,以类万物之情。

《系辞传》之前,《管子·轻重》已记管仲对齐桓公问,称"伏羲作造六峜,以迎阴阳"。峜即法,六峜之名目与八卦中乾、离、艮、兑、坎、坤相合,可见六峜是八卦的前身。战国时《尸子》更记"伏羲始画八卦,以迎阴阳"。司马迁作《史记》,因三皇之事悠谬难以证信,所以以"五帝"为《本纪》之首。但在自序中还特意写道"余闻先人(其父司马谈)曰:伏羲至纯厚,作《易》八卦",这样,伏羲作《易》创八卦便成为定论。

汉以前的记载多说伏羲为华胥氏,其母在雷泽踩到了巨人的足迹,而生下了他。其地在今甘肃天水。天水甘谷西坪乡出土的仰韶文化之彩陶瓶,绘有一个人首蛇身、双足各四爪、口眼为窟窿的图像;大地湾的一个彩陶瓶,器口更绘有一个被发、蒜头鼻、口微张的人头像,瓶形似截尾的"人头蛇身像"(参杨复峻说),这些与各种古籍记载中伏羲牛鼻、大目、长须、蛇身人首基本相合。至于地理位置在西北,也相应。所以,这种造型可视为昆仑山下蛇身人首的伏羲兄妹的前身。因此,伏羲应是西北蛇(龙)崇拜部族的首领而被神化,时代应在公元前七八千年甚至更前。后面我们还会讲到伏羲族非常强大,他们不断东迁。伏羲创八卦,据龙马负图出河启发了他等传说,应是东迁至中原时的事情。王子年《拾遗记》记:

天水甘谷西坪乡出土彩陶瓶

> 伏羲坐于方坛之上,听八方之风,乃画八卦。

风是元气的运动,所以古人称风为"乾坤之至德"。伏羲与女娲也都是"风"姓。

又后人所辑《周易》之前的古《易》,有《归藏》,说是"昔女娲筮张云幕而枚占神明,占之曰:'吉'。昭昭九州,日月代极。平均土地,和合万国"。《易》最初是用来占卦的,"枚"即占卦时的蓍草。因此,我们根据八卦的根本为阴阳,综合以上材料,以及兄弟民族的传说设想为这样一个场景:

人类繁衍,食物变得匮乏,雨雪风霜与毒虫凶兽更时时威胁着初民的安全。伏羲与他的妻子女娲很难过,苦苦思索着天地万物的因果关系,希望找到能让他们的孩子更好地生活的根本之道。

一天又一天,一月又一月。伏羲仰观天穹,注意到太阳东升西落,月亮盈亏圆缺,虽有寒暑阴晴的递代,而日月运周,永不止歇。他更注意到夜空群星璀璨,月移星转,而有一组七星组成的斗状星座,斗柄所指方向不同,天下的冷暖也不同。他又俯察大地,风向变换,冷暖更易,而地上的草木青了又黄,黄了又青;草丛中的昆虫鸟兽,树木上的长蛇蜥蝎,或随草木变换着颜色,或随冷暖更换着羽毛,与周边的环境融为一体。风声又起来了,乌云裹着阵雷从四方聚拢来,霹雳一声,雷电击中了远山上的大树,山火熊熊地燃起,可一会儿,大雨倾盆,浇灭了林火,雨水又从万千的枝梢上滴下,激活了山溪,更汇聚拢来,形成悬垂于悬崖上的巨大瀑布。悬瀑奔腾而下,却又被山崖阻遮,或消失于山岭之间,或不断地改变着方向。道道水泉,终于汇成巨大的水流——江河,由高处向低平处流去,奔腾不歇,既滋养着万物,又时时造成水灾。这些日常发生在身边而不甚注意的事物,这时都成了伏羲的新发现。而每一次发现都使他心动神驰,若有所悟……

他登上了河畔一道方广十亩的土坛,面向太阳升起的地方,盘腿而坐,合上双眼,倾听沉思;女娲张开了云幕,在坛下面朝伏羲,也盘腿坐下,静静地,精神却与伏羲交通。昆虫鸟兽也都为这庄严的一幕震慑了,屏息敛迹,生怕惊扰了这一对人类的始祖。伏羲思考得那么入神,昼夜相继,纹丝不动。他下巴上的胡须越长越长,竟然长过了盘着的双腿。冥冥之中,他究竟想到了什么,看到了什么?

也许他想到看到了他南方的孩子们给他讲过的一个故事:一只狼、一只青灰色的饿狼向他走来,忽然又听到了一声虎啸,一只斑烂猛虎跃出林莽吓跑了灰狼。忽然又一声咆哮,一头金鬃雄狮走来,驱赶了猛虎。林间又发出树枝折断的咯咯声响,一头巨大的白象挥动长鼻吓跑了雄狮。然而大象又突然止步,不停地摆动着脑袋,两只耳朵蒲扇般左右狂搧。原来一只小老鼠在大象头上身上蹦跶,想要钻进他的耳朵,使这庞然大物好不可恼,"喵"地一声,一只花猫从树上蹿下,扑向小老鼠。小老鼠眼看要落入花猫的爪牙,谁知"汪汪"连声,一只大黄狗扑向花猫,花猫急忙逃窜。大黄狗正得意间,原先那条灰狼又出现了,对着狗呲牙咧嘴,却又慑于虎威,不敢造次。这样虎禁狼,狮禁虎,象禁狮,鼠禁象,猫禁鼠,狗禁猫,狼又反过来禁狗,七物环伺,相生相禁,形成一个环状的物物相生相灭的链索(西南传说)。伏羲若有所悟,正待张开眼来,忽听风声又起,环伺的物象消隐了,而这时的风声,听来更与前此不同——

迎面的风吹来了,吹得长须向后飘动;背后的风吹来了,吹得长须向前飞拂;右手边的风吹来了,长须飘向右边;左手边的风吹来了,长须飘向左边。……东北、东、东南、南、西南、西、西北、北,四面八方的八位风神交替着贴着伏羲的耳边掠过,又转向女娲,绕着她飞舞。八面来风中伏羲微垂的头颅渐渐抬起,微弓的背脊渐渐地挺直……"看啊!"围观的人群突然惊呼起来,原来伏羲通体慢慢散发出金色的光辉,越来越亮,而云幕下,女娲也开始散发出银光。金光(阳)、银光(阴),在八风交汇中融为一柱冲天的明光,伏羲随光柱一跃而起,长须及地,双手高举,朝向太阳高呼:"我明白了,我终于明白了!"又朝向围观的人们说道:"孩子们,你们看啊,昊天大神通过他的使者——风启示我们,那太阳升起的地方我们叫它作东方,太阳落下的地方叫他作西方。我右手的方向是南方,左手的方向是北方。东南西北与上天下地合成了我们生活的世界叫作"六合",东南西北四面的交界的四隅,叫作东北、东南、西北、西南,四隅与东南西北合称四面八方。

阴气与阳气相摩相荡,产生了东风、东南风、南风、西南风、西风、西北风、北风、东北风。八风相续相生,周而复始,从而在神妙不可端倪的变化中孕生了雷电霜雪等一应天象,与山川草木鸟兽虫鱼等地表物象。万物都领沐着天地阴阳的恩泽,而唯有我们人类才终于参透了其中的道理,所以我们人类既是万物之一,也是唯一懂得天地之心的万物之灵。

伏羲话音未落,大河上忽然白浪翻滚。一匹纯白的龙首神马从波涛中跃起,奔向伏羲。它背负着一幅方形的由五组黑(阴)白(阳)两列圆点组成的图案。由内向外:下为白一黑六,上为黑二白一,左为白三黑八,右为黑四白九,中间则为上下各五黑夹着五白,各组内层无论黑白,点数为一、二、三、四、五,为生数,外层六、七、八、九、十为成数,生数为先天之数,成数为后天之数。这组由数组成的图象就是所谓河图。

伏羲八卦图

伏羲仔细地研究了河图的各组象与数,参合了自己的觉悟,然后向女娲点头示意,让她张开了白色的云幕,自己则拔起一棵大树,在云幕上化点为线,改四面为八方,各以"—"与"--"两种分别代表阴阳的线条,相配合,画上了三根一组而组合不同的线条,如:(☰☱☲☳☴☵☶☷),中间则是一个黑阴白阳相合抱而未分的圆形。这就是"八卦图"。

八卦图与"河图"的关系相当复杂,且众说纷纭,这里不可能细述。八卦本身,据说后来经周文王、周公的推演更演衍为六十四卦,三百八十四爻,来显示天地万物与人事的变化。这一复杂的系统也不可能在这里细述。于是我们只能对原始的八卦最基本的含义略作介绍。

中间黑白合抱的圆形象征着阴阳两气负抱而未分的"太极"(太一),二气相摩相荡,便产生八方的八种卦象,各以阳线"—"与阴线"--"共三根表示。阳线、阴线的数量与相互位置,呈现出一种图像,表示阴阳盛衰的配合与变化。八卦的名称为乾一、兑二、离三、震四、巽五、坎六、艮七、坤八。乾、坤处于一与八的位置,为纯阳与纯阴(☰与☷),代表生成万物对立统一的二极。其他六卦都是阴阳的不同配合变化,以八种物质来代表,乾为天、坤为地、震为雷、巽为风、坎为水、离为火、艮为山、兑为泽。这是化生万物的八种最基本的事物。各卦中都蕴有二气的变化。就卦气而言,从纯阴的坤卦开始,卦气依"坤、震、离、兑、乾、巽、坎、艮"的次序循环移行,而有阴阳盛衰的变化,从而形成四时八节气候的变化与万物的滋长。人们也就可以依天道而春生、夏长、秋杀、冬藏。

后世对卦象、卦气解说中以三句话最为紧要。

一是"阴阳不测之谓神",说的是万事万物的变化是自然而然发生的,而非刻意人为。因此人可以利天,但前提是不能逆天。

二是"生生不息之谓易",说的是易的基本原理是变与不变。变是永恒的,不变的只有八气周流,阴阳化生而生生不息,是永不止歇的宇宙运动形态。所以说"易"的一种意思就是"变易",如果说有什么不变,那么只是这一运动形态。

三即是前面所提到的"天行健,君子以自强不息","地势坤,君子以厚德载物",说的是人们法天象德,改造万物,也改造着自己。在人与自然、人与万物的关系中,人人应像天道运行般自强不息,像大地载物般宽厚有容。

后面我们还会结合历法的产生,用一个具体例子来说明《易》的上述重要原理。

2. 鸟历与龙历

① 少昊氏的鸟历

历法应当是八卦对于气候变化观察的进一步发展。《左传·昭公十七年》记商族的郯子所说各氏的纪官方式,大意谓:黄帝氏以云纪,故设云师而以云名官;炎帝氏以火纪,共工氏以水纪,太昊氏以龙纪,而郯子的祖先少昊氏立为帝时,恰恰有凤鸟降临,所以以鸟纪。少昊氏所立各官,均从鸟名,其中有关天象气候的有五种鸟,凤凰氏是历正,即历法的主管;玄鸟氏,即燕子分司春分、秋分;伯赵氏,即伯劳鸟分司夏至、冬至;青鸟氏,即黄莺分司立春、立夏;丹鸟氏,即锦鸡分司立秋、立冬。这就是让四鸟在虚拟的凤鸟统领下,分掌一年三百六十日的八个节气,每个节气相隔四十五天。具体情况郯子未言,幸而后世的《吕氏春秋》与《礼记·月令》篇,有着对一年十二月物候变化的较具体的描述,而其中最具标志性的就是四鸟的活动变化,所以应有着少昊氏以鸟制历的遗存。下面我们就以二书所记为主,参以卦气与八风之神说对初民观察到的四鸟八节的物候作一简略的介绍。

万物"负阴而抱阳"。冬至是纯阴极寒之时,所以冬至可视作气候物候变化每一循环的起点并终点。以昼夜为十二等分的话,这时的比例是夜(阴)八昼(阳)四,也就是阴气最盛,黑夜最长之时。

当风向由北向东北方逐渐转移时,白昼开始渐渐加长,而当风向变为正东北,家家户户用白桦皮或羽毛制成的风信幡飘向正西南时,云层中露出了东北融风之神青黑色的圆脸,他大笑着鼓腮劲吹,而一阵咕咕的鸟儿欢鸣声突然响起,青鸟黄莺儿应风而起,开始放声歌唱。这时天气下降,地气上腾,坚冰开始融化,冬眠的蛇虫开始蠕动,水獭入水取鱼,陈列在岸边,一只大黑熊从洞穴中走出来,打了个长长的哈欠,冬眠结束了,它直立着伸伸懒腰,望着初升而带有第一阵暖意的太阳傻笑。这时,离冬至四十五天的立春到了,黑与昼的比例已由八比四,变为七比五,显示着春天开始来临。

风向又继续由东北向东移动,当转为正东向时,东方的明庶风劲吹,东风之神露出了他青色的圆脸,下瞰着风信幡向正西飘舞而微笑,这时风声中传来了阵阵初雷声,绵绵细雨也开始飘下,而玄鸟小燕儿突然啾啾着迎着斜风细雨展翅翻飞。后来唐代的诗圣杜甫描写过这一景象——"微风燕子斜"。燕语呢喃,而退居次席的黄莺儿的嘤嘤声也来相和。破土的草禾开始吐芽,柳树梢由鹅黄转为青绿,桃树枝上,花蕾含苞待放。俯望着这一切,玄鸟在空中盘旋一周,然后由东向西飞去。这时,离立春又是一个四十五天了。春天也过了一半。夜与昼的比例则已由七比五,变为六比六了。昼夜长短等分,所以这一天叫春分。

风向逐渐由东向东南转移,待转到正东南方,风信幡向正西北飘舞时,清明风中露出了东南风神紫色的脸,而这时一直迎风歌唱的青鸟黄莺儿停止了歌唱,而河边池畔的青蛙却开始聒噪起来,叫得野麦黄了,又熟了;叫得野蚕儿过了三眠,开始吐丝作茧。繁花盛开中,蚯蚓从湿土中钻了出来,晒起了太阳,又时不时地抬起头,诧异地仰望着雨过天晴后,这一年天边第一道七彩的虹霓。这时离春分又已经四十五天。阳气开始胜过了阴气,天气也越变越热,而昼与夜的比例由对等而转为昼七夜五了。昼长超过了夜长,夏天就要开始,所以这一日叫作立夏。

风向又从正东南向南转移,待到正南的景风浩浩吹起,风信幡向正北飘飞时,风云中露出了开怀大笑的南风之神红彤彤的脸。红尾巴的伯劳鸟突然出现在东北方向,嘎咕嘎咕连连长鸣,叫得大地郁郁葱葱。夏雨连连,江河水丰,梅花鹿跑到水边,蜕下了旧角。虽然繁花已过,然而半夏长了,桂花开了。"知了,知了",浓阴下,蝉儿开始鸣唱;"叽呷叽呷",水池中,野鸭在吐艳的荷花间游弋;"嘎咕嘎咕",伯劳鸟叫得更欢了,忽又振翅高翔由东北向西南飞去。这时离立夏又过去了四十五天。这一天称为夏至。至是极致的意思,阳气极盛。到了一年中最炎热的时候,白昼最长,昼夜比例为八比四,与冬至正好相反相成。然而,物极必反,从明天起,白昼就要渐渐缩短了。

当风向又由正南向西南渐渐转移,转到正西南,风信幡向正东北向飘飞时,天幕上露出了西南风神粉红色的脸,凉风——送凉的西南风习习吹送,丹鸟锦鸡,应风而动,"咯咯咯"地由草丛中飞到了西南方。随着凉风劲吹,蝉鸣渐疏,凉露已经初降;鹰击长空,搏杀群鸟,开始贮备经秋越冬的食粮。第一片黄叶从树上飘下,发出一丝轻轻的叹息。后来唐人诗说"山僧不解甲子数,一叶落知天下秋",其实数千年前,我们的祖先已掌握了这种物候。伯劳西飞之日,秋天开始了;阳气渐弱,阴气渐长,离夏至又一个四十五天了,这一日称为立秋,昼夜之比又变为七比五,与立夏相当而与立春相反相成。

风向又由西南向西转移,当转到正西向,风信幡向正东飘舞时,由天门阊阖吹来的阊阖之风——西风中渐渐露出了西风之神银白的脸,冷峻而又威严。一道剪影从空中掠过,是玄鸟小燕儿从北方飞还,盘旋着寻找旧居。蟋蟀躲进了茅屋,草木纷纷黄落,唯有桂子开始飘香,菊花含苞待放。离立秋又四十五日,这一天称为秋分。与春分相仿,昼夜之比又变为六比六,但又不一样,春分是阳长阴消过程中的等分,而秋分是阳消阴长过程中的均衡。从这一天起,黑夜又将一天比一天更长。

风向又从正西向西北移动,由西北不周山上吹来的西北风——不周之风由弱而强,终于怒号。风信幡飘向正东南,而面色灰白的西北风神,在寒云中不断地鼓吹着肃杀之气。河面上结起了薄冰,林木凋伤,落叶金黄,还点缀着点点银白的寒霜。这时丹鸟锦鸡也似乎不胜风寒，它望一望开始萎蔫的黄菊，又抬头看一看天边这一年最后一道虹霓，长啼一声，由西向东飞去。这一天我们称之为"立冬"，天气上腾，地气下降，天地二气开始闭塞不通，严寒的冬天即将开始。昼夜之变又成为五比七，虽与立春日相等，但是黑夜将越来越长。

风向又由西北向北转移，由北方广莫之野吹起的北风——广莫之风，越吹越紧，当风向为正北，风信幡飘向正南时，面色黝黑的北风之神大展神威，河冰结得厚厚重重，地面也冻得龟裂了。百兽潜伏，百鸟蛰藏，唯有苍鹰一点，周天高翔，在寒风冻云中，孤独而又倔强。然而极寒之际，一丝阳气又由地面升腾，芳香的芸草、荔草，率先破土，四不像蜕下了旧角，山中之王老虎先于百兽开始动情交配。趁着阳气始升，娇小却又勇敢的红尾巴伯劳鸟，刷羽砺喙，准备着由西南向东北返飞。这时离立冬又经过了四十五天，称之为冬至，昼夜之比又返回到了夜八昼四。与夏至日正好相反相成。然而，极阴中阳气始生，又一轮八风循环即将开始，四十五天后下一年的立春又将来临……

上面就是我们由有关古籍综合而成的四鸟司八节的大体情状。细节虽未必尽合少昊氏鸟历的已不能详知的情况，但其骨格——四鸟与其分司的八节，则一依郯子所述。四鸟候风，各司二节，青鸟司立春立夏，这二节就是启，启是开始之意；丹鸟司立秋立冬，这两节就是闭，闭是闭塞之意。二启二闭是四季的开始，所以后来合称为四始，虽然都是始，但启与闭则分指阴阳之气开始交通而至开始畅通，开始闭塞而至开始阻绝的过程。玄鸟司春分、秋分，这两节都叫分，分是阴阳昼夜均衡之意；伯劳司夏至、冬至，至如前述是极至之意，指阳气、阴气至盛之时。再将分至启闭联系起来看，前四节立春(启)、春分、立夏(启)、夏至，二启之中夹一分而归于至。后四节立秋(闭)、秋分、立冬(闭)、冬至，二闭之中也夹一分而归为至。前四节是阳长阴弱的过程，到夏至为阳气的极点；后四节是阴长阳弱的过程，到冬至为阴气的极点。这样八节推移，就显示了一年四季八个阶段(节)阴阳二气盛衰的变化。这变化中，二气有交通、有闭塞；然而通而塞，塞而通；盛而衰，衰而盛；周而复始，无有穷尽，其原理与伏羲八卦中的卦气推移若合符契。气的运动为风，风是节气推移的原动力,所以反过来,也可证明,所谓卦气也就是气的运动,也就是风。我们说历法是八卦的发展,道理就在于此。

郯子所说五氏以不同物名记官,唯少昊氏的鸟历尚有足够的史料可追溯。其他四氏,以云记、以火记、以水记、以龙记,史料仅存一鳞半爪(如前述五木,应是火历的遗存),故很少见于战国后的介绍。十数年前,美国学者夏含夷先生在闻一多先生等研究的基础上对龙象分季有所发明,今结合《易经·乾卦》的爻辞,演衍如下。

② 太昊氏的龙历

龙象分季的龙,具体指的是由七座星宿共三十三颗星星组成的龙形星群,古人称为东方苍龙七宿。天人相应,龙图腾的东方民族太昊族,就是依据东方苍龙七宿在天地间的位置来作季节占候的。

七宿的名称为角、亢、氐、房、心、尾、箕。角宿二星,形似龙头顶上的二角;亢宿四星、氐宿四星、房宿四星、心宿三星,合成青龙的上半身,其中心宿三星最为重要,是青龙的心脏;尾宿九星、箕宿四星,为青龙的下半身,所以,以尾、箕名,箕,当是象征龙的尾鳍,因为箕字的本意是扬米去糠的工具。七宿名称中角、心、尾、箕四名如上述,余下三个:亢,应是象征龙的咽部,因为亢通肮,肮是咽喉;氐宿又名天根,氐的本义是头下垂,两者合参,则氐应象征龙首下垂时抵及的胸的上部,这正是支撑头与颈咽的部位,天根之名当由此来;房,可从古时"房心"连用悟得,古代祭礼中以"明堂"为主祭处,房为明堂旁附建的房屋。房又有聚集义,则似乎象征氐下部位聚集着以心室为主的脏腑。

归纳一下,角为龙角,亢为龙咽,氐为龙胸上部,房为龙胸下部,心为龙之心室,尾为龙下半身,箕为龙的尾鳍。这种解读是否尽当,有待识者是正。

冬季时龙是蛰伏于海渊深处的,所以人们是见不到它的。《易经·乾卦》六爻中第一爻的爻辞"潜龙勿用"意思正与此相应。

东风时至,惊雷始发。潜龙惊醒了,人们可在东方地平线看到角宿二星,此时大抵与八季中的春分相当。此后到八节中的夏至间前后约九十天的时间,亢宿四星、氐宿四星、房宿四星、心宿三星,也就是龙的上半身依次出现在地平线上。

而当最主要的心宿三星出现时,古称"三星在野",就是夏至时分了,这又与《乾卦》第二爻的"见龙在田"相应。

此后的九十天中,尾宿九星、箕宿四星也一点点出现,大抵在八节中的夏至与秋分之间。这时龙身虽已全部出现,但下半身尚离地较近。似处于可进可退的地位。《乾卦》的第三、第四爻分别说"君子终日乾乾,夕惕若厉,无咎","或跃在渊,无咎"。意思是,这龙象表示,君子如于此时能够努力,保持着自我惕厉的状态,那么进跃于天,退守于渊,都可以没有灾祸。爻辞与这时的龙象近地向天又是相应的。

尾、箕二宿不断升高,并将龙角与上半身四宿越推越高,并向西折转后终于平飞了。而心宿三星则处于它的最高位,当人们在傍晚时看到心宿就像直悬在自己的屋顶上时,凉风也就吹来了。这时正相当于八节中的秋分之时。《乾卦》第五爻说"飞龙在天,利见大人",意思是青龙平飞于天,已达到最壮盛的正位了,为万民共仰,可以去大展抱负了。这也与秋分时的龙象相应。

秋分昼夜均分而阴气就要渐占上风,而从此时至八节中冬至的九十天中平飞的青龙在达到最高点后开始西流倾斜,当龙首(角)、龙颈(亢)逐渐隐没于西方地平线下时,西北风开始吹起,大抵相当于八节中的立冬。《乾卦》第六爻说"亢龙有悔",意思是到了极高之后,就要注意盈满必亏了。这又与龙首西流倾下相应。而当北风劲吹,青龙全体隐入西方地平线下归回海渊时,就又相当于八节中的冬至了。龙行周天后又回归到原位,等待着下一个春季的来临。《乾卦》总结性的"用九"说"群龙无首,吉"。龙并非无首,只是此时龙因"盈满必亏"而藏起其首,回到了"万物资始"的境界,所以是"吉"。

从以上演绎中,可见:①太昊氏的龙历是观察苍龙七宿在天的不同形象来分季的,不及少昊氏的鸟历八节来得精细,因此,其形成时代也许更早些。②太昊氏没有文字,所以用八卦的图像来见意,《乾卦》的爻辞是后人所为,比如传说中的周文王、周公之属,《乾卦》爻辞的重心在以天象说人事,这层意思是否是太昊氏的本意,因当时没有文字,已不可究诘;然而从上述《乾卦》爻辞与龙历分季中苍龙在天的情景如此若合符契来看,二者应有着必然的内在联系,如果推测作爻辞者当时有着口耳相传的卦象解说为依据,应该是不为无据的。③因此伏羲原创的八卦,与二昊氏的龙历、鸟历,再与《易经》的爻辞构成了一个从法天象地到顺天知天、天人相应的文化系统,并成为战国秦汉间五行说发生兴盛后形成的以五行、五季(季夏单为一季)、五方(中央单为一方)、五脏、五色、五声相匹配的宇宙观念的基础,乃至此后数千年间中华民族主流意识形态的核心理念。因此研究者多以伏羲为"中华人文始祖"也就不难理解了。

或许观众会问,那么伏羲、太昊、少昊,还有前面已提到过的太昊伏羲,究竟是什么关系呢?这一点我们将在下一篇"龙与凤"中回答,现在还是先来看看先民初创中的压轴戏,女娲补天与理水吧。

三、女娲补天理水

女娲的故事在前面"造人与再造人"中已经讲了一节。由于前面提到的本为二个系统的"造人"与"洪水"两个神话母题的混淆,后世有关女娲的故事既丰富多彩,又相互矛盾,经典的与传说的矛盾,两者中的各种记载更花样百出,因此这一节的介绍不能如前面的引一段资料,阐述一段,而将采取综合各方面的资料,分共工怒触不周山、补天、理水三个小节来介绍,并在必要时做些史料解析。虽然容有细节上的再创造,然而,必有经典或者传说的资料作依据,这是首先要说明的。

1. 共工怒触不周山与第一次洪水时代——先民对宇宙格局的再认识

以共工怒触不周山,天倾地塌为女娲补天理水的起因,不见于今存汉以前的典籍。如《列子·汤问》(此书今已证明主体当为战国时作)就将女娲补天放在共工怒触不周山前。西汉的《淮南子·览冥训》述补天则不提共工怒触的事。不过,东汉王充的《论衡·谈天》说:

>儒书言:"共工与颛顼争为天子,不胜,怒而融不周之山,使天柱折,地维绝。女娲销炼五色石以补苍天,断鳌足以立四极。天不足西北,故日月移焉,地不足东南,故百川注焉。"此久远之文,世间之音也。

王充说"儒书言","此久远之文,世间之音",可知这说法也是由来已久的民间传说,并被某种现已佚失的儒家之书收入。《楚辞·天问》:"康回凭怒,地何故以东南倾",康回即共工,所以这传说至晚战国时就有了。相信与《列子》《淮南子》所记是时代相先后而在汉代并存的史前传说,所以我们采用作为女娲这一系列故事的梗概。其中"颛顼",后来的记载也偶有作"祝融"的,祝融是南方之火神,为南帝炎帝之辅佐,与西北的不周山相去甚远,故不足采信。

颛顼氏,《史记》将他列为黄帝之孙,不可信。其实他与共工氏其初都是某个古老氏族的首领。颛顼氏,在《山海经·大荒经》各部分有不少记载:说他的子孙在南方、西方、北方都建立国家,神通广大,驱使各种猛兽,状貌奇怪,甚至有三头一臂的。而据其中说到他是少昊氏的孺帝来看,则其初应出于东夷,诸子孙是由东方向南北西扩张而建国的。颛顼氏的图腾,应当是鱼龙一类的,因为《大荒西经》记载:风道北来,天下乃大水泉,蛇就化为鱼,这就是"鱼妇","鱼妇"是颛顼死后复苏化成的。因此颛顼本是"蛇",又化为"鱼",蛇龙不分,所以颛顼为鱼龙之族。就其为少昊之孺帝,而与女娲出现在同一个传说中,这个氏族应当是二昊氏不远的支属,故从鱼龙。共工,《管子·揆度》篇记"共工之王,水处什之七,陆处什之三,乘天势以隘制天下"。因此可推测,共工族的图腾应当是水或水蛇,所以他能"为水害"。其时代同样因与女娲氏同一故事,而前举《左传》记郯子言,称共工氏以水纪,与二昊氏并提,故当可视为与颛顼同时,后世的一些说法也因此不足采信。也许正因为是水族,居无定所,所以共工氏的发祥地,文献中没有明确记载,不过共工有一个九头蛇的臣子叫相柳,居于西北方的九山,离不周山不远,这或许是这一族的发祥地或根据地吧。共工本身也状貌奇特,古易书《归藏》说他人面蛇身、朱发。相柳、共工均为蛇身,可证明上面对他们图腾的推测。

虽然文献中几乎都将共工说成是一位不讲道理的凶神,但是民间却流传着他做过的不少好事。这情况与后面要讲到的蚩尤一样。共工与颛顼之战为"争帝"。据前面所述,应当是共工本来以水纪,"水处什之七",相当于水神或水霸了,而颛顼被封为北帝而主水,共工当然不忿,所以"与颛顼争为帝,怒触不周之山"。这一触,非同小可,把整个宇宙格局都打乱了。为此,我们有必要先简要介绍一下,在前面已介绍的初民最初的宇宙格局意识后,夏商周三代以后人们对宇宙格局的再认识。这样才能更好地理解这一神话的内在意蕴。

1991年陶思炎先生《中国宇宙神话略论》中阐述原始思维发展到高级阶段时,先民对宇宙格局的认识,并以"四神三光""两河三界""四极八柱"来做概括,颇有见地。这里结合笔者自己的思考辨证,撮要略述并辨补如下。

四神三光:三光,即日、月、星,是初民测定岁时的基准。三光各有兽体形象为其代表,日精是三足鸟,月精是蟾蜍,星精陶先生认为是鱼。四神为代表东南西北的青龙、朱雀、白虎、玄武。三光在天,四神司天地间的四方,其中玄武的形象最为奇特,其初是龟背负着蛇的复合体。古时之南北方位观,与今天相反,是南上北下,东左西右。这从传为伏羲所制的八卦图的方位标志可得到证明(这种认识当与中国处于北半球有关),于是古人认为朱雀在上(南)而行天,玄武居下(北)而伏地。玄武龟蛇合体的形象正是由这种认识而来。其中蛇象征大地,龟则居下,负载着大地,这种兽体象征的宇宙意识肯定是很早的,不过已不尽是陶文所说的蒙昧时期的原始思维。四神即四象,本是东龙形、南鸟形、西虎形、北龟蛇形四组星体。据天文学界研究,这个排列符合公元前2000年前后春天黄昏后的天象,则约当夏后启的时代,已是三代的开始了。至于四象配以青红诸色,则是战国五行说兴起后的事了(至于三光之称,首见于东汉初的《白虎通义》),因此四神三光的宇宙意识,应是经夏商周三代酝酿至战国之际方成型的对原始宇宙观念的第一次秩序化的整合,是早期天文地理观测发展的产物。

两河三界:两河是天河(银河)与地川,三界是神人鬼。古人认为地上的河川是与天上的银河相通的,汉代的纬书《孝经援神契》说"河者,水之伯,上应天汉";晋代的《抱朴子》更说"河水者,天之水也,随之而转入地下通";民间更有汉代张骞乘木槎从黄河直达银河的故事,当然这传说的产生不会早于汉代。这些说法虽有更早文献来源,如前举《山海经·大荒西经》所说"风道北来,天乃大水泉",又有稍后的水浮天载地等说法。然而,以神界的天河流为人界的地川,地川又将人界与鬼界分开的两河三界说,肯定是汉代对原始三界观念的整合,其中道教思维的影响很重要,不细述。

四极八柱:四极是天之四隅,天极一词首见于《天问》,而四极与八柱或八极则首见于《淮南子》有关女娲补天故事的篇章,因此也是汉人对原始宇宙意识的整合。陶文中将八柱与天梯并提,然而从文献资料的序列来看,天梯本是原始宇宙思维的反映,已见前述,而八柱则是四面八方观念形成后,至晚在周秦汉间对天梯的秩序化。虽然如此,四极八柱观念是周汉间宇宙意识最重要的发展,所以要略加补充说明。《淮南子》的《天文》《墬形》二训继本体论性质的《原道训》后,总括了上古以来一应天文地理观念而构建了秩序井然的天地间的格局,其规制十分宏大,这里不能尽述,仅以地理形态而言,其九州八极的概念吸收了《山海经》与《尚书·禹贡》的一应有关传说,参以他书作了整合,称九州之外有八殥,八殥之外有八纮,三者均方千里,八纮之外有八极。八极各有大山而与八个天门交通,不周山就是八极的八山之一。天界的雨云通过八极八纮八殥而惠泽九州,而八纮又是八根大绳子(纮即大绳),维系着大地的稳固。这一整套大地形态,已远远越出九州的范围,而与天边相衔接。共工怒触不周山的故事,就是上古传说在周汉间这一宇宙格局中的再造。

现在我们再回到本题。颛顼与共工之战相当激烈,综合各种记载,其经过大抵如下。

共工本来要与颛顼争北方之帝的位置,恰恰这年冬天他有个"不才子"在冬至日死于北方,共工更迁怒于颛顼。于是聚潴留未去的秋气以攻冬令,使时令失调。冬至日地气不能上达,天气不能下降,二气闭塞的状态不能应时而交通,不周山的阊阖之风不能适时吹送,郁结于山隙之中。开战时,执短剑的都为敌人所击刺,铠甲不坚的都受了伤。颛顼更专门布下了对付共工的战阵,并头顶干戈,手执曳影宝剑,亲自督阵,危急中更效八风之音,奏"承云"之乐,从而冲破了共工布下的戾气。共工这才败下阵去。一怒之下,便一头撞倒了不周山。不周山是八极在西北方的一极,不周山崩便是所谓"天柱绝",西北天柱一倒,西北方的地纬(纮)也断裂了。这些更连带了其他七极七纮的变形,于是"天倾西北",而"地不满东南",不周山郁积的气流更冲涌而出,为大风雨,且挟烈火而成为极其凶险席卷大地的滔滔洪水。这就是共工"为水害"。由于这次洪水与后文介绍的大禹治水人物、时代都不同,因此我们称之为"第一次洪水时代"。

2. 女娲救灾补天

女娲救灾补天的传说,文献记载相当简略。现举篇幅最长的《淮南子·览冥训》为例,说是:

> 往古之时,四极废,九州裂。天不兼覆,地不周载。火焰熊熊而不灭,洪水汪洋而不息。猛兽趁机吞食善良的人民,凶禽也攫取老弱之人。于是女娲炼五色石以补苍天,断鳌足重新立起四根天柱。更杀死为害的黑龙来拯救冀州(此指中原),堆积起芦苇烧成的灰烬阻挡住乱奔的洪水,于是苍天补,四极正,洪水涸,冀州平,蛟虫死,人民生……

以下更说从此禽兽蛟虫都乖乖地听话了,人民也就面天立地,快乐地生活。

文献之外,各地各族,尤其是西南地区,关乎救灾的传说林林总总,然而各说其是,情节不同,又都与"再造人"联系在一起而变形,因此难以一一征引。值得注意的是,如包括汉族传说在内,以伏羲女娲为主角的有十数个,而以葫芦为救生工具的更占了多数。因此我们以《淮南子》与前举《列子》的记载为骨

女娲补天

干,参取各民间传说与羲娲的图腾及汉画中的形象,对女娲伏羲救灾补天作如下合理的演绎。

① 洪水

从《山海经》所记太昊伏羲曾经过西北方的天梯建木及另外一些零星史料,可以设想伏羲女娲中原为帝后,曾视察过天下,至少视察过西北方,也许就在那时察觉到了异常的动静。共工怒触不周山时,从前举《淮南子》所记冀州来看羲娲已回到中原。这一年冬至前一日,当然是昼短夜长,也许他们老两口(参前举西南再造人传说)早早休息了,半穴屋外,西北的不周之风挟着浓云渐渐吹来,呜呜咽咽,遮蔽了月,遮蔽了星。

忽然,一阵巨大的震动,山呼海啸,女娲与伏羲梦中惊醒,冲出屋外,只见西北天边一片冲天的火光(火燫炎而不灭),一会儿水火并至,暴风骤雨挟着一团团烈焰从西北袭来,大地更剧烈地震颤呻吟,空中无数带火的树屋如转莲,似飞轮,向东南飞去。地上的江河之水顿时暴涨,又似万千疯牛野马(水浩洋而不息),由西北向东南狂奔倾泻。大树被连根拔起,丘陵被从头淹没,东南远处的海面上狂浪又黑压压地似山崩般地倾倒下来,向西北倒灌。无数牛马鸡犬、无数大人小孩,白天还生龙活虎,瞬间已成了火中的焦炭,水上的浮殍,随洪波沉浮,被巨浪吞没。

天比绝地天通前垂得更低,地却不规则地西北隆起,东南塌陷。伏羲与女娲佩上日轮、月牙形的头箍(参汉画像),挺立在一处仅露山顶的高岗之上,相互倚立,火光映照中就似同二尊并肩的雕像。他们的心在号哭,却没有失去常日的镇静与威严。"该来的终于来了!"伏羲早已从卦象中预见到将要来临的灾祸(洪水传说中有占卜),这时长叹一声,又转向女娲说:"娲妹,是你,人类的母亲,施展神通的时候了。"女娲答道:"早有准备。"说着,命身后的随从句芒——少昊之子,扶好已经老迈的伏羲,自己望空展臂,陡然,一枚金光闪闪的大葫芦,由耸天的崖顶上,穿风破雨,落到了她的掌中,一分为二(《黑暗传》记羲娲生于昆仑山上悬垂的葫芦),大葫芦籽又化作成千上万个小葫芦(西南传说中有小葫芦),似同繁星闪烁,又在风雨烈火中一一绽裂为二,女娲望空吹气,一股祥和的风穿透戾气,半瓢的葫芦纷纷望风见长,瞬间长得与小船一样,从空中冉冉漂到水中(传说有葫芦舟),洪水中幸存之民人、牲畜、野兽、禽鸟、昆虫,奋力爬上葫芦船,直到所有的幸存生物都上了船,伏羲女娲才携着五谷良种登上了一瓣大葫芦瓢,另一半则预备着搭救一切可搭救的生灵。说也奇怪,烈焰沾到大小葫芦船,哆嗦一下,就熄灭了,狂风吹至,呜咽一下就绕了过去,巨浪扑来,刚要施虐,又一下子蔫头耷脑地退了下来。波涛汹涌中,无数金色的大小葫芦船,随波上下,逐浪进退,犹如海面上浮起了点点星光。而万千星光中,有两点最大的光芒,恰如夜空中的角宿——青龙的两个犄角,在狂狼中游走。为"众星"导航……

② 补天

也不知过了多少天,风渐渐停了,雨渐渐消了,连连的余震渐渐停止了,漫漫的洪水也在慢慢地退落。太阳终于从灰暗的云层中露出了因恐惧而惨白的脸,映照着焦枯的枝头上悬挂的点点劫火的残余。这些微弱的光亮,更映衬得大地一片沉沉死气。幸存的人、畜、禽兽从葫芦船上走了下来,人们悲哭着,呼号着,寻找自己的亲人,悲声中夹杂着禽兽家畜的长号凄啼,它们也都在绝望地呼伴寻侣。悲声在劫后余烬的大地上回荡,这时,只是在这时,女娲才发出一声惊天动地的呼号:"苍天啊,孩子们犯了什么天条,要经受如此的浩劫!""现在还不是伤心的时候,"经历了长时间的颠沛,衰老的伏羲已快走到了生命尽头,他半倚着娲妹,勉力说道,"你看!"女娲抬头望去,只见西北天穹上出现了一个巨大的窟窿,黑洞洞的,深不见底,时不时地冒出一股浓烟,蹿出一股股火苗,如同巨蟒嚣张的大口中,吞吐倏忽的猩红的舌信。

"天塌了,天塌了!"人们惊呼起来;"地陷了,地陷了!"人们又发现,东南的大地塌陷了一大片。而洪峰过后,水涝遍野,仍在不羁地横流。女娲的脸色越来越凝重,这时受命西行打听消息的句芒飞回报告,人们这才明白,这浩劫发生的前因后果,而闯下大祸的共工与相柳,战败后已逃之夭夭,不知去向……女娲听了后,不无担忧地说了声:"除凶未尽,只怕后患无穷啊……"这担忧在后来的第二次大洪水中有所应验。

救死扶伤、消除余害的工作，在有条不紊地进行。女娲白天忙于组织救灾，她召集了四方部族头领会商，不仅裹扎了万千伤者的创口，还掩埋了劫后山积般的尸体，避免了一场大瘟疫；还收捞了大大小小的木材，搭起了许多树屋，让幸存者遮风避雨。四方大大小小的部族，更互通有无，共度艰难。然而，灾难虽然稍获缓解，但却远未过去，因此，每天晚上，辛苦了一天的女娲，又与伏羲一起，思索讨论着弭害消灾的根本大计。

原来趁着天纲紊乱，地维断绝，饥饿的猛兽鸷鸟，开始猎食老弱的民人。尤其是中原有条黑龙，为害最烈，时时兴风作浪，以食人噬肉为快，以淹没村庄为乐。而时令不正，风雨也不时而至，使淤积的涝水时时漫过堤防，堵住了这边，那边又不断告急。羲娲反复讨论后，一致认为，节节为之的小修小补总不是长久之计，根本之法是要重整天纲，重立地维。然而应怎样进行呢？

那一夜，女娲久久地望着西北天边的大窟窿，思索着。"补天"，一个大胆的念头掠过，天塌而后地陷，天塌地陷是一切灾害的总根源。因此只有补天才是根本之策。补天，就不是等待天空自己合拢，这样等到何年何月？想到这里，夜光下，女娲的脸上透现出白玉般的光辉，她下定了决心，要以人力来扶助天地。

补天故事的情节，文献记载就大抵如前举《列子》《淮南子》那样，很简单，也就是"炼五色石以补苍天，断鳌足以立四极"二句。然而，其中却含蕴有很丰富的历史的、观念的信息。因此，尽管各地各族有不少情节较丰富、初创时代也未必太晚的传说，但我们仍以这两句为纲，来继续讲这个故事，又尹荣方、王维堤、王小盾先生的有关著述，也曾由不同角度说及五色石、五帝、四方与五方等问题，这里综合各说，参以己见，先就五色石作一解读。

五色石肯定与五行说有关，五行一词初见于《尚书·洪范》——传说是商纣王时箕子传天赐禹之"洪范"九畴所作，然而并未与五色相匹配，五行生克且与五方、五色、五音等相配是战国后期五行说系统化后的产物。

且五方的观念远远晚于四方，从词源而言则初见于《礼记·王制》，因此可推断，五方观或略早于《吕氏春秋》以季夏为四季之中的又一季，从而变四时为五时,以与中央东南西北五方相配。

更值得注意的是,《史记·封禅书》记刘邦入关后,曾问"秦时上帝祠何帝",对曰:"四帝,有白、青、黄、赤帝之祠。"刘邦说这就要等我来具备五帝了。乃立黑帝祠。从这些资料可见,直到秦代还是祠四帝,五方的观念还是不稳定的。方位与颜色的配置也不定型。据王维堤先生的考证,东周初,秦文公还不知有属土德的中央之帝黄帝,又经过250年,秦灵公作吴阳上時才始祭黄帝,但也未有把黄帝视作中央之帝的观念(秦处西方,他们最尊礼的白帝,始祭于襄公前的文公)。以黄帝为土德、中央之帝,始见于秦王嬴政的老师吕不韦的《吕氏春秋》,因此"五色石"的观念,应是战国秦汉间才发生的。五方观晚于四方观,是因为"中央"一方是观察者以自我为中心观四方而后设定的,必然是人类自我意识觉醒后的产物。

汉代的纬书《易乾凿度》又说伏羲"立四正"。所谓"四正"是:一、定气;二、日月出没;三、阴阳交争;四、天地德正。同书又说伏羲画四象、立四维,以定群物之发生门。因此,四正应当是神话传说中"四维"的哲理化。而四正的名目又与女娲补天的功效相应,这更说明,参用五行观的道家《文子》《淮南子》所记"炼五色石以补苍天"不是杜撰的,而是由他们的宇宙哲学观决定的。

首先,石是土,炼石补天是天地合德;其次,炼五色石,五色与五方相应,是集东西南北中之精气以攻共工怒触不周山所释放的戾气,由"阴阳交争"而重新"定气",补天后,断绝的天柱地维重新确立,又相应于"天地德正",一度乱了套的"日月出没",又重新恢复了正常。

《淮南子》在述女娲补天后,继续写道:苍天补,四极正,万物得以重新背靠大地,怀抱周天(负阴抱阳),而春夏秋冬四时,也合乎了规矩准绳。阴阳之气壅塞不通的又都各由相应的孔道归于正常,逆气与因中逆气而失去本性的各物也绝止了,不再伤害人民的生生之业。然后又说,生活又回到了远古之世至善的混沌状态,然皆得其和。这正说明,前述我们对"炼五色石以补苍天"的解读是符合故事原意的,也因此,前面我们解读"怒触"的实质是,共工以戾气攻时气,使时令失调,山崩后戾气喷涌形成不正常的大火洪灾;而后面的故事,也不妨依此参以民间传说再作如下合理的演绎。

五色石来自五方,必需要有一个合适的集中熔炼的地方,而地处中原,高耸苍天,下通黄泉的太行山(参晋袁宏太行诗)应是最合适的所在,也许正根据这一点,晋代的《南康记》记太行山的主峰归美山有女娲石,"赫若彩纶",而广集早期传说资料的宋代《路史》更直指太行为女娲炼石处,因而也名"皇母山"(女娲为女帝,曾列为三皇之一),这些均应采纳;炼石要用坩锅,《山海经》记太行山上盛产金玉与碧玉,金玉是作坩锅的好材料,碧玉也可做附件,这资料也不宜放过;熔炼补天之石要用三昧真火,所以不妨把西方之神冶铜的发明者蓐收也一并请来;五方之石要炼成可以补天的石浆,关键在于调和,因此又不妨设想,后来居上为五帝之首的中央之帝黄帝那代表土德的黄石,在五色石浆最终的调和中,起了关键作用;如前析,补天故事的意蕴在于伏羲的调谐四正,他又与娲妹共同抗洪,再造世界,因此设想伏羲曾为女娲出谋划策,应不为无理;石浆沉重,又怎能在补天中不坠落呢?不妨参用壮族、布朗族等以云补天的传说,让一片片云朵托住一勺勺石浆;女娲补天的功德为万民敬仰,各地流传的"补天穿"的祀礼庆典自然也应当纳入……

正是基于上述种种资料与推想,我们曾以故事新编的形式,在《中华创世纪》中,新编了一个情节曲折波澜起伏的补天故事,梗概为:

经与伏羲谋划,女娲驾乘她的坐骑之一东海神鳌,飞降天地之中的太行山,以金玉为锅,碧玉为架,在太行山神的帮助下,架好炼具,更召四方之神送来了四方之石,让蓐收司火,开始炼石,不料,四石熔而未和,这时因事远行的黄帝遣使者——共工那悔罪的孙子句龙及时送来了中央黄石,五石因此得以调和,女娲一行浩浩荡荡来到不周山下,勺石浆飞身补天,石浆却坠落了,这时她请来云神帮助,以云托浆,一勺浆一片云,终于补上了天洞。坠落的石浆,落在屋顶上形如煎饼,后世因设"补天穿"一节,以红线串面制煎饼置屋顶上,是谓"天穿节"云云。读者也尽可参考以上线索,对炼石补天做出更美丽更宏伟的想象。

"炼五色石以补苍天",因资料散碎,意蕴复杂,故需重组,而"断鳌足以立四极",有关资料较现成,就只需细节补充,便可构成壮丽的故事。前述"四神三光"说已介绍,巨鳌负地是蒙昧时期就有的先民的想象,至今流传的苗族、布朗族的传说中,还都有巨鳌做地柱的说法,世界各族的传说中,也有类似故事。王充《论衡·问天》说,鳌是一种巨兽,四足长大,故断其足以立四极。这说明断鳌足是汉代流行的一种说法,就《楚辞·天问》还问道"巨鳌手舞足蹈,大地又如何安放呢"来看,由巨鳌负地到鳌足立极的转型,应当是秦汉间发生的,而后来更衍化为"巨鳌献足"的说法。根据这些资料,我们在《中华创世纪》中做了这样的演绎:

巨鳌本来就是娲神的乘骑之一,娲神以五色石补天后,由不周山断峰回落平地,略事休息,敛容整衣,向东海巨鳌下跪请求道:"巨鳌啊巨鳌,素来你们一族就负载大地,请你再大显神通,使苍天升高,重新复位吧!"巨鳌伸出长长的脖颈,连点了三下,似乎在说"来吧,来吧",女娲不禁热泪夺眶而出,似乎在犹豫,巨鳌又幅度更大更坚决地点了三次头——"来吧,来吧,来吧!"女娲这才起身接过句芒递过来的昆仑寒玉铸成的倚天宝剑,抽剑出鞘,寒光千道,人们不禁打了个冷噤。女娲双手托剑,又向巨鳌三揖,说声"巨鳌啊巨鳌,为天为地为民,让你受苦了",说罢将剑递了过去。巨鳌张口衔宝剑,长声暗鸣,似万牛齐吼,顿时飞沙走石,对面不见人形,昏暗中,只见寒光一闪,风尘即消,人们揉眼一看,巨鳌已自断四足,倒在血泊中……

八方风神呼呼呼呼地跃起,抬起伤鳌巨大的身躯,曳着长长的悲声向四方飞去,巨鳌归位了。女娲再次望空揖拜,热泪飞洒,也顾不得擦一下,即命四方之帝的四名助手,句芒、祝融、蓐收、玄冥,各自抱起一只鳌足跨上自己的神骑向东南西北四隅飞去。倏忽之间已杳杳不见踪影。女娲自己则飞身登云,四方瞭望,又高喊一声:"长!"人们隐隐地看到,最近的西极那只鳌足陡然长高,似巨峰在云雾中峙立,将西边的垂天渐渐地托了起来。几乎同时,东边、南边、北边的天穹也渐渐地重新升了起来。日月星辰归复了原位,灰暗的天空骤然明亮起来,而那一片新补的云天、云朵里,石浆的中心部分似乎还未凝固。在蓝天的映衬下如同水包玛瑙般流光溢彩,昭示着劫后的日月重光……

(3) 补天的尾声——制凶、理水与归位

轻清的天，已经恢复原状，重浊的地，却再也回不到原初模样。据说西北方高而多山，东南方低而多水的华夏大地的基本形态，就是在那次浩劫与修整后，大体固定的。不过，由于阴阳两气，重新交泰，大地尽管恢复不了原状，却也生气勃勃，开始孕育劫后重生的万物。女娲还是不敢息慢，因为黑龙还在肆虐，涝水还在横流，她命句芒召来那位曾经一脚踹翻海上五神山中四座的龙伯国巨人——他大概就是《庄子》中那位以五十头牛为饵钓起大鱼的任公子的祖先吧——又取出肃慎国的青石箭，背上伏羲射天狼的彤弓，率众由太行山下行，来到冀州之野，寻找那条狂暴的黑龙——它应当是《黑暗传》中黑龙的原型——黑龙察风见兆，早已躲入深渊之中，龙伯巨人故伎重演，以绳系牛，投入渊中。不久潭水震荡如沸，黑龙吞饵而起，女娲亲自张弓搭箭，三支肃慎劲矢，箭箭贯胸穿咽，肆虐的黑龙轰然倒毙，沉入渊底，不久尸身浮了上来，原来是一条百十来丈长的纯黑巨蟒。

女娲又想起，当初与伏羲缘建木，游天庭时，曾见到一种灰土名叫"息壤"，专制洪涝。现在天地隔绝，轻易不得上天，更不能事事祈请天帝助力，然而幸好当时打听得明白，所谓"息壤"，是用天河芦苇锻灰而成的。尽管仙凡有别，息壤遇水即长，人间苇灰无此神力，但人间之水本由天河水下注而来，而大水过后，芦苇疯长，如果聚百族人民之伟力，集人间千泽之苇灰，应也可抵上天庭息壤一撮了。想到这里，女娲即命句芒传命，让百族百姓抢割芦苇，连夜锻灰。令如风，动如箭，到得明月中天之时，千里原野，燃起了无数火堆，星罗棋布，红光烛天，想来那情境应比1958年举国大炼钢铁时，还要壮观百倍——终于，洪水被平息了。

《淮南子》在述补天理水毕，人民安居后，更有一段文字，描述女娲功德圆满后，风光万千地升天了，后世解读为"归位"，也就是升化为天仙。也正是据此，前文我们反复提及，伏羲已经老迈了，阿细族的造人传说不也称他们为一对老夫妻吗？据此我们大抵用意译的办法，以无比崇敬的心情来讲述《淮南子》这段故事，唯前面加上一节劫后重光的想象，也是据《淮南子》所述景象改写。

百川安流,在初升的红日照耀下,滚滚滔滔,奔向东海,过水的山岗,已重新青绿,经火的丛林,黄鸟儿又在枝头鸣唱。梅花鹿,对对双双跑到溪边,连一度失性的猛禽凶兽也敛首贴耳与人类亲密相处。繁花丛中,一声初生牛犊的哞哞鸣声,穿过如梦般的晨气,在空中缭绕,似乎在宣告着人类的新生。然而,我们的英雄——太昊伏羲,已经永远地闭上了他那双圆圆的大眼睛,他躺在半跪的女娲怀中,如此地安详,清风拂动他的长须,一丝丝,似乎在诉说他为人类建立的一件件一桩桩殊勋,初阳映照着他清瘦的脸,深深的皱纹中藏着他为人类付出的无比辛劳。女娲没有流泪,她回忆着伏羲临终前的嘱咐:告诉孩子们,切莫学那意气用事的共工,要想在重生的大地上精进不息,就必须像大地母亲一样宽厚有容……

这时,空中传来一阵仙乐,神武的应龙以青虬为骑乘,以白螭为前导,以奔蛇为扈从,驾着雷车,从五色祥云中冉冉而降,这是昊天大帝派羲娲氏族的图腾性的仪仗来迎接二位神人归位了。女娲抱起伏羲的遗体,登上雷车,排云驾电,升空而去。天风猎猎,云霭缭绕,她似乎重见了当年连体兄妹从鸿蒙中降生人间的景象。她微笑了,她从云端俯望着与兄长兼丈夫伏羲共同率领人类,法天象地,开辟的青山绿水,微笑着抬起了那张青春常驻的美丽的脸——悬挂着两道清清的泪……

羲娲归位了,然而他们理水补天故事的意蕴却令人深思。相比于《圣经·诺亚方舟》神话,它更体现了中华民族抗争困境的强毅精神与创造伟力。后来《易》传把这种精神,概括为人可以而且应当参与天地之造化。以人心应合天之运气,从而以正克邪,达到新的和谐。

3. 各族补天故事举隅

故事已讲得够长了,因此这部分不再铺展详析,仅引刘城淮先生《中国上古神话》中的一节概述性的文字,以资说明:

> 关于天崩地裂,补好天地的神话,广泛流传于我国南方少数民族中,

如苗族《龙牙颗颗钉满天》、阿昌族《遮帕麻与遮米麻》、高山族《蜜蜂与地震》等。

此外,苗族还传称:从前,天地用五棓木撑着,天总是摇晃着,一天要塌下六回。九昌昂公公把天往上撑高,天裂了缝,又塌了地,他变成了蝉。白族传称:龙王大发洪水,天崩地裂,盘古、盘生兄弟杀死龙王,盘古变成了天,西南方天不塌,用云补;盘生变成地,东北方地不满,用水补;四座山做顶天柱,四个鳌鱼做支地柱。壮族也说天崩用云补。布朗族传称,有只鳌鱼托着大地,它老想走动,一动就地震。彝族传称,开天辟地时,打雷试天天开裂,用云补好,震地试地地通洞,用地公叶子补好,捉鱼来撑地,地稳了,捉虎来用它的骨头撑天,天稳了。其(彝)支族阿细人传称,大地由三个大鱼背着,它们一动地就震,银龙神令阿托用银链子拴住大鱼,鱼动不了,地就不震了。天有缝隙,用云补好,地有缺陷,用草铺好。布依族传称:力戛用手把天撑得高高的,但一伸手天就会垮下来。他便一手撑着一手拔下自己的牙齿当做钉子钉好天,颗颗钉子成了颗颗星。纳西族传称:开天辟地之神,用蓝宝石补天,黄金铺地……至今云南藏族还流传着女娲娘娘的故事……印度神话也有补天之说……

同类的各族神话还能举出很多。这些神话传说的关系如何,这里暂且置而不论。但是从中我们又一次感受了中华各民族创世神话多样性中的同一性、互动性中的包容性。

第三篇 龙与凤

第三篇 龙与凤

在前面二组故事中，开天辟地的那些主角，如盘古、羲娲、少昊、颛顼、黄帝、炎帝、帝喾等都已经登场，更在完成了他们开辟的伟业后归位为神。在"治水""补天"以后的神话故事中，他们如果再偶尔出现，也是以神仙、救星的面目在危难时为他们的子子孙孙提供帮助的配角。因此这一组故事将深化前述故事中所透露的历史信息，从而为他们在开辟创世中的重要作用做一总结，同时也回答读者可能产生的一些疑问。比如除前面已辨析过的盘古与羲娲的关系外，太昊与少昊究竟是什么关系；又是太昊，又是伏羲，又是太昊伏羲，这又究竟是怎么回事？中外神话学界为解答这些疑问，付出了大量心血，结论却往往矛盾。然而矛盾本身就是一种存在，矛盾之中往往含有一些为人们所忽视的真相；而近半个多世纪以来的考古发掘为发现某些真相提供了可能，近二十年来新一代的神话学专家的研究更有了重要的突破。下面我们将综合各家的意见，结合自己的研究、判断，继续讲我们的开辟故事并寻找一些十分重要的历史信息。这些信息又将围绕着两个虚拟的神异动物——龙与凤展开。

一、日出与日落：太昊氏与少昊氏的龙凤崇拜

太昊为东帝，以龙纪；少昊为西帝，以鸟纪：这是已见于前面的故事。一东一西，一龙一鸟，看来二者相去甚远，然而这些已是五行说系统化后的秩序化配置；如果追根溯源，二昊氏是两个关系密切的古老东方氏族。

从词义而言，昊字为天上有日，所以天又称昊天，可见昊族是崇拜天日的氏族。其中太为大，为始；少为小，为次；所以，二昊氏的称谓本已指示了少昊氏或为太昊氏的后裔或分支。

以下我们由三个方面来作探究。

1. 四方自然神到五方始祖神转换中的二昊氏

殷墟甲骨文显示，殷商时代四方之神还是自然神，有四个象形文字的名称，为便于理解，我们先来看两个较易理解的神的记载：

"帝于东方曰析""帝于北方曰元"。称"帝于"某方，说明这个帝周行于四方，则非日神莫属。日神运行到某方，便有一个象形的名称，"帝于北方曰元"。元即玄，有始义、玄冥义，故元这一名称意指日在北方，阳气最弱，日神深藏玄冥。东方之帝曰析，析的象形是以斧破木，这里当指日神冲破玄冥而初升；日初升的光芒叫"昕"，应当是由此而来。南方与北方相对应，所以帝至南方的象形字是"炎"字下边的"火"左右两点变为"北"的各一半，意指日背北处南，已由初升的"昕"转为炎炎于上。西方与东方对应，故帝于西方的象形字或为木上山，山中有二点，似火字的上面两点；或为东的繁体字去上边一横，而为二点。无论哪种写法，都意指日光（火）已由炎炎于上而转为微弱。这四方之帝由北而东、而南、而西的象形恰与八卦由纯阴的坤开始卦气运转，显示出同样的天运观念。四神中东方与西方二神又被称为东母、西母，这表示日神运行东升西落，孕育了万物。

战国后由《吕氏春秋》确定的五方之帝说，是对自然的天日崇拜的秩序化，于是始祖神取代了自然神。然而，有迹象显示，这有一个发展的过程。

《越绝书》是一种记载春秋时期吴越二国史地的国别史，其成书年代虽众

说纷纭,但其中存在大量吴越时期的史料,则是学界的共识。其中有《计倪内经》篇,计倪是越王勾践的谋臣,深通阴阳五行,《计倪内经》的文字又相当古奥,故应是这位谋臣言论的辑集。此篇中记有五方之帝:"少昊治西方,蚩尤佐之,使主金;玄冥治北方,白辨助之,使主水;太皞治东方,员柯佐之,使主木;祝融治南方,仆程佐之,使主火;后土治中央,后稷佐之,使主土:并有五方,以为纲纪。"计倪五帝说有三个特点:

首先,在这五帝上面加了一个帽子,说是"炎帝有天下,以传黄帝,黄帝于是上事天,下治地",从而构成了一个六合(天地四方)加中央的帝系构架。这应当由于越以禹为祖先,而当时有一种帝系说,指禹父鲧是黄帝之孙,禹是黄帝曾孙(《山海经·海内经》),因此以黄帝为六合中管上下天地的大帝,反映了炎黄二族兴起后的帝系观。这一点可暂且暂而不论。

其次,计倪五帝说显示了明显的自然神与始祖神杂糅之过渡形态。五帝中的北方玄冥相当于商人的"元",中央后土是土神,都是自然崇拜的神灵,而各辅佐中的北方白辨,应指能在玄冥中辨白;东方的员柯,柯为树枝,员通圆,当指太阳所栖之树;南方的仆程,程是一种兽,越人也称之为貘(见《列子》),仆程是说南帝祝融以兽为仆,与祝融形象"人面兽身"相应。

其三,计倪五帝中,中、南、北三帝都与吕不韦所说(黄帝、炎帝、颛顼)不同,唯独东方太昊、西方少昊与吕说相同,这说明东太昊、西少昊在五帝说形成过程中地位的稳固,而东方西方为生成万物的"母",则又说明二昊氏在上古传说中的重要地位。

2. 二昊之墟与东西分司的由来

太昊、少昊分治东西方,既然首见于春秋末年东南人计倪的记录,则已指示了二昊氏可能与东南相关,而《左传》有关的记载更印证了这一可能。是书"僖公四年""昭公十七年""定公四年"记录了陈(今河南淮阳,近山东)为太昊之墟,曲阜为少昊之墟,而太昊族的四个风姓支族也都在今山东境内。看来二昊氏出于同一东南部族当可无疑。

然而,《山海经·西山经》的一条记载,使问题复杂起来,说是:

>（积石山）又西二百里，曰长留之山，其神白帝少昊居之。其兽皆文尾，其鸟皆文首，是多文玉石。实惟员神磈氏之宫。是神也，主司反景。

积石山之西的长留山，有专家认为或即今日的贺兰山，是极西之地，并据此更进一步认为少昊氏本西方民族而东迁于山东曲阜。

然而这种判断是对资料的误解。上引"实惟"云云，并非是说员神磈氏即少昊氏。惟即是，实惟即实是、实为。是说白帝少昊所居之处，实为员神磈氏原来的宫室。磈氏或即槐氏，出甘肃天水，与长留之山的地理位置相近。因此《西山经》这段话的意思是说，长留山神本为员神磈氏，少昊为白帝后取代了他，也继承了他的职司——司反景，即观察夕阳。所谓员神，员通圆，指日轮，员神当是西方磈氏崇拜的太阳神，性质与东方殷人的四方神一样，是自然神。少昊取代员神磈氏为西方白帝，是始祖神取代自然神以主四方的反映。由此看来，《西山经》中少昊这位西方主神，对于西方民族而言是取当地神祇而代之的外来神。可以支持这一解说的是同出于《山海经》的另一条记载。《大荒东经》记：

>东海之外大壑，少昊之国。少昊孺帝颛顼于此，弃其琴瑟。

于是看似矛盾的史料统一起来了，少昊氏本为东海之中的一个古老族群，后迁至今山东曲阜一带与太昊之墟淮阳毗邻。值得注意的是，在五方帝系中，东帝太昊与西帝少昊的两个辅佐，木神句芒与金神蓐收都是少昊氏的裔子，这充分说明太昊氏、少昊氏有着很近的血缘关系，二昊氏最初都是以"天"(日)为第一崇拜，即后来被称为"东夷"的东南民族。

然而以少昊氏为西方之帝的配置也不是空穴来风的杜撰。

首先，与太昊氏为楚的日神东君一样，少昊氏在其本族也是日神。《尸子》记：

>少昊金天氏邑于穷桑，日五色，互照穷桑。

由此,王子年《拾遗记》便指穷桑为极西之地,然而穷桑在曲阜附近,《尸子》已将少昊所邑与成为五方之帝后的金天氏相混杂,王子年因此更误指穷桑在西方。虽然如此,但少昊"日五色"已证明少昊为本族日神的身份——当然,其原型应为祭日的大祭司。

其次,资料显示,少昊氏一度相当强大,前面已介绍少昊孺子帝颛顼氏(高阳)的子孙,由东向西、南、北各方扩张,分别建有邦国,所以,少昊后来被奉为西帝,应是少昊族西进的结果。

这一结果的必然性可由《吕氏春秋》所记秦国之世系悟得。《史记·秦本纪》即记"秦之先,帝颛顼之苗裔也",颛顼数传至大费,大费因助大禹治水有功,并佐舜调驯鸟兽,而被赐姓嬴氏,名柏翳(益)。因此,秦国的始祖本为东夷之族,于是吕不韦据同为东夷族的计倪所记而定太昊为东帝,少昊为西帝,也就是顺理成章的事了。尤其要注意的是在五方帝系中,源出东夷的就占了三帝,二昊之外,颛顼为北帝(他的辅佐玄冥,即禺强,方是原来的北海之神),由此可见东夷族在三代之前影响的巨大。

二昊氏既然均以天日为第一崇拜而有着相似的血缘关系,而日出东方又沉于西方,那么让它们分司东西主日落日出,便理所当然。其中太昊为长为始,故为东帝主日出,少昊为少为辅,又为秦人之远祖,故为西帝主日落。这一推断可从《山海经·海内经》的一条记载得到印证:

> 西南有巴国。太昊生咸鸟,咸鸟生乘厘,乘厘生后照,后照是始为巴人。

《海内经》是《山海经》中成书最晚的篇章,约当战国秦汉间,所记上古史料,多经改造。其中说太昊的后裔后照为巴人之祖,与巴蜀固有的古史记载不同,如前面介绍的廪君与《华阳国志》里所记蜀古帝蚕丛、鱼凫等等,才是巴蜀正宗的始祖。以太昊后裔为巴人始祖,显然是五方帝系定型后的改造。然而后照一名,很可注意,"后照"之意与"反景"相同,均为西落之日的余光返照,是自然神形态的名称,故应当是古巴蜀地区的司落日之神,与西北地区的"员神魂氏"为同一性质。待到二昊族西迁,这些原始的西部司落日之神均被统一为西方金天氏白帝少昊。《山海经》中较早的《西山经》以少昊居员神磈氏之宫,是较近实的记载,而《海内经》以后照为太昊后系,则去实甚远了;然而两相对照,可以认为,如同西迁的少昊于西北居员神磈氏之宫一般,在西南也占了"后照"之宫,因此这里的"后照"不妨读作"少昊"。神话学家多从《海内经》这条世系中各人名与太昊族世系其他记载中的人名对照来论证"晚照"即少昊,可以为我们上述的辨析作参照。

太昊伏羲氏

少昊金天氏

说了半天,那么太昊、少昊究竟是传说中的人神,还是实有其族其人呢?考古发掘可以做出回答。杨复峻先生的力作《太昊伏羲》中,有综合性的论述,略谓:

> 史载二昊族的发祥地域与大汶口文化相合。而在大汶口文化早期阶段,海岱地区彩陶纹样母题中多见的圆点和圆圈,已体现出清醒的太阳文化意识。

山东大学历史研究所田昌五先生又从陶文上提出一个纹饰,其意同于昊字,有如铜器上的族徽;莒县凌阳河出土的大汶口文化的代表作大口尊上更刻有太阳崇拜的昊字形符号;等等。

这些为古籍所载二昊氏之墟的所在处提供了有力的佐证,因而也可以证实二昊氏的实际存在。

3. 龙纪与凤纪的关系

既然太昊氏、少昊氏同出一系,那么为什么《左传》记,太昊氏以龙纪,少昊氏以凤纪呢?这龙与凤又是否有着一定的内在联系呢?

首先我们来回忆一下,《左传·昭公十七年》所记郯子那段话:

> 我高祖少昊挚之立也,凤鸟适至,故纪于鸟,为鸟师而鸟名。

这说明,少昊氏之以鸟纪,是始于少昊挚立为帝时,"挚"通"鸷",是鹰类猛禽(后面还会讲到,这也是神鸟凤构成的部分)。反过来也就是说,少昊一族原先的自然崇拜还不是鸟,而是因即位之时"凤鸟适至"的祥瑞,始以鸟为其图腾的,鸟图腾与太昊氏的龙图腾,应当同属于一个更大的系统。这个系统就是"昊"——中天之日。

三星堆出土的大量玉器与青铜器提供了这一推断的有力证据,其中最著名的是一玉二铜的三株神树。

三星堆二号坑出土的青铜神树

玉制神树最为完整,其形制为中间一棵大树,树上有十只鸟,九鸟分处九根树枝上,一鸟立树顶似欲飞状,而树的一侧一条头在下、尾在上的长龙几与神树等高。铜制神树略有缺损,如三星堆二号坑出土的那株鸟存九只,顶上那只不见,从顶部的形制来看,应是残损了。龙尾也有残损,故较玉树之龙略短。

又三星堆玉器中,各种动物形象中以龙(蛇)与鸟最多,而鸟居首位,其中更有龙(蛇)与鸟合体的,如"鸟落蛇柱"雕,一蛇盘柱,柱顶立一鸟;又如"双人首顶神鸟",山形基座上为二个突目高鼻而相背的神人,二神人头顶各立一鸟,双鸟尾部又合成一个平台,上立一个人面鸟身的神物,其头顶上又立一只小鸟。

有专家认为,人面鸟身的神物就是句芒,因句芒的形象就是人面鸟身,双翼,驾飞龙。也因此基座上的二神人可能是二昊氏。可为这种判断提供佐证的是记载中太昊伏羲的形象就是"大目山准"(高鼻)。

以上考古发掘成果,尤其是神树形象,充分说明鸟崇拜与龙蛇崇拜,同是"日出"这一自然形态的从属现象。几乎所有有关日的重要神话,都说日精为三足鸟。日乘鸟而行,或六龙驾日车而行。河姆渡文化的发掘中又有一个象牙雕刻的双鸟太阳图,为东西背向而立的双鸟,上半身合抱一个太阳,可以为文献记载作佐证。而龙、鸟以树为中心的结合,更与"扶桑树""龙潜于海渊"故事相应。日出东方,远看似从林莽中升起,或从海上升起。扶桑树在东海中,十鸟栖于上日发其一;龙潜于下,二月二,龙抬头,初春始现于田野。龙与鸟均以海上之木为栖所,合起来就是古代广泛存在的"社树"崇拜,龙为树神(树间最常见的动物是蛇),鸟为日精。由此而由昊天崇拜分化为龙蛇崇拜与鸟崇拜,这应当就是龙历与鸟历分支的来历吧。而句芒人面鸟身,有翼,驾飞龙的形象更是他以少昊之子而为太昊之佐的反映,说明二者同出一源。

同时应重视的是,三星堆文物中尚有不少鸟兽合体的雕塑,兽的形象似虎,这种蛇(龙)鸟合体与虎鸟合体并存的情况,正说明龙鸟合一的昊族标志对巴蜀而言是外来的。因为虎是巴人的原始图腾。《后汉书·南蛮西南夷传》记:"廪君死,魂魄世为白虎。巴氏以虎饮人血,遂以人祠焉。"昊族西迁后,并不能完全取代当地的原始崇拜,故二种形态的雕饰并存,至今西部的羌族仍同时崇拜龙与虎,即是上古这种氏族融合状态的遗存。

二、伏羲、太昊与太昊伏羲

在汉以前的文献中,太昊自太昊,伏羲自伏羲。《山海经》中有太昊、少昊,未见伏羲;《庄子·胠箧》等所述上古氏族有伏羲氏而无太昊氏。将太昊与伏羲合二为一成"太昊伏羲氏"始于西汉末的刘歆与东汉的班固(见《汉书》)。从此太昊就是伏羲,伏羲也就是太昊了。这就引起了后世的争论:二者究竟是二人还是一人,二族还是一族,如果是二人或二族,又怎样会合二为一的;是东族西迁的结果,还是西族东迁的反映,抑或竟是东西两大族对向迁徙的中原合流呢?这种争论,一直到最近的研究还存在着。我们倾向于杨复峻先生《太昊伏羲》一书的东西中原融合说,今以杨说为主,结合我们的研究,略述如下。

1. 伏羲族的发祥、东迁及其与太昊族的中原融合

杨著于伏羲氏的发祥地举出六种记载,其中成纪、宁静、仇池山三说相接近,三地名均在成纪(今甘肃天水)附近,可并为一说。姑称成纪说。又有四川阆中(今名同)与陕西蓝田(今名同)与东方雷泽三说。东方雷泽在山东菏泽与河南濮阳之间,又名雷夏泽,地近河南淮阳(太昊之墟陈)。四说的依据都是当地存有与汉代流传的伏羲出生故事中的二个关键地名人名——雷泽、华胥相关的地名与遗迹。故事是这样的——

大足迹出雷泽,华胥履之,生伏羲。(《诗含神雾》)

我们且不管伏羲出生的归属权如何,仅从四地的地理位置看,伏羲族当初的活动范围就西抵甘肃,东抵鲁豫,中含巴蜀与关中,可称东西数千里。

四说中,阆中、蓝田二说,所据资料较晚近,相关的地名记载也缺少足够的旁证,其为伏羲族曾经活动的地区,虽可无疑,但作为发祥地,基本可以排除,所以在学术界影响不大。而甘肃成纪说与东方雷泽说则地名可靠,遗迹更多,均有不少专家认同,从而形成了伏羲族发祥于东部而西迁、伏羲族发祥于西部而东迁两种相反的意见,这些又与太昊、伏羲二者的关系缠夹在一起,所以众说纷纭。

杨复峻先生赞同西起东迁说,他的长篇考证综合了诸家与自己考订成果,其中有四点最具说服力。

一是参用范三畏先生的考证成果,辨明了《诗含神雾》所说的"雷泽"不是东南鲁豫交界处的雷夏泽,而是西北成纪附近的朱圉石鼓山西北的甘谷大潭,大潭又名雷泽,见《水经注》。而另一个名称华胥,则据《列子》记载,华胥氏之国在"弇州之西，台州之北"，这弇、台二古州都在甘肃境内；《山海经·大荒西经》更记弇州之山在龙(陇)山与日月所入的"日月山"之间。

经核，范、杨二先生的上述论证是可以成立的。以下三条资料可作为参证：

西汉荣氏《遁甲开山图》记"伏羲生于成纪，徙治成纪"；

魏晋间皇甫谧《帝王世纪》则记"母曰华胥，履大人迹于雷泽，而生伏羲于成纪"；

唐司马贞《补〈史记〉三皇本纪》采用皇甫谧说。

这三条资料中第一条是有关资料中最早的，二、三的作者更是著名的史学家。以此与范三畏、杨复峻先生的辨证参见，是可以对应起来的。因为华胥履迹雷泽，生子成纪，只有华胥、雷泽同在甘肃境内才有可能。如果履迹在山东雷夏泽，而到甘肃成纪生子，不但于情理不合，而且万里迢迢，山川阻绝，以上古的交通条件(车还未发明)，于一个孕妇而言难以想象。

杨复峻先生又举甘谷等甘肃境内考古发掘中有多种人首蛇身或龙首人身像，与记载中的伏羲形象相合，可为佐证。又举成纪之瓦亭水，又名葫芦河，与民间传说伏羲兄妹生育于悬垂昆仑之葫芦相应。最后杨先生举淮阳太昊伏羲陵庙，又称伏羲陵庙，其统天殿伏羲神龛两旁悬有一副铸铁对联：

后天地而生，朱围犹堪寻胜迹；
立帝王之极，白云常此护灵宫。

此联1966年前尚存，虽时代不详。但说明即便淮阳地区也不乏有人承认，伏羲来自甘肃成纪与大潭之间的朱围山。

除杨先生所举，更可由伏羲名号来直接证实伏羲发源地为西部。伏羲之义，班固释为伏羲作八卦，天下伏而化之。应劭《风俗通义》作"伏戏"，释伏为别为变，戏为献为法，伏羲之义为"伏羲始八卦，以变化天下，天下法则，咸伏贡献，故曰伏羲"。这些说法均从伏羲作八卦设想，辗转取义以释名，难以信从。其实伏羲的本义字面上已清楚地显示。《颜氏家训》集前人说指出，伏羲古时书作戯羲,戯是伏的古字,义为匿伏。我们知道"羲"通"曦",故有"羲阳""羲景"等词汇。据此伏羲的本义很清楚,就是"伏日"。至于"伏戏",戏的本义是戏赫,指赫然辉煌,也指向太阳,所以伏戏,也是伏日之意。班固、应劭弃如此显豁的字义不取,而转由八卦,曲折以释之,是他们的儒家"文教"意识在作怪。伏羲又作"庖羲""庖犠",则伏羲其人当是该族向日神献祭的大首领(大巫师)。伏字又书作宓,宓是虙的俗字;又书作虑,则分明是虙羲的形近之误。二者可置而不论。

于是"太昊伏羲"合称便可以理解了。这一合称其实反映了东、西两个太阳崇拜的氏族,一个由东海向西,一个由西北向东的结合。由陈为太昊之墟可推断,应是太昊族东来先至,伏羲族西来后至,终于以平等的地位合为一个大族群,其大首领便称"太昊伏羲"。

这一合名,实质上是石器时代的东西两大氏族一次大融合的历史折光。太昊所处大汶口文化与伏羲所处大地湾仰韶文化都是当时文明程度最高的,二者本身又包容了东方、西方许多部族,其融合的影响力可以想象。这也就是他们后来向四方发展的主要原因吧。这一点后文再详。

2. 龙、凤与风,及羲娲风姓兄妹的由来

自然崇拜中,除天日外,风是又一种大角色。伏羲(太昊伏羲)听风而演八卦、辨八方;八卦中风(卦气)的运动显示了天道运周的基本形态;少昊氏的鸟历,虽以鸟纪,然而本质上是以鸟的候风来分节司历的。因此,风候是二者的共同特点。又,二昊氏所属的东夷族中有一个分支就叫"风夷",这应当是一个直接以风为图腾的氏族;后来,黄帝的四大辅佐,第一位就是"风后",《帝王世纪》记黄帝"得风后于海隅"。两相参看,有理由认为,这位风后即黄帝时代风夷族的首领(后即王)。甚至有理由推想,听八风之太昊伏羲与这个氏族关系密切。

候风以分节,产生了前面介绍鸟历时的"风信幡",它的学名叫作"相风"(相即察),王子年《拾遗记》记载:

帝子与皇娥泛于海上,以桂枝为表(立木),结熏茅为旌(幡状飘带),刻玉为鸠,置于表端,以鸠知四时之候,故《春秋传》(指《左传》)曰司至是也。

据王维堤先生考证,因皇娥是少昊之母,多见于史籍记载,也因此帝子当即少昊之父。又指出王子年也犯了一个错误,把柱顶的鸠直接指为分司二至的鸠(实为伯劳)。鸠是分司,又怎能立柱顶总司风候呢?因此王先生更据绍兴306号战国墓中铜质房屋模型屋顶上的立柱作了深入考订。此柱顶端立有一形似鸠的大尾鸟。据《搜神记》等记载,王先生考定这鸠形大尾鸟应是古越时代深山中一种大如鸠,青色能人语的"冶鸟",此鸟为"越祝之祖",即越族主司告鬼神的巫师之始祖。

我们认为冶鸟应当就是虚拟的凤鸟的原型之一,因为"凤,火之精也"(《春秋演孔图》),冶鸟的冶正与火相关,它的大尾也是凤鸟的主要特征之一。从中首先可以寻觅到凤与日与风的关系,以及后世"相风"仪形制变化的内在联系。

凤鸟为历正,领四鸟以相风候,本身就说明凤鸟与风关系紧密。凤鸟亦即司风之神鸟,而风,如前面介绍过的"风者,天之使也"(《河图地通纪》)、"风者,天地之使也"(同上),于是就构成了这样一个系列:天(日)大神通过他的使者"风"来"号令天之威怒"(《后汉书·郎𫖮传》),而地上的神鸟凤则接受使者"风"传递的天(日)之信息,来调和时气,使各节均得天地之正和。也因此不仅古音龙、凤、风音同,而且殷商甲骨文中应写为"风"的地方,都书作"凤",这说明虚拟凤是风的化身,凤也因此而成为商代"相风"顶端的神鸟。

商人以"凤"代"风"更透露了一个信息,风字繁体从虫,直接与龙蛇相关,而凤字繁体从鸟,商人为鸟图腾的少昊之裔,故以凤代风,而不直接用从"虫"而与龙蛇之属相关的"風"字。这多少有点数典忘祖的意思。汉唐均奉信龙崇拜,故又主要以三足鸟为"相风"之上的神鸟,而通常不用凤鸟。三足鸟是日精,传说中是东夷族之远祖帝俊的化身,这又多少有点"正本清源"的味道。但是二者都共同反映了天、日、风、凤、龙的关系,也因此汉唐用三足鸟为神鸟也不是绝对的。最著名的例子是汉武帝作建章宫,造凤阙,高二十丈,上有铜凤凰,以别四方之风。汉代一直存在着五行所属之争,这也许是东汉改土德为火德的前奏吧。

要之,从虫的蛇(龙),从鸟的凤,在上古时代的原始崇拜中应该都是天(日)帝的使者"风"在地面的信息接受者。天(日)—风—龙与凤,是东南初民自然崇拜中的三级序列。这也是龙(蛇)族的太昊与凤族的少昊都以风为姓的由来。后世说风云从属于龙,是龙成为王权的象征后的观念,而在远古恐正相反,龙是从属于风的,前面推断风夷也许是二昊氏的龙凤族之所由来,道理即在于此。

3. "华夏"溯源

二昊风姓,于是与太昊合一后的伏羲也姓了风,与伏羲为兄妹夫妇的女娲也姓了风。但这恐怕是后世想当然的改造,也因此记载羲娲为风姓的古籍都是汉以后的。

由于班固释伏羲为作八卦以伏人,后世对伏羲的姓氏义除转嫁太昊的风姓外,从未探究。然而,华胥氏于雷泽履巨人迹而生伏羲的故事中"华胥"与"伏羲"的对应,其实已指示了一种应当更符合实际的思路。

华胥的"华"有日光义,《尚书大传·虞夏传》"日月光华",《淮南子·墬形训》"末有十日,其华下照地"都可为证;"胥"的最常见的义项是"须"——等待。因此,华胥国之名最直接的解释应是"等待日光照临之国",前面说到,据《列子》《山海经·大荒西经》所记,华胥国本在极西的弇、台二州之际的日月山附近,正可为这一释义作证。也因此华胥名其履大人迹而生的儿子为伏羲——匿伏之日。

可为此说作佐证的是陕西蓝田的华胥陵,在华山之西。华山与泰山并称"华岱"(岱即泰山),是早于五岳而被共尊的大山。岱东、华西,正指示了日是东升西下的,因此蓝田的华胥陵,虽应是伏羲东进时留居于此的后裔怀祖之产物,但其名却正合乎"华胥"上述义。由此可以推想伏羲本应是华(胥)族伏姓,这一姓氏流传久远,汉代大儒伏生即为伏羲之后。

于是对于"华夏"这一中国的古称,可作新的溯源了。《左传·定公十年》"裔不谋夏,夷不乱华",孔子后裔唐人孔颖达疏:"中国有礼仪之大,故称夏;有服章之美,谓之美:华夏一也。"

这一解释直到现在还为《辞海》《汉语大词典》等多种权威辞书所采用,但是细究一下是说不通的。华、夏在《左传》此条中是与裔(四裔)、夷(周边民族)相对应的。所以华与夏也应是指地域性的族裔,亦即与四裔相对的中部所居氏族。孔颖达的释义又是儒家以礼文为教的偏见所致。

华夏更早的出处是《尚书·武成》所举"华夏蛮貊",与两个少数民族蛮貊对举的华夏,自然应当是两个中部部族名。

夏当然是指中国历史上第一个可考的王朝夏朝与其创始部族夏族,夏族以颛顼氏为祖,颛顼为二昊氏之后昊族又一位大首领,因此有"大"义的夏的得名当源于"昊",昊为昊天,为至大。而"华"则应是伏羲所属的华胥族的省称。这一推测,可从以下二点悟得。一是"虞夏"连称,最早见于《礼记·表记》与《国语·周语》,汉代《尚书大传》有《虞夏传》,可见是周汉间的习用语。虞指虞舜,也是颛顼之后,可知虞夏是两个相关连且有代表性的部族的连称(《礼记·表记》即以之与"殷商"相对)。华夏的构词与虞夏同,唯虞夏二族均为东方氏族,见于记载也晚于华夏,所以未能历久通用为中华民族代称。而华夏则含伏羲之华族与太昊后裔之夏族,兼含东西,故从周汉起即为中国代称并流传弥久。二是章太炎先生曾说"华夏",可以与我们的主张印证,他认为华指华山,夏指夏水,均在关中,是初民活动的发祥地,所以用华夏合称代指中国(《中华民国解》)。其思路突破陈腐的旧说,执我们的溯源之先鞭,然而华山夏水,是昊族伏羲族东西对进途中重要的活动区域而留有其后裔,古代地域山川多以在该地活动的某氏来命名,夏水应以"夏族"得名,而华山应当以当地所传其北"华胥国"得名。因此追本溯源,华夏仍当为华、夏二族之合称。《庄子·天地》记有尧观于华,华封人为尧三祝的故事,可知华在远古就是一个封国式的地区名。唐人成玄英认为即华山旁的华州。华州据蓝田关,与当地所传关中华胥国地理相合，这正可为我们认为"华族"是"华胥族"的省称作佐证。

要之与汉、唐曾为中国与中国人古称一样，"华夏"同样是我们民族辉煌历史的一段远古追忆。虽然她从产生伊始就有与四夷相区分的含义，然而追本溯源，华夏本来就是融合了西部氐、羌、巴诸族的伏羲之华族与以太昊族为代表并扩展至南方的东夷族后裔夏族之合称。此词想来应为夏朝时所创。只是雄踞中原的夏朝或者其后的商周数典忘祖，才强作华夷之辨而影响中国历史数千年。这种人为的区隔以1949年后，改所有少数民族名之"犭"旁为"亻"旁为标志，才终于得到扭转，华夏遂真正体现了我们多民族融合国家的历史渊源。

下面我们继续来探论女娲的本姓。女娲之姓首见于战国末或汉初时的《世本》，但不如后人所记姓"风"，此书《姓氏篇》记："女氏：天皇封弟娲于汝水之间，后为天子，因称女皇，其后为女氏，夏有女艾，商有女鸠、女方，周有女宽，皆其后也。"不过这条记载也是有些问题的。由《山海经·大荒西经》所记女娲之肠处西北栗广之野，又记其周围有女丑之史，女子国等（《山海经·海内经》同）来看，女娲氏其初应是西北部一个保存有母系社会遗制，以女性为尊的部族首领。女当指性别而未必是姓氏。女娲族与伏羲族发祥地相近，二氏应有联姻，故战国竹简已有"雹戏女皇"的并称。《世本》所记天皇封弟（即娣）娲于汝水之阳，反映了东进至陈的伏羲族早已经融合了女娲族。因为汝阳城在河南中部与陈（淮阳）相近。淮阳一带尤多女娲故事与遗迹，就是这一历史情况的反映，《世本》所说的封女娲的天皇应当就是伏羲。因为不但三皇说中有伏羲、女娲、神农之说，而且《补〈史记〉三皇本纪》更说"太昊伏羲……代燧人氏继天而王"，也就是继起的天皇。由此可知，太昊伏羲二族合一的意义不仅止于二族，更包含了他们原先已各自融合了的众多部族。

更值得注意的是，如前所述，在众多的高禖氏崇拜中，夏以华族伏羲之妇女娲（转接于禹妻涂山氏）而加以奉礼，这是华、夏二族融一，而有华夏之称的又一条有力佐证。

那么伏羲与太昊族的东西融合是通过什么方式达成的呢？首先我们注意到所有的今存典籍或类书甚至民间传说，找不到任何一条当时二族发生战争的材料，却不乏伏羲时代"人民至质朴""伏羲教而不诛""东夷俗仁"之类的记载。这些并非一定能确指二族从来不对人动干戈，《拾遗记》就记"伏羲立礼教以导文，造干戈以饰武"。合理的解释应是天（日）—风—龙凤，大抵相同的自然崇拜，是二族以和平为主而融合的文化纽带。这一点不仅使羲昊合一的"太昊伏羲"成为中华民族始祖崇拜的主角，也开启了我们民族有关"和战"的核心理念。后来舜教禹一手执羽翟，一手执干戈而舞，即以文德为主降服三苗，便是伏羲礼敬以崇文，干戈以饰武的延续，而春秋时代的《老子》更为这一观念作了总结——夫兵者，不祥之器，非君子之器，不得已而用之。太昊伏羲族所以能成为华夏民族的第一世代表，自然还有更大的影响力，这些我们放在下一节再讲吧。

三、龙凤文化的发生、演变与颛顼氏

二昊氏、伏羲氏，以及伏羲的妻子女娲，合羲娲而为一的盘古，传说中第一代开辟英雄的故事，至此已基本讲完了。然而大家一定还存在诸多的疑问，比如：羲、昊合族时究竟有多少氏族融洽进来；龙与凤既然是虚拟的灵物，她们又是怎样"拟"出来的，又怎样会成为我们民族的象征；又为什么后来只说我们是"龙的传人"，而不说是"凤的传人"呢？

要想完全解开这些万古迷阵恐怕很难很难。不过近二十年来的研究确实有了很大的推进。其中王维堤先生的《龙凤文化》一书，综合了前人研究成果与一个多世纪来的考古发现，在龙凤文化的研究上建树尤丰。这一节，我们不妨提挈此书的精要与下面会提到的其他专家的发明，结合自己的研究来对上述问题作一追踪与辨析。从而为第一代创世故事作结，希望能够虽不中，亦不远也。

1. 颛顼"死即复苏"故事的意蕴

在《史记·五帝本纪》的帝系排列中,高阳氏颛顼是又一位威风凛凛的神人,他是五帝之首黄帝之孙,以五帝之第二位的面目出现,但这只是众多矛盾的帝王世系中很晚出的一种(首见于秦汉间形成的《山海经·海内经》),所以历代多所质疑,而在近现代的学界已很少有人信从。

更早的《山海经·大荒西经》有这样一段记载:

高阳氏颛顼

> 有鱼偏枯,名曰鱼妇,颛顼死即复苏。风道北来,天乃大水泉,蛇乃化为鱼,是为鱼妇,颛顼死即复苏。

这是一段韵文,在《山海经》中很少见。由此,王维堤、王红旗先生都认为当为巫师的一段咒祝。然而却与前人一样,虽认为其中含有鱼蛇互化的意蕴,却未作具体解析,今试为解读。

① 这段文字相当古奥,且前后内容有重复。其实这是巫咒的一种文体形式。至今流传于神农架一带的丧鼓词《黑暗传》还保留着这一形式。一人诵唱一段,又一人演绎扩展之。《大荒西经》这段文字从"风道北来"起,就是又一人的演绎,解释"死即复苏"的原因是北风生,天水起,已死的蛇就化为了鱼,从而复苏(却又半枯)。两节中的"颛顼死即复苏"句,看来与前文接不上,其实这是与《诗经》的比兴相类似的表述手法,以"鱼妇"事,兴起颛顼事;有所区别的是,这里的前后文,意思是一脉相承的。这从《山海经·海外北经》的一段记载可以看出:"务隅之山,帝颛顼葬于阳,九嫔葬于阴。一曰爰有熊、罴、文虎、离朱、(鸱) 久、视肉。"这一故事的主体,又存录于《海内东经》(专家认为《海内东径》所记是辗转返抄而误入),可注意的是"务隅之山"作"鲋鱼之山","曰"以下为"四蛇卫之",因此可推断"务隅之山"即"鲋鱼之山",是同

音异文而见于不同的传抄。而前举韵文中的"鱼妇"是"鲋"的拆读(鱼与付),鲋鱼之山在黄河下游,是颛顼的主要活动地区。颛顼葬于此山,可以推断这段韵文或是颛顼死时的祝祷,或是其后裔纪念颛顼时的祝颂。

② "风道北来,天乃大水泉,蛇乃化为鱼",以及《海内东经》的"四蛇卫之",更透露了颛顼氏的氏族"密码"。天、风、蛇三者关联,正是太昊族的自然崇拜系列,因此颛顼也当为风姓蛇族(龙族),咒语又涉及水与鱼。水负载天地,是极古老的宇宙观念,可证明这段咒语不是后人造作。鱼龙互化问题待下文讲龙的变体时再详。

③ 以咒语形式出现的记载可信度要比一般故事体高得多。颛顼风姓蛇族较可靠,也证明太昊风姓蛇族同样较可靠,虽有神化,但并非子虚乌有的虚构人物。然而《大荒西经》又记载颛顼为少昊之孺帝,少昊鸟族,这岂非与咒语所显示的"蛇族"矛盾吗?其实不是。前面已述少昊以鸟纪,是其立为帝时"凤鸟适至"所致。此前,它并非鸟图腾,而当与太昊族同为风姓某族。伏羲太昊中原会合后,两大蛇(龙)族合一,其影响肯定远远超出鸟族,少昊氏的西迁或与此有关,即使先此而西迁,则在鲁豫一带鸟族的影响也必然大减,因此留在这一带的少昊之裔势必返祖归宗而为蛇属。这一点,可由文献有关记载与考古发掘得到进一步证明。

④《竹书纪年》《汉书·地理志》《史记·五帝本纪》之裴骃《集解》,都不约而同地记载,颛顼氏的居处(帝丘)在濮阳(今河南濮阳市),与太昊之墟陈相近。《国语·鲁语》更记:"陈,颛顼族也";而一应史料都没有颛顼之丘在西部的记载。因此,可证颛顼氏没有随少昊西征,而是留在了河南,从属于太昊,初居濮,太昊之后又进入陈,成为"太昊伏羲"后这一巨大部族的首领,也因此能以"一代半"的始祖神身份得预五方帝系之列。前述《左传》记少昊德衰,天神杂处,颛顼使重黎"绝地天通",正说明颛顼氏的权力达到了顶峰。"绝地天通"是人类主体意识的觉醒,具体到颛顼这位大首领身上,是他作为地上的"天下共主",要摆脱天帝的约束了。而所谓"少昊德衰"正是鸟族失去控制力的反映。

上述对颛顼于太昊少昊二族,及羲昊东西合族后情况的梳理,不仅可证明《史记》以颛顼为黄帝之后的不可信,更透露了蛇鸟、龙凤主从分合的端倪。下面我们进一步来探讨这一问题。

2. 颛顼氏与蛇鸟合体——龙的雏型

在讲颛顼蛇鸟合体故事前,必须先对虚拟龙、凤的产生作一交待。

龙、凤都是由多种动物的特征合成的虚拟灵物,从闻一多先生《伏羲考》起就有了定论,后来的研究更多有推进。所以我们也不必原原本本一一道来,而只需集中探讨一下这样两个问题:一是,既然是虚拟的,实际不存在的,那又何以会成为崇拜的对象呢? 二是,这两种灵物为什么集合了多种动物的特点,这"集合"本身又透露了哪些历史信息呢?

龙的主体原型为蛇,专家们已从文字学、语音学、文献学角度作了细致入微的研究,可参看闻一多先生《伏羲考》与王维堤先生的《龙凤文化》,不赘。这里要重点提到的是尹荣方先生《神话求原》中有关龙与树关系的研究。他的出发点是中外各族普遍存在的"树"崇拜——神树或者社树。树木是大地上最普遍存在的,与人类生活关系尤为密切的植物。其高大者上拂云天,远远看去,日出日落都经由树丛,于是而有日出东方扶桑的神话;而建木若木等神化的大树更与昆仑等高山同被视作天梯。这种生活与观念上的对树的崇敬,便是"社树"产生的源头。我们知道社与稷合称社稷,代表着一方一域。稷是谷神,社则是土神,这也是前面提到的《计倪内经》所描述的五方帝神中以后土为中央之帝,后稷辅之的由来。稷是谷类,很具体,社则代表一方邦域,仅用土象征是不够的,于是就以当地的树木代表,这就是"社树",社树祭祀是极其普遍的民俗。尹先生更由树形虬曲如龙而认为这是龙崇拜的由来。然而树形多种多样,龙本身是虚拟的,谁也不知道什么样,所以这观点似欠周详。我们认为更直接的解说是栖居于树丛的最常见也最令人畏惧的动物是蛇,蛇倏忽游走于树间,不可捉摸。更有一种能飞腾而起的蛇叫作腾蛇,我们知道自然物崇拜多出于敬畏,于是代表着"社"的树更有了它自身的神灵——蛇。

至于如何由蛇而龙,自古至今,研究者都举出了大量二者互化的例证,为人们所熟悉,不必一一罗列,这里只举王维堤先生的新证二例。

一是举证《赤雅》卷上:"蜑人(广东船户)龙宫,画蛇以祭,自云龙种。"我们再来看"蜑"字,上延下虫,也就是"长虫",长虫即蛇的别称。

二是综合语音学界有关研究成果,举证道:布依族、错那门巴族麻玛话、阿昌语陇川话等,蛇与龙的读音都相同或相近;纳西族东部方言,"龙"的读音为"天"与"蛇"的合音,(也就是"天蛇")。又,风的古音多近于龙,至今,普米族桃巴话中"龙"的发音还保存着这种遗迹。

这些,结合前举"风道北来……蛇乃化为鱼"从化生角度揭示的蛇与风的关系、上一章所析"风"与"凤"的关系,可知风生龙蛇,龙蛇互变,龙的主体为蛇,可以无疑。又龙与凤又同属于"风",因此,颛顼氏之为少昊孺帝而承人昊之图腾,也就是顺理成章的事了。

那么,由蛇而龙的直接媒介又是什么呢?这应当是前面提到的会飞的腾蛇。

"腾蛇无足而飞"(《荀子·劝学》),"飞龙乘云,腾蛇游雾"(《韩非子·难势》),武梁祠石室的羲娲交尾像更刻有三条飞龙,羲娲中间二条较小,伏羲一侧一条较大,整个画面下部都是云雷纹。这三条龙,都是有翼而无足,这应当能说明汉人的心目中,龙蛇为体的羲娲与有翼无足的腾蛇有关。

综上,社树崇拜是各地区普遍的崇拜,而蛇这种爬行动物又随处可见,所以西部的伏羲族、东部的太昊族都会以蛇的神化——龙为自己图腾而相结合。杨复峻先生以伏羲为蛇崇拜,太昊为龙崇拜,而蛇即龙,故合一。这恐怕是拘泥于《左传》所记郯子说"太昊氏以龙纪"所致。其实郯子时代,蛇早已神化为龙,且以之与天象上的星形相对,所谓龙纪,是以苍龙七宿四时在天的位置来分季司历的,已与原始的龙蛇崇拜有不同,故不必拘泥。

凤的虚拟与龙性质相同,都是由切近生活的动物开始,综合其特征而加以神化而来的。王维堤《龙凤文化》中有详尽的阐述,可参看。这里仅参以已见,提挈以下要点。

① 与蛇同样,鸟也是栖息于树间,且与人类日常生活密切相关的动物。

鸟的啾唧鸣声迎来晨光,鸟的归巢又伴随着晚霞;候鸟的按时飞返,帮助人们认识了时气的变化;鹰隼的长空搏击又使人们不由得产生敬仰。也因此,鸟崇拜可说遍布于世界各地。在我国,如满族即以白水鸟为人类始祖,藏族则以鸟为灶神,苗族多个分支的洪水与再造人传说中,都有硕果仅存的兄妹俩为鹰搭救的情节。其中安顺青苗的故事更说:太古岩石破裂,有一男一女产生,二人因天神言结为夫妇,各居一山,常相往来。一日,二人误堕岩中,有神鹰飞来,二人得救。夫妇后来子孙众多,繁衍而为今日之苗族。这一传说又以略加变形的形态,存在于汉族的创世故事《黑暗传》中。

神话中又有"难题婚"的母题,其中有寻回种子的情节,如苗、瑶、彝、佤、藏、纳西等族普遍流传,虽具体述说不一,但都有鸟的参与,如斑鸠、鸽子、朱雀、布谷鸟等等。所谓"天命玄鸟,降而生商""凤鸟鸣矣,于彼高岗",这两个最著名的鸟崇拜神话,即产生于这种背景中。

② 自然鸟的这种灵性使初民产生了鸟能预示吉凶的意识。怪禽出现,是灾难到来的前兆,《山海经》中即记载有数十种;而美丽的神异之鸟现身,则又成为一种祥瑞。其初,各族有自己的吉祥神鸟。东南的越族有前面谈到的冶鸟,南方又有所谓朱雀;商族的神鸟即叫作凤;周族在武王伐纣时有鹥鹥鸣于岐,至成王时,又有氐羌来献鸾……这些神异的吉祥鸟,都集中了若干种现实中的禽兽的特征,所涉及的有鸡、鹤、孔雀、鹰、燕、雁等等。后来各种神异的吉祥鸟都被归于凤属,成为凤的别称,甚至连"周之兴也,鹥鹥鸣于岐山"这一关乎王朝递代的著名故事中的主角"鹥鹥"也被改造为"凤鸣岐山";同样商族史诗"天命玄鸟,降而生商"中的玄鸟(燕子)也有解释为凤鸟的。这种并合的原因,首先应当是《左传》所记郯子言"少昊之立,凤鸟适至"的故事影响重大。凤鸟,后来又称凤凰,更细分为雄曰凤,雌曰凰,凰,初作"皇",其初是少昊氏后裔虞舜的羽饰冠冕。"凰"的"加盟",应当是凤鸟统合其他吉祥鸟而成为百鸟之王的最重要的助力。

③ 郯子说到的以鸟为名的官职有二十四种。这说明少昊部族中有许多以不同的鸟为图腾的分支。少昊自己名挚,应当是以鸷鸟——鹰隼类为图腾

的。因此少昊族是鸟属而非凤族,凤鸟只是为统合各氏族而虚拟的神鸟。也因此她集合了众多禽鸟的特征,以神圣不可侵犯的形象而为历正,主管帝使风带来的天帝的信息。这与虚拟的龙统合各个蛇崇拜的氏族同一性质。

④ 蛇——龙,鸟——凤,虽各自代表东夷族中太昊、少昊两大部落,但后来的走势却不一样。龙终于成为皇权的象征,凤却终于从属于龙,或代表皇后,或代表贤臣与文学之士。唐代的中书省,别称凤阁,省中的池子叫凤凰池,即是一例。龙主凤从的最终推力,当是汉朝崇龙,以为龙生万物(详后),而其渊源,则应是太昊伏羲中原会合后以龙纪,龙族的影响,远非西迁的太昊鸟族所可比。

⑤ 虽然少昊的鸟族"德衰"——势力衰微,然而其影响却未曾磨灭。这应与颛顼氏有关。王维堤先生举证,1987 年在"颛顼之墟"濮阳西水坡的考古发掘中,有一条长 1.78 米、高 0.67 米的蚌壳摆成的龙,身似蛇而足似鹰爪,有人称之为蛇身鹰爪。王先生认为这是崇龙(太昊)崇鸟(少昊)二族在颛顼之墟融合的反映。而我们更倾向于这是颛顼氏一身而兼祧太昊少昊二氏的象征,颛顼承太昊之业,故以龙为身——主体;然而又系出少昊,故似王先生所说"画龙添足"。

龙主凤从又有一种分体的表现形式,长沙子弹库战国楚墓出土的"乘龙升天"帛画,龙尾上立有一只回望龙首的似凤的鸟,就是很好的例证。

⑥ 龙的形象有种种变体,蛇身鹰爪,虽然是后世"龙"的主干形象,但在远古时代,却并未定型。形形色色的变形龙,如同象征二昊族的蛇身鹰爪龙一样,象征着龙族与不同图腾的氏族的又一轮更广泛的氏族融合。下一节我们就来进一步探讨这一问题。

3. 颛顼氏"乘龙而至四海"故事与四方变形龙

(颛顼)乘龙而至四海:北至于幽陵,南至于交趾,西济于流沙,东至于蟠木,动静之物,大小之神,日月所照,莫不砥砺。

与太昊巡视的记载,仅存曾西过建木一条不同,颛顼氏的有关记录甚多。

《大戴礼·五帝德》此条为《史记·五帝本纪》照录,是总括性的。所记四至的地理位置十分广阔。依《史记》的《索隐》《正义》,北方要到幽州,而幽州北部为今辽宁一带,南方则到今越南境内,西方直至今甘肃张掖以西,而东方则抵东海之中。其四至已略同于汉代的疆域了。至于乘龙,濮阳西水坡仰韶文化发掘中已有人驭龙的蚌壳摆设图像;汉武梁祠羲娲合体像,女娲一侧就雕有马龙一具,可见亦有所本。

这样的记载是否只是神话的夸张呢?东部为颛顼族发祥地,可略,下面让我们结合《山海经·五臧山经》等文献记载与考古发掘来验证一下北、南、西三方(考古主要参考王维堤《龙凤文化》所举;地理位置主要参王红旗《经典图谈山海经》)。

《山海经·海内经》记颛顼世系,说是黑水之西有"司彘(猪)之国,颛顼之父韩流,人面、豕喙、麟身、渠股、豚止(趾)",也就是一条人面蛇身的猪龙。这里的黑水是西辽河支流,又今辽宁朝阳有龙城(北龙城,又名柳城,柳、龙古音同),亦为颛顼之墟,可见西辽河一带是颛顼族的活动地区之一。而考古发现西辽河地区的红山文化就出土有5000年前的猪龙形

西辽河地区出土的猪龙形制玉器

制的玉器,与颛顼时代相合,猪是古代辽西地区主要的家畜,所以龙在东北方的地方变形以猪龙为主。唐代的幽州节度使安禄山,传说就是龙首的猪龙,这应当是颛顼时玉猪龙形象的遗存;也说明,猪龙是奉龙的颛顼氏与辽西固有的猪图腾氏族的合成。《五臧山经·北山经》所记神以人身蛇面、蛇身人面为主而其中《北次三经》所记近东北则有十四神猪身载玉,十神猪身八足两蛇尾,可与上述互参。

南至于交趾。交趾为越南古称。在前面介绍大神盘古时,已谈到南方瑶、畲、苗诸族有"龙狗"崇拜,而越南凉山瑶民的评王与盘护犬的传说更为我们提供了盘古与槃瓠关系的重要证据。"龙犬"就是太昊颛顼一系与南方氏

族文化融合的结晶。王维堤先生更举证仰韶文化遗址出土过一个陶罐,上面画有一个狗头、狗尾、鱼身的图像,仰韶文化是鱼龙互化传说的故乡,因此王先生认为这个图像是原始龙的变体狗龙的原始形态。《五藏山经·南山经》所记诸神多为龙身鸟首或鸟身龙首,而其中最南的《南次三经》记其神龙身人面而以白犬为祠。这又可与龙、狗、龙犬的关系互参。

王维堤先生更谈到黔西南苗族的"接龙"仪式有24种龙,水、旱各一半,涉及二十来种动物。其中12条水龙由水牛管理,足见牛龙——牛头而长角,蛇身而花纹——是尤其重要的。1993年6月,考古工作者在湖北黄梅南焦墩村发现了一条用河卵石摆设的巨龙:牛首一角,有冠状物,身体则为龙形而背有鳍,腹下为爪形二足。我们认为龙身有鳍有爪形足,已是蛇、鸟、鱼的合体,与颛顼氏的龙形相合,而牛首则表明它是龙蛇崇拜与牛崇拜的融合。这条河卵石龙的头身比例也值得注意。全长4.46米,而高昂的龙头从颈部到头顶长2.26米,占了全长的一半强,这应当可以为我们推测由蛇至龙的直接媒介,是恐龙中的翼龙提供参证。

牛崇拜由文献资料看,与一度篡夺少昊氏之位而雄起于西部,而族源却与东夷族关系紧密的蚩尤族关系尤大。蚩尤氏因与黄帝涿鹿之战而著名,然而其族更为古老。最早记载"绝地天通"故事的《尚书·吕刑》说,这事件的起因就是因为"蚩尤惟始作乱"。在不可能确凿地排列出颛顼、蚩尤、黄帝时间顺序的情况下,我们只有认为三者代表了三个古老的部族,其全盛时期大体相先后,而就黄帝战蚩尤的有关传说看,颛顼与蚩尤二族的强大还要早一些(详后)。涿鹿之战,有记载说由西部起兵东征的蚩尤请东夷族助阵,黄帝是战胜他们后才成为天下共主的。也因此牛龙应当是兼祧蛇鸟二族的颛顼氏与"人身牛蹄""以角抵人"的蚩尤族的结合,涿鹿败亡后,蚩尤族人被迫南迁,成为苗人崇拜的始祖神,这应当是苗族"接龙"仪式,以水牛总领水龙的由来,而牛龙也应是颛顼族南进的证明。《五藏山经·南次三经》记其神为人面牛身,人面马身,可与以上牛龙的情况互参。

西济于流沙——流沙在今甘肃张掖一带,从"济"字看,颛顼氏西进所达应当更在流沙之西。西部之龙的变形最多也最早见于记载的是马龙或称龙马。汉代因张骞通西域而大量流行龙马传说,汉武帝时甚至成为郊祀歌(《天马》)的题材,然而从西汉初的《遁甲开山图》已记"陇西神马生,有渊池,龙马所生",及更早就盛传的伏羲时龙马负河图故事看,其起源应当早得多,商代所说的"龙"方,也就是指甘肃陇山一带,西域产良马著名的乌孙国,其初即居位于敦煌祁连一带。龙马的"龙"未必是太昊之裔颛顼传去的,而应当是"太昊伏羲"合族前,蛇族的伏羲氏一系与崇马部属结合的产物。汉武梁祠石刻,女娲一侧绘有马龙,应当能证明这一点,因为女娲之肠就在西部的栗广之野。又,《五臧山经·南次二经》记十七山,四千余里,其地约为陕西黄帝陵至青海湖明山一线,其十七神,十个为人面马身(另外七个为人面牛身),《中次九经》记巴山蜀水间"凡岷山之首,自女几山至于贾超山,凡十六山,三千五百里。其神皆马身而龙首",这些说明西北的马族迤逦而至西南遂有有龙、马合一的部族,时代也很早。虽然至今尚未发现战国之前的龙马合一的文物,但从大量文献记载看,颛顼氏西巡至流沙也并非纯属虚构,因为祖先发祥或开辟的地方,子孙去巡视理所应当。

又《山海经》本身所记载颛臾事项及其子裔的分布情况,也可为《大戴礼》所记颛顼氏乘龙的四至相互发明:其记颛臾氏本身的依次有《海外北经》《大荒西经》与《北经》《海内东经》《海内经》,记其子裔的依次有《西山经·西次三经》《大荒经》之南、北、西三经,二者总数有十数条,而地涉南北东西的边远之处,限于篇幅不一一细析,而所涉的动物主要为蛇、鸟,更有熊、罴、虎、豹等伴守。这应当可与上析颛顼四至互证。而《五臧山经》所记五方山神,龙(蛇)、鸟、龙鸟合体类占到百分之六七十,以东、南、北三方居多,西部则马、牛、羊形而人面为多,东北多猪身或猪身蛇足,二者又与中部结合处交互影响,而形成中部山神龙鸟与多种兽类合体的复杂情状。这不仅说明,龙(蛇)、鸟(凤)二族在当时的强盛,也为后来中原成为各族融合的核心地区,并终于产生一体多元的华夏族作出了背景描述。

龙的变形除本章以上提到的猪龙、狗龙、牛龙、马龙外,还有多种,其中最重要的为鱼龙。鱼龙互化在上节"鱼妇"故事中已提及,因情况较为复杂,故放在"龙的变形"中再作展开。关乎鱼龙研究者众多,说法也就最为总杂,而将有关资料放在一起辨析可知:

① 鱼龙传说的分布区域很广,从文献、考古、民俗资料看,西起伏羲发祥的甘肃甘谷(西雷泽所在地),东至二昊氏的大海及黄河、长江下游,南及各兄弟民族,北至西北方向的"龙鱼陵居",中部则陕西的宝鸡、西安半坡、潼关风陵渡,直至河南龙门等地,都有遗存。所涉民族有汉、氐、羌、匈奴与南方、西南方苗、瑶、古巴族等。

② 从《山海经》中较早的《海外经》看,鱼族与蛇族多交错而居。《海外南经》更说:"南山在其(结匈国)东南,自此以来,虫为蛇,蛇号为鱼",《海外南经》的记载体例是从西南向东南,上举此条为此经第一条,因此可见整个南方都以蛇鱼相混乃至互化。然而其初,多是蛇族自蛇族,鱼族自鱼族。如《大荒西经》记"有互人之国,人面鱼身",《海内南经》记氐人国人"人面而鱼身",《海外西经》记轩辕国"人面蛇身"等,都说明这一点。而王维堤先生引用的半坡出土的距今六七千年的人面鱼纹盆多用以覆盖儿童瓮棺,大溪地文化(长江中游)三号墓墓主的葬式是口衔两条大鱼尾,则更从考古资料证实了鱼族的广泛存在。《山海经》所记蛇化为鱼、龙鱼应当是龙族四方扩展与鱼族结合的反映。最值得注意的是这样一种现象,在一应文献与考古发掘中,与鱼合体的,除前举当为龙犬原始形态的仰韶文化一件陶罐图案外,只有龙,而无其他动物;而与龙合体的动物则有很多,除前述鱼龙、猪龙、马龙等外,更有羊龙、虎龙等,苗族"接龙"中更有鸡龙、各种鸟龙等。这一现象既说明"鱼"在"龙"的形成中有不可忽视的地位,又说明,鱼龙互化的结果是:强大的龙族兼融了鱼族。龙的强势地位一经确立后,鱼族也就趋于式微,也因此众多的地方性的变形图腾,便鲜有变形鱼,而均为变形龙了——众多的变形龙,正是龙族四扩而与其他民族融洽的象征。

鱼龙互化中最有名的故事应推"鲤鱼跳龙门"了。① 尹荣方先生的《神话求原》更有专文详细讨论,均可参考。

4. 从龙、凤共尊到龙的独尊——"龙的传人"解

然而,龙属的强势地位,其初也并非绝对的。王维堤《龙凤文化》有专章论述秦以前各代各朝的图腾崇拜形成"龙凤递代"。其顺序是黄帝龙—少昊凤—颛顼龙—帝喾凤—尧龙—舜凤—夏龙—商凤—周龙—秦凤—汉龙(一统)。这一过于规律化的系列恐怕是有破绽的。首先,夏代前的世系,王著主要参用《史记·五帝本纪》,而《史记》的世系排列,恰恰又是王先生在此书前面章节反复诟病的;又,依《史记》的世系,也不能完全构成递代的系列,所以又从《汉书·古今人物表》中,借来少昊氏,置黄帝后。其次,为证成这样一个规律性的递代顺序,在各氏各朝的具体论证上,有意无意地忽略了不少相反的资料。《龙凤文化》可称是近二十年来有关龙凤研究的集成性著作,后来的有关论著也未能从总体上超越它,然而这个过于规律化的递代顺序,不能不说是这部好书的一种瑕疵。

尽管如此,王先生的这一系列研究,仍可以作为我们考察龙凤关系的基础与出发点。不过在各种世系记录相互矛盾又无法确辨的情况下,我们不如放弃蛇鸟(龙凤)的系列化排序,而以某些可基本确认的历史迹象为出发点,从民族分合及相应的文化表现角度来作进一步的探讨。

应当说三代之前,以鸟或凤为主要崇拜的王朝是有的,这就是少昊氏的直系后裔商朝与秦朝,他们的始祖都是其母吞玄鸟卵而生的。简狄吞玄鸟卵生契而为商人始祖;女脩吞玄鸟卵生子大业,再传而为大费,大费佐禹治水,为帝舜奖赏,是为伯益,赐嬴姓,为秦人之祖。而即使全依《史记·五帝本纪》的世系,二者也都为颛顼氏之后:女脩,《史记》记为颛顼氏苗裔孙(女),简狄则记为帝喾之女;而帝喾,又记为"于颛顼为族子"。司马迁的这种排列都有

---

① 在《中华创世纪》中,我们已有具体的描述。见赵昌平、骆玉明、汪涌豪:《中华创世纪》,第 213 页。

一定的先汉典籍作依据,太史公这一世系的最大问题是,因汉代黄帝之尊而既将五帝之首定为黄帝,又依帝系代代相传的汉代人意识,将其余四帝都算做了黄帝后裔,这样,他不立三皇本纪的初衷,虽是因其事悠谬难征,怕乱了套,但结果却是因为缺少认真的溯源,连五帝的关系也被简单化、划一化了。

《史记》的世系问题暂且搁置,现在回到颛顼氏与龙凤的本题。颛顼氏,前面已辨析为少昊孺帝而承太昊之业。濮阳颛顼氏故墟附近考古发掘的龙塑已具有鸟足,这不仅说明颛顼族兼祧二昊氏,而且是龙凤(蛇鸟)并尊的氏族崇拜形成的关键所在。这与颛顼在古史上的地位有关。

在古史研究中,颛顼氏前处二昊氏、羲娲的阴影中,后为炎黄的光辉所掩盖,因而往往被忽视。这里要补述几句。

颛顼的"颛",意为"善","顼"则是恭谨。由名号看是一位以恭谨行仁善的帝君。《吕氏春秋·古乐》篇称他:

乃登为帝,惟天之合,正风乃行……乃令飞龙作(乐),效八风之音,命之曰《承云》,以祭上帝。乃令鱓先为乐倡。鱓乃偃寝(仰卧),以其尾鼓其腹,其音英英。

古代将音乐与时气相关联,中和之乐得天地八方之正气,《承云》之乐就是一种可献于上帝的中和之乐。所以说,颛顼"惟天之合,正风乃行"。这也是在汉代"补天"故事中,颛顼作为正气的代表战胜了搅乱时气的共工之原因所在。

然而这位被太史公誉为"静渊而有谋,疏通而知事,养材以任地,载时以象天,依鬼神以制义,制气以教化,洁诚以祭祀",似乎发扬了太昊伏羲一应美德的颛顼,却并非一味地是个好好先生,恭谨以行仁善的恭谨,显示了他讲究规矩法度的一面。他不仅战胜了共工,而且据《尚书·吕刑》对于"绝地天通"的解释看,他更战胜了蚩尤,并以人帝而代天帝,整顿了人间被淆乱的秩序,并开启了"华夷之别"的先声。不仅如此,据《淮南子·齐俗训》所记,"帝颛顼之法,妇人不辟男子于道路者,拂之于四达之衢",这不仅说明颛顼氏立法森严,而且又开"男尊女卑"的先河。也因此颛顼的形象是"首戴干戈,有圣德"(《帝王世纪》),这个"干戈"在班固的《白虎通》中为"午":"颛顼戴午,是谓清明,发节移度,盖象招摇",意思是他头戴一纵一横交叉的度尺——午,从而象形北斗星来调正节气,这就是清明。这样,他的头顶物又从管人而更管天了。也许正因为此,他所辖境域的四至,由太昊伏羲时的中原而远及四边。这些周汉间盛传的颛顼故事无论可信度如何,然而当时把这么多天、地、人间事集中到颛顼头上,这本身就反映了颛顼氏在我们民族进化史上的地位,是具有划时代意义的。法度也许对人的自由有所束缚,但法度更是人类由蒙昧走向文明的必不可少的一环。古籍记上古之世的生活形态,如太羲、伏羲及无怀氏、赫胥氏等,都是一派混沌和乐的景象,但对于颛顼之世,却绝无这类描述,这应当是以上阐述的一个旁证。集结有关颛顼氏的记载,怎么看他都象一个真正意义上的"始皇帝",后来以"始皇帝"自封的秦始皇,看来是得到了这位始祖的启示。不过,秦始皇忘记了法与仁的本末关系,一味以严刑苛法来推行政令,而终于二世而亡。这一段历史是值得仔细研究一番的。

对于龙凤文化,从前述濮阳地区的考古发现观之,除了各地方变形所显示的民族融合外,颛顼氏更确定了鸟足支撑蛇身的龙的基本形态。这有二重意义:一是蛇鸟(龙凤)并尊,二是龙主凤辅。也因此一方面他巡察四至,是跨龙而非跨凤(《山海经》所记:"有神乘此(龙)以行九野",当为《大戴记》所记颛顼乘龙的先声);另一方面《山海经》所记颛顼葬所,既有"四蛇卫之"。又有鸱久、鸾鸟、青鸟、琅鸟、玄鸟、黄鸟等众多禽鸟一起守卫;此外尚有虎豹熊罴等猛兽。它们应是归伏于颛顼氏的以兽为崇拜部族的象征。《山海经》所记颛顼诸子既有其下多积蛇的神耆童,又有"使四鸟、虎豹熊罴"的叔歇与有翼的苗民等等。因此我们说颛顼时代是一个从龙凤(蛇身)并尊向龙主凤辅发展的时代,应当是可以成立的。

也因此,后来虽有以鸟崇拜为主的部族或王朝,如前举帝喾族、商、秦等,但他们都是由颛顼上推至少昊的,即便如此,在他们的崇拜中,龙也一直占有重要地位。商代青铜器上多有螭龙纹饰,《史记》记,秦始皇三十六年,有神人

(水神)通过秦使者传言"今年祖龙死",可见当时就视始皇为龙,至于帝喾,则既有"巧倕作乐,令凤鸟天翟舞之,帝喾大喜"的记载(《吕氏春秋·古乐》),又有"春夏乘龙,秋冬乘马"(马即龙)的传说(《大戴礼·五帝德》)。另一由维堤先生指为凤崇拜的虞舜的故事最有意思。传说舜父瞽叟因偏爱后妻子象而两次企图杀害舜,舜两次脱险,都得到他妻子——尧之二女的指点。一次是"衣鸟工",即穿着鸟形服,从焚烧的仓库房顶上跳下;一次是"衣龙工",即穿着龙状的服装从井底下旁出一道而脱险(刘向《列女传》)。又传说瞽叟梦见一凤凰,自称是鸡,每天衔米来喂自己,说是鸡为子孙。瞽叟仔细一看,是凤凰。梦中所说的子孙,后来应在了舜的身上(《法苑珠林》引托名刘向的《孝子传》),然而,《左传》、《贾子说林》、王子年《拾遗记》又都记有虞舜豢龙之说,汉代的《春秋运斗枢》更记有舜时黄龙负图献瑞的故事。这些记载虽在战国以后,但是在有关舜的自然崇拜中是最早的。我们认为这正是虞舜龙凤共尊的反映,因为大多数帝系的记载,都以舜为颛顼氏的后裔。

同样的,以龙崇拜为主的部族、王朝,也同时存在凤崇拜,帝尧崇龙基本可信,但今本《竹书纪年》又载尧在位七十年,凤凰在庭。夏朝崇龙没有疑义,但夏禹的标志性的禹步,就是受到了一种能令大石翻动的神鸟的启示(《洞神人帝元变经》)。《山海经》记夏后启舞九代于大乐之野,与大乐之野相近有灭蒙鸟,青色、赤尾,袁珂先生认为即凤凰,而启作舞时左手持鸟羽,右手操环(环常与蛇神相伴),因此有理由推断,启之所舞也得益于凤鸟。袁珂先生把这些内容作一节摘录,当也有同样看法。周朝崇龙也没有疑义,但武王伐纣前有"凤鸣岐山"之吉兆。可见崇龙之族同样礼凤。

把上面这些归纳一下,可以看出这样一些问题:

① 龙凤并尊是三代及以前的普遍习尚,这应当源于太昊龙族、少昊鸟族,而同归于风的同族崇拜,并由颛顼氏合而为一。

② 说一个王朝的"凤崇拜"是有些勉强的。因为其渊源少昊氏其实是鸟族,凤只是他的吉祥鸟。商秦二朝的始祖都与玄鸟相关,玄鸟是燕子,而非凤凰,凤凰在商秦同样是吉祥鸟。至于王著提到的"皇"字是虞舜一族酋长冠冕

的象形,即使论证可靠,也不能有效地证明舜为凤族,因为以鸟羽为冠是远古酋长的很普遍的形象,非虞舜独有,充其量也只能说明如"少昊之立,凤鸟适至"那样,凤在虞舜部落也是一种吉祥鸟。

③ 相反,龙族(其初是蛇身)的存在却是信而有征的,这是因为龙蛇不分,蛇族也就是龙族。这一点从《史记》的五帝序列可以看出端倪。司马迁于五帝虽不言其图腾,但以黄帝为首,以下将颛顼、帝喾、尧、舜四帝都指为黄帝后裔,而独独排斥了有确凿史料依据的鸟族少昊氏(太昊伏羲在他所不列本纪的三皇之列)。这说明在他的上古史观中,是以"龙的传人"为系列的。因为黄帝是其母附宝感大雷电(龙的象征)而生的,因此"龙颜有圣德"。其去世,也由黄龙接引上天的,这些广见于汉及先汉史籍的记载太史公不会不知道,他之所以以黄帝及其龙子龙孙为五帝,正是汉代尊龙观念的隐然反映。

汉高祖刘邦,为夏代事孔甲而善驯龙的刘累之后裔(《史记索隐》)。刘邦的出生更有一段与黄帝几乎一模一样的故事。说是其母刘媪"息大泽之波,梦与神遇,是时雷电晦暝,(刘)太公往视,则见蛟龙于其上,已而有身,遂产高祖"(《史记·高祖本纪》)。刘邦为泗水亭长时,夜经泽中,斩杀一蛇,后来有人来至斩蛇处,见一老妪夜哭,人问之,说道是"吾子白帝子也,化为蛇,今为赤帝子斩之,故哭"(同上)。这些荒诞不经之事,却被以不录荒唐悠谬之说的太史公公然写入本纪,这说明汉初开始了一个以刘邦为真命天子的造神运动。故事编得很精致,不仅上联夏代刘累,再通过比附远溯黄帝,这也就是太史公以黄帝为五帝之首而理出一条崇龙帝系的时代原因;更可注意的是,刘媪息于"大泽",会使人联想得更远,因为伏羲氏母华胥是于雷泽履雷神迹而感生伏羲的。而前已辨析雷泽就是甘肃的甘谷大潭,太史公不为三皇立传,却于《自序》中盛推伏羲氏,想来也与这一隐情有关。这样就隐隐构成了伏羲—黄帝—夏(华夏)—刘邦这样一条链索,这样的汉高祖,自然生得"隆准而龙颜",左股上更有与河图有得一比的七十二颗黑子。自然也斩得了代表秦朝的白帝子,而自己为赤帝子。汉代初主土德是以土德克秦的水德,至东汉初又改火德,则是与"赤帝子"相应。说来改去,无非是更好地证明刘汉是应天运而生的龙种。刘汉崇龙还有一个历史背景是,汉之前的夏商周秦四朝,崇龙的夏与周加起来共享国 1338 年,而崇鸟的商与秦,享国加起来仅 511 年,不及前者的一半,尤其是紧挨着的秦朝仅存在了 15 年,这样本来姓氏出于龙系的刘汉之大力尊龙便势所必然。

刘汉尊龙在汉武帝时达到了极至,王维堤先生举证当时淮南王刘安"主编"的《淮南子》,其中《墬形训》中有这样一段奇文:

飞龙生凤凰,凤凰生鸾鸟,鸾鸟生庶鸟,凡羽者生于庶鸟。
应龙生建马,建马生麒麟,麒麟生庶兽,凡毛者生于庶兽。
蛟龙生鲲鲠,鲲鲠生建邪,建邪生庶鱼,凡鳞者生于庶鱼。
先龙生玄鼋,玄鼋生灵龟,灵龟生庶龟,凡介者生于庶龟。

这样不仅包括凤凰在内的各种灵物都成了龙的子孙,连代表一切动物的羽、毛、鳞、介(甲)四族也都成了龙的后代,维堤先生称这种观念为"龙生万物"理论,是很恰当的。

既然龙生万物,君临天下,那么颛顼氏以来龙凤并尊、龙主凤辅的趋向便彻底转为龙主凤辅。而龙凤并尊只残存在于已经成形的"蛇身鸟足"的龙的图像中了。我们也就被称为"龙的传人"而非"凤的传人"了。同样,龙凤呈祥虽成为民间的一句吉祥话,但后世男女成婚,新娘可戴凤冠霞帔,而新郎绝对不可以戴龙冠、着龙袍,道理也在于此。

第四篇 炎黄与蚩尤（上） 和战篇

炎帝族、黄帝族、蚩尤族,是上古史上继盘古、羲娲、太昊伏羲之后,又一个发展时期代表性的三大部族。他们与颛顼族的时代序次,如前所析,其发祥应同时相先后,而就文化而言,以龙崇拜为主,则是炎黄与颛顼的共同特点,并深刻影响到蚩尤族。因此我们在"龙凤文化"之后,紧接着来讨论他们的关系,并对习称的"炎黄子孙""中原""中国"等称号略作梳理。

一、神龙的两大支系与相互关系

1. 炎黄的兴起与族属解疑——附说黄帝轩辕氏

> 昔少典娶于有蟜氏,生黄帝、炎帝。黄帝以姬水成(成功立业),炎帝以姜水成。成而异德,故黄帝为姬,炎帝为姜。(《国语·晋语四》)

《国语》传为战国时鲁国左丘明所作,记西周末至春秋时事,这一条是雅文献中有关炎黄为兄弟的最早记载,只是所记甚简,当略作辨析。

姬、姜二水都在关中岐山一带。姜水即岐水、雍水，见《水经注》。姬是周族之姓，周族发祥于岐山西北中水乡美阳城，即所谓周原，可知姬水亦经岐山，所谓中水乡，或即姬水所经处。由此可知，炎黄二族是成功立业于关中，即今陕西一带两个互为近邻的兄弟部族。

不过，"成"立之地未必是初起之地，"成"立可以是同时，也可能有先后；姬、姜作为姓氏，又必从属于一个更大部族系统。这些问题，由于上引"昔少典娶于有蟜氏"一句历来讲不清楚，故一直若明若暗，以至今代一些大型工具书都不列"少典"与"有蟜氏"条。而恰恰这是关乎炎黄渊源的大问题，所以必须着重探讨。

首先，姜姬都从"女"，这说明炎黄二族都属于一个有母系制遗存的大部族，也因此他们的母系比父系更为重要。《国语》说炎黄因姜水、姬水得姓氏，实际情况未必如此。试想水姓同名，远古时期，初民凭据什么为无名的山水命名？只可能是两种情况，一是因居人之姓而名水；二是赐姓同时名水。所以姬姜二姓都从"女"，是否说明二者都从属于一个以"女"为姓的更大系统呢？唐司马贞《补〈史记〉三皇本纪》给我们提供了有关线索。

> 炎帝神农氏，姜姓，母曰女登，有蟜氏之女，为少典妃，感神龙而生炎帝。

此说应本于汉时的纬书《春秋元命苞》，只是改此书所记"安登"为"女登"，并加上"有蟜氏之女"。

司马贞作有《史记索隐》，是《史记》研究的权威之作，所改当有所据，故其说为后世如《宋书·符瑞志》等沿用。据此，则"有蟜氏"当为女娲之分支后裔（女娲"女"姓，已见上章所举《世本》的记载）。可与此互参的是，《说文》中，"蟜"，"虫也"。这种虫不是昆虫，而是爬虫。有"夭矫"一词，其初正作"夭蟜"，夭是曲伸貌，《淮南子·修务训》用以形容龙为"龙夭矫（蟜）"，可见蟜是一种屈伸以行的爬行动物。因此，司马贞以"有蟜氏"女登为"蛇身人首"的女娲氏之女是从族属关系着眼的。女娲与女蟜这种族属关系的建构，恐怕始于夏族。夏族以女娲为高禖氏,又以女娲为夏禹之妻涂山氏女娇(《世本》),娇为蟜之借。因此可知夏代已将有蟜与有娲二氏相联系。

我们知道,女娲之肠在西北部的栗广之野(《山海经·大荒西经》),则女蟜氏原先也当为西北部族。有娲氏、有蟜氏都因通婚融入伏羲族而由西北向东南迁移。《国语》所记有蟜氏二子炎黄成立于岐山一带的姜姬二水,当是伏羲族东迁途中在关中留有分支的历史折光。可与这一推断相印证的有羌族的《白石头》神话与源于氐羌的纳西族神话《创世纪》。前者记述羌族由大西北河湟地区南迁四川,一路以白石头作标记,以备回乡不至迷路;后者"送魂"部分,则由云南丽江反溯,经川西而往北向甘肃青海一带。也因此,《说文》"羌"字属"羊"部,而解为西戎。综合以上材料可知,融合了西北各部族的伏羲族,东迁至川西北后,其一支继续向西南而为氐羌系的纳西、普米诸族,另一支则一路东进,至陕西岐山一带有一支留居,后为炎黄二族。炎黄二族后来又东进,与东夷族发生错综复杂的关系(详后文)。《补〈史记〉三皇本纪》在述女登感神龙生炎帝后,又说炎帝是"人身牛首",这看来有矛盾。但参以同为汉代的纬书《春秋元命苞》《诗含神雾》记神农"人面龙颜""神农龙首"来看,这应与炎帝族后来南迁有关。南方部分方言中因声母"l""n"不分,"龙"与"牛"都读作"廲"音,苗族更以为牛、龙相通互变,而有牛龙的龙变形(参王维堤《龙凤文化·牛龙》)。因此,司马贞所说炎帝"人身牛首",联系其上文"感神龙"来看,"牛"当是"龙"的音变,也反映了其族南迁后龙形的变化。

有关黄帝出生的其他神话,可与炎帝出生相互印证。汉代纬书《河图帝纪通》记"黄帝以雷精起",《河图稽命徵》更记"附宝见大电光绕北斗权星,照郊野,感而孕,二十五月而生黄帝于寿丘"。雷、电均为龙象,可见黄帝出生神话与炎帝一样,都指示了炎黄二帝为龙属。然而,黄帝生于寿丘说,却历来多所质疑,综合有关资料,我们认为情况如下:

除《海内经》部分外,总体上早于《国语》的《山海经》记录"轩辕"的共五条。其中最早的《五臧山经》之《西山经》一条记,"轩辕之丘"西距西王母所居的玉山(即昆仑)四百八十里,东距当时所认识的河源积石山三百里。稍后的《海外西经》之《西山经》二条,更记轩辕之丘"在轩辕国北,其丘方,四蛇相绕",而轩辕国则"在女子国北,人面蛇身,尾交于上"。再稍后的《大荒西经》一条,更记轩辕之国地近"西极"日月所入的日月山与伏羲发祥地弇州之山(参上一篇)。以上四条所指轩辕族的发祥地都在西北大荒之中。《竹书纪年》清人徐位山笺引郦道元《水经注》之姚瞻说,谓"黄帝生于天末,在上邽县(今甘肃天水)东七十里轩辕谷",正与《山海经》以上各条相合,徐氏引《水经注》说不仅是对黄帝"生于寿丘"说的质疑,更印证了黄帝所属的轩辕氏与伏羲氏发祥地相近。

《山海经》中唯一与以上四条所记轩辕氏地理位置有所不同的是《五臧山经·北山经》所记"轩辕之山",依其前后所涉可考知之地名,可推断当在今山西省沁源县南二百里,约当今山西河南交界处。以此条与前四条对照、并参以由天水至寿丘一线多处伏羲女娲与黄帝遗迹,可以推断如下:

轩辕族发祥地同于或近于伏羲氏,在今甘肃天水一带,如同伏羲族联姻女娲族一样,轩辕族也与女娲族之裔女娇氏有联姻,这些远古氏族也因此都如同伏羲氏一样以蛇(龙)为图腾。伏羲族东迁,其主要一路,由甘肃经川陕交界处而进入今陕西中部,其中一部居留于岐山一带,而有后世称为炎黄二帝之英雄人物崛起,别为姜姬二氏,更向东发展,在后面要讲到的涿鹿之战后,炎帝一族更南迁,而黄帝一族称雄中原,并随征战所至在涿鹿(在河北)、新郑(在河南)、寿丘(在山东)先后建都。因自来古帝功业无出其右者,更因成立之地在岐水周原一带,故至周代而被尊为继伏羲、炎帝而起的三皇末位或五帝之首。黄帝的地位从此远远超过了炎帝,甚至引发出汉代五帝均出自黄帝的帝系想象。这种想象,并不是简单的氏族地位的升降所致,而是包蕴着的一种深刻的历史文化意蕴,"少典氏"这一称号,是我们解读这种意蕴的一把钥匙。

《国语》所称炎黄的父系"少典",相当突兀。因为不仅《山海经》各部分都未有"少典"之称(此书述黄帝事凡十二条,也无一处涉及"少典"),《国语》作者左丘明不可能不知道炎、黄均感神龙而生的神话传说,却舍此不取,而弄出个"少典氏"来作炎黄父系之祖,这是原生态的神话故事被历史化、谱系化的典型案例。"少典"的"典",意谓典章、典型。仔细解读《国语》这则故事,其立典成章的主旨相当明显。这则故事的背景是晋公子重耳(后来的晋文公)因避骊姬之乱而逃亡,至秦,其随从司空季子劝喻他要好好接受秦女怀嬴。原来晋始祖唐叔虞是周武王之子,故为姬姓。重耳先此得齐侯善待,娶齐侯女姜氏,夫妇感情甚笃,姜氏更在重耳一路逃亡中起了重要作用。至秦,秦伯以晋公子子圉的弃妻怀嬴等五女遗送之,重耳心怀嫌憎,对怀嬴极不礼貌,甚至想退还给秦伯。司空季子便讲了炎、黄二帝以姬、姜立的故事。然后更作了一通发挥,大意谓:炎黄二氏因分别以姜姬二水成立而姓氏有异,因此,"二帝用师以相济也",虽然如此,但是异姓尽管异德异类,在婚姻关系上却是相近而可以通婚生子的;同姓尽管同心同德同志,在婚姻关系上却反是相远的,男女间不可嫁娶,这是因为怕亵渎了同类而生怨仇、灾祸。因此"异德合姓"——合二姓为婚姻;同德合义——以德义相亲和。说来说去,主旨是怀嬴虽为子圉弃妻,但本为嬴氏,所以不必拘泥小节,而应迎娶怀嬴。因为这不违背同姓不婚的原则。后世所说"结秦晋之好",出典就是这则故事。

我们知道"同姓不婚"是从周代起一直影响中国婚姻制度数千年的一条根本性的礼制。后世近亲不婚,即渊源于此。周代是上古礼制集大成的朝代,产生了《周礼》《仪礼》,后又衍生为《礼记》,周人更把一系列创造发明,包括礼仪制度归溯于黄帝,"少典氏"之称应当由此而来。意指黄帝立典章制度,其父系之族则应当与典章有所关系,故命之曰"少典"(参下一节)。

至此,我们可以对《国语》所称炎黄父系"少典氏"的历史文化意蕴作一归纳了。少典氏一称当为周人所造作,用以指示炎黄时代是礼制初成的时期。这在文化史上是有一定意义的;然而,"少典"说一出,不仅掩盖了原始形态的炎黄感生说的母系制遗痕与炎、黄以龙(蛇)为图腾的历史真相,更引发了后世相关的一系列无休止的争讼。

首先是"少典氏"的有无,这一点从释《史记》的《集解》、《索隐》、《正义》三种权威性著作起便说不明白,以至今天的大型工具书如《辞海》《辞源》《汉语大词典》都干脆不为"少典"立条。

其次是黄帝族系的混淆。黄帝后来又称"有熊氏",与前述神话中的轩辕氏之蛇图腾大相径庭。其实这是一种本末倒置的说法。《史记》裴骃《集解》引汉末三国时皇甫谧《帝王世纪》说"有熊,今河南新郑也",又引三国谯周说,谓黄帝为"有熊国君少典之子"。然而,战国秦汉间的《竹书纪年》则载黄帝都新郑是涿鹿之战后的事,所以黄帝有熊氏之说是把后来征战所略取而建都的地方误作为其发祥成立之地,且顺便将没法安放的少典氏拉来作了有熊氏国君。因此所谓黄帝为有熊氏的说法,充其量也只是如《史记·五帝本纪》结末所说的"以章(彰显)明德"——彰显他东征而据原有熊氏国新郑为都的功德而立的"国号",而非其渊源所系的族属。至鲧、禹时代又有龙、鱼、熊互化之说,其起源当即由此。

这里顺便补叙一下有专家认为黄帝为云族的原由。这是由《左传》记郯子称"黄帝以云纪"而来的说法。古人认为雷电、水火、风云都是从属于神龙的。《周易》便称"云从龙"。说黄帝以云纪、是雷神之子,都与其龙崇拜、"黄龙体"(《史记·天官书》)相关。合理的推断应是黄帝的族系是龙崇拜族群中一个善于观察云气以定节候的分支。"云"至多是其亚图腾,就如同炎帝龙属而以火纪一样。二者都是原始农业发生,历法发展后附加于二帝族系之上的。

2. 炎黄"相挤"质疑——附说炎帝神农氏的由来

《国语》上条所记在"黄帝为姬,炎帝为姜"后更说:"二帝用师以相济也,异德之故也"。三国时,吴人韦昭注说"济,当为挤,挤,灭也"。释"济"通"挤",在训诂学上是有一定依据的。因此,依韦注,这一句是说:炎黄二帝因异姓而异德,所以用兵以相互排挤。韦昭注是否恰当后文会说到,这里暂且放一下。至少自战国至汉代,炎黄不和而交兵,是一种通行的说法,如《吕氏春秋·荡兵》"兵所自来者久矣,黄、炎故用水火也";《淮南子·兵略训》"炎帝为火灾,故黄帝擒之";贾谊《新书·制不定》更说炎黄兄弟"各有天下之半,黄帝行道而炎帝不听,故战涿鹿之野,血流漂杵"。以这三条资料及《国语》所记对看,可以发现一个值得注意的区分,即战国时所记二条,虽都说炎黄不和,但并无义与不义之分；相反汉人两条则都以黄帝为正义一方，炎帝为不义一方。这显然是汉代崇奉黄帝的意识形态对古史的渗透，而且越往后越夸张，事实上，炎黄二族，如远古所有近邻或兄弟部落一样，既有"兄弟阋于墙"的一面，更有联姻交流的一面。战争与和亲交流是民族融合的两大杠杆。

上节已析，《国语》所记司空季子说炎黄，其本意是阐明"同姓不婚"，而异姓则可相合；而事实上姬姜互通互助，历史上不乏依据。首先，今山西、河北、河南、山东一线都散布有炎黄二氏遗迹，而《竹书纪年》更记（东进后的）炎帝初都陈（太昊之墟），又迁曲阜（少昊之墟），而黄帝即位前居于曲阜附近的寿丘。这正是炎黄二氏兄弟相承，继德而王的城墟布局。由此可见，炎黄二族应有一段联兵东向的过程。韦昭注"用师而相济"的"济"为挤为灭，不但与这一段的原文"异德合姓"难以连接，而且与以上资料不符。"济"当读为本字，"用师以相济"，"以"作"而"解，意谓虽有争斗然也互相通济（后文还将细述）。再从后世看，周族姬姓的始祖弃就是姜嫄所生；炎帝之裔姜太公望，为周文王、武王二朝王师，周武王姬发伐纣时更尊之为"师尚父"，意为"师之、尚之、父之"（刘向《别录》）。司马迁《史记》所列《世家》之序列更能说明问题。《吴太伯世家》为第一，这是因为吴国的太伯是周太王之子，与周朝是同姓而谦让南迁者，接下来就是《齐太公世家第二》，记姜太公的封国齐。其序列赫然居于被称为圣贤的周公所封鲁国的《鲁周公世家第三》之前。这些更可靠的史料既充分说明直至周代，姜姓与姬姓关系之密切；又隐然表现了司马迁作为严肃的史家在不可能全然不顾当时尊黄抑炎的主流意识形态的同时，还保留了相对客观的立场，因此他在叙述阪泉、涿鹿之战时也只是说当时神农氏（此指炎帝）世衰，诸侯相侵伐，神农氏管不了，于是轩辕乃习用干戈，以征诸侯之不来朝京者。这种记述与《世本》以黄帝上承伏羲、炎帝神农氏"继德而王"在总体精神上还是相关的。

阪泉、涿鹿之战，神话的解读姑且放一下，这里先来解决一个前提性的问题。《山海经》《国语》之中的炎帝，怎么又变成炎帝神农氏了呢？炎帝与神农氏是一回事，还是两回事？这又是一个聚讼纷纭的问题。

将一应史料放在一起综合分析,可以得出这样的结论:如同"太昊伏羲氏"反映了东西两大部族的大融合一样,"炎帝神农氏"则反映了此后又一次中原与南方部族的大融合。

前面我们已分析炎黄母有蟜氏为西方部族,与氐羌相近。《山海经·大荒西经》又说:"有互人之国,炎帝之孙,名曰灵恝。灵恝生互人,是能上下于天。"这里的"互人"自清代王念孙起认为即"氐人",袁珂先生亦持此说。又《山海经》有氐人国,二者合看,正与西南民间史诗中氐羌(氐羌同族)由西北徙迁而至西南相合(参《海内经》"伯夷父"条与郭璞注)。《山海经》记炎帝各条与《国语》,都单称"炎帝",《易·系辞传下》则单称"神农氏"。"炎帝神农氏"之称首见于战国至秦汉间《世本》,其《帝系》篇(张树粹本)引宋仲子说炎帝即神农氏。"炎帝身号,神农代号也",然而这一说法很可疑。

南北朝时,郦道元《水经注·漻水》、盛弘之《荆州记》中均记神农生于湖北隋郡之厉乡,并云"子书所谓神农既诞,九井自穿",更云"庖牺生于陈,神农育于楚"。所谓子书指晚周诸子之书,则此说由来已久。

又《礼记·祭法》:"是故厉山氏之有天下也,其子曰'农',能植百谷;夏之衰也,周弃继之,故祀以为稷。"这里以周始祖弃即农神后稷上连"农",说明"农"是夏代衰亡前的农神(参《左传·昭公二十九年》)。这个"农"至周代又称为神农,见于《易·系辞传下》《周礼》《左传》以及《国语》的其他部分,但各书虽或炎帝、神农二见,但均不合称,由此,再结合其他相关史料,大致可对炎帝与神农的关系作出如下判断。

① 从神族而言,炎帝与神农原是两个不同的支系。

炎帝一称出现甚早,不仅《山海经》多次提及,而且殷墟甲骨文中帝于南方的象形字即炎的原型,前已析这个帝为日神,这个象形字从火,因此后世称炎帝为"太阳神"(《白虎通》)、"火师"(《左传》)。这些都源于自然神系统。《太平御览》辑存殷商古易书《归藏》一条,记"昔黄神与炎神争斗涿鹿之野",称"神",而不称族属始祖意义上的"帝",正说明姜姬二姓的"炎帝""黄帝",是由自然神转化而来的。

神农一称出现较晚,它是"农"的转化,所以虽称"神",却是原始农业成型后以功业来称始祖神的产物。而姬姜二族在这一过程中占据重要地位,故在各地各族众多的农神中,脱颖而出成为农神的代表(详后),也因此神农又称"地皇"。

② 炎帝与神农合称,应当是由原始农业刀耕火作的生产形态而来。

厉山氏,又称烈山氏,见于多种古籍。厉山氏的本义应是烈火焚山之氏。火因而在原始农业中据有神圣地位,于是火神与农神合一而为"炎帝神农氏"。《左传·昭公二十九年》《国语·鲁语》又都记"烈山氏"有天下,其子曰"柱",能"为稷""能植百谷百蔬",这就说明"农"的本名为"柱",尊之而为"农"神,是为神农,"炎帝神农氏"一称将父子二代的尊号合而为一了。这也是较早的记载绝不将二者相混的重要原因。

③《水经注》《荆州记》所载神农诞于厉山是楚人对于"神农氏"的定位,看来与炎帝神农氏成立于岐山一带相矛盾。其实这反映了原始农业成立与发展并非只限于姜姬二氏或他们所在的关中中原一带先民的共同业绩。结合西南少数民族名目众多的谷神,如哈尼族的玛麦、珞巴族的达明、纳西族的衬红与利恩、苗族的沙地大咪与玉母、彝族的龙王罗阿马及其支系阿细族的西尾家四兄弟、独龙族的木姜姬、普米族的山神三姑娘,等等①,可见,原始农业的发生虽或有所先后,但应当是各地各民族的共同创造,而布依族径以"神农"为谷神,又反映了汉族农神对西南地区的影响。这种影响,既因为夏商周三代的疆域已"奄有九有"(《商颂·玄鸟》),也由于姜姬地区的农业形态与技术,从《诗经·大雅·生民》看来,已超越了刀耕火种而居于领先的地位。

④ 虽然,因史料所限,我们还难以全然确定"农"与"神农"一称是起于关中、中原(山西、河南也有神农遗迹),还是起于中南,但是,从夏朝前一直以"柱"或"农"作为谷神奉祭来看,"神农"一族又连结了关中、中原与中南广大地区并影响至于西南。这是"神农"会成为中华民族许多支系共尊的农业神

---

① 以上参见陶阳、钟秀《中国创世神话》、刘城淮《中国上古神话》有关章节。

的又一原因。

⑤ 我们再来清理一下有关的神农遗迹及其历史意蕴。最西有今陕西宝鸡清姜水畔的姜城堡,堡东一里有神农庙,庙前有九圣泉,传为神农"洗三"之处;由陕西出关东向至山西上党有羊头山,传为神农尝五谷之所,附近有神农城、泉、井等;更东向,又传神农氏曾于涿鹿乃至太昊之墟陈(河南淮阳)建都,淮阳更有神农井。这是由西向东的一路。更有由西向中南西南一路,以传为"烈山氏神氏"诞育处的湖北随县为中心,湖南长沙、茶陵传有神农葬处,更西南向则有川鄂交界处的神农架,布依族的"神农"传说当由这一路线传入。又陕西的姜城堡之九圣泉与随县的"九井自穿"意思相同。可见,这两条线路的神农神话同出一源。因此可推断,姜氏"炎帝"族,在东向进入中原前后,更有一支进入中南西南,这一支的路线与羌族史诗《创世纪·追魂》的路线大体吻合(只是后者溯源至甘肃、青海)。神农氏的覆盖范围这么广阔,这也是秦汉时最终确定的"三皇"系列以神农上继伏羲而下启黄帝的原因之一。

⑥ 细心的读者一定会发现,前文我们提到"神农氏"时反复使用"姜氏神农"或"厉山氏神农"等不同提法。这是因为"神农"首先是指原始农业开创期的一个重要部落。其不同的发展阶段,有前后相承的英雄人物。就部族群而言,中南的厉山神农氏,应是发祥于农业技术更发达的姜氏神农氏的分支;无论"神农"一称起于关中,还是起于中南,"神农"都是这一部族的总称。因此我们倾向于将兴起于姜水的姜姓部族称为神农族,并涵盖其中原与中南、西南的各分支。这应当比称为"炎帝族"更为合理,因为"炎帝"之称原本与族属名称无关。如前所析,直至殷商,它只是天"帝"(日神)运行至南方的象形。以神农氏为炎帝,应当是在以功业名的始祖神头上再加上一个自然神徽号的产物。其性质与本为轩辕族(车族)的姬姓部族之首领被称为黄帝轩辕氏相同。由此也可以悟出对"黄帝轩辕氏""炎帝神农氏"的正确读法。

这两个名称中,神农氏、轩辕氏是表示"人格"的族属名;炎帝、黄帝则是代表"神格"的,相当于后世为皇帝加上的尊号。以"炎帝"加于"神农氏",以"黄帝"加于"轩辕氏",合成后的这两个"氏"便由族属名转化为半神半人的族群领袖人物的代称。这是周代五方帝系确定过程中逐渐形成的。下面我们就此再作进一步的解读。

3. 五方帝系中的炎黄升降及其历史意蕴初解

前面我们已经辨析由春秋末的《计倪内经》至战国末的《吕氏春秋》,透露了五方之帝观念的形成有一个变化发展的过程。其中除太昊、少昊分别为东西二帝外,其他三帝均有变化(参上篇)。其中对于黄帝、炎帝的提法很引人注目。《计倪内经》的炎黄是东帝太昊、西帝少昊、南帝祝融、北帝玄冥、中帝后土之上的总领,"臣闻炎帝有天下,以传黄帝,黄帝于是上治天,下治地",这段记载并没有后来盛传的炎黄兄弟争斗的痕迹,而是说,黄帝与炎帝前后相承,继德为王,主管天地上下。前述《世本》列伏羲、炎帝为前编,盛称其德业,而正编以黄帝为首,正与《计倪内经》的观念一脉相承。

《吕氏春秋·月令》则取消了五帝之上的部分,而以黄帝为中央之帝,炎帝则屈居为夏(南)帝以代祝融,此外,又以颛顼代玄冥为冬(北)帝。这一体系为汉代的《淮南子》全盘继承,于是北颛顼、东太昊、西少昊、南炎帝、中央黄帝(分主水、木、金、火、土)的五方帝系便稳定下来了。应当指出,与单纯指示帝王世系的五帝性质不同,五方帝系是由五行相生、天道运转观念着眼的。由众多的部族圣帝中抽择出五位功业尤著者,赋予神格,所以,炎帝、黄帝又可称为炎神、黄神。如果说世系性的五帝是历史性排列,那么五行说中的五帝则更包含有一种历史评判。而从《吕氏春秋》到《淮南子》的评判,有以下意蕴。

① 将颛顼氏拉来代替玄冥为北帝,让玄冥为其辅佐,这是因为秦人以颛顼氏为远祖。

② 太昊、少昊保持东西二帝的地位不变,不仅因为二昊氏分司日出、日落为东西二母的传说深入人心,不容改变,更反映了太昊、伏羲合族后,"太昊伏羲"作为华夏始祖的地位已为秦汉人普遍认同。

③ 最应当注意的是炎黄地位的升降。他们从炎黄传承、继德而王,变为黄主(季夏、中央)、炎辅(夏、南方)。四方与中,如从纵横两线来看,纵线上炎(南)、黄(中)、颛顼(北)正与秦汉间所说炎黄为兄弟,颛顼为黄帝裔孙的历史

性的五帝系列相合；横线上太昊(东)、黄帝(中)、少昊(西)，又构成中央之帝黄帝，对其母系太昊伏羲氏的历史追忆。因此纵向是秦汉人的近系，横向则是其远系。二线交汇于中心的黄帝。这也是推黄帝为始祖的汉代《淮南子》能全盘接受《吕氏春秋》五方帝系说的原因所在。《淮南子》以黄帝为中心的五方帝系(代表天时)与《史记》以"黄帝"为首代代相传的人间五帝谱系相对应，便确定了黄帝天人相应，远超古圣人而开中华民族万世基业的历史地位。这一架构，尤其是炎黄地位的升降的关键，当是传说中的阪泉、涿鹿之战，下面我们就来解析这一故事。

二、千古之谜——阪泉之战与涿鹿之战

1. 对《史记·五帝本纪》有关记载的质疑

轩辕之时，神农氏世衰。诸侯相侵伐，暴虐百姓，而神农氏弗能征。于是轩辕乃习用干戈，以征不享(朝贡)，诸侯咸来宾从，而蚩尤最为暴，莫能伐。炎帝欲侵陵诸侯，诸侯咸归轩辕。轩辕乃修德振兵，治五气(调理五行之气)，艺五种(种五谷)，扶万民，度四方(经略四方)，教熊罴、貔貅、貙虎，以与炎帝战于阪泉之野，三战，然后得其志。蚩尤作乱，不用(遵)帝(黄帝)命，于是黄帝乃征师诸侯，与蚩尤战于涿鹿之野，遂擒杀蚩尤。而诸侯咸尊轩辕为天子，代神农氏，是为黄帝。天下有不顺者，黄帝从(从天)而征之，平者去之(平定后去其国号)，披山通道，未尝宁居。

这是《史记·五帝本纪》对阪泉、涿鹿之战的记载，历来对它的解读多有分歧，而原因则在"炎帝神农氏"的读法，如果了解了"炎帝—神农氏"的上述含义，不把它仅仅看作那位初创的半人半神的英雄，并对"史法"有所了解，那么至少这段文字的含义是明确的。太史公史法严谨，当他称某某氏，如"神农氏"时，主要指一个族属；当他单称名而不加"氏"时，如"轩辕"，是指某族中的某人；当他称"帝"，如"炎帝""黄帝"时，则是指某氏族之某人已是或实际

已是"天下共主"。

明白了这些,则可知太史公笔下的炎黄之战,经过大略如下:

其初,"神农氏"为"天下共主",故在其未失天下前称"帝"。炎帝神农氏作为"帝"是世袭的,至"轩辕"兴起时的炎帝,已并非初创的炎帝,而是他数传的后裔(榆罔)。这时的炎帝因德衰而天下纷乱。轩辕便代炎帝征伐,使各方来朝,唯有"蚩尤"未能从命。这位炎帝对于来朝的诸侯很不礼貌,所以诸侯们都归向轩辕。以上过程中轩辕与春秋时"挟天子以令诸侯"的齐桓、晋文乃至殷商末期筹备伐纣的周族姬昌、姬发父子相当接近。

轩辕势力既盛,便进一步应天顺民,调集各路诸侯,征伐当时的炎帝。在阪泉之野三战而胜之,成为实际上的新的"天下共主"。这个过程又像极了商汤伐夏桀与周武王姬发伐商纣。

由于轩辕已成为新的天下共主,后文就改称为"帝"或"黄帝",尽管当时他还未完全统一天下,这就如《史记·周本纪》在姬发灭商前,已称他为"武王"一样。

强悍的蚩尤不服从黄帝,黄帝就又大集各方诸侯之兵,于涿鹿之野战败并擒杀蚩尤,这时,最强大的敌人都已平服,轩辕便取代了神农氏,正式成为"黄帝"。此后他又不辞辛劳地一路平定一些叛乱者,自然也就稳固了自己的地位。这又与周灭商后,平定盘庚与管叔、蔡叔之乱如出一辙。

文意虽通,这段记述还是有不少问题。

首先是资料问题。《史记·五帝本纪》的世系主要依据汉初戴德的《大戴礼记·五帝德》对于保存有大量远古史料的《山海经》虽有见到,但未曾措意。《山海经》在战国时期就已由周室流失至楚国并多散落民间,秦汉间虽有入藏皇家书库,但从刘歆(后改名秀)《上山海经表》自称"臣秀"及所署官衔看,他继其父刘向整理校定《山海经》十一篇,已迟至西汉末年王莽代汉略前(参《汉书·刘歆传》),《表》中更提到,汉宣帝时,他父亲刘向对帝问,曾引及《山海经》一事,"上大惊,朝士由是多奇《山海经》者"。可见,司马迁作《史记》后,《山海经》还几乎不为人知,又数十年后,至汉成帝河平三年(前26年)刘向受诏令开始大规模整理校订国家收藏图书,《山海经》的整理当从此时前后开始,而至西汉末年方由刘秀(歆)整理校雠而上献。这时据司马迁作《史记》时,已七八十年了。所以,太史公虽曾于国家藏书室见到过《山海经》,但应为断简残编,或许因此未能引起重视。就《五帝本纪》中黄帝的记述而言,太史公以大戴说为据,起首便称其本为"少典"之子,姓公孙,名曰"轩辕",后文更只称"轩辕"而不提"轩辕氏",这就不仅掩盖了《山海经》所记"轩辕氏"、"轩辕国"、"黄帝"居"轩辕之丘"等有关这一古氏族的存在,更无视早于大戴的《国语》有关姬姜或说炎黄二族关系的叙述。

其次,从以上对《五帝本纪》中有关炎黄、蚩尤之争的记述的分析可以看出,太史公的整合几乎是拷贝了春秋之前有关王霸的有文献可证的故事,尤其是周武王姬发灭商的那段历史。这与上一点是桴鼓相应的。因为《大戴记》的主旨就是结合五行说建构以"仁德"为根本的高度秩序化的礼制。因此可以说这一整合是对古史的先验性的处置。这一方面源于汉代推崇黄帝而尊龙的背景,另一方面则与汉初声势浩大的礼制建设紧密相关。这不但颠覆了《计倪内经》《竹书纪年》《世本》等关于炎黄继德而王的观念,也使传统的德威并用的重心向"兵"偏转。"轩辕乃习用干戈""轩辕乃修德整兵"二语很值得注意。《战国策·赵策》"赵武灵王胡服骑射"一章记武灵王语,"宓犧、神农,教而不诛,黄帝诛而不怒",正可以为太史公这二语作注脚。"修德振兵"其实是对春秋以来齐桓、晋文之事的历史总结。也就是所谓王霸兼用的政治理念。相对于理想化的"教而不诛"而言,应当说"修德振兵"是政治思想史上的一种进步,所以这一思想贯穿了整个中国古代史,对今天仍有借鉴作用;然而将它以汉人的正统观念、先验化地落实到炎、黄、蚩尤三族的关系上时,却不免又掩盖了更早的资料所透露的一些重要的历史信息。下面,我们就结合有关史料,来对阪泉、涿鹿之战作一应当是更近乎事实的历史还原。

2. 解开炎、黄、蚩尤三族与阪泉、涿鹿二战之谜——附蚩尤族属解

《史记》之前,有关三族、二战关系最详尽最重要的资料,无疑为《周书》七十一篇中的《尝麦解》《史记解》,七十一篇的《周书》是指《尚书·周书》以外的周前期历史文献,所以又称《逸周书》,以下为区分于《尚书·周书》,我们就用《逸周书》一名。学界普遍认为,虽然其中部分篇章或为战国人拟作,但即使如此,其为周代文献可以无疑。

在举证有关资料前,我们必须先明确这样一个观念,商周文献中所说的"国",其实只是某一族姓的封地或居留地,故"国""氏"常互代;所举的"帝"有二义,一是至高无上的天帝,二是某强大的部族或部族联盟被神化的大首领,其至强者甚至可以升格为某一时期天帝的使者,或主司一方,或总管天地,且代代相传,直至衰亡。这种情况下的"国"或"氏",就代表着一个内含众多小族姓的大部族。这些小族姓虽可有自己的亚图腾或族徽,然而又共同尊奉大部族的主图腾,因而小族姓间也形成了或近或远的族属联系。这是理解下引资料的前提。

《逸周书·尝麦解》的有关文章长且古奥,前人注解更多分歧,因此这里先大体今译如下,再对有歧义的关键语辞(用引号表示)略作辨析:

当初天始生民,就立了"元后"(后即帝,元后即初帝,亦即人类始祖)。元后命赤帝分政于"二卿",于是就命蚩尤往"宇"少昊之区,以监临四方,来成就明明上天尚未完成的恩赐。蚩尤却驱逐了赤帝(炎帝),二者争于涿鹿山阿,九方都受蚩尤荼毒,赤帝十分惊恐,就诉"说"于黄帝,黄帝擒获了蚩尤,并在"冀中"诛杀了他。这是以甲兵来释放天人的怨怒,用"大正"之法来顺应天命,使民人敬畏法典而不要忘记伦常。更把一切归功于天帝,因此名"涿鹿之野"为"绝辔之野"(绝辔意同放马南山,指休兵)。

这一节中的"元后",一作"二后",二后或释为伏羲、炎帝,或释为炎帝、黄帝,但都与前后文扞格难通,清代庄述祖、朱右曾等大师,校为"元后",文意始畅。又据"伏羲—炎帝—黄帝"这一为多数古籍通用的系列,元后当指伏羲这位人类初祖。分政于"二卿"的二卿历来也众说纷纭而难通,其实由上下文来看,不必于文外他求,西方原由少昊分司,是一卿,分政二卿,就是改"一卿"制为"二卿"制,让蚩尤往宇少昊——往居少昊之墟,即由一卿改为二卿。关于"卿"的这种说法,当由于周朝的诸侯封国,都置有二卿,以佐封国之君。赤帝乃"说与黄帝"的"说"字,注家多训为"脱",意指赤帝委天下或禅让天下于黄帝,也与前后文难以连通。我们认为"说"不必曲转为"脱","说"即如本字义,即诉说,因为《管子》记"黄帝得蚩尤而明乎天道……故使为当时",所以蚩尤原当为黄帝部属,蚩尤逐炎帝,炎帝自然要诉说于黄帝,让黄帝来约束蚩尤,此外黄帝"执蚩尤"的地点,当是承上文炎帝与蚩尤"争于涿鹿"而来的承上省略。"执蚩尤,杀之于中冀"的"中冀",注家多泛指为冀州之野,非是,中冀即冀州之中,这二句的执与杀分二笔书很关键,后文再详。

文句疑义既明,炎、黄、蚩尤三族的关系与涿鹿、阪泉二战之谜也就可以迎刃而解了。

《尝麦解》所述故事的背景是:周成王四年"命大正正刑书"以昭告同族,大正是执掌刑法以正序伦的官职(相当于《周礼》的大司寇),正刑书,即正定刑法,为此成王先召来大正与司理宗族事务的宗伯议政,并援古论今,讲了上面这个故事。其主旨是说明兵、刑、礼三者的关系:礼是对宗法性的伦常的规定,刑以辅礼,是对越礼行为的惩处,"出礼入刑"与"以刑正礼"是一个问题的两个方向,而"兵"是"刑之大者",用兵的本意是对大逆不道之废礼行为的最高惩处,以使被淆乱的伦序重归于正,蚩尤逐炎帝是悖道无亲(参后《史记解》)的大恶行为,黄帝讨伐蚩尤则是以大刑使伦常归正的大正之道,所以紧接着上述故事,《尝麦解》记述道:于是又命少昊氏之后裔清为鸟师,"以正五帝之序",也就是少昊氏返正而重为西帝,五帝的伦序就重新恢复了正常。

诚然,从故事背景来看,成王讲的这一故事渗透有周人尊黄崇礼的意识形态,但作为今存完整记录三族二战情状的最早的正规的雅文献资料,其中所述的事实却又须引起充分重视。

以《尝麦解》与《史记·五帝本纪》所记对比,有三点重大区别:

其一,由上述可知《尝麦解》的三族故事是在正刑法以昭告同族的大背景中展开的,因此炎、黄、蚩尤三族存在或近或远的同族关系,这一点,太史公既以轩辕为少典氏,自然不会顾及。

其二,《尝麦解》所述故事是一次战争的两个阶段,蚩尤乱政失序,逐炎帝战于涿鹿——黄帝擒蚩尤于涿鹿;而《史记》所记则为二次战争,炎黄阪泉之战与黄帝、蚩尤涿鹿之战。

其三,《尝麦解》记涿鹿之战的结果是"执蚩尤"于涿鹿,而"杀之于中冀",擒与杀是两地。《史记》则径称"战于涿鹿之野而擒杀蚩尤"擒与杀是一地。

这三个问题实质上是交织在一起的,关键在于"阪泉"一称的复杂性。而《逸周书·史记解》的记述为我们提供了解谜的钥匙:

> 昔阪泉氏用兵无已,诛战不休,并兼"无亲",文(指礼文)无所立,智士寒心,徙居至于浊鹿(即独鹿、涿鹿),诸侯叛之,阪泉以亡。

由"诛战不休,并兼无亲,至于涿鹿,诸侯叛之"可见,这位阪泉氏即蚩尤,这一点素无异议。也可能由此,学界(如袁珂先生)结合今涿鹿(河北张家口市东南)东一里有阪泉推断《史记》所说阪泉与涿鹿是同地异名,因而阪泉之战中的炎帝也就是蚩尤。这可称是"先发之明",然而之所以学界未予普遍认同,而不少的著作仍从《史记》说,恐怕首先是因为有一个明显的可疑处未予充分论证。这就是,如果这个阪泉氏的阪泉就是涿鹿,那么阪泉氏"徙居于涿鹿"就不可理解了。其实此阪泉非彼阪泉,涿鹿之阪泉可称之为东阪泉,阪泉氏发祥地之阪泉则在"中冀",可称为西阪泉。山西境内直至近世都盛行蚩尤崇拜。沈括《梦溪笔谈·辨证》就举山西运城解县之解池是个盐池,在"阪泉"之下,盐池中的卤水为正红色,民间传说这是蚩尤血。这正好可为《周书·史记解》记阪泉氏征战不已,徙居涿鹿与《尝麦解》记黄帝擒执蚩尤于涿鹿,而杀之于"中冀"做出完美的注脚。涿鹿在冀东,已靠近古幽州之地,不得称为"中冀",而山西方是名副其实的中冀——冀州之中心地区。黄帝要将在冀东擒获的"大凶"蚩尤押回其发祥地冀中而杀之,其意当为儆族类而正序伦。至于涿鹿又名阪泉(东阪泉)的情况,应当如下:

历史上多有随征略或迁徙,改所至旧地名为新地名的记载,新名则多有怀旧之意。直到汉代,刘邦建汉后,因怀念他的故乡——今江苏徐州西北的丰县,而在长安附近新建了一个"丰"县,史称新丰。晋室东迁后,更以江淮以北的旧州名,如兖州、徐州等,命名南方的州,如(南)兖州,(南)徐州等等。西阪泉与东阪泉的情况,与此正同。

阪泉氏以(西)阪泉名其族,山西是此族发祥地。山西邻接炎黄发祥地陕西,从前举《管子》有关蚩尤的记载中可知,至晚在蚩尤(阪泉族之"英雄"人物)时期,阪泉族已归附为炎黄的部属,就部落联盟的关系而言,也算是同族。也因此西汉的《遁甲开山图》称"蚩尤者,炎帝之后",《路史》更称他为"姜姓",这些虽可能是附会,但可以说明,《逸周书》所显现的蚩尤、炎、黄为同族的关系在汉代已成为通常认识。

阪泉氏蚩尤之所以会被"帝"委派至西方"宇于少昊",应当有两层原因,一是如《管子》所言他"明乎天道";二是就渊源而言,他又与少昊氏相近。《尚书·吕刑》记"九黎之国君为蚩尤",九黎与少昊所属昊族,同为东夷族,蚩尤的祖先,应是随同少昊族西迁而留居于山西"成"立于西阪泉而为阪泉氏的,而后以明乎天道归属黄帝为时相,更以二卿之一遭佐少昊,本来炎帝之后裔与黄帝是血缘相近的,炎黄更与太昊伏羲有远缘的族间关系,《逸周书》从宗族关系角度来讲这个故事,原因即在于此。蚩尤"以临西方"后,一路东扩,诛杀无亲——不讲宗亲伦序。乃至驱逐炎帝,而从《史记解》称"徙居涿鹿,诸侯叛之"来看,他逐当时的炎帝后便自居炎帝,而将"涿鹿"以自己的氏族名改为阪泉(东阪泉)。《逸周书》二篇所记不称蚩尤为炎帝,不名"涿鹿"为"阪泉",是因为从正统观念来看,这二者都是僭伪之称;而《尚书·吕刑》称其为"九黎国君"也是不承认蚩尤曾为中原帝王,所以仅从其族属渊源上作指认,也是一种贬称。又涿鹿在黄河下游,古属东夷,蚩尤东略占涿鹿,也算是"打回老家去"了,也必奄有东南乃至南方之地。《吕刑》还记载他祸及平民,更作五刑酷虐苗民,致使苗民丧失了伦常,引起天帝震怒,遂命重黎绝地天通。因此称他为"九黎国君"虽是贬称,也事出有因。

有趣的是,《尚书》与《逸周书》的这些"史法"虽义正辞严,却引起了后世的误解。我从两条史料的对比中可以找出太史公说法的来历。

《归藏》是殷商古易书，《太平御览》辑得其佚文称：

> 昔黄帝与炎帝争斗涿鹿之野，将战，鉴于巫咸，巫咸曰："果哉，而有咎"（有咎即不吉）。

《列子·黄帝》篇则记：

> 黄帝与炎帝战于阪泉之野，帅熊、罴、狼、豹、貙、虎为前驱，雕、鹖、鹰、鸢为旗帜。

以上二条与《史记·五帝本纪》的描述对看，可知太史公所说炎黄阪泉之战，基本上取材于后出的《列子》所记（或作同样描述的同时代其他著作），而忽略了早期的《归藏》所述。因为对照《归藏》与《列子》上述记载，必可知涿鹿即阪泉（东阪泉）。古易与子书的叙述，不如《逸周书》的诏告制命那般严谨，所以也不会避讳蚩尤曾一度为炎帝，甚至不会去细究炎帝与蚩尤的关系。太史公的资料占有是有缺陷的，恐怕不仅《山海经》，连《归藏》也未必留意。其原因则应是他过于重视经典而只取《大戴记》的帝系，这样许多具有历史折光的神话资料都被忽略了，这也从又一角度说明上古神话在上古历史研究中的重要价值。

至此，我们可以断定，阪泉之战与涿鹿之战是同一场战争，其主角是黄帝与蚩尤（僭称的炎帝），其性质是炎、黄、蚩尤三族的同族之争，而这一族群分合更反映了至黄帝时，民族国家的雏形已开始显现，至少周代人是这样认识的。

三、涿鹿大战

由周至汉对涿鹿之战的解读虽然未必是此战的本初情况，但影响是极其深远的，从而更产生了形形色色的神话化的传说甚至争论。下面我们就综合有关资料，分若干主要情节来讲述这个故事并略加评说。

1. 背景：战前态势与三族

话说姜姓的神农氏继伏羲氏王天下,曾度量过天下:东西九十万里,南北八十五万里(《帝王世纪》)。神农先后定都于太昊之墟陈(河南淮阳)与少昊之墟曲阜,他的兄弟姬姓的轩辕则居留于附近的有熊,即今河南新郑(《竹书纪年》)。兄弟二氏桴鼓相应。《淮南子·主术训》记:"神农怀有仁诚之心,无为而治",所以当时"甘雨时降,五谷蕃植,春生夏长,秋收冬藏",还建立了初步的考核制,设置了敬天礼地的明堂,这个明堂有屋顶而无四壁,象征着通连四方,却"风雨不能袭,寒暑不能伤"。由于神农"养民以公",所以民风淳朴,不忿争也不过劳却财足粮充;虽有法而很简省,虽有刑却置而不用。南到交趾(今越南),北至幽州(今辽宁),东至太阳升起的东海之旸谷,西到三危(甘肃敦煌西),"天下一俗,莫怀奸心"。虽然这记载有道家无为而治的理想色彩,但参考多种古籍,可知神农之世,和平安宁仍是族间关系的主流——至少周代前,人们是这样认识的。而这种多方面的对至乐之世的不断追念,也显示了中华民族"和平"的历史性格。这时的轩辕作为王弟与一方诸侯也秉承炎帝作风,即所谓"黄帝之初,养性爱民,不好战伐"(《太平御览》引《蒋子万机论》)。更多的传说又称这位轩辕天生有异禀,他以"戊己"(十干的中间二位)日生于天水,幼而能言,河目龙颜;长大后长须飘拂,头顶还有天然的花状肉角,身高达九尺(《汉书人表考》),这自然是神龙之相了。

黄帝轩辕氏

作为一方诸侯,黄帝也可以建官立制,而且他知人善任,《管子·五行》篇说他得到以蚩尤为首的六相,从而明辨天地与四方之理。《帝王世纪》又说他因梦求贤得到了风后、力牧两位大将,这些贤才,从姓名来看,来自众多的部族。

明于天道的时相蚩尤氏为牛龙之族(见前);察于地的地相大常应为崇礼之族;南相祝融为火族,是炎帝之后;北相后土则应是土族;西相大封,大封是猪,所以当以猪为图腾;东相奢龙,自然是龙族,他辨于东,想来应是太昊氏之后。二将中风后风姓,是二昊氏同族后裔,力牧,意谓"驱羊数万群能牧民为善者",所以当为羊图腾的氏族首领,可能为氐羌族。这些,加上《列子》记涿鹿之战时参战之各种猛兽、猛禽——当是以各兽、禽为图腾的氏族,可见,轩辕氏在涿鹿之战前已经融合了诸多南北东西的氏族,形成了一个强大的部落联盟。这当然与"神农氏世衰"有关,而其地位已俨然是一位"霸主",开春秋时齐桓、晋文等五霸之先河。还有一点要注意,以《管子》所记六相与《计倪内经》各方帝神比较,出入很大,这不但进一步说明春秋时方位帝神南(计)北(管)不同,尚未定型;也可见出"黄帝"其时尚未称帝,因为蚩尤还在他属下。《大戴礼·五帝德》又说轩辕氏"生而神灵",儿时就能说话,长大后厚道而又敏捷聪敏,在涿鹿之战前就懂得五行、度量,志在抚万民而营四方。虽然后世将一切创造发明都归于黄帝的过甚其辞的说法不可尽信,但从《周易·系辞传下》称黄帝"重门击柝,以待暴客"——设置了多重城门与打梆巡更制度来防范侵侮来看,则《通鉴补记》所说他由经土没井开始建立了一套里邑管理与军队建制相统一的兵民合一制度,就并非空穴来风了,因为若非如此,就根本不需要"重门击柝"了。由于无法确知这套制度的建立是在涿鹿之战之前还是之后,所以我们将在"炎黄的文化创建"中再述,这里只是用以说明对于管理他那庞大的部落联盟,轩辕氏有非凡的组织能力,而且他可调动的军队的规模已相当可观,因为即使他当时只据有一州的领地,依这套制度计算也有三万六千户,户出一人,这支军队也有三万六千人了。这支"民兵"的训练装备在当时也称可观,他以兽皮蒙鼓,以兽角制号,并立五旗五麾来对部队号令节制;他又用犀革、牛皮制成不同等级的甲胄;他的氏族善于造车,自然更利于军队的调动与军需的补给,这一点与炎黄二族的先进农业,可称是战争的最重要的保证。相比于蚩尤族而言,轩辕氏在战备上唯一稍落下风的,恐怕就在兵器的坚利上。

《太平御览》引《兵书》称"黄帝之时,以玉为兵",应是较为真实的记载(参后文考古资料)。虽然《拾遗记》记黄帝采首阳之金,铸为鸣鸿刀,但从所记情节看,已是大战的前夕,大战前期,恐未能规模化地用铜兵器武装部队。

蚩尤的最大优势恰恰就在兵器,如前述,蚩尤"与少昊治西方之金",少昊子蓐收是铜神,这金也就不仅止于五行中虚拟的金,而是实实在在的冶铜术,金,古籍中多指铜。《管子·地数》篇说得更具体,说是蚩尤由葛芦之水得精铜而创造了剑铠矛戟,这一年他吞并了九个诸侯;又从雍狐之水得精铜,制为雍狐之戟与芮戈,这一年又并吞了十二个诸侯,这当然都是涿鹿之战前的事;其地点当在今晋陕一带,这由"芮戈"可知,山西有芮城,陕西则有古芮国。关于蚩尤造作铜兵器,还见载于《尸子》《世本》《吕氏春秋》等多种古籍。只有《大戴礼记·用兵》不同意这种说法,却举不出理由来,只是说蚩尤贪暴尚利,无义无亲,怎么可能造作器械?这说法因果间没有必然联系,只是非得把兵器的专利权归为黄帝而强词夺理。由此也可看出,《大戴礼记》因专尚礼义而多歪曲前代传说,太史公《五帝本纪》以《大戴礼记》为主要蓝本,确实是个很大的遗憾。

蚩尤族精于冶铜,以至金属成为了他们的标志。《述异记》记,轩辕氏初立时,有蚩尤兄弟七十二人,铜头铁额,食铁石,甚至耳鬓的毛发也像剑戟。遗存的骨骼也坚硬如铜铁,牙齿则长二寸,怎么锤敲也不碎。

又说他"人身牛蹄",似乎这表示了他炎帝之子的族系,不过依我们看来,所谓炎帝之子,应当是蚩尤一度僭称黄帝,而将他人身牛蹄的特征嫁接到炎帝身上。从而带来了《补〈史记〉三皇本纪》述炎帝,先说感神龙而生,又紧接着说"人身牛首"这样的矛盾。综合各方的资料来看,说蚩尤为牛龙之族应当是八九不离十了。《述异记》记太原村落间祭蚩尤神不用牛头,应是其族与"牛"有关,然而就蚩尤的名字与族系来看,其初还不应是牛,蚩是一种曲伸以行的虫,蚩尤又作蚩蚘(《集韵》),蚘是腹中长虫,参以九黎族为东夷的一支,则可见蚩尤之族属最初与太昊的蛇图腾有葭莩之亲。九黎族统治苗民,苗族有些支系以蚩尤为始祖神牛、尤(蚘),在西南同音"罴"之一,于是更强壮的"牛"成了蚩尤之族图腾的构成成分。

涿鹿之战前,蚩尤的部落联盟也是够强大的了。七十二兄弟,应是他的本族有七十二支族(一说为八十一),前面所说冶金葛芦与雍狐后,又吞并了二十一个诸侯,这就已经一百左右了。逐炎帝后肯定又壮大了许多。从《山海经》《盐铁论》的有关叙述看,巨人夸父族与断首抗帝命的刑天族与二昊氏在东部之后裔也都为蚩尤助战。

这样看来,战前双方可称是势均力敌,而当时的炎帝真的是"世衰"了。试想,一个"天下共主"之下有两个这样强大的部族联盟,"改造换代"当然是势所必然了。

2. 涿鹿之战概况

炎帝与蚩尤之战自古易《归藏》与《山海经》起便有记载,至汉魏后渐渐具体,虽然各记载当有所本,但是有所述地名已不可详知者,有出于观念而相互抵牾者,有后世之发明而移花接木者,有地域之主张而相互争讼者。因此,完全准确地还原这一故事几乎没有可能。所以我们以如下三个原则来取材:一、所取资料主要为魏晋南北朝之前者或虽为此后,但学界公认保留了较多上古史料者,如《路史》;二、这些资料中,虽有或非上古所能有的事物,但是流传既广为人们普遍接受者也酌情采入,如指南车;三、对于已不可详知的地名,一般从略,其尤其紧要者,则参以相关资料,提出假设,以待知者。

① 第一阶段:蚩尤争位逐炎帝

1) 蚩尤起兵:可能起兵于西北大荒九淖(山)

唐代类书《初学记》引古易《归藏》:"蚩尤出于羊水,八肱、八趾、疏首,(登)九淖以伐空桑,黄子杀之于寿丘。"这是最早,也是唯一记载蚩尤起兵地点的资料。虽然所举古地名"羊水""九淖"已不可详考,但是蚩尤的形象:八只手,八只脚,多个脑袋却提供了一些蛛丝马迹。《山海经·海外北经》又记共工臣相柳

相柳

氏有九个脑袋,食于"九山",所触及之处都化为一片沼泽。《归藏》中的蚩尤形象与相柳氏很相像,而"九淖"与"九山"下相柳触处所化的沼泽也极相似。袁珂先生校录此节,于"九淖"前加"登"字(一本有"登"字),当以"九淖"为山名,恐怕也从"九山"而来。因此,我们推想蚩尤氏或与相柳氏有关。可为这一假设作参证的是有一种记载说"共工怒触不周山"是因为他是神农时的诸侯,与神农争定天下怒而触山(《淮南子·天文训》),《吕氏春秋·荡兵》篇又说,炎黄之战时共工乘机作乱,《山海经·海内经》更记共工为黄帝之后裔。古史传说,往往一事多源而相互混杂,然而混淆之中必有若干关联。《归藏》传为黄帝所作,而殷商时用之,早于《周易》,因此,我们推断《山海经》中"相柳"的形象应由《归藏》蚩尤形象转化而来。相柳的相是说他是共工氏之相——主要助手,柳则与尤(蚘)一音之转(相柳在《山海经·大荒北经》中书作"相繇"则与尤、蚘同音),其形状为"九首人面,蛇身而青",应与蚘之为长虫相近。因此,阻禹治水而被杀的相柳,或为蚩尤族之后代,而九淖山即九山,应成为合理推断。

2) 夸父族乃至刑天族的后裔或于起兵时已加入联盟

刑天

按:《山海经·大荒北经》记黄帝令应龙攻蚩尤,应龙既杀蚩尤,又杀夸父,《海外西经》则记刑天与天帝争神,帝断其首,葬之常羊之山,刑天以双乳为目,以肚脐为口,操干戚以舞,这位刑天据《路史·后纪》为神农部属,曾为神农作《扶犁之乐》。《大荒西经》《海外内经》所记均为西北之事,常羊山疑与"羊水"有关,所以二族当于蚩尤初起兵时已随之。

3) 蚩尤东进逐炎帝

蚩尤大军由九淖山一路东进,经今陕西、山西诸地,得葛芦、雍狐精铜,冶铸术精进,兵械越来越好,并兼并了沿途诸侯。然后兵锋直指空桑,即当时的炎帝都城曲阜,驱逐当时的炎帝榆罔,自己僭称"炎帝",并追逐榆罔至河北涿鹿,并据有涿鹿,改其名为"阪泉"以纪武功。

按:葛卢、雍狐二冶金事已见前"态势"。《归藏》说蚩尤是登上九淖而伐"空桑",空桑有三,一为神话中的西北地名,一在今河南陈留,一在今山东曲阜,即炎帝东徙后定都之处。此当指曲阜。《庄子·盗跖》:"时蚩尤氏强,与榆罔争王,逐榆罔。"榆罔为"神农之后第八帝"(《经典释文》),参合《归藏》与《逸周书》《庄子》所记,以逐榆罔于曲阜,追杀至涿鹿而有涿鹿之战,较为合理。

4) 炎帝诉说于他的兄弟部族黄帝轩辕氏,遂有轩辕与蚩尤涿鹿之战

按:《经典释文》又记"榆罔与黄帝合谋,击杀蚩尤",可证《逸周书》"说于帝"之"说"是诉说之意。对《庄子》之说历代也有所质疑:如炎帝为第一代,这时的黄帝又是第几代呢?我们认为:伏羲、神农、轩辕继德而王。当神农氏为帝时,轩辕氏之首领是臣,不得称帝。前举《史记》的史法即如此。黄帝是涿鹿之战后方成立的名号。所以这位黄帝轩辕氏,依理当为第一任"黄帝",他应是发祥于西北大荒,成立于姬水,东进至河南新郑(有熊氏之地)的轩辕族姬姓分支的一位后裔,周代姬姓,故于这位功业至大的先祖以古天帝之号"黄(皇)帝"为其帝号,以其原初族名"轩辕"为其名。作为族属领袖的"黄帝"一称见于记载要晚至周代,原因亦当在于此。

② 第二阶段,黄帝与蚩尤之战

1) 轩辕初战,九战九不胜

轩辕应炎帝榆罔之请,征召了各路诸侯,派大将力牧、神皇径赴涿鹿讨伐蚩尤(《帝王世纪》),又采首阳的精铜铸了一对"鸣鸿"宝刀,亲自赴涿鹿督战。然而据《太平御览》所引汉代纬书《龙鱼河图》、晋代虞喜《志林》及不知撰人的《黄帝玄女战法》等诸多古籍记载,战争的前期,轩辕出师不利,"九战九不胜",攻蚩尤城"三年不下",其原因,综合各书所记来看,应有三点。一是初战时蚩尤族铜兵器的数量与质量应远胜于轩辕的军队,同时蚩尤族、夸父族人体格强健,"以角抵人"——善于近战,所以战力尤强;二是蚩尤"明乎天

道"——懂得天文观察,他不仅请来了风伯雨师助战——利用风雨来突袭,而且"能作云雾",曾连作大雾三日,使敌方兵士皆迷,从而雾中偷袭;三是,蚩尤重返东夷故土,二昊氏在东部的后裔或以同族,或以胁迫,也不乏加入蚩尤联盟者,故兵力当不输于轩辕联盟。

按:汉代《盐铁论》说此战黄帝"杀二昊",这是意识形态性说法(后文会分析其背景)。炎黄时代远晚于作为东夷族始祖的太昊、少昊,所以所谓"杀二昊"之"二昊"应是当时二昊氏在东部附从蚩尤的族裔。以上叙述,综合各书所述而成,其细节可有不同想象,但战争初轩辕联盟出师不利,是各书所共同记载的,应是事实。"九战""三年不下"之九、三都是多数,不必一一落实。

2) 水攻与火攻

苦战多时的轩辕氏改变了战法。据《山海经·大荒北经》,轩辕先是请来南方有翼能飞的应龙"蓄水"以战蚩尤,这应当是后世关羽"水淹七军"的战法吧,然而水攻的效果不佳,《大荒北经》继续写道"蚩尤请风伯雨师,纵大风雨",意思是说蚩尤将计就计,作大风雨,使应龙所蓄之水暴涨满溢,反使轩辕的部队陷于险境。

水攻不成,更改以火攻。轩辕又请来一位神灵"天女魃",这位魃居于西北大荒,衣青衣,一手一足一目,目生于头顶上,能口吐烈焰,造成千里旱象。于是魃战胜了风伯雨师,烈焰镇住了大风雨。

按:应龙自是龙属,又,应为雁,故应龙又当是龙鸟合体之神。当为二昊、颛顼之族裔。魃,据《山海经·大荒北经》原居西北大荒之钟山,即"烛龙"所居处,故亦当与龙属相关。

3) 蚩尤雾

蚩尤更祭出了他最厉害的武器——大雾。他跃上云端,吐出一道上黄下白的气流。形状像扫帚星而长尾弯曲(《皇览》《史记·天官书》),这形状应是他的族徽"蚘"的变形;这气流,即是著名的"蚩尤旗"。蚩尤旗随风飘舞,更化作遮天蔽地的大雾,轩辕的兵士目迷心乱,哪里抵抗得了铜头铁额的蚩尤们的阵阵冲杀。故连连败退。大雾弥漫了三天,轩辕退至泰山,忧思重重,恍惚间见一妇人，人首鸟形，自称为"九天玄女"，奉王母之命授予战法（《黄帝玄女战法》等）。

按："蚩尤旗"最早见于《吕氏春秋·明理》篇；"蚩尤"能作大雾最早见于《述异记》《志林》等，后世称作"蚩尤雾"，蚩尤既明乎天道，能兴雾作霾，亦情理之中。《吕氏春秋》以蚩尤旗为乱象，《史记·天官书》则说"见则王者征战四方"，后者应当是战后以蚩尤为"兵主"而来的说法，详后。《黄帝玄女战法》，严可均辑入《全上古三代文》，则以之为周前之书，可见蚩尤作符、玄女授书的故事流传亦甚早。

4）决战涿鹿

轩辕决胜的关键，神话归之于神助，然而，黄帝善用兵，也有着典籍的记载。《孙子·行军》篇说："凡此四军之利，黄帝之所以胜四帝也"。四军之利，是指山、水、泽、陆四种地形上的用兵变化之道，虽然如何利用四地的不同形势，《孙子》中只有原则性的泛论，但作为中国历史上最杰出的军事家，孙子将黄帝作为善用"四军之利"而决胜四帝的典范，应当有所依据。我们现在虽已不知其详，但仍可于有关神话故事的解读中，寻获到轩辕用兵艺术与军事技术的蛛丝马迹，归纳起来主要有四事。

一是指南以破迷雾，这是决胜的关键。《太平御览》引《志林》"……蚩尤作大雾，弥三月，军士皆迷，黄帝乃令风后法斗机（北斗星）作指南车，以别四方，逐擒蚩尤"。指南车的形制，据后世的记载与研究，大致为：车上立一小木人，平伸一只胳膊指向南方，车在直行时，小木人不受任何影响；拐弯时，两边车轮滚动的距离不一，这种差异通过齿轮传达到小木人的立轴上，小木人会向拐弯的反方向作出相应的移动，于是不管如何拐弯，小木人的那只胳膊一直指向南方，从而指导轩辕的部队能在大雾中确定方位。黄帝时代是否能造出这样的机械，学界有过争论，数十年前有人在不需要精细技巧与复杂装置的条件下，只使用了直齿的木齿轮就成功地复原了传说中的指南车[①]。参以轩辕氏本

---

① 以上参考李约瑟《中国科技史》，李约瑟更称指南车是"人类历史上第一个自控机械"。

以造车为能,黄帝之孙始均(《山海经·大荒西经》),应是后来的能工巧匠"叔均"的先代,说黄帝造指南车应有可能。

二是冶金以利器械,这是决战制胜的必要准备。《拾遗记》记轩辕得首阳之铜,铸为鸣鸿宝刀一对,有一个细节很可注意,说是"铜青色而利",意指其铜质特别好,可能近于后世之青铜,故可铸为宝刀,传至汉代。"以玉为兵"的轩辕族在大战前期吃亏不少,决战时离初战已经数年,"幼喜习兵"的轩辕,不会不利用这种"色青而利"的精铜来改变自己在兵器上的劣势,从《世本》《黄帝内经》等记载大战时轩辕已有铜铸的钲、铙等乐器,战后又铸鬼斧神工的铜镜、宝鼎来看,决战时轩辕军兵器的改进应在情理之中。

三是造旗鼓以整部伍,这是决战的战法。当一人对一人时,马木留克骑兵总是能打败拿破仑的骑兵,然而当三个对三个时,后者却总是能战胜前者,恩格斯所举的这个经典性的例子,说明了战术战法的重要性。涿鹿之战的传说也鲜明地体现了这一原理。

虽然"黄帝设八阵之形"(《太白阴经》)的说法只留有五行生克的某种影子而不可信,然而前述《孙子》的记载说明,轩辕是一位善于审形度势、利用不同地形来用兵布阵的军事家,这就要用到旗鼓。

"黄帝振兵,教熊罴、貔貅、貙虎,制阵法,设五旗、五麾"(《通志略·器服·旗旌》)的这条记载,应本于前举《列子》与《史记·五帝本纪》而加以整合而来。我们知道各种猛兽(与猛禽)代表着不同亚图腾的联盟成员,而且应是较原始而蛮勇的族属。黄帝便通过"教"——训练来将它们凝合为一个整体。五旗应是区分部伍的标志,有点像后来女真族的"八旗",麾即挥,五麾自然是调动各族的带毛羽的指挥杖。

与旗麾相配合的号令系统还有鼓角、钲铙等乐器,汉乐府中,有"鼓角横吹曲"与属于《鼓吹曲》的"铙歌十八曲",都是军乐。这说明铙钲是配合鼓角的。《吴子·治兵》则记"教战之令"有"五鼓","闻鼓声合,然后举旗",这又说明鼓(角)与旗(麾)是配合运用以为号令的。鼓角钲铙又合称"金鼓",在号令的同时更有以"声气",即造成声势来鼓舞士气,威慑敌军的效果(《左传·僖公二十五年》),所谓"一鼓作气",也就是这个意思。这些虽然都是晚周至汉代的军事经验总结,但更早的神话故事,都指示着涿鹿之战中,黄帝的号令系统已十分了得,这集中体现于《归藏》所记"枹鼓",与《山海经》所记"夔鼓",这一小一大的两种鼓上,下面我们就以这两者为主讲讲决定性的最后一击的故事。

四是聚声气以最后一击。轩辕在作了决战前的上述准备后,便开始凝聚全力对志骄意得的蚩尤作最后的决胜一击。

《归藏》记,轩辕"作枹鼓十曲",这十曲的创作时间是战中还是战后,《归藏》语焉不详,然而我们知道,即使是战后庆功所作,武舞曲也是对战争状况的模拟(如李世民有《秦王破阵舞》之类),"枹鼓十曲"的名目很可注意,一曰雷振惊,二曰猛虎骇,三曰鸷鸟击,四曰龙媒蹀,五曰灵夔吼,六曰雕鹗争,七曰壮士奋,八曰熊罴哮,九曰石荡崖,十曰波荡壑。十曲之名都以一个名词或名词词组与一个动词构成。

"雷"为第一个名词,表示轩辕的主帅地位,因为他是"雷精"之子(见前黄帝感生及《河图帝纪通》)。

第二至第八,七个名词中除壮士为泛指外,其他六个是不同的亚图腾。龙媒是马龙,灵夔是牛龙,都是神龙的变形。鸷鸟与雕、鹗则是鸟图腾。熊罴与猛虎为一组,熊罴当是轩辕东进新郑(有熊)后新收的部族,猛虎则是融入西迁的少昊族的巴人的亚图腾。《山海经》中在有关轩辕国、丘以及少昊氏、颛顼氏的描述中,这些猛兽猛禽总是与蛇一同出现。因此这三对曲名不仅显示了轩辕部属的组成,也隐约可见轩辕作为新兴的"帝"与前此圣王伏羲、二昊氏继德而王的传承关系。

前八曲名目的那个动词描述了各部奋发的声威,从而造成了第九、第十两曲石荡崖,波荡壑——群山众水为之震荡的赫赫军威。

枹鼓是一种小鼓,是引出大鼓曲的前奏,枹鼓齐鸣,鼓合旗举,各军跃跃欲试,这时轩辕的大鼓——夔鼓登场了。

据《山海经·大荒东经》《说文》《经典释文》等,夔是东海的神兽,似龙似牛而无角,一足而能奔跑,它出山入水即风雨,目光如日月,其音如雷,黄帝得之,取其皮蒙鼓,又以雷兽之骨作鼓槌,一击声闻五百里,连击则震三千八百里,因此夔鼓当即后世所称的一种大鼓——雷鼓。诸书的有关想象细节或有所不同,但可以看出,都由黄帝轩辕氏是雷神之子而来。因此夔鼓——雷鼓声起,辅以龙吟般的号角声,应是轩辕联盟总攻的号令,八路大军(见枹鼓曲之前八种,正与八面之阵巧合),从八方杀向蚩尤军,九击而使能"飞空走险"的蚩尤不能飞走了,这时一度"蓄水"以攻失利的大力龙神应龙自空中飞降,"已杀蚩尤,又杀夸父"(《山海经·大荒北经》)。这里的"已杀""又杀"在同书的《大荒南经》中有不同记载:"枫木,蚩尤所弃桎梏。"郭璞注:"蚩尤为黄帝所得,械而杀之。"参以《逸周书·史记解》所记于涿鹿"执蚩尤,得之中冀",可知"已杀""又杀"当是一种省缩的说法,应以《史记解》所记为是。至此"涿鹿大战"便以轩辕反败为胜,终于称帝为"黄帝轩辕氏"而告终。

涿鹿之战还有一个细节,说是战时"常有五色云气,金枝玉叶,止于帝上,有花葩之象,故因而作华盖也"。此条出于后唐的《中华古今注·舆服》,虽有可能录自晋代崔豹的《古今注》,然时代终属较晚,且华盖之制显为附会,故不采入战况,唯补录于此备参。

3. 涿鹿之战的尾声与评估——附说中原、中国、中华

涿鹿大战结束了,但故事还有若干意犹未尽的尾声,大体上分两个类型:

一种类型是拨乱反正,黄帝"继德而王"后,不仅驱逐百害(《酉阳杂俎》等),出现了"风不鸣条,雨不破块"的太平盛世景象,更使得"四夷之民"纷纷来朝,有贯胸国,有深目国,有长肱国等,《尸子》甚至记西王母也"乘白鹿来献白玉环",作为新一代的"天下共王",黄帝还"驾龙乘凤,建日月之旗,乘珚云之舆",一个早晨就周游六合,也就是"省方"了。这些都是战胜者例行公事的神化,不烦详举。

值得玩味的倒是第二类,关于胜败双方功臣罪臣下落的记载。

功臣:《山海经·大荒北经》记应龙杀蚩尤、夸父后,并没有回到他的西北故土,"乃去南极处之,故南方多雨",又记黄帝的另一功臣天女魃,止住了蚩

尤所纵大风雨后,也没有回到天上而一直流荡人间,所至之处"不雨"而旱。

罪臣:蚩尤被诛于中冀后,据《皇览》《路史》等记载,身首分解,山西解县的"解"据传就是由此而来。山东今东平、阳谷、金乡等地都有它的"肩髀冢",即葬有部分肢体的坟墓,看来蚩尤是被"传尸四方"了。然而同样是《皇览》又记,棺椁与坟墓就是黄帝为葬蚩尤而发明的,不仅如此,汉代纬书《龙鱼河图》更记蚩尤殁后黄帝画蚩尤形象,以威天下,天下咸谓蚩尤不死,《韩非子》又记载黄帝合鬼神于西泰山之上,他的仪仗中"蚩尤居前,风伯进扫,雨师洒道",因为后文又称,"鬼神在后",所以这三位不是以鬼神身份出现的,那么就应当是三位叛臣的子孙了。这倒也符合黄帝的做派,因为早先的另一位叛臣共工之子勾龙,也成了中央之帝黄帝的助手,为后土神。有关蚩尤死后哀荣的神话,看来并非仅是文人对黄帝仁德的美化,因为史书与民间给予这位叛臣以更多的怀念与更高的地位。《史记·封禅书》记有八神将,其三就是蚩尤;同书《天官书》又记星宿有"蚩尤之旗……见则王者征伐四方";同书《高祖本纪》更记刘邦"祠黄帝,祭蚩尤于沛庭"。而民间的蚩尤之祭,不仅盛行于他的发祥地山西西阪泉与太原等地,举凡葬有蚩尤一肢一体的山东地方,都有蚩尤之祭,如山东东平的蚩尤冢,高达七丈,每年十月民人都来祭悼,这时就有赤气一道像一匹红色的帛,出现在天地间,民间名之曰蚩尤旗(《皇览》)。《吕氏春秋》说蚩尤旗是黄上白下,山东民间说为绛红色,后者与山西民间称解池水"正赤色",为蚩尤血所化,都是出于惋惜与悼念。蚩尤的影响更盛行于苗族地区,这起源于《山海经·大荒北经》,说是蚩尤临刑前,将囚他的木枷远远抛到了南方的大荒之中,宋山之上,化为了枫木,"山上有赤蛇,名曰育蛇",赤蛇、育蛇之名很有意思,刘邦为赤帝之子,想来他祠黄帝的同时祭蚩尤或与此有关,育蛇则有化育之意,苗民中有的支系以蚩尤为祖先,或与此有关。当然无论赤蛇、育蛇,又都说明蚩尤与龙蛇之属同族而相关联,他也是华夏、炎黄的一分子。

又《山海经》《水经注》等所记逐日(争帝)的夸父死后弃手中杖,化为千里邓林,泽及后代,成为周武王"放马华阳,散牛桃(邓)林"的休息处,这故事与蚩尤枫林故事情节、意蕴都有雷同处。至于刑天,陶渊明赞道"刑天舞干戚,猛志固常在"(《读山海经》),简直就是一位敢与天争的英雄了。

综上可见,涿鹿大战后,功臣未必尊崇而罪臣却多死后哀荣,这真有点"千秋功罪,谁人曾与评说"的意味了。

不过我们还是要对这一历史现象"评说"一下。

不少专家认为关于蚩尤等死后哀荣的故事,应出于东夷族对他们先祖的怀念,有专家更解说道这是人民与统治者的观念不同,人民怀念反压迫者。然而太史公司马迁既非东夷族,又非被统治者,风后、风伯同族而分属争战两方,仅此两点,就足以说明以上观念的不可取,其实只要追溯一下涿鹿大战故事的来龙去脉,答案便基本清楚了。

以黄帝为正、蚩尤为邪的大战故事,只是这故事发展的一个历史阶段的反映,它起于周代的《逸周书》《尚书·周书》而盛于汉代的《帝王世纪》《史记·五帝本纪》,这正是一个伴随着大一统帝国建设的历史需要、黄帝崇拜从开始到盛行的时代,而在更早的文献资料中并没有这样明确的正邪之分。《山海经》的主体部分应主要为先周的文献,其中如前引各条,均是较客观地记录黄帝胜、蚩尤(炎帝)败的过程,而无有主观的评价,这应是较接近这一神话原始的状况,即以神人之战的形态记族间斗争的故事,如果说有一点倾向性,倒是天女魃与应龙不得返回故居的情节。这是一种极朴素的民族心理的反映,就是不满于过度的杀戮及遗患于民。这种心理在《归藏》这一传为黄帝所作,实为殷商古易的残存片段中有更明确的反映,《太平御览》卷七九所辑一条极古朴,因而尤其值得重视。不妨再引一次:"黄神与炎神争斗于涿鹿之野,将战,筮于巫咸。巫咸曰:果哉而有咎。"巫咸是通天的大巫,他的看法是,如真的大战,就不是好事。这一情节后来为战国时的《左传》引用,方改"咎"为"吉",这反映了殷商人与晚周人对此战观念上的差异。巫咸的占词其实反映初民有一种民族心理,是孔老夫子认为"兄弟阋于墙"不是好事的滥觞,而周汉以降,民间对蚩尤的同情正源于此。

不过周人的这一意识形态化的改造也无可厚非,反而应当说是"势之所至"。氏族部落的生存斗争,是一种无可讳言的世界性的存在,如前所说,争斗乃至战争与联姻乃至交流是民族大融合的两大杠杆,从中产生了建立民族国家与创建社会秩序的需要,更产生了对权威的呼唤,一千多年前,柳宗元的《封建论》早就论述过这一问题。于是黄帝这一万能的权威便应周代应运而生了。而汉人踵事增华,如贾谊极度夸张此战"血流漂杵",晁错不知何据说黄帝连二昊氏也杀了,其背景应是吴楚七国之乱,诸侯反对中央,因此二人的诠释夸张可说是"古为今用",以表达大一统帝国与权威的需要。

然而形成一种悖论的是,晚周至汉代在渲染黄帝成功的同时,又营造了一个伏羲、神农"教而不诛"的理想境,并对上古之世极尽乌托邦式的美化之能事,这其实反映了周汉人时代性的民族意识——虽然战争往往不可避免,然而和谐才是我们民族的至高追求。

调和这种看来矛盾的民族心理的是太史公所说的"修德整兵",虽然前此已有类似表达,然而这四个字应是最精要的理论总结,用兵的前提是必须有仁德,用兵的目的则是以刑辅德,用兵的结果则是仁德的复兴与社会秩序的重整。兵是手段,德才是出发点与归宿。这一观念贯穿了汉以后数千年的中国历史,而有儒法并用之论,直至今天对我们的基本国策仍有启迪作用。

黄帝蚩尤之战的地点,其实是有异说的,但周汉人把它确立在河南,也就是后来所说的中州,这又反映了一种历史现象与观念,涉及中州、中原、中国、中华,这一系列概念。中州指周及汉人所认定的伏羲、神农、黄帝,继德而王建都处,即今天的河南。中原指中州近边的地区,大抵为黄河中下游地区,中国则或指中原或指以中原为中心的《尚书·禹贡》所举九州五服之地。对于中原等称呼的历史地理来源,在总体上大家都认同,因为中原是中古以前物质与精神文明最为发达的地区,也基本上处于所谓"五服"的中心地带。然而对于"中"的抽象含义,在最近数十年间多有批判性的讨论,认为这反映了我们民族自我闭锁,以为自己是天下之中所致,其实这种批评并无多少意义。以为自己的民族与国家为天下之中,不是中华民族独有的,欧洲人有欧洲中心论,伊斯兰古国也都以为自己处于天下之中。这与人的经验有关。初民,无论中外,都是由自身为中心来观察认定四方的,自己也就处于四方的中心,所以"中"的观念的形成晚于四方,这从四方帝系到五方帝系的变化可以看出。对于中华民族来说,中国的概念更有一重哲学性的意识。《史记·五帝本纪》记帝喾"顺天之义……溉(既)执中国而遍天下,日月所照,风雨所至,莫不服从"。《史记索隐》谓"执中"即《尚书》"允执厥中"之义,《史记正义》则训溉为本字,谓"帝喾治民,若水之溉灌,平等而执中正,遍于天下也"。由此可知,地理上的中国已是中国的第二义,"执中而遍天下",即奉行"中道"而沾溉天下方是"中国"的第一义。至于"中国"之称是否自我闭锁,最近有一篇报道颇有启发性,说是美国考古学家在中国陕西境内发现五千年前啤酒酿造的遗迹,其成分可以作为中西交通的最早例证。文章所指时地大体与炎黄相合,参以《山海经》深目国、白民国等记载,原来中华民族从远古起就并不闭塞。

最应当引起我们重视的倒是中原一称,涿鹿(中原)大战,开启了中国历史上"中原正统说"的序曲。中原从此成为兵家必争之地,谁入据中原,不论是二昊氏所属之东夷,还是伏羲族包括氐羌在内的西部民族,入据中原便成为顺天之义"执中而遍天下"的正统"天下共主"。中原正统论在南北朝发展到极至,而隋代大儒王通的《中说》为之做出了理论总结。他认为晋朝至晋惠帝时,便已伦序失常,因而南方的汉族政权失去了正统的资格,他的五世祖王虬,尽管是汉人,也因此离开刘宋,投奔入据中原而有德政的北魏孝文帝,而北魏正是鲜卑族拓跋氏建立的政权。王通对于"中原正统"的理解是无疑是由"执中而(德)遍天下"而来的。由此结合前述各位古帝的族属,我们可以懂得,无论以"炎黄子孙"来指代中华民族是否恰当,但炎黄子孙并不单指汉族则肯定无疑,而"中华"一称的含义实应指多民族的华夏族(见上章所析)是一个以"允执厥中"为根本观念的民族。黄帝"修德整兵"的和战观念、德刑观念,便是"允执厥中"之"经"与"权"关系的反映。

第五篇 炎黄与蚩尤(下) 共创篇

第五篇　炎黄与蚩尤（下）：共创篇

　　涿鹿之战确立了黄帝"天下共主"的地位,这次胜利不同于过往部族战争的是,"中央"观念确立下来了。至晚从周代开始,人们已把过去天地以外的并列的四方之帝,置于一位并非天帝的"人帝"的统领之下,这从春秋时孙子所说的"黄帝胜于四帝",到晚周至秦以黄帝为中央之帝的五方帝系,可以清楚看出。周人把神人合一的中央政权的建立归功于黄帝,涿鹿之战自然是一个关键;然而,战争对民族融合而言只是一种强制性的推动。如果对比一下武功威赫却短期而亡的秦朝、元朝,就可以明白,黄帝之所以能够在战后建立起一个稳固的中央并有效地管理、繁荣他的"天下",是由于长期以来各族,尤其是炎黄两族的共济互动。黄帝即位后更顺应了这一趋势,将作为多部族联盟纽带的文明建设推向一个新的高峰,也因此,"黄帝为人文始祖"的提法不仅流行于神话学界,连一贯慎对"神话"资料的历史学家,也不乏同意并使用这一提法者[①]。下面我们就择要讲述一下炎黄时期,包括蚩尤族在内的生产与文化成就及其传承,从中也可以进

---

①　参杨升南、朱玲玲:《远古中华》,上海书店出版社,2015年。

一步领会《国语·晋语》所说炎黄"用师以相济"的"济",为什么不妨从其本义来理解。

农业的确立,无疑是这一时期一切变化发展的关键,下面我们就先介绍以农业为核心的各业发展。

一、农耕与百业

1. 从神农到周弃——原始农业的创建与时代推断

在被认为是伏羲族发祥地的大地湾文化的第一期中已发现有距今8000多年的少量谷物,但这只是采集经济之遗迹,大地湾文化中发现谷物种类与数量较多的是第四期以后,距今5000年左右。这已是炎黄时期的后期了。因此可以断定,即使伏羲时代已有了原始农业的萌芽,而真正使原始农业成立的,首推被尊为炎帝的"神农氏"。上一章我们讲了"神农"一称的来历,这里就从一个最脍炙人口的神话故事开始进一步介绍吧。

神农时有只丹雀,口衔一株九个穗的禾,从空中飞过,谷粒摔到了地上。神农就拾了起来种到了田地里。

这个故事虽然是晋代王子年《拾遗记》所记(《中华创世纪》有描述,可参考),但源头却是很早的。

汉族的文献中,仅周代记述神农初创农业的就有《逸周书》《管子》《庄子》《周易·系辞下传》《礼记》《世本》《竹书纪年》《越绝书》等等,如:

> 神农时,天雨粟,神农遂耕而种。(《逸周书》)
> 神农教耕生谷,以致民利。(《管子·形势解》)

"谷种"的来源,是世界各族创世神话中的一个母题,有多种类型。值得注意的是,与"丹雀衔禾""天雨粟"类似,我国西南各族的谷种神话有很多也属天外飞来型或禽鸟传来型,比如云南的傣族、布朗族、瑶族、景颇族就流行天外飞来型神话。瑶族传说:古时谷粒很大,会自动飞入粮仓,后来大谷粒被懒妇人用木棒打碎才变成现在这样的(飞来型)。又,广西壮族的传说称大神布洛陀派斑鸠、山鸡、老鼠去案州取谷种,它们吃饱了不再回来。布洛陀找到并抓到了它们,从斑鸠、山鸡的嗉囊中取出了三颗旱谷、四颗稻谷,带回后交给人们耕种,才有了农业(禽鸟传来)。这类神话分布也很广,西藏珞巴族的故事说,他们的祖先阿达巴尼射落一只鸟,剖开鸟肚,发现了鸡爪谷、玉米及稻谷的种子。

谷种传说中,还有许多为动物带来型,涉及狗、马、鹿、老虎、野猪、老鼠等等,各族的英雄始祖在这些动物的帮助下取到了谷种。这应当与他们各自的动物崇拜有关,而其中尤其引起我们关注的是西南传说中大量的"狗"取谷物的故事,其中二则如下:

哈尼族传说:古时天覆,洪水泛滥,作物尽没,洪水退后,有一只叫作"奴凑"的鸟从一个大洪水洞边找到一穗金色的稻种,飞到树上,正想啄食时,被一只狗看见了,狗汪汪大叫,奴凑鸟大惊,稻种就掉在了地上,狗便衔回家来。

这则神话最可注意的有二点:一是"禽鸟衔谷"与西南民族较普遍存在的狗崇拜合为一体;二是"天覆"与共工怒触不周山天覆地圮、洪水泛滥、羲娲再造人类遥相呼应:由这两点可以见出这则故事应是盘古、羲娲二神创世神话与谷种神话糅合而产生的。

布依族《造万物》神话则说:神农创造了米,米大如鸟蛋,人类祖先蒸不熟它,就大骂造米的神,于是神农把米收回,后来人祖和狗一起上天去找神农要米,神农不给,人祖只能回来,然而狗却在神农的打谷场上打了个滚,谷粒粘在狗身上,被带回了人间。

狗打滚带回谷粒的传说很多,如苗族、瑶族都有,布依族的这则故事最值得注意的是,其他故事中的天帝被说成了"神农",这是神农故事由中原中南传入并影响西南谷种神话的明证。西北的姜氏神农、中南的烈山氏神农、为西南民族崇拜的造米的天帝神农,构成了一条神农神话广泛流传的路线。

西南更传有许多天女带回谷种的神话,这是当地普遍流传的原始的天女母题与谷种母题的结合,其基本情节是洪水后仅存一男子,上天向天女求婚,天女从天上带回了种子,于是人们开始种植。

这一型谷种神话中,属于氐羌系的纳西、独龙等族的故事,尤其值得关注。纳西族的天女衬红、独龙族的天女木美姬,她们随丈夫利恩、彭根朋回人间时,天帝给了她们一些杂粮种,就是不给蔓菁种与稻谷种,这二位天女就在指甲缝中藏了这两种种子,带回了人间。参以彝族支系阿细族与傣族神话明确说,他们的始祖英雄从天帝处盗得的谷种是稻种,可以说明在西南,水稻对于其他谷物来说具有特殊的意义,是天女对他们的特别恩赐。

《说文》:"谷,稷也。"也就是糜子(一说为高粱)。《逸周书》所记神农故事是"天雨粟",粟就是小米。《诗经·大雅·生民》说到豆、粟、麻、麦、瓜等。一应关中与中原的古文献记神农及后来周弃(稷)创始农业的故事,都不及于水稻,而都是南方人所称的杂粮。这就指示了这样一种思考的路径:纳西、独龙等族是原居西北的氐羌南迁与南方土著融合而成的氏族。他们的主要作物是杂粮,并与台湾高山族、琉球宫古岛的有关神话形成一个杂粮栽培的谷种起源神话地区,从而与中南、西南其他民族,东南亚、南亚、太平洋诸岛谷种起源传说以稻谷为主,显现了明显的不同。这就有理由推断,北来的氐羌系的纳西、独龙等族,本以杂粮种植为主,杂粮应是北方带来的,迁至中南、西南后,才部分吸收了南方的稻谷种植技艺,所以直至近世他们的作物仍以杂粮为主。这样氐羌系的云南少数民族的谷种神话就提供了神农族南迁并发展了原始农业的一个接合部,更指示了原始农业的确立是南北多民族共同努力的结晶。

姜姓的神农氏始创农业,与姬姓的周族又是息息相关的,周族的农业之神为后稷。据《诗经·大雅·生民》所描述,他的母亲姜嫄——姜姓氏族的一位伟大母亲,踩了天帝的足迹而诞生了他。因生得怪异,所以几次被弃,幸好有牛羊、伐木人、鸟儿保护并哺育了他,才生存了下来,"后稷呱矣",他的第一声啼哭就永长宏亮,以至"厥声载路",传到了通衢大路。就是这位后稷,周族认为,开创了原始农业,由于他数度被弃,所以名之为"弃"。

《尚书·吕刑》称"稷降播种,以稷为农者开创",稍后的《国语·周语下》又神化说,后稷主司天上代表农业之祥的辰马星(其形像犁),到了崇拜黄帝的汉代,又称之为"先农之神"。

这些周代一系的有关后稷的记载,其性质应与他们以黄帝压倒炎帝一样,是企图以周族的农业神来凌驾于姜姓的神农之上。

综合以上资料可见,姬姜二姓确实不仅相挤,而且是相济——互通的,不但联姻(姜嫄育周弃),而且共同开创了原始农业,其发生时间应相距不远,而从吕不书所定五方帝系之中帝、神的分布情况来看,后稷连一个副职(神)的位置也没有占上,可见《吕刑》《国语》的说法,在礼乐崩坏的晚周之世,已不为人们普遍接受。

《生民》所描述的后稷时的农业已是相对地发达了。不仅品种甚多,技术方面已懂得优选良种,去掉杂草了。其庄稼茁壮生长,谷穗丰硕得都垂下头来。这已不是原始农业初创期所能有的景象了。因此说,神农始作,后稷发展,兄弟二族共同在关中平原的沃土上开创了原始农业,应是合理的推断。

后稷故事中还有两个情节很值得注意。

一是《国语·鲁语上》记"稷勤百谷而山死",丰昭更注"死于黑水之山";《孟子》则记"稷当平世,三过其门而不入"。参以后稷墓在建木西(见下条),可知周代以前就广传后稷四处奔走以传播农耕技艺,不仅过门不入,而且最终劳累而死于西北大荒的黑水之山。这与神农尝百草而死,后来的大禹治水三过家门而不入,共同反映了勤劳勇敢、为民以死是初民对于其英雄首领的共同礼赞。

二是《淮南子·修务训》记"后稷垅在建木西,其人死复苏,其半鱼在其间"。这与前面讲到的"有鱼半枯,颛顼死而复苏"的神话极其相似,这似乎反映了后稷与颛顼氏的族属关系都与鱼化龙有一定关系。而所谓半枯之鱼,也许就是操劳而亡的族属领袖的一个象喻。这些都有待更深入的研究。

姜姬二族的神农、后稷在创立农业的同时,也随之创造或改进了一系列与农业生产、农耕生活有关的器物,并最终形成了"城邑为中心的农耕文化与社会组织"。在这个过程中,哪些创造是属于神农时代的,哪些又是属于黄帝时代的,恐怕多数是难以厘清的。这首先由于各种古籍的倾向性不同,同一发明,便或归于炎,或归于黄;其次,近现代的历史研究对于上古史断代的方法有欠完善,以至最近出版的一种历史著作中,对于神农的时代在同书不同章节中即有多种自相矛盾的提法。有关这一问题,这里不能细析,而只能综合有关考古报告与研究,对炎黄的时代及相关问题作出如下推断:

① 前面已析甘肃秦安大地湾遗址距今8000年以前的一期遗存中已有少量谷物,这说明在伏羲发祥地8000年前人们已食谷,唯尚属于"采集"时期,炎黄时代必后于此。

② 河北武安磁山遗址,碳测定年代的上限为7300年左右,半衰期为5500—5700年之间,其一、二层发掘出476个贮粮灰坑,所存谷物为粟,这说明距今五六千年前(不超过7000年)这里以粟为主的农业生产已相当发达。而大地湾文化的三、四期遗存中也有数量甚多的粟等谷物,其时代亦为距今五六千年。郑州西山仰韶文化的发掘中,发现一座经规划的古城,以版筑法建成,城墙外有宽5—5.7米,深4米的护城濠。专家或认为这就是黄帝古都有熊城(新郑),或认为是黄帝所筑"五城"之一。据测定,其年代距今5300—4800年。

以这三处古址合看,可见黄帝为"天下共主"的时代当在距今5000年前或略晚。而此前近千年时北方的原始农业已甚发达。黄帝上承炎帝,因此炎帝为王应早于此,而所谓炎黄时代的上限应为距今六七千年左右,下限则为距今5000年左右。

③ 南北多地的考古发掘的谷物品种,显示了北方的作物以粟为主,南方的则以稻为主。

虽有专家据考古资料推算我国稻作文化发生于10000年以前,但证据都为所发现的稻粒性质介于野生稻与耕作稻之间,所以不够充分。较可靠的为浙江河姆渡文化发现大量栽培水稻的遗迹,时代距今6500余年至5900余年,较之河北磁山文化的粟贮存,时代大体相当,而湖南澧县城头山遗址发掘得带有灌溉系统的水稻田与早期地面房屋,其时代的中间值为距今6500年左右。虽然,我们还不能仅据有限的个别的考古遗存就断言,稻的种植早于粟,南方的农业创始早于北方;但可以印证我们前面的推断,即神农族的先世,由大西北经四川向东迁徙时,其一支向东推进直至中原,另一支则由川西向南迁徙,从而有了姜氏神农与烈山氏神农两个分支。他们由不同方向创始并发展了原始农业。应当注意的是澧县在湖南北部,靠近湖北,离烈山氏神农故事发生地湖北随州不远,这应当是烈山氏神农故事发生的现实基础。

④ 今河南舞阳县贾湖遗址,距今7000年左右,在其房基或窖穴的烧土碎块中发现水稻粒,但是未发现有大规模贮存或稻田遗迹。舞阳在河南南部,离烈山氏神农的湖北随州也不远,联系上述湖南城头山、浙江河姆渡的成规模的水稻遗存及两湖江西等地更早的稻粒遗存来看,河南贾湖的少量水稻遗存,应由中南、东南传入,或为成粮北运,或为当地少量种植。这可以为北方的姜氏神农与南方的烈山氏神农的合一提供一个结合部。再联系前述云南的稻种传说(考古发掘的年代推测与河姆渡等相近),可见水稻文化在南方的重大影响。而神农一称起始的悬案,恐怕也以由烈山氏之子"农"演化而来的可能为大。同时,炎帝之所以称作帝,后世将农业创世神归属于神农而不归属于周弃,当与此相关。

至此可以确认上文我们对炎黄时代的大致断限(以下所述各项发明创造,都应在这个区间)距今6000年左右至5000年左右之间,也就是新石器时代的中期至晚期。下面我们就来具体讲一下此期与农业为主的各业的发展创造。

2. 农耕技艺与相关制度

最重要的技艺发展自然是农耕技艺。

① 种子技艺——良种、品类与浸种

无论是神农时丹鸟衔来九穗,还是《吕刑》所称"稷降播种,农植嘉谷",都指示炎黄时代,先民已经知道选择良种的重要性。

与良种选择相关的还有谷物品类的汰选。谷是粮食的总称,因此古书记炎黄时代有"百谷"之称,又有五谷之称,最早见于《管子》记神农事与《孟子》记周弃事。五谷各书有不同的说法,反映了各地各期作物品类的不同,但应当是各地各时,先民由众多的谷类中,因地因时汰选出来的主要作物品种。江苏将军崖岩画中有一幅谷灵崇拜画：大地上长着各种作物，分别以抽象线条与形如各种谷实的人面图像相联，这是一种对谷物的原始崇拜。可以说明一地有一地所崇敬的谷灵。汇集各种记载，《生民》的谷物有豆、禾(稷、黍之类)、麻、麦。后世对五谷的注释大致都以此四类加上神农时就有的南方的稻，只是细类上有所不同，这证明，炎黄时代已经完成中国主要作物的汰选。

考古资料为以上文献资料提供了有力的佐证。湖南澧县彭头山遗址中的稻粒为粳稻；江苏马家溪文化罗家角遗址的水稻籼稻为多；江苏苏州草鞋山遗址的水稻又为粳稻，随同谷种被发掘的尚有多种瓜果、水陆蔬菜或其种子。仅以与河姆渡相近的田螺山遗址而言，与水稻同时发掘得的更有菱角、芡实、栎果、葫芦籽、酸枣核、柿子核、猕猴桃籽等等。这又证明了《周书》所记神农时"五谷兴助，百果藏实"、《国语》所记烈山氏子柱"能艺百谷百蔬"等记载，并非空穴来风。

《论衡·商虫》篇又记神农"藏种之方，煮马尿以汁渍，令禾不虫"，就是说，隔年藏种时，用煮过的马尿来浸渍之，这样来年的禾苗就不会生虫。这是史载最早的，通过种子处理来预防虫灾的方法。

② 农具与牛耕

工具的改进是原始农业成立与发展的必然成果。

《周易·系辞下传》已记神农氏作耒耜教民耕作。《艺文类聚》所引《周书》则称神农作斧斤、耜、锄、耨。耒耜从《系辞下传》"斫木为耜，揉木为耒"来看，最初是木制的。有的释为一物，耜为其顶端的锸(铲)，耒为其木柄。也有人以为是二物，均为木柄：耒的顶端为分叉的两角，以火烘烤木棒，使之变软后再弯曲(揉)成等长的两角，穿装在木棒一端所凿的孔上，加以固定，也有以兽骨、兽角做耒头的；耜则是木柄上按锸。从《系辞传》看，以后说为长。耒耜的功能主要用来掘土、平土；锄、耨都是锄草器，耨短锄长，也可兼用于击碎土块；刀与斧斤则兵农二用，斤为不同形制的斧，三者在农事上主要用于辟荒开垦。

考古发掘不仅证实而且丰富了文献记载。试举数则：南方河姆渡文化与马家浜文化的发掘中发现了木制骨制的耜与锛(平头斧);中原河南新郑裴李岗文化遗址发掘得带锯齿的石镰、扁平石铲(时代与上相近);东北内蒙古赤峰市敖汉旗兴隆乡兴隆洼文化发掘中,发现的石制、骨制、玉制农具有锄、铲、斧、锛等等;西北大地湾文化一期发掘中的农具则有亚腰型铲、长方形斧等等。

以上四处的年代均约在距今六七千年间。

从农具的多样性,可以看出当时农业生产的流程至少包括以下几个环节:垦荒(斧斤与刀、镰为主)—掘、平土地(耒耜、铲为主)—锄草为主的田间管理(锄、耨为主)—收获(镰为主)。当然还有收获后的窖藏。因此可以证明,至晚在神农时代的中后期,最初的"刀耕火作"已成为历史。

以上各种农具,从以耒耜为农事之代称来看,耒耜应是最早的。古有"耒水"与"耒阳城(在今湖南省东南部,与烈山氏地相近)。这是否说明耒与耜确为二物(视作一物的通常单称耜,因一物中耒仅是地表两部的横木把手,耜是主体),而这一带又是耒耜的重要发源地之一呢?这些都有待进一步研究。

以上提到了各地各类农具的材质均为木、石、骨、角、玉之属,这一点很重要,下文讲冶铜时再展开。

牛耕是原始农业的关键性发展。传为叔均所创。叔均一说为周弃(稷)之侄,一说为其孙(均见《山海经》)。迄今为止考古发现最早的犁头也是石质的,在江苏崧泽文化遗址,距今5000年左右。结合文献中从未有神农氏创牛耕的记载,则可以确信犁与牛耕是姬姓黄帝族的发明,同时也可悟到周弃所以被奉为犁形辰马星的原因所在,更重要的是由此还可推定周弃活动的年代约在距今五六千年间(石犁年代的上限为5560年左右),他是第一代的"稷"(稷神),属黄帝时代,而《尚书》等所录尧舜时代的重臣稷应是周弃的继承者。

③ 水利与农田管理——灌溉、施肥与田畎

前述厉山氏神农诞育处有"九井自穿"、姜氏神农成立处有九圣泉等传说,这些已蕴含了神农与水,农业与水利的关系。《论衡·感虚》篇说神农"耕田以为土,凿地以为井"应是对"九井自穿"传说的现实化诠释。汉代纬书

《春秋元命苞》又说神农之臣"白阜为神农图水道之画,地形通脉,使不壅塞也",这是规模化的水利工程的蓝图,既为抗洪,也利灌溉。这种对于农业生产的地形上的管理,又与天时的掌握相结合,推进了历法的发展,杨泉《物理论》记载:"畴昔神农始作农功,正节气,审寒温,以为早晚之期,故立历日。"这些也就是班固《白虎通·号》所记的神农"因天之时,分地之利"。

水利的兴起,必有相应的田块设计。《汉书·食货志》记:"后稷始甽地,以二耜为耦,广尺,深尺,曰甽。"甽音犬,通畎,是田间开通的水沟。依《汉书》这一记载,深、宽各一尺,因是二把铲形耜的宽度,古称耦,即耦耕——二人并列以耜耕土。甽亩相连,故有甽,必有类似于亩的土地计量单位。《汉书》说这些起于后稷,但考古资料证明,其起源可能更早。1996年发掘的湖南澧县城头山遗址,发现有三条田埂划分的两块古水稻田,田间有配套的灌溉系统——水坑和水沟。其中三个水坑高于水田,直径1.2—1.5米,深1.3米。当是用以蓄水的。坑高沟低而相连,颇利灌溉,这一遗址的测定时间在距今6629年,上下596年,即六七千年前,苏州草鞋山遗址的古稻田时代与之相近,而结构更为复杂,除水坑水沟外更有蓄水井与水口。口、沟相通而尾联蓄水井。澧县城头山遗址,距今6500年左右。1998年12月,在此发现了水稻田的南界。以上可证,可能在神农时代的早中期,已有了甽亩与水利灌溉,而后稷应是对此有所改进并制度化。

《淮南子·人间训》又记后稷教民"碎土垦草,粪土种谷",也就是用了人工施肥的技艺。粪土相和,故难以由考古中得到实证,但是以水利的情况看,施肥技艺在神农时代也应当已经掌握。

以上各项说明,炎黄时期的农业生产不仅已远远超越了"刀耕火作",而且已经规模化与初步制度化,农业科学也于此期发生。黄帝能在兵器逊于蚩尤的情况下终于反败为胜,赢得涿鹿之战。除其族"车"的优势外,更重要的底蕴应当是炎黄农业经济所提供的物质基础。

3. 从"神农尝百草"到《黄帝内经》

有一部药物学著作叫《神农本草经》,又有一部医学著作叫《黄帝内经》

(分《素问》《灵枢》两部分)。神农时应尚无文字,《内经》的理论架构是五行生克,产生于周代。因此《本草》《内经》当然不是神农、黄帝所作,后人的研究多以为成于晚周秦汉,然而以之归于神农、黄帝二氏,则又反映了炎黄时期应是中医学的初创时期。医家把炎黄拉来作了二书的作者,既为其著作张目,也是一种不数典忘祖的尊崇。

药物与诊疗是医学的两大分支,顾名思义,《本草》偏重于药物学,《内经》偏重于诊疗学,当然药物针对不同的疾病,所以也兼融了诊疗学,诊疗自然也必须用药,所以也必兼融了药物学。因此,虽说神农《本草》、黄帝《内经》,但两者不可绝然分割。明白了这些就可以讲我们的故事了。

① 巫医与《五臧山经》的药物记载

医起于巫,所以医的古字为"毉",这是学界的共识。巫字上天下地中为人,是能上下天地而通神者,前举《山海经·大荒西经》记巫咸、巫即等十位大巫能由日月所入的灵山上下天地,并特记此山"百药爰在",就指示了巫与医的关系,故郭璞注之为"皆神医也"。

《山海经》中更多记有某药能治某疾。如其第一篇《五臧山经》之《南山经》,开宗明义第一条即记,鹊山有一种似韭菜而开青花的草,叫作视余,能充食物,人"食之不饥";又有一种木,叫榖,木纹黑色,"其花四照",人佩了它能"不迷",也就是可疗眩晕等迷症;还有一种植物叫沛,人佩了它就能去虫病。又如《中山经》第一条记,甘枣之山有一种草茎似葵,叶似杏,开黄花而结带荚的果实,名叫箨,可以治"目不明"之疾;还有一种兽,似蛇如鼠,额上有花纹,叫作難,食之能消肿瘤。第二条又说历儿之山多栃木,方茎圆叶,黄花上带毛,果实如楝树子,"服之不忘"——看来可治健忘症。第三条又记渠猪之水出于渠猪之山,南注于黄河,水中多豪鱼,状如鲔鱼,鱼嘴鱼尾都是红色,还长有赤羽,这种鸟可以治愈白癣。以下各条又记"植楮"草可治梦魇;状如龙骨的天婴草可治痤疮;鬼草"服之忘忧",看来是治忧郁症的良药;朏朏鱼白尾上的鬣,也有同样疗效。甚至还记有美容药"荀草"、毒药"莘芋"、"茙"(均可毒鱼)等等。此章《次十二经》还记有一种桂竹,"甚毒,伤人必死",则是一种剧毒药了,看来制造毒兵器少不了它。一部《山海经》所及药物应不少于百种,其中《五臧山经》部分为最早(王红旗先生认为其主体应成于夏代),所以我们略举其中十数种,以见一斑。

值得注意的是有二点。其一,《山经》于各有药效的动植物,均明确地写明出于何山何处,大致方位,此药的形状色彩,甚至哪一部位有药效,又对何种疾病有疗效,这已相当接近《本草》的记载方法;其二,其记载的形式极其古朴而似志怪,却又依境内山脉走向随处记述,因此应是经行五方所得,虽不必是一人所记,但也应是一个时期的记录而由某人综合而成。这个时代,肯定晚于神农时代,因其中多次谈到铁,但肯定比《本草》成书的时代要早得多,《本草》应是上古这类记载的学理化、综合化,当然在被记录之前,尚有一个口耳相传的漫长过程,如近现代没有文字的部族,其巫医也用药治病然。因此,下面这样的提法应当没有问题:应成书于三代之间的《五臧山经》,为我们提供了神农尝百草的上古文化背景;再结合上述炎黄时期的农业发展的水平,则作为药物学萌芽的"神农尝百草"应有其现实可能性;这也因为神农作为一个部落联盟的首领,很可能兼具通医的巫的职能,至少是先民把这一时期的药学成果归之于他们崇敬的这位大首领。

② 神农尝百草

炎帝神农氏

神农尝百草首见于战国时的《世本》:神农和药济人。

大抵同时代的《竹书纪年》则记:(神农)味尝百草作方书。

"方书"应是"方伎类书"的省称,《汉书·艺文志》"方伎类"称之为"皆生生之具……盖论病以及国,原诊以知政",这应是巫医兼问政治的铁证;在其中就录有《神农杂子技道》二十三卷。此外尚有"经方类"中的《神农黄帝食禁》七卷。二书均不著撰人,可知汉时已弄不清来源了。参以《汉书·艺文志》没有"本草"一目,更没有《神农本草经》,可知神农时的医术仍带有浓厚的巫医性质,属于方术一类。《竹书纪年》称"方书",而不称"本草",应当是战国秦汉人们对神农医药的认识,当然"方书"也至多是口耳相传,而为后人记录的。

虽然如此,然而从有关炎黄二氏的载籍来看,神农尝药的传说必有历史依据。因为《黄帝内经》《外经》《汉书·艺文志》已见著录,至《旧唐书·经籍志》,包括《内经》在内的托名黄帝医家类著作多达十五种,但没有一种是关于药物学的;而"本草类"著作,赫然首列《神农本草》三卷。这充分说明尽管至汉代,官方几乎把一切发明的初创权归到黄帝名下,但是神农氏在本草学(药物学)上的初创地位,如同其在农业初创上的地位一样,不可动摇。而民间显然是认同这种认识的,也因此"药王"的尊号自然而然被归到了神农头上(药王尚有名"韦古"一说)。

以上分析,归根到底是要说明解读神农尝百草故事的一个前提性的认识:虽然《神农本草》是汉以后人的托名之作,但故事本身仍有着相当的历史依据,而神农时的医学的性质当处于由毉——巫医性质的原始医学向后世意义的医学转化的阶段。下面的有关故事正可印证这一点。

《世本》《竹书纪年》后,《淮南子·修务训》记载:古时候的人民借草饮水,采树木的果实,捕螺蚌昆虫之类充饥,因此当时疾病毒伤之害尤其多。于是神农开始教民播种五谷,考察土地燥湿、肥瘠、高低来种植不同的谷物,又尝百草的滋味、水泉的甘苦,使人民有所取舍,当时神农曾一日间中毒七十次。

魏晋间皇甫谧《帝王世纪》所记略同,唯增加了"著《本草》四卷"的内容。

晋代干宝《搜神记》则说:神农以一种赤褐色的鞭鞭打百草,从而尽知各种草木的平、毒、寒、温之性,并因其气味(取尤纯正的)来播为百谷,所以天下尊之为神农氏。

这三条较早的记载中有如下几点值得关注。首先,神农尝百草是由于当时民人多疾病,病根则是采集经济时的食物(如螺蚌、树实等)不当;其次,原始农业与原始医学的发生是同步的,正食与疗邪,是卫生的不可分割的两个方面;再次,所谓神农《本草经》应在汉末魏晋时代已经出现,而所谓由"臭味"

(气味与滋味)辨识百草的"平、毒,寒、温之性",正是《百草经》的基本原理;又次,神农因尝药而一日中毒七十次的传说汉代已出现,这是后世各种神农因尝药而死的故事的蓝本。

晋代以后的有关的故事大致是自《世本》至《搜神记》的敷衍,唯有两则值得一读。

元人陶宗仪所编《说郛》引《芸窗私志》说是:神农时白民国进献来一只药兽。人有疾病时就拍拍药兽,对它讲几句白民国的话,华夏人也听不懂。说毕,药兽就到野外衔回一株草。将草捣成汁,病人服下即痊愈。后来黄帝命风后逐一记下什么草验于什么病,久而久之,依方服药,都见效验。古时说"黄帝尝百日草",这是不对的。所以虞卿说:"黄帝是师法药兽而懂医道的。"

白民国药兽的故事,似《山海经》《述异记》,故《芸窗私志》当有所本。不过已无从考索。引起我们注意的是,故事末辩驳"黄帝尝百日草"的说法,并称为战国时人虞卿的说法,可见神农、黄帝谁尝百草在早期传说中有过异见,但后世多不认同黄帝,仍以神农时为始。又,《山海经·海外西经》记,白民国在龙鱼陵居之北,肃慎国之南,为西北民族。国人白身披发,有一种动物叫乘黄,状如狐而背有角,"乘之寿二千岁",则应是一种"寿兽",或与"药兽"有关,而白民近西域中亚一带,当是中西交通的咽喉之地,值得重视。

另一条资料是川东的民间传说,记神农之死,说是神农尝药,几乎每天都要中毒,都以荼即茶来解毒。后来尝到断肠草,肠子立即寸断,根本来不及喝茶解毒,就死了。

断肠草是什么?我们以明代《开辟衍义》所说神农食"百足之虫"而亡与此相比对,认为应是一种开着黄色小花,有点像茶的植物,它被接触时,叶片会瑟瑟蠕动,形如毛虫,所谓"百足之虫"或由此而来(参《中华创世纪》)。

据前述,周汉间的文献只有神农一日中七十毒的记载,而没有因中毒而亡的说法。民间敷衍为食毒而死,不知起于何时,但反映了一种民族心理所催生的神话类型,舍身为民是至高的美德,所以许多神话英雄如神农、叔均、夸父、虞舜等都传为劳瘁或为民涉险时因意外而亡,至孔孟,有"朝闻道夕死可矣""舍生取义"等道德观念,当导源于此。

就遗迹来看,直接与神农尝药相关的故事遍布四方。山西太原神釜岗有神农尝药鼎;山东鄄城东南之成阳山有神农鞭药处,一名神农原、药草山(《述异记》);河南温县附近有神农涧,相传神农至此,以杖画地遂成涧(《潜确类书》);湖北随州永阳有神农冢,冢前"百药丛茂,莫不毕备";神农葬所一说在长沙,一说在茶陵(《路史》),都属湖南邻洣水而相近。两湖的这些遗迹应是今天所称神农架的起始。这些又都说明,神农创始中医药在民间的深入人心。

③ 黄帝对远古医学的承创

皇甫谧《帝王世纪》有二处看来矛盾的记载,先是说神农氏"尝药疗疾,救夭伤之民,百姓日用而不知。著《本草》四卷",又说:"岐伯,黄帝医也。帝使岐伯尝味草木,主典医病经方,《本草》《素问》等书咸出焉。"后一事应是"本草"起于黄帝说的滥觞,然而细细玩味文意,二条并不矛盾。"主典医病经方,《本草》《素问》等书咸出焉"是正确的读法,说的是岐伯主司"医病与经方",这时《本草》《素问》都出来了。这里"医病"与《素问》相应,"经方"与《本草》对举,都由岐伯主司,"出"则是刊布之意。说"出"而不说"著",本身就是不以为《本草》为岐伯所作。后人不明,读成"主典医病,经方《本草》《素问》之书咸出焉",意思就变成了《本草》也是黄帝所创了。这种错误的说法,至今代尚在学界不乏存在。故特为是正如上。要之关于"本草",合理的推断是,神农尝百草后,口耳相传留有经方,至黄帝时命岐伯典司而成《本草》等书(《云笈七签》亦持此说)。当然,《本草》的实际成书,恐要晚得多。

传说中与岐伯同为黄帝医药师的尚有雷公与俞拊。俞拊首见于《汉书·艺文志》,雷公则始见于《帝王世纪》,有人以雷公与岐伯为一人,非是,最明显的证据是《帝王世纪》举"雷公岐伯"时写道:"论经脉傍通,问难八十一,为《难经》八十一篇。"问难是一种对答性的文体,一方提出问题,一方解说,所以又有发难、解难等说法,因此必为二人,《抱朴子》说黄帝"著体诊则受雷岐"是为明证,因雷公、岐伯如为一人是不能省称"雷岐"的。

这三人是否确为黄帝之医,学界有质疑。《汉书·艺文志》说:"太古有岐伯、俞拊",《史记·封禅书》更记岐伯与风后、封臣一起"令皇帝封东泰山,禅凡山,合符,然后不死焉",则像位帝师;《扁鹊仓公列传》又说:"上古之时,医有俞拊",也因此有学者以为他们早于炎黄。

其实一应有关黄帝创造发明的传说,与炎帝相比,有一个明显的特点:凡记炎帝发明,都是他躬亲自为,而记黄帝发明,大都是他的臣子所为。黄帝俨然为一位居高临下的组织者,这符合他"中央之帝"的身份,而隐隐透得了周汉以来这样一种历史观,自"黄帝"起,历史进入了一个一人居上(中央)的时代,所谓"帝国",从黄帝时便有了雏形。黄帝与三位神医的关系,首先当从这个角度看。

其次从三人之名与各书所记专长也可看出些端倪,因为三名均是与医药有关的。

俞拊,俞是中医学术语,通腧,即穴位,拊即拍打,与按摩有关,《史记·扁鹊仓公列传》记,虢国中庶子"喜方"(喜爱方伎),对扁鹊说俞拊事,即提到石针、牵引、按摩、膏药热敷驱毒等等,及一应依五脏之源、穴幕、经络关系实施内外科兼治的技术。这条资料很重要,因为扁鹊是春秋时人,太史公以扁鹊领前而与汉初名医仓公合传,并于传中批评祈禳——巫医的法术,则显有与巫医区分,为医者立传之意。因此尽管传中扁鹊的本领超过俞拊之术,但可以看出汉人已普遍认同针灸、按摩之术,脏气、经络、俞幕之论在上古就有了。

岐伯是一位专能决解疑难杂症的神医,所以《帝王世纪》记他与雷公"论经脉旁通,问难八十一,为《难经》",教制九针,著《内外术经》十八卷。

雷公,顾名思义,与火有关,所以除向岐伯问难外,尤擅长药物,相传有《雷公炮制》等书(见《淮南子·俶真训》等),约十年前上海辞书出版社曾影印此书。关于他还有一个传说:他的使者名叫斫木,后来化为啄木鸟(《异苑》),这使人联想起燧人氏与啄木鸟的故事,因而他应当是南人。

我们知道,以艺命名是一种很古老的带有仿生遗意的命名法。因此,雷公、岐伯、俞拊之名应是很古老的,而且很可能不必有其人,而是一种医技的代名。大致上,俞拊主攻针石按摩,岐伯专擅经脉理论,雷公则精于炮制。神话称黄帝得此三医之助,则应是黄帝时代这三方面的医药技术有了重大发展的历史折光。《汉书·艺文志》录有托名黄帝及三神医及风后等的医书达二十余种,更说明,汉人已视黄帝时期是上古中医药发展史上的一个集成性的时期。他们认为针砭、艾灸、药物炮制,内外科(包括手术)以及相应的理论,在这一时期都已齐备,而从前举《扁鹊仓公列传》来看,他们的依据,应当是春秋以前的传说与相关记载。

综上,我们以为这样一个推论应当不为武断:炎黄时期是中医学从巫医合一的形态中逐渐脱离出来,并初步形成药学与诊疗两大系统的时期,周汉之间大量炎黄的医学著作,虽均为假托,但托名本身就是对初创者的崇敬,虽然其中大量的理论建构应是战国以后的产物,但其中必有着初创者的某些成分,不然就难以解释,汉初的那些著作何以突然就有了那样丰富的临床经验与那样精密的理论系统。

4. 伯益与原始畜牧饲养业

与"五谷丰登"对应的成语是"六畜兴旺",合起来是农业经济社会对美好生活的愿景。虽然女娲氏正月初一造鸡、初二造狗、初三造羊、初四造猪、初五造牛、初六造马、初七造人的传说,晚至南朝梁的《荆楚岁时记》才首次出现,但"六畜"一词至晚在春秋战国时就有了,因《左传·僖公十九年》所指六畜同上;而商代的四方祭祀中,分别用鸡、犬、羊、猪等为牺牲,此外马为天、牛为地、人为中,合于"七"之数,更说明了畜类饲养在四方各族兼有动物崇拜的特色。① 因此畜牧业是渔猎经济的必然产物,其发生要早于农业。农业经济形成后,四方边鄙地区,尤其是西北、西南地区,直到近世仍存在不少游牧或者半农半牧的部族,云南氐羌系的部族,如纳西、独龙等的神话故事更指示了其半农半牧的生活形态中畜牧部分恐源于西北,而文献记载也反映了这种情况。

《史记·秦本纪》载:秦族先祖大费,能调驯鸟兽,鸟兽多驯服。这个大

---

① 参叶舒宪:《人日之谜:中国上古创世神话发掘》,《中国文化》1989年第1期。

费是什么时期的人,《秦本纪》的记载自相矛盾,先是说大费为"颛顼氏"的玄孙(《史记索隐》谓为少昊氏之裔),又说他因助禹治水,又佐舜调驯鸟兽有功而改名柏翳(益),赐姓嬴。我们即便以《史记》的五帝谱系来推算,高阳氏颛顼之后为高辛氏帝喾,帝喾之后为唐尧,唐尧之后方为虞舜。大费如为舜臣并助禹治水,则几乎历经五帝中的四帝,甚至下及夏禹及夏后启,因为《孟子》《楚辞·天问》都说到,伯益因助禹功高而威胁到夏后启的帝位,古本《竹书纪年》更称益因此而被启杀害。这样一个跨度,即使以记各帝在位年数最平实的《竹书纪年》来推算,也达 200 余年。因此绝无可能。《山海经·海内经》则记有"伯夷父",郭璞据《汉书·古今人表》注为:"伯夷父,颛顼师",也因此有专家认为伯夷父即伯益,但其时代又将提前 60 年左右,距伯益之死 260 年以上了。

综合以上史料,合理的推断应是伯益是人名,也是一个族名,其先与颛顼氏大体同时,世代善调驯禽鸟,至舜时的伯益,应是大费或伯夷父的数传裔孙,主山林禽兽的官职"虞"。

《山海经·海内经》更记:"伯夷父生西岳,西岳生先龙,先龙是生氐羌",则其族为氐羌之属,秦人举伯益为先祖当本于源于此。

伯益的名字与形象也可注意,翳,表明他当为鸟族,《淮南子·本经训》则说他"龙登玄云,神接昆仑",则似乎又为龙族。推源起来颛顼系出少昊而由濮阳迁居太昊之墟陈,故其龙图腾添有鸟足。后世于伯益或归于鸟,或归于龙,原因即在于此。《史记·秦本纪》的说法最有意思,说大费有二子,一为大廉,鸟俗氏;一为若本,费氏。鸟俗氏自然是少昊之鸟图腾,若木之名,同于东方海中日出之神树"若木"(即扶桑),又与东帝太昊相类,应为龙族。又大廉使人联想到风伯飞廉。因此太史公这一记载包含二昊氏日—凤—龙(蛇)、鸟三层四种自然崇拜。这样,如说伯益之先为与炎黄同时先后的颛顼氏时人,古代畜牧业当成立于这一时期,应当是一种八九不离十的推断。而就其族与氐羌有关来看,西北应是畜牧业的发源地,《秦本纪》说大廉、若木的玄孙"或在中国,或在夷狄",说得很含糊,但它既以伯翳为西北的秦之始祖,则透露了畜牧业是由西北而随其族东迁,带到中原的。纳西族《追魂》史诗说其族由西北而迁至西南,则是畜牧业由西北内迁的又一条路线,这与前述炎帝族的迁徙方向正相符合。

《世本》又记载"王亥服牛",亥又作胲,为商人的一位祖先,有专家据此认为王亥也是驯养牛的始祖,然而"服牛"的"服"不是驯服,而是使之拉车,即所谓"服牛乘马"之"服"(乘马者为相土,亦为商族),所以不足以说明王亥们始创畜牧业。又有认为虞舜之族也是狩猎畜牧之族,有关故事,我们到下一组"尧舜时代"再讲,这里只须指出,虞舜族本为颛顼之后,所以与大费创立畜牧业并不矛盾,倒是证明,与炎黄同时代的颛顼之族,在畜牧业成立的过程中举足轻重。

考古发现,也说明这一时期畜牧业已有了相当发展,伏羲时代的遗址,如华北的萨拉乌遗址,及东北、西北、青藏高原的一些遗址,所发现的动物骨骸都是被猎杀的野生动物遗骸。有野马、野驴、羚羊、鹿、披毛犀等等。因此我们不能不惊叹《易·系辞传下》称伏羲"以佃(通畋,即猎)以渔",行文之准确。

炎黄时期的遗迹,较早的,河南裴李岗遗迹已发现有狗(由狼驯化)与家猪的遗骸;河北磁山文化遗址,则除了狗与猪,还发现了家养鸡的遗骸;东北红山文化遗迹中有大量家猪遗骸,当为磁山文化的东北向传播;西北大地湾文化,也发现有猪下颚;稍晚的浙江河姆渡遗址,除猪狗外,还发现了驯化的水牛与羊的遗迹,相近的大汶口文化中也发现水牛遗骸。驯马的遗骸,已发现的时代较晚,在距今4800—4300年的龙山文化中才始见。然而这未必说明马的驯养最晚,因为伏羲时期的跱峪人以猎杀野马著称,发现的野马遗骸至少有120匹(野驴88头),因此史学界有以跱峪人为"猎马人"之说,这么多的野马猎获,应当离驯养不远了,可见《系辞下传》说神农至尧舜时"服牛驾马"也可说是信而有征了。

5. 铜的发现与其他日用制器

前述在涿鹿之战时,蚩尤、黄帝双方先后使用铜兵器,这是否可靠呢?

杨升南先生《远古中华》集录了中原仰韶文化遗址铜材料与器械的重要

发现。除前述陕西临潼姜寨遗址(距今6000年以上)外,山西榆次源涡镇,甘肃东乡林家,山东泰安大汶口,都有距今5300—4800年的铜遗存。我们进一步分析这五处遗址,陕西姜寨、甘肃林家属西部,林家遗址有距今5200—5000年的青铜刀,姜寨为炎帝"成立"地,有距今约6000年的黄铜片、管。山西榆次、河北武安、山东泰安均为中原,所发现的铜材料均为较原始的红铜,且仅有铜渍铜绿,时代亦略晚于甘肃林家数百年。因此有理由推断关西乃至大西北的冶铜技术早于中原,且品质较优,林家的铜刀说明5000年前西北已可以冶炼铜兵器。

这些为传为炎帝后裔的蚩尤从少昊冶金,善制各种兵器,较黄帝族较早掌握了铜兵器提供了佐证。

又可推断,涿鹿之战前,黄帝冶首阳铜铸鸣鸿刀。可能性是存在的,由"以玉石为兵"到能铸铜刀,使黄帝联盟的兵器落差缩小,这应是涿鹿之战黄帝反败为胜的原因之一。

西北铜器发生于距今6000年前至5000年左右,中原铜器发生于距今5000年左右,涿鹿之战至后期双方都有了铜兵器,则可证此战的时间应在5000年前或略晚。

兵器的发展与前节析涿鹿之战时所述战法、指挥系统、水火利用、地势利用等,说明炎黄时期军事艺术已有引人注目的发展(前节已详)。

冶铜铸器为炎黄蚩尤时期首创,故分析如上,至于木石、骨角等材质的器械则由来已久,各地博物馆都有展陈,且较少可与神话直接印证的资料,所以这里仅综述此时器形与技术进步,作为炎黄时期文化发展的背景资料。

考古发现证明,旧石器时代(距今50000—10000年)人类工具主要是木棒与打制粗糙的各类石器与骨器,如砍砸器、刮削器、尖状器、雕刻器、刀形器、斧形器(不加木柄)、球形器等;也发现有角、骨、牙、贝类的原始装饰品,磨制石器则仅有少量发现,此外原始陶器也有发现。

距今约8000年以前的伏羲时代,从旧石器时代过渡到新石器时代,进入了《易经·系辞下传》所说的"以佃以渔",即渔猎时代,此期除可与"火"相提并论的"网罟"发明外,更有骨石器与陶器的进步。骨石器中加工较精的细石器大量出现,骨制、石质鱼标、三角形箭簇、有刃的切割器,尤其是杵臼、研磨器乃至石磨都有发现,这不仅说明渔猎技术的进步,更说明采集经济向农业发展的趋势。人们已较多地食用谷物,并掌握了研磨谷粒的技术。关于杵臼,《路史》记神农始创,考古资料发现炎帝时代前已有杵,但无臼。当时谷粒是放在石上杵捣的,炎帝时代的发掘,杵臼已能配套,这反映了所杵谷物量较大了。《路史》的记载大抵可与此相应。烧陶技术在那时已经发现,河南南阳淅川县与郑州新密县距今10000年至8000年的遗址中,都发现有陶片与烧土块。因此后来唐尧、昆吾等陶祖的传说,只是说明他们对制陶技艺的重大发展,河南也是唐尧活动的重要地区,也许他的氏族善于烧陶,最初的陶器也可能是这一氏族的先祖发明的。

炎黄时代的器械有了长足进步,试以两个遗迹的发掘物来说明:

距今六七千年至5000年左右的炎黄时期,在以上材质器械的制造上的重大发展,主要是器型的丰富与工艺的进步。我们不妨以器型为主,连带材质与工艺,列举如下:

① 兵器

除伏羲时代已有的斧、弓、箭、标外,更出现了刀、矛、匕等。《世本》记:"蚩尤作五兵",其中矛、酋矛、夷矛为三(后二种当为矛的地方变形),正与考古发掘相应,另二种为戈与戟,这是商周时盛行的兵器,并兼作仪仗,炎黄时代是否也有,尚待证实。至于剑,多杂后世成分的《管子》中有所述及,与戈、戟、铠并列,但从黄帝铸"鸣鸿刀"而不铸后世代表帝王权威的"剑"来看,至涿鹿之战时,应当尚未出现。矛所以早而为三,可能因为是由标直接演进而来。匕,不完全等同于匕首,从三星堆出土的新石器时代的匕来看,有点像矛,但较矛宽且短,两侧开刃,有孔可安柄。其功能显然以砍、斫为主,与矛之主要用于击刺不同。戈很可能由匕而来,也许《管子》《世本》所说的戈,就是这种匕。因此所谓蚩尤制五兵,可说是基本属实吧。至于匕首,顾名思义即匕之"首",当是由匕头与后来剑的形制结合而来的短剑,也或竟是剑的前身。

② 农具

上节已详,这里归纳一下,有耒耜、铲、畚、锄、耨、镰等形制。犁为黄帝时期的产物,迄今发现的此期的犁只是石犁。

③ 日常生活用具(木石骨角贝壳类)

除了前此已有的木棒、石斧等外,炎黄时期的日常生活用具,形制已多样化,有锯、凿、锥、针、梭、木碗、木筒、木桨、杵臼、磨棒、磨盘等,距今5000年左右的崧泽文化遗址还发现了石质纺轮。

值得注意的是,浙江桐庐方家洲遗址,发现了一座距今五六千年的玉石器作坊,面积约900平方,除玉石器外,还发掘有砺石、多棱的磨石以及带轱辘的研磨器,制作工艺当为打坯、磨制、穿孔等。这说明炎黄时期的石器与玉器的制作已独立成为一种行当,且规模不小。

与器具制作的进步相应,饮食方面也有了改进,据传煮盐就是炎帝之臣宿沙氏创始的(《世本》等)。又传说蒸饭用的甑是黄帝时代发明的。考古发掘的甑都是五帝时代的,炎帝时代尚无发现。这说明传说是正确的。煮盐与蒸饭,这炎黄时的两个发明,对先民的饮食习惯的作用是革命性的,对人类的身体素质的改善帮助极大。

④ 有两种材质的器物要单独介绍,因都与原始艺术相关。

一是玉器,玉器是由石器中分离出来的,也就是说其初玉石不分,都用以作日常器物,辽宁海城小孤山发现前伏羲时代(距今约20000年前)的打制而成的玉石片与尖状器显为工具。后因玉质润色美,便逐渐转用以制作装饰品与礼器。如三星堆即发现有这一时期的玉斧、玉刀等,玉刀上有七孔,孔下有类似文字的符号及龙形刻纹,无使用痕迹,颇疑这就是一种礼器。装饰玉器都是小型的,如玦、管、璜等服饰,坠、镯等首饰手饰,璧、琮等礼器,北方七八千年的辽宁兴隆洼文化、南方距今六七千年的河姆渡文化都有这类器物出土,玉饰兴起,更早的骨、角、牙、贝等材质的饰品就退而居其次了,而玉因其通透温润逐渐成为"君子之象"。从商周时玉饰成为君臣饰物的主要品类,其种类已大多具备于炎黄时期来看,则有可能,炎黄时的玉饰品亦非普通人所能有。

由玉饰更发展出玉雕工艺,北方红山文化发现的多件玉龙雕塑均在5000年前。南方三星堆文化、良渚文化的玉器,其早期属新石器时代,其中有的已刻有云雷纹、人面纹、神人纹、鸟纹等。这些都是夏商周三代玉雕兴盛的先声。

陶器,较之有关伏羲时代的陶器发现仅有一些碎片与烧土块,有关炎黄时期的陶器则大量出土遍布四方。从最早的,当处于伏羲神农交界期的湖南澧县城头山文化(距今8000年左右)到黄帝时代中后期(仰韶文化一、二期,距今5000—4500年)的发掘物可知。其初的器型主要为罐与钵,后来更有釜、勺、豆、盘、盆、甑、鼎、壶、盂等等,有的还有足、有盖。

陶土的质地有泥质、红陶、灰陶、灰砂陶、夹细砂陶等等。

距今6000多年的河南裴李岗文化,更发现带有火道的横穴陶窑,测定烧成温度达900—960摄氏度。这说明炎黄时代陶器的制作已具一定规模。当时的工艺还是手制,或以泥片贴筑,或以模具敷泥加以拍打成型,尚未发现有陶钧。

早期的陶器都为素面,逐渐地艺术化。炎黄时代的遗址已多发现文字纹、绳纹装饰,而大地湾一期陶器的朱色宽带纹,西安半坡出土陶器的鱼纹、人面鱼纹,前后相继地说明彩陶艺术在炎帝时代已经兴起,而在炎黄交接期已相当成熟。

6. 原始艺术的杰作——摆塑与岩画、地画

如果说玉器、陶器的艺术化还是由日用器具发展而来的,那么摆塑与岩画、地画则可称是相对独立的艺术。在有关"颛顼"的章节中我们已辨明,颛顼氏应是与炎黄同时相先后的部族,因此这里所记的摆塑与岩画等也包括颛顼族的创作。

河南濮阳西水坡仰韶文化遗址中,发现四组蚌壳摆塑的图象,其中45号墓墓主两侧为一龙一虎,龙长1.78米,高0.67米,有鸟爪,其时代约距今五六千年。湖北黄梅焦墩则发现牛龙与三堆卵石(疑为星座)组成的河卵石摆塑,龙长4.46米,测定年代距今4500年左右。辽宁阜新查海遗址前红山文化,在聚落中心处,即应用于部族集会的100平方的大屋与墓地中间,发现在

一条长达19.7米的摆塑石龙。其时代更早,距今7000年左右,这说明炎帝时期摆塑艺术已经很成熟。

摆塑龙当与原始宗教相关,而岩画则更多为日常生活题材。宁夏大麦田、阴山、贺兰山、云南沧海……目前境内发现的史前岩画地画有数十处,主要时段为新石器时代,题材广及动物、植物、人物像,大小狩猎场景,原始宗教等。其中有的符号应为甲骨文之前的原始文字。这是一个有待深入研究的专题,限于篇幅不再详述,可参有关画册。

原始艺术,还包括音乐舞蹈,这多与礼制有关,所以我们放在下一节再介绍。

要之,由生活(包括宗教)而艺术,炎黄时代的人文发展已进入一个全面推进的时代。这一切汇聚为一种新的社会形态,即城邦联盟式的国家雏形。

五、城邦的兴起与"中央"之帝的"礼文"建树

炎黄时期,以农业生产为核心的百业发展必引起生活形态乃至社会结构的重大变化。由聚落到城邦是一应变化的综合体现,其间又凝聚着这一时期在前述经济形态基础上的各种重大的文化建树,下面我们就先由"聚落"说起吧!

1. 居室、聚落与市井

不同于游牧生活,农业生产的作物周期必要求定居,从而催生了居室的改进与聚落的形成。《论衡·感虚》篇说神农"耕田以为土,凿地以为井","以为土",即定居一地,而"井"则是定居成聚落的标志。

在《初创》一章中,我们已简述了由穴居到巢居,到半穴式、杆栏式房屋的发展轨迹。由甘肃大地湾遗址来看,距今8000年前的一期遗存为穴居式,而其四期距今约5000年,则发现有总面积约460平方米,包括前厅、后室、左右侧室及门前棚廊的地面组合式建筑,其立柱最大的直径达0.87米,最外的大立柱,以青石块作为柱基,前面是土路,通向一面积达1000平方米的广场。

一期与四期,时间相距3000年左右,可知四期的组合式大型建筑群,应是伏羲氏后裔所为,其时代已经进入炎黄时期的中后期了。

可与其互参的是辽宁阜新查海文化(前红山文化)遗址,距今约7000年,也发现规模甚大的聚落,居室面积多在40平方米左右,更有达100多平方米的大屋,当为公共议事所,大屋与墓地之间即前述长达19.7米的摆塑石龙。这种格局说明此聚落的居民应为龙崇拜。聚落,在神农时代已经伴随农业的发展而成形。

浙江河姆渡文化,距今六七千年,约当炎黄交接期。发掘所见房屋甚多,屋型则为杆栏式。在地基上打入一排排木桩,各排每隔2米左右为一根粗大木桩,于其上架横梁,梁上架木板,从而构成房屋的基座。基座上再立柱、架梁而成屋,层顶呈"人"字型,上面铺以茅草、稻草之属。各结合部或用榫卯或用绑扎固定,呈现了较成熟的工艺水平。河姆渡的杆栏式房屋与北方半穴居式时代大体相当,而至约5000年前的仰韶文化后期,遂进化为上栋下宇式的建筑,这应当是黄帝时代的中后期了。

各地有屋室遗存的上古遗迹,不仅自成格局,更伴随有大量的谷物、蔬果、动物骨骼、贝壳及工具,并有可大批量贮存谷物的坑窖。这说明,物质生产已达到有较多剩余的水平,于是交换剩余产品的处所——市就应运而生了。

市,又称为"市井",首见于《管子·小匡》篇:"处商必就市井。"唐人注曰:"立市必四方,若造井之制,故曰市井。"想来这是因为井为聚落公共水源,处于聚落中心,故市设于近井处,以便东南西北各居处的人们来交易,而后来就演为市场的代称了。

《世本》已记神农时"日中为市",参以前述"神农既诞,九井自穿",可知市井的以上关系。市设聚落中的井畔,又于日中开市,也就是既在天之中,又在当地之中,两个"中",应当有"市"的交易,以中正诚信为本之意。

炎黄之时的市集究竟规模如何,有哪些东西成为商品,有何货币前身的"中间等价物",这些都难以详究,所可大略推断的有两点。

一是补《史记》之《三皇本纪》说神农"教人日中为市,交易而退",因此可知当时的市不是常设的,也没有商铺,初民各自拿了自己的剩余物品,交易——交互易换后,市也就散了。所以应是一个规定一定时间进行物物交换的临时市场,物物交换延续的时间相当长,《诗经·卫风·氓》:"氓之蚩蚩,抱布贸丝。匪来贸丝,来即我谋。"说的是一位腼腆的小伙子以布来向姑娘换丝。可见周代物物交易尚普遍存在,而市的一个派生作用是成为男女传递情愫的场合。

二是从早期的货币多为布(镈)形、铲(臿)形、刀形、贝形来看,农具、兵器与贝壳应是常见的交易物。又,镈为布形,钱的初义也是农具(或作戈),是一种铲子。由此,合理的推想是,以上这些东西为上古集市中最通常的交易物,故最初的货币便象形于这些东西。也许这些物品还一度充当过货币性质的中间等价物。

虽然后出的《路史·后纪五》说黄帝"制金刀,立五币",但迄今为止的考古发掘尚未有黄帝时期的货币出现,所以,这种说法只能存疑。不过从市集的以上特点以及手工作坊、纺锤等工具的考古发现可知,以下关于神农之世的生活形态所言不虚。试举二例:

《庄子·盗跖》记:"神农之世,耕而食,织而衣";

《吕氏春秋·爱书》篇:"神农之教曰:'士有当年而不耕者,则天下或受其饥矣;女有当年而不绩者,则天下或受其寒矣。故身亲耕,妻亲绩,所以见致民利也。'"

这两条说明自给自足,男耕女织已不仅止于一家之生活所需,而且成为一种关乎天下生民——"见致民利"的社会生活与生产方式;而市在"致民利"中必居于重要地位。

聚族而居,男耕女织。这种起始于神农之世的宗族性的耕织生活延续了数千年之久。可以说,中国古代社会的基本形态在神农之世已经开始。

2. 城邦与黄帝的仙化

联姻交通与战伐吞并,使原先独立的各部族依氏族—部落—部落联盟的方向发展。至黄帝踞中原以后,分散的聚落也就都统合于各个邦国之中。邦是一方封国,国的繁体为"國"——四边封合而成"域"。因此所谓邦国也就是有一定封疆的城邦,它以城堡为中心,周围为郊野,城—郊—野,似中心辐射般,构成一个城邦的封域。城乡区别也由此萌芽,也因此城堡的产生是邦国的前提。就迄今的考古发现而言,6000多年前的湖南城头山遗址的城堡是最早的。这说明至晚在神农氏后期城邦制已经发生,而涿鹿之战后黄帝雄踞中央,"以监万国"(《史记·五帝本纪》),邦国更遍布四方。五帝时期的城邦已发现的有70多个,其中属黄帝时代的亦有多个。《轩辕本纪》说"黄帝又令筑城邑,以居之",应当可信。围绕着这种背景,产生了一系列有关的仙话化的黄帝神话。

①"黄帝四面"与"黄帝三百年"

子贡问孔子曰:"古者黄帝四面,信乎?"孔子曰:"黄帝取合己者四人,使治四方,不计而耦,不约而成,此之谓四面也。"(《太平御览》引《尸子》)

《尸子》为战国楚人尸佼所著。据此,可知黄帝有四张面孔的传说在孔子的春秋时期已广泛流行。孔子答子贡问,解释为黄帝有四个助手能与他心应神合,故称"四面"。神话学界有一种看法,孔子把古老的神话历史化了,失去了故事原意,然而我们则认为孔子的说法是可取的。

首先《山海经》记黄帝十二条,均无"四面"之说。周代的其他古籍亦无此记载,可见这故事应是春秋战国之间人所造。其次与《山海经》中所记各种多头人、多面人、多肢人不同,"黄帝四面"神话明显具有"四方"与"中央"的意识。《太平御览》又引三国时魏人蒋济的《蒋子万机论》,称黄帝即位之初养性爱民,不好战伐,而四方之帝各以一方之色(青、红、白、黑)称号,交共谋之。黄帝深感不安,称"四盗"抗衡,交替震撼京师,于是就亲赴四方壁垒消灭了四帝。这故事显然是从《孙子》所说黄帝即"四军"之利以胜"四帝"演化而来。二者与"四面"故事的观念是同一的,春秋战国时期不约而同地出现多个与中央四方有关的黄帝故事,与当时五行说、五方帝系的观念发展与定型密切相关。而孔夫子不失为圣人,看到了"四面"故事的实质。

黄帝的四个主要助手是谁?孔子未言。我们也只能做些推测。《管子·五行》篇记黄帝之相,除明天识地的蚩尤与大常为时相、地相外,奢龙、祝融、大封、后土四人各以其所"辨"(辨识)而为东、南、西、北四相。也许"四面"即指此四人。《史记·五帝本纪》则记黄帝于涿鹿之战后,邑于涿鹿之阿,而迁徙往来无定处,置左右大监,监于万国,又举风后、力牧、常先、大鸿四者以治民,他自己则因有土德之瑞,故号"黄帝"。因此这四人是"四面"的又一种可能。两说虽不同,但所显现的观念是一致的。首先,都是四相外,更有总监性质的二人,共六位。监于万国的左右大监之职能是监万国、掌占筮、明历数、参与封神的左右总管,相当于后世的左右宰相。而以下四位当即《五帝本纪》述以下各帝时所说的"四岳"。这样,天地四方都有人管了。那么黄帝自己干什么呢?也就只有似云般飘移无定数,去巡视四方了。这显然有着道家"无为而治"的影子,《尸子》的性质正属道家,太史公家从其父司马谈起也信奉黄老之学。因此我们有理由推想"黄帝四面"的故事是黄帝伏四帝故事在春秋战国时期与道家观念结合的产物,之所以在这一时期会产生这种性质的故事,也反映了一种潜在的民族心理与观念。战争虽不可避免,然其性质归根结底是"以正胜邪"的以武禁暴,因此战争只是拨乱反正的手段。故战后必须与民生息,无为而治。所以太史公在记涿鹿之战后,紧接着就记了上述二监四人(岳)的故事,而《尸子》所记,也是战国乱世对于拨乱反正之方式的一种愿景吧。

与"黄帝四面"相应的又有"黄帝三百年"的传说:

《帝王世纪》记,宰我(予)问于孔子,我听荣伊令说:"黄帝三百年",请问黄帝是人,还是非人,怎么能活三百年呢?经一段对话,列述黄帝功业后,孔子解答说,黄帝"生而民得其利一百年,死而民畏其神一百年,亡而民用其教一百年,故曰三百年"。由此可见,春秋时当有黄帝寿至三百年的传说。还有更长寿的,如颛顼之玄孙彭祖,《庄子》记他寿八百,至汉代《神仙图》则说他一百七十多岁后,还有人在流沙国见到他。可见这些都是道家与神仙家所造作。与说"四面"一样,孔子对"三百年"也作了历史与伦理性的解释。其中"生而民得其利一百年"与《竹书纪年》所记黄帝"在位一百年"相合,可见"百年"是晚周秦汉间对黄帝在位时间的通常认识,当然"百年"亦有所夸张,只能当作在位较久的约数来看。

②"黄帝"为五城十二楼与巡察四海

"为五城十二楼"的故事,见《史记·封禅书》。有专家以为郑州黄帝时期古城遗址或为其一,但这显然是误解。"五城十二楼"之说首见于《河图》。《河图》由伏羲见龙马负图的神话而来,《易经·系辞上传》称"河出图,洛出书,圣人则之",知至晚在战国之世已传有《河图》,而《汉书·艺文志》更以《河图》《洛书》为《书》类图书之祖。汉代更有多种《河图》的纬书。《艺文类聚》引《河图》称"昆仑之墟,五城十二楼,河水出焉",则所谓五城十二楼,为神仙家言(后又变形为"增城十二楼")《史记·封禅书》所记黄帝所为"五城十二楼",正是方士劝诱汉武帝仿昆仑五城十二楼所筑考仙迎年的观所。

黄帝在位时,又如前引《五帝本纪》所说,委政于二监四贤臣自己不知所踪,也就是去四海巡察了。《五帝本纪》记其足迹所至东至于海(东海),登上丸山(在今山东临朐县东南)与泰山;西至于陇西的崆峒,登上鸡头山(即笄头山,近伏羲与炎黄发祥地);南至于江,登上熊山与湘山(均在今湖南),北逐荤粥(匈奴前身,北边达今内蒙西部)。然后又在釜山合符大会诸侯并且邑于涿鹿——以涿鹿为新都。

这些大抵是涿鹿之战后的一段时期里黄帝以中原为根本的"天下"四至了。然而先秦古籍《山海经》《穆天子传》都记黄帝西至昆仑。如《穆天子传》记周穆王"升于昆仑之丘,以观黄帝之宫,而封丰隆之葬",则黄帝西行之迹向西又延伸至昆仑山了,当在甘肃青海至西域一带了。(有辨说此昆仑在山西省,论述欠周,非是)

黄帝出行时,《五帝本纪》记他"以师兵为营卫",也就是以成师("师兵"见后文详析)的军兵为营以自卫,这是后世辕门的滥觞。子书的记载又进一步神仙化,说是"黄帝之游天衢,奏《钧天》之鼓,建日月旗,乘瑪云之舆,驾六翼之龙,彭祖前驱,松乔(仙人赤松子、王子乔)夹护"云车两侧,日月光影与长风都追不上他,由紫微宫起驾,不到一个早上,就周遍六合(《孙绰子》)。

黄帝巡察四海后又在釜山合符诸侯。符即符信,是用二片木石或金属刻上图案,一片由天子保管,一片交奉命外使的臣子,合符即以二片相合,图案咬合,以见征信。所以,合符诸侯是一次战胜后的大检阅,显示黄帝平服四方后至高无上的权威。釜山在今河北怀柔东(有异说),距涿鹿不远,故然后"邑于涿鹿",也就是随所略之地而筑城以记功之意吧。

"为五城十二楼"与"乘龙车以巡四海"虽为神仙家言,但这种想象的现实基础正是黄帝筑城以领四方,所以是黄帝时代城邦制的神仙化。

③ 泰山合鬼神与鼎湖升天

黄帝不仅为为世系性的五帝之首而大合诸侯,更作为天帝性质的五方帝系的中央之帝与众多往哲先圣乃至神仙交往。不过这类记载大都见于《庄子》以降的道家著作。《庄子·在宥》记:黄帝立为天子十九年,往空同(崆峒)之山见仙人广成子问"至道之精"而悟"守其一以处其和"之理。至《抱朴子·内篇》更演衍为"黄帝面见中黄子,受'九品之方',过空同,从广成子受'自然之经'"。

《庄子·徐无鬼》记黄帝将见大隗于具茨之山,遇牧马童子,而悟治天下之理无异于牧马之道,也就是去除会伤害马的天性的那些东西而已。至《抱朴子》则又具体化为黄帝上具茨见大隗君黄盖童子,受《神芝图》。更记他至峨嵋山见天真皇人问真一之道,而受"既君四海,亦复求长生,不亦贪乎"之教。

《庄子·天地》所记故事最脍炙人口。说是黄帝游于赤水之上,登昆仑之丘,南望还归而遗失了他的玄珠。他使"知"索之不得,又使能察针于百步之外的"离朱"去寻找,还是没找到,再使善于钩索失物的"吃诟"去寻找,还是没找到,最后让"罔象"去找,终于找到了。黄帝说,"奇了,罔象却能找到遗珠啊!"

这里的"玄珠"是指道。知、离朱、吃诟都是有知识、有机智者,"罔象"是"无心"的意思,故事讲的道理是只有无心而为方可得大道之精要。这可以说是前举各个故事意蕴的总结。由大战后的渴望休养生息——道家的自然无为——道教的超越人间世的精神自由是这些故事内在理念的三部曲。反过来也就是说仙道化的黄帝是拨乱反正后渴望和平安宁的民族心理的至高象征。这类故事在《韩非子·十过》中则以略为改变了的形态而出现：

> 昔者黄帝合鬼神于西泰山之上,驾象车而六蛟龙,毕方并辖,蚩尤居前；风伯进扫,雨师洒道；虎狼在前,鬼神在后；腾蛇伏地,凤凰覆上。大合鬼神,作为《清角》(乐曲名)。

这里的毕方原是一种凶鸟,青身红斑,白嘴一足而似鹤,专于四方燃放怪火,这时也为黄帝收伏而成为其车侧的护卫。蚩尤、风伯、雨师,这三个涿鹿之战的"元凶"与"帮凶"也甘为黄帝前驱、进扫、洒道——这或许是他们的后裔,或许是他们的精魂。不管怎样,都已臣服。更可注意的是,腾蛇(龙的雏型)与凤凰这两种最重要的原始图腾中神化的动物在一众猛兽与鬼神之间伏下覆上,成为黄帝合蛇鸟为一的龙之象征。

所谓"大合鬼神",其实就是后来《史记·封禅书》所记黄帝泰山封禅的仙化。其初,风后等请黄帝封东泰山(小泰山,在泰山东),黄帝见东泰山卑小,改为封西泰山(泰山)。封禅是帝王受命而立后祭天地鬼神的大典。泰山既为日出所,又为人死魂归之所,所以泰山封禅尤为至尊。《封禅书》说："自古帝王受命,曷尝不封禅……未有睹符瑞见而不臻于泰山者也。"所以黄帝东封泰山而大合鬼神,是其至高无上权威的象征。我们知道,道家其初,本质上也是讲的统治术。其与法家的区别主要是对作为出发点的"道"的理解不同。道家以自然为天道,法家则以法为天道,汉人所谓"黄老之术",即是二者的综合。韩非作为先秦法家的代表人物,所造作的故事中顺应当时黄帝仙道化的趋势,目的就是要突出"中央之帝"的威权。于是,泰山封禅中的黄帝已成为天地四方、六合之中至高无上的"一帝"。

然而这位至尊的一帝终于要宾天了,《史记·封禅书》记公孙卿对汉武帝讲了这么一个故事：

> 黄帝采首山铜,铸鼎于荆山下,鼎(天地人三鼎)既成,有龙从天上垂下,

咽间的胡须下迎黄帝。黄帝骑上龙背,群臣与后宫七十多人随之升上天,其他小臣不得上,就都抓住龙须,龙须脱落,下堕,又堕下了黄帝的弓。百姓仰望,但黄帝已上天,于是就抱着他的弓与龙须号哭,所以后世名黄帝升天处为鼎湖,名其弓为乌号。武帝听了这故事后,感叹道:唉,我如真的像黄帝一样,那么抛离妻儿,就像脱去鞋一样而已。

这个故事不但显示了黄帝为龙属,更说明汉代黄帝仙道化的直接推手是秦汉以来帝王为求不死升仙而信用方士。所谓上行下效,完成了对黄帝"且战且学仙"(《封禅书》)形象的塑造。要之,仙道化的黄帝作为一种历史性的文化现象,值得进一步研究探讨。

至于黄帝升仙的鼎湖在什么地方,后世各地都在争夺其所有权。较著名的有广东肇庆、浙江缙云、四川云阳、江西饶州等地。而由《史记·封禅书》观之,当为"北荆山",在今陕西大荔朝邑东南。唯此地今无山,古今地理变迁,已不知其详。众多的黄帝升仙处说明了大家对这位人文初祖的崇敬,至于具体在哪里本来是虚无缥缈的仙话,不必过于拘泥。仙道化的黄帝神话还有不少,以上三组是最著名的,而下列《竹书纪年》一则更以半人半神的形态勾画了坐地通天的黄帝形象。我们不妨结合有关笺释介绍如下,说是:

黄帝二十年,祥瑞屡见,先有景云,后又有景星来临。黄帝服黄衣,绅黄带,戴黄冠,斋于中宫。中宫即天球之中央北极星所处位置。斋于中宫也就是以中央之帝的身份祭祀中宫大帝。然后坐于玄扈洛水之上。玄扈属河南,所以也就是坐于中州洛水之上。有一百二十位大臣,陪侍临观。这时有群凤凰来集止,其中有一只还衔来了一幅图(这里是指山海图等地图)。这些凤凰不食活虫,不踩生草,有的停在黄帝的东园,有的巢于黄帝带有四角的楼阁上,有的则在庭间欢鸣。雄凤自歌,雌凰自舞,神兽麒麟也来到了苑囿,神鸟也来祝贺。有个大如牛的蝼蛄,又有条长蛇般的大蚯蚓一起出现,黄帝认为,这是土气胜所致,遂以土德王。

这是一个能通于天之中宫的人间"中国"之帝,他坐于中州而君临天下,他敬礼有文,好生以仁,如土地之滋生万物,以至天下太平,仁物来仪。这是他能拥有天下的根本所系。所以帝使凤鸟为他衔来了山海之图,说明这天下是上天授予他的。他正是一位上承天意的人间中央之帝。

写到这里笔者感叹,自开天辟地的盘古起一应圣王都是神话讴歌的对象,然而没有一位如黄帝这样,被歌颂到这种境地。这应当并非偶然,而必有着历史的影子。战国至汉的神仙崇尚是一方面的原因,然而仙化也必有一定的基础。这基础应当是众多资料所指向的黄帝时代的人文建树。这些资料,容有后人的夸饰。但考古资料则显示,它们并非都是面壁虚构的产物,而《易经·系辞下传》所说"黄帝垂衣裳而天下治"则是黄帝一应人文建树的核心。下面我们就由仙道回到人间,讲讲这方面的故事。

3. 黄帝垂衣裳而天下治

垂衣裳而天下治的垂为"垂示"之义(详后),所以"衣裳"已越出其原初意义,而代表着文,或说礼文。"垂衣裳"则指要由涿鹿大战的"出礼入刑",而拨乱反正,重新由刑复归于礼,使社会归于伦序,当然,据说这人伦本是天道好仁的反映。《淮南子·览冥训》这样记载当时的社会状况:

> 昔者黄帝治天下,而力牧、太山稽辅之,以治日月之行,律阴阳之气;节四时之度,正律历之数;别男女,异雌雄,明上下,等贵贱;使强不掩弱,众不暴寡;人民保命而不夭,岁时熟而不凶;百官正而无私,上下调而无尤(怨);法令明而不暗,辅佐公而不阿;田者不侵畔(田界),渔者不争隈(池角);道不拾遗,市不豫贾(干预商务);城郭不关,邑无盗贼;鄙(边地)旅之人,相让以财;狗彘吐菽粟于路,而无忿争之心;于是日月精明,星辰不失其行;风雨时节,五谷登熟;虎狼不妄噬,鸷鸟不妄搏;凤皇翔于庭,麒麟游于郊;青龙进驾,飞黄(龙马)伏皁(马枥);诸北、儋耳之国,莫不献其职贡。

以这段描述与前此所举太古时代燧人氏、伏羲氏、无怀氏等的至乐之世相比较,虽然"无为而治"的乌托邦色彩一脉相承,但已有了两点明显的区别。一是原先"小国寡民"的混沌状态已演变为泱泱大国的圣君贤臣的社会。

二是"无为而治"已演变为"无为而无不为"。无为而治已有了一个前提，即所谓"别男女，异雌雄，明上下，等贵贱"的礼法的建立。圣君贤臣建立起一整套上下有差，贵贱有等，甚至男女有别的伦常制度。不仅人类依礼文行事，而且日月星辰，四时八风，禽鸟猛兽也很依规矩，于是祥瑞纷呈，八方来贡。要之"礼文"既立且成为行为准则，便可以无为而无所不为了，这几乎就是汉初的"黄老之术"了，反映了汉人认为他们的社会形态萌生于黄帝时期。

所谓"礼文"是指体现礼——有等差的人伦关系的仪制。汉人认为天有日月星辰，风霜雨雪，是为天文；地有草木花卉，飞禽走兽之皮羽，是为地文，而人之文即是礼仪，它通过一系列居室、服饰、礼节、音乐、文字、图来表现，而黄帝——在汉人看来——便是礼文的开创者，概括各书所述，主要有以下方面，我们不妨结合考古资料，来看看，那些礼文建设，在黄帝时期有无可能。

① 城郭宫室与冕服

在《初创》节我们已介绍高元建造了上栋下宇的宫室，然而至汉代，如同其他发明一样，宫室的发明权被归于黄帝名下，汉初陆贾《新语》称：

（古时）天下人民野居穴处，未有室屋，则与禽兽同域，于是黄帝乃伐木构材，筑作宫室，上栋下宇，以避风雨。

宫室的"宫"，本义即居室，并非后世意义的宫殿，然而从汉人起，开始有所转化，《风俗通义·皇霸》记：

黄帝始制冠冕，垂衣裳，上栋下宇，以避风雨。

上栋下宇的宫室与"制冠冕，垂衣裳"并提，就显示了宫室开始超越其实用价值，具有区别于蛮荒的穴居之"礼文"性质。因此说黄帝发明上栋下宇的宫室虽属附会，但是说黄帝时代宫室的建筑有了重大的发展，且与礼文建设挂上了勾，则应当与事实相去不远，考古资料可说明这一点。

迄今发现的古城遗址最早的在湖南澧县城头山，为距今6000余年至5000年左右陆续建成，也就是跨越炎黄两个时代，其面积达7.6万平方米，有城墙、护城河与水门等。城墙高度已难以确知(保存最好的达3米),宽5—6米,转角处加宽至8米,基底则宽达11米,墙外有宽5—7.5米、深4米的护城壕沟,城内东部与东南部为民住区,最大的宫室面积达100米。最值得注意的是城墙的建筑方法,已采用方块板筑法,即在平整的基底上分段并逐层逐块地夯筑起来,可见原先的聚落已发展为以城为中心的建筑群。这自然是一方邦国的经济文化中心,有专家认为该遗址即黄帝之都有熊城,此说虽然尚可讨论,但这是黄帝时代所建的城堡之一,应当无疑。

这类大型而坚固厚实的城堡,相对于原始的聚落居室,有一种崇高感,它既是邦国安全的保障,也是仙道化黄帝神话产生的现实依据,因为崇高感是一种向上提升的审美感觉。

"制冠冕,垂衣裳"是与城堡化的宫室相辅相成的权威标志。衣,其初与宫室一样也是生活用品,旧石器时代的多个遗址已发现有骨针,说明用以蔽体的"衣"起始很早。一般认为当时以石棱切分兽皮,以骨针缝成"衣服",较之暑以树叶,寒以整张兽皮蔽体有了长足的进步。"制冠冕,垂衣裳",则是对"衣服"的制度化。《世本·作篇》记黄帝之臣"胡曹作冕,伯余作衣裳",《竹书纪年》卷一更记"黄帝陟天,群臣感思帝德,取衣冠几杖而庙飨之。"这些是说衣裳之制由黄帝臣所创,至黄帝去世时已与几杖等一起成套地作为丧礼用品。

虽然黄帝时期的冕服的形制、制度已不可详知,但还是可找到一些蛛丝马迹。

首先要注意的是冠冕连用,衣裳分称。

关于"制冠冕":考古发现,距今5000年左右的后期仰韶文化发掘中已发现有骨笄、骨簪等束发用具,也因此可能有了最早的"首饰",甚至"首服"。《后汉书·舆服志》即说"上古衣毛而冒皮"(冒即帽),意思是上古之世,民人以兽毛为衣,兽皮为帽。其形制是以兽皮覆于发髻上,用簪来一起固定。"制冠冕"则是由一般的帽(冠)中分出了冕——帝王、诸侯、卿大夫专用的礼帽。甘肃大地湾仰韶文化后期(距今约5000年)的器口头像中即有束发状的,更有一个头顶覆有一帽状物。这说明黄帝时代"制冠冕"也是有现实可能的。

关于"垂衣裳":《周易集解》引《九家易》:"黄帝以上,羽皮革木以御寒暑,至于皇帝,始制衣裳,垂示天下。"可见"垂衣裳"之"垂"是垂示以为楷法、制式之意。衣裳的制作必与麻、桑、蚕有关。从前述神农时代的遗址已发现有纺轮来看,麻布衣的制作并非始于黄帝。黄帝的垂衣裳结合考古资料来看当有三重意义。一是上衣下裳制,二是衣的形制为右衽式。这两点由西汉初武梁祠所刻黄帝像可以得到证明,孔子说"微(如不是)管仲,吾其被发左衽也"。被发左衽,是蛮夷之服的形制,而束发右衽则是中原的形制。三是或许还有衣裳质料的区分,黄帝妻嫘祖,始创桑蚕业,后世奉之为"先蚕氏",1928年,山西夏县西阴村仰韶文化遗址发现有半个经切割的蚕茧与一枚石制纺梭,这为嫘祖传说提供了佐证;又三代以降,礼制规定平民不得服用丝绸,故平民又称"布衣",当官了则称"释褐"(脱去褐布衣)。由此可推想在桑蚕初创的黄帝时代,丝质衣亦必唯上层人物所可服用者。

从武梁祠石刻的黄帝像来看,其服饰还是相当简朴的。只是上衣下裳,头戴长方形冕,而并无《淮南子》所说的冕前垂旒,也无文绣芾带之属。这石刻没有仿照汉代的帝服来塑造黄帝,故可信度较高。因此可以推想,黄帝的"制冠冕,垂衣裳"应当是在右衽式上衣下裳的通常形式上通过首服与佩物(如多种玉器)来显示一定的身份等级。后世那些褒衣宽带而华丽的描述与画像都不可信从。

② 乐与律——伶伦造律与黄帝张乐

与衣冠的礼制化一样,音乐至黄帝时期也进入了礼制,并进而与历学发生了更紧密的关系。音乐起自于生活——劳作、祭祀、感情生活等。《吕氏春秋·古乐》篇即记葛天氏之乐,三人持牛尾投足以歌八阕(见前),这当是劳作之余庆丰的歌舞;《礼记·乐记》记伊耆氏每年十二月举行蜡祭以祀万物,其歌曰"土反其宅,水归其壑,昆虫毋作,草木归泽",这是祭祀之歌;《吴越春秋》更记有传为黄帝时的《弹歌》,歌曰:"断竹,续竹,飞土,逐肉",这当是最早的狩猎之歌;歌唱爱情的歌曲见于记载的要晚一些,《吕氏春秋》所记,大禹治水,其妻涂山氏之女佲望以歌"候人兮猗",为南音之始,可说是最早的情歌吧;

而由屈原《九歌》更可探究上古时期楚地的娱神祭祀,兼有人神相恋的内含。

初民的音乐歌舞创造在考古资料中可以找到佐证,宁夏大麦地、内蒙古狼山、甘肃黑山、云南沧海等地的岩画中都留存有具一定规模的乐舞场景,狼山岩画中的舞者还拖有长长的狼尾,说明乐舞与图腾崇拜有关。

炎黄时期的考古发掘中更发现有骨哨、骨笛、陶埙等乐器,其中河南舞阳贾湖遗址发现的一对雌雄七孔骨笛,距今8000年左右,应是目前已知的古今乐器之祖。

与一切发明创造在神话中都被归结为圣贤所作一样,音乐也一开始便与各位初创的人类始祖挂上了钩,并因此而与律历节气相关。

《世本》记"女娲作笙簧","女娲氏命娥陵氏制都良管,以一天下之音;命圣氏为斑管,合日月星辰,名曰《充乐》。既成,天下无不得理。"

又张澍补注本记"伏羲作瑟、作琴",伏羲乐曰《扶来》。

这些发明权虽有歧说,如同为《世本》,茆泮林辑本即记"神农作琴,神农作瑟"。而伏羲乐《扶来》与神农乐《扶犁》,各辑本与后世的转述也都缠杂不清。虽然如此,我们仍可从中找出一些值得注意的变化因子,大致有三:

其一,这些乐曲与乐器的产生是很早的。以琴瑟而言,虽然传称"凡百伎术皆自黄帝始"(《事物记原》),但是一应古籍记黄帝与琴瑟的关系,仅止于"黄帝使素女鼓五十弦瑟。黄帝悲,乃分之为二十五弦"。这里的黄帝只是瑟的改良者,而不见有黄帝创制琴瑟的记载。因知战国之前,都认为琴瑟发明在黄帝之前。而把黄帝排除于琴瑟的发明者之外,反过来也说明,有关记载,未必尽为杜撰。

其二,各乐曲又都与圣贤的功业有联系,伏羲乐"扶来",本作"凤来"。凤,即风(或凤为风使),与伏羲听八风而制《易》相关。"凤"与"扶"、"来"与"犁"皆古音相通,因而"凤来"又作"扶来"并与神农氏"扶犁"之乐相混淆。扶犁显与农业相关,因而颇疑,神农乐初名作为"扶来",后转作"扶犁"。至于女娲之乐《充乐》更是一种大乐。充即充实,"充实之为美"(《孟子》),因此"充乐"应是一种"一天下之音",得"天下之理"的大乐,切合女娲氏开天造人为人类老祖母的身份。

其三,含有音乐与天时历学相关观念的萌芽。

女娲氏的《充乐》既"一天下之音",又合日月星辰,从而"天下无不得其理",可见这个理是天体运周与人事关系之理。伏羲听八风而明四时八节以制《易》,则《风来》应含其理,又古籍所记颛顼氏有《承云》之乐,黄帝有《钧天广乐》(钧调天下与人和之乐)、《咸池之乐》(咸池,日出处),后来的虞舜有《南风》之乐,可见《庄子·天运》所说这样一段话,代表了三代时对乐的普遍认识,有云:

> 夫至乐者,先应之以人事,顺之以天理,行之以五德,应之以自然,然后调理四时,太和万物,四时迭起,万物循生……

这段论说的中心意思用《礼记·乐记》的话来说,就是"大乐与天地同和"。如果说作为礼之文的服饰代表着等差,那么诉诸声的"乐"就是调和等差。礼与乐相配合,便是虽有等差却又和谐一体的礼乐社会的声、文仪象。所以《乐记》又说:"乐者为同,礼者为异","礼义立,则贵贱等(等差)矣;乐文同,则上下和矣。"以上乐既体现人伦又上应天地之理的观念,便是古人以音律与历法相联系观念之基础。明白了这些便可以进入伶伦造律故事的解读了。

这个故事首见于《吕氏春秋·古乐》,汉代《风俗通义》又节略而改写之,下面我们就参合二书所记,以白话来讲述这个故事:

古昔之时,黄帝命伶伦从大夏(西北大荒国名)之西,昆仑之阴(山北为阴)的嶰谷取来竹子,选取厚薄均匀者生成孔窍,再截去两端的竹节而吹奏之,这就是"黄钟之宫",也就是定音的基准。伶伦又制作了十二个竹筒,并仿效凤鸟的鸣声——六支为雄鸣,六支为雌鸣(雄者为阳为律,雌者为阴为吕),将他们与黄钟之宫相比试,这就是所谓十二律吕。黄钟之宫调,也就是十二律吕的根本。于是天地之风气由十二律吕的约准而得正。五声、八音也就由此而生。五声就是宫、商、角、徵、羽五种音阶,八音就是八种乐器:土制的埙,葫芦制的笙,皮革制的鼓,竹制的管,丝作的弦,石作的磬,铜制的钟,木制的柷。

以上五声十二律吕的理论很复杂,也有争议,我们只需了解如下几个基本点。

其一,五音为五个音阶,相当于现代唱名的 do(1)re(2)mi(3)so(5)la(6),后来又由角、徵发展出变角,变徵,便成为七声音阶。五音以宫音为音阶的主音而发生变化,从而形成不同的音调。

其二,十二律是以一个八度音平分为十二个半音,用以确定不同的音高,音高与音调相配合便可产生不同的曲调。

其三,十二律吕阴阳相间,与十二月相配。古人将苇膜烧成灰(葭灰)放在律管之端,到某一节气,相应律管中的葭灰便因时气感动而自行飞出,这就是所谓"律历"一词的起源。《汉书·律历志》说:"天地合以生风,天地之风气正,十二律定。"正是律与历关系的简要说明。

其四,从考古发掘的编钟编磬来看,商代仅有三声音阶,五声音阶成型于周代。五声与十二律之说则最早见于《国语·周语》。因此,伶伦创五声十二律之说,或为周人托古之说,然而参以考古资料可知这种托古是有一定依据的,至少如管、埙、鼓、磬等在五帝时代的遗址中都已有发现。山西陶寺还出土有红铜制的铜铃。丝弦乐器因易朽坏,难以留存,但从记载上看为最早,也当有存在的可能。更有专家认为以乐器测时节风气,还有弦乐器。丝弦因燥湿寒暑变化会有伸缩,弹奏时的振动频率便不一样,由此可以测定节气。不过弦乐器的弦要用蚕丝,通常认为黄帝妻嫘祖始创蚕桑丝,这样所谓伏羲造琴瑟,神农做瑟瑟,岂非难以成立?我们认为未必,因为从《山海经·海外北经》已记有欧丝之野与欧丝女子来看,在蚕业兴起之前,先民已注意到野蚕呕丝(详见后嫘祖故事);故神农甚至伏羲制作原始弦乐器的可能性是存在的,更何况原始弦乐器的弦不一定是蚕丝,用骨膏、牛筋都可制弦。竹制律管其稳定性要远高于丝弦的伸缩,以之代丝弦正是律历意识的一种进步与制度化。也因此十二律管运用了数千年之久,而丝弦测时气的说法几乎湮没不闻。

自然,音乐的基本功用还在于宣导情感,感动人心。所以,乐与礼相配合,成为古代中国感化、教化的基本手段。周汉之间的神话又将黄帝之乐作为乐的感化教化作用的集大成者。在"涿鹿之战"一节中,我们已介绍了作为军乐或者武舞的黄帝"枫鼓十曲"的神威。然而较之《庄子·天运》所记黄帝的大乐《咸池之乐》,前者只能说是小巫见大巫了。这一大段文字长且古奥,又众说纷纭,所以我们采取通释的形式来介绍:

说是黄帝在洞庭(广漠之意)之野演奏《咸池之乐》,他的臣子北门成听了先"惧",再"怠",终而"惑",黄帝就向他做了阐析。

乐曲分三部分,有点像交响乐的三部曲。

其始"奏之以人,征之于天",即以人伦与上天气候相应,表现了"四时迭起,万物循生,盛衰、起仆、刚柔、生死的变化。北门成听到这里,感到"惧",黄帝解释这是因为这音乐无首无尾,无穷无尽,无可依傍,故人听了会生惊惧紧张之感。

第二节"奏之以阴阳之和,烛之以日月之明",这就由天人相征(应),上升到阴阳二气、日月两仪的和合,那是生成万物的初始状态,黄帝名之曰"高明"(天为高明)。这种音声虽有短长、刚柔之别,却"变化"中见"齐一","齐一"又"不主故常",它飘到山谷,就布满山谷,飘到阮洼,就布满阮洼,充塞于万物的孔窍而使之抱守着一点神明(绝知识,守神明),于是鬼神世界也罢,日月星辰也罢,都各在其位,或幽处,或运行。它虽然是"有穷"(有音乐形象)的,却更是"无止"(没有边际)的,因而使人想去思量它,却无从辨识它,想去瞻望它,却又无从见到它,想去追逐它,却永远追赶不上。这是因为人的目知心力总是为所见所欲束缚住,而难以彻解这种"高明"无尽头的大乐。于是只能痴痴地立于"四虚之道"(四方虚茫的十字路口,即临歧路之意),倚靠着枯槁的梧桐,感慨地吟道:我的目知、心力已穷尽了,我实在是追不上它了。这时人的形体中空虚而又充满(虚怀若谷)以至不自觉地随着这音乐的节奏动作起来。黄帝对北门成说,你听到这儿,说是感到了怠,这是因为惊惧之感放松了,放松便有似怠惰。

由"怠",乐曲又转入第三节,"无怠之声",即生生不息、永不休止的乐章。所谓无怠之声,就是"调之以自然之命",亦即进入一切生命的本真的自然状态,这个状况是"有"(万物)之前的"无"(太一),也就是自然而然了。所以这节乐曲各种音符之间混同着相互追逐,丛蒙而生,琳琳琅琅而无有形迹,迷漫挥洒而不可捉摸,使人似处于幽暗迷茫,有声却似无声的境界之中。人们不知它起于何方,只隐约感到它止于窈冥之中。你可以说它是死,也可以说它是生;可以认为它似果实般真实,也可以认为它似花朵般是一时"虚茫华荣"。它的行流散徙,不主于通常的音声。世俗之人不理解这种音乐,便向圣人求教,所谓圣人是达于情感而通于天命的人。圣人说:"这音乐不人为地去启发人的心知,只是作用于人的五官,这叫作'天乐',它无言——不借助于任何形式的语言(比如音乐语言),却使人感到衷心的喜悦,所以古昔无为的帝君有焱氏称赞它道:听之不闻其声,视之不见其形,它充满于天地,包裹了六合。""北门成,"黄帝说,"你说听到这里感到'惑'——迷惘,这是因为你想要听到它究竟是什么,却无从真正接触到它,所以感到迷惘。"

最后,黄帝总结性地对音乐做了这样一番解说:所谓音乐,其作用起始于惊惧,因惊惧,所以病了似的。于是我又继之以"怠",怠是使人由惊惧之感中放松,看似怠惰,却开始稍稍忘记自身而随乐以动。最后我以无怠之乐使之感到迷惘了,所以就达到了"去知识""无物我"的"愚"的境地,就与大道契合了,就能与万物共处同游了。

虽然庄子的这则故事是"寓言",已非严格意义上的神话。它的主旨是假托黄帝张乐洞庭,奏《咸池》之乐的乐章演进,来证明道家的天人相应,由有我(惊惧)到循迹而稍忘其身(怠),更进而至于"无我"而与大道合一以生生不息之理。但我们仍不嫌其详地对这则学界众说纷纭的寓言故事作通释,是因为它对我们了解三代之前的古乐有以下启示作用。

其一,规制:虽然庄子对《咸池》之乐的音乐形象的描述肯定有道家角度的夸饰,但夸饰一定有相应的现实基础,从中我们能看到传至周代的"黄帝"《咸池》之乐应当是气势宏大的,特别是其音乐组织为相承相生的三章,参以《九辩》《九歌》《九招》等远古曲名,可知这时已有了分章的大乐。

其二,意蕴:在中国哲学史,尤其是早期中国哲学史的研究中,人们一般都注意各家之异,却往往忽略了"异"中之"同"。其实至晚周,诸子百家的学说虽各鸣其说,然而却都围绕着一个基本命题:"道"——道是什么,又如何达道;而各家对此不同的认识中又有着一个共同的理念,即"天地人"三方的关系,如何达到"天人合一"的境地。如果以庄子这则寓言与儒家的《礼记·乐记》对看,会发现有许多共通的基本点,这里不能详述,仅就与神话相关的音乐的作用观之,二者的认识也是一致的,这就是音乐有感动人的功效,能使人心归"同"于道。区别只在于道家以为其途径是由有我—忘我—无我而同于天道自然,儒家以为是"教民平好恶,而反(返)人道之正也",也就是平除一己的私见(这也是一种忘我),而归同于人们普遍认可的"人伦",而人伦,正是儒家观念中的天道的体现。因此说到底,音乐和同人心,使"天人相合"的观念,儒道是一致的。也因此二家都反复强调音乐的声文组织是次要的,重要的是其流而不息,和同而化的作用。《乐记》又说乐的极至是"极乎天而蟠乎地,行乎阴阳而通乎鬼神,穷高极远而测深厚"。这种对至乐的形容,只要在"测深厚"前加一"莫"字,简直与庄子的描写如出一辙。

其三,圣人作乐:正是由于上述对音乐的功能的末异本同的认识,儒道二家均以为圣人作乐以化民。黄帝张乐洞庭之野并向北门成阐析《咸池之乐》便是道家圣人作乐说的体现。而《礼记·乐记》则说"先王之制礼乐","王者功成作乐,治定制礼,礼乐明备,天地官(各得其宜)矣"。所不同的是,道家崇乐黜礼,儒家礼乐并重以相配,而称"乐统同,礼辨异","同则相亲,异则相敬"。由晚周延而至汉,儒道乃至法家由争鸣而终于兼采并蓄,形成了所谓的黄老之术,即以王霸之术为内含,以无为而治为外现的治道(政治艺术),而其关键则在"功成作乐,治定制礼"的礼乐建设,这样黄帝功成治定、制礼作乐的形象,便也在汉初大规模的礼乐建设中完成了。这当然未必是黄帝的本来形象,但也折射出黄帝时期应是礼乐的肇始阶段,其可能性从下一节可以看出。

① 仓颉造字与史皇作图

文字与图书的创造,是由蛮荒进入"文明"的必要条件,也是礼乐建设的前提。

《淮南子·泰族训》说：仓颉始作书,以辨百官,领理万物。

《路史·前纪六》称:(仓帝)创文字,形位立,文声具,以相生为字,以正君臣之分,以严父子之义,以肃尊卑之序,法度以出,礼乐以兴,刑罚以著,为政立教,领事办官,一成不外,于是而天地之蕴尽矣。天为雨粟,鬼为夜哭,龙乃潜藏。

《绎史》卷五:(仓颉)造字,使天下义理必归文字,天下文字必归六书。

文字为什么能具备这样大的功能呢？《说文解字叙》说这是因为有了文字,"知分理之可相别异也"。意思是道生万物的"原理"蕴藏于万物之中,虽然存在却混沌不明,而有了文字,万物便可相互区分开来而知其"分理"。于是"初造书契,百工以乂(安),万品以察",要之黄帝进行"礼乐建设",前提就是文字。

关于仓颉(或作苍颉)造字有三点需略辨:

首先,如同上古一切发明创造一样,文字原本是各地各族独立发生的。由中国境内现存的各种文字,如藏文、蒙文、满文、彝文、苗文、傣文、西夏文、纳西文……来看,其文字与以象形为发生,以"六书"为构字法的汉文有异,应各有其原初的来源,各族又都把本族的文字发明者奉作天神。如苗族神话说"蒂刀由天上下来,用墨水写成弯弯曲曲的字,写了千百张纸,人们才有书看"(《哈迈·染常》)。窝尼族文字的故事,则将文字发明与洪水时代相联系。说是洪水过后一个硕果仅存的大葫芦停在高山上,后来破裂了,从中走出一男一女,结为夫妇,生下三男三女。他们又互配成亲,老大是高山族的始祖,老二是彝族的始祖,小的是汉族的始祖。他们的父亲分别教给他们二十四个字母。小的特别聪明,把文字记在心里。老大、老二把文字抄好,常念常背。后来父亲让他们下山去并问文字藏好了吗。小的指指肚子,意思是记住了,老二把文字抄好了藏在怀里。老大见状,以为两个弟弟把文字都吃了,也就吃了下去。所以汉族、彝族传下了文字,窝尼族的文字就没有流传下来。

这个传说有两点很可注意:首先是说明文字的发生很早,故事中那个给三个儿子文字的父亲,简直就相当于伏羲时代的人;二是没有文字的氏族,是把上天传与的文字吃下去了。在其他民族,如基诺族的传说中有类似的情节,这说明各族都认为文字的创造者特别聪敏,他们突破了原始的口腹之需的本能而开启了文明。

其二是仓颉究竟是什么时候的人。东汉至三国的人如蔡邕、曹植、谯周,还有那位喜好造作古史,将盘古引入中原传说的徐整,认为他是一位古帝,所以称之为"仓帝"。而更早的记载如战国时的《世本》,则记仓颉与沮诵为黄帝的左右史。也就是记言、记事的史官。这个矛盾可从仓颉尊号史皇,寻找到一些端倪。如同"太昊伏羲氏"是将"太昊""伏羲"二者合一一般,"仓帝史皇氏"的名号,也是将"仓颉"与"史皇"二者合二为一,这些都产生于汉代。

战国时的记录,都以史皇、仓颉为二人,《吕氏春秋·勿躬》篇认为助圣王发明种种事物有二十贤人,其中之一即"史皇作图",而无有仓颉。同书《审分》又举三位贤者,其中之一为"仓颉作书"。与《吕氏春秋》时代略近的《世本》,有八种辑本,凡提到作书、作图的都将沮诵,仓颉作书"与"史皇作图"作为二条分记,且明言,三者都为"黄帝臣",沮诵,仓颉为左右史,史皇与之同阶。以此推想,《世本》与《吕氏春秋》既时代相近,则《吕氏春秋》之"圣王"或即黄帝,至少在战国时,以命臣作书、作图的"圣王"为黄帝,是当时之一说。

可与此互参的是所谓"画祖"是谁。这牵涉到画、图、书三者含义的微妙区别。

不少神话资料集与相关著作,因"史皇作图"而认为史皇为传说中的"画祖"之一。这是因不明画、图之别的误解。

《世本》记"史皇作图",又说"夥首作画",已可见画与图并非全然为一回事。其实"图"的本义,尤其在与"书"相关的语境中,都特指《河图》、《洛书》、山海图等天象、地理或其他专业性的示意图。《汉书·艺文志》:"河出图,洛古书,圣人则之。故《书》之所起远矣。"这是说《书》类图书起源于《河图》《洛书》,这也是"图书"一称的由来。在汉以后的图书分类中,除"经部"有一些解经之图外,一应史地之图都归入"史部",而"画"册性图书则归于"子部"艺术类。这充分说明,至少在汉代以前"图"与"画"不是一回事。相反"图"

与"书"却性质相近,可以互通。最著名的例子是《河图》《洛书》,二者都是以点数示意易理的,只是排列不同。但一称"图"、一称"书",都为《书》——历史性著作的鼻祖。因此《世本》所记与仓颉、沮诵同阶的作图的黄帝臣"史皇",也是一位史官性质的黄帝属下职官,这从"史皇"之称也可以分明看出。三人的分工是沮、仓分别掌记事、记言,用文字;史皇则掌图典制作,用图形,三人所掌都属于《书》类,即历史性的图书。

这里还需辨明的是所谓"嫘首作画",据《汉书·古今人表》,嫘首是虞舜的妹妹,我们知道,无论文字还是"图",都是由原始绘画中发展而来的,考古发掘所得的岩画、地画、陶画,早在距今10000—8000年前即已发生,远早于距今3000年左右的虞舜时代。对于"画祖"的归属,其实一直有异说,《世本》张澍补注,就举纬书《易通卦验》说"伏羲氏《易》无书,以画事,此画之始也,一云,轩辕子苗龙,为绘画之祖"。说伏羲以画作《易》是较为近实的,这里的"画"是"点画"之画,是以点画为图。而苗龙为轩辕黄帝子,见《山海经·大荒北经》,此经还说苗龙实为犬戎之祖。说苗龙为绘画之祖,也有踪迹可寻。阴山、贺兰山、宁夏大麦地等西北方岩画都有大量反映狩猎及早期畜牧业的,与犬戎的生活习俗相近,其中不少,时代大抵在距今6000—5000年前。不过以苗龙为绘画之祖也还是牵强,因为前述岩画、陶画发现有更早于黄帝时代的。更值得注意的是依《大荒北经》所记,苗龙为黄帝之子,而为"弄明"之祖父。"弄明",一本作"并明"。"并明"在汉代纬书中又是仓颉(仓帝史皇氏)的别号。这更可说明,仓颉、史皇,应是黄帝时人。

那么怎样来看待"苗龙为画祖""嫘首作画"的记载呢?我们认为如同"图"不同于泛义的画一样,这里的"画"应当是走出符号性质,而具备后世意义之画主要特征的原始绘制画与刻划画,这就与考古发掘大体对得上号了。

综上,可以认为黄帝时代文化建树的一项重大成就,是由朦胧的符号与装饰作用混一(兼具后来画图字功能)的原始"画"中,开始区分画、图、字的不同功能而初步发展出三个别类,由于当时字(书)还像"图","图"像画,所以造成后人三名混用的现象。这些区分,至尧舜时代应当更为明确,所谓"嫘首作画",应是"画"作为艺术的特征更形明确的反映。

这样我们便可以回过头来解决"仓颉"与"史皇"为什么,又如何会合而为一的问题了?

史皇与仓颉合而为一始于汉代,《淮南子·修务训》记"史皇产而能书",意思是他生下来就能作书,这就开了与仓颉之事相混的源头。至东汉,高诱为之注更说"史皇,仓颉,生而见鸟迹,知著书,故曰史皇"。这样"史皇"就变成了仓颉的名号。高诱亦为《吕氏春秋》做注,其注《吕氏春秋》"仓颉作书"与注《淮南子》"史皇作图"内容大体相同。高诱注的来源应当与汉代的纬书《春秋元命苞》的一段记述相关:

> 仓帝史皇氏,名颉姓侯冈,龙颜侈侈,四目灵光,实有睿德,生而能书,及受河图绿字,于是穷天地之变,仰观奎星圆曲之势,俯察龟文鸟羽山川,指掌而创文字,治百有一十载。

这里所说的"绿字",是指传说中《河图》上的绿色图纹,又称"绿文""绿图",要之是一种表意的图纹,"指掌"则是指简化而使之了如指掌。后世一应专业性的简图,往往称"指掌图",这就是说仓颉造字是得《河图》启发而仰俯以察天地之文,然后简化造出了文字。之所以称为"文字"是文即纹,由纹而生字,故曰文字(文字学"六书"中,更指象形为字之母,道理正同)。

谶纬之学西汉末开始流行,至东汉大盛,称为"内学",是一种以阴阳五行乃至方士神仙之学来解经的学问,而"箓图"(绿图)是其中相当重要的内容,故流行有多种解《河图》的纬书如《龙鱼河图》等。纬学为张大其势,所以把仓颉造字拉来说成文字从河图出,这还不够,又把"史皇作图"糅合于仓颉,造作出"仓帝史皇氏",既为字从图箓出张本,又将战国人说的黄帝臣抬高到远古圣王的地位,其不可信不言而喻。

本来西汉的《淮南子》说"史皇产而能书"或许就有了这层意思,因《淮南子》本为杂家类书,虽以道家为主体,却开纬书之先声,但还算说得过去,因为图与书,当时是可通的,也没有将史皇与仓颉合一。至高诱采纬书说,更经同时与其后文人蔡邕、谯周等的附和(文人重"字",自然乐采其说),仓颉、史皇合一为"仓颉史皇氏"便压倒战国人所主张的仓颉、史皇一造字、一作"图"(史类的图)为黄帝同阶之臣的说法,而多被后世人所采用。

虽然如此,纬书的说法,也尚有一些可采之处,即丰富了我们关于文字来源的认识。其说从伏羲作《易》时无书,以"画"事,到仓帝史皇氏由《河图》绿字,悟创文字,更以《河图》说《易》,这就构成了一个除仿鸟迹虫迹之外,文字的又一个发生源,即《河图》《洛书》一类反映远古先民们原始天象、历法意识的刻划图版(参尹荣方《神话求源·河图与洛书》)。这也印证了我们前面的推断:文字之书(字)、图象之书(图)与后世意义的画,同出于原始符号类图形(刻划或描绘)。下面我们就结合考古发现来进一步探讨一下,这一发展过程以及仓颉、史皇是否可能为黄帝时人。

说到底,文字也是一种符号,以符号来达意表情的远古形态有许多,神农之前的结绳而治是一种;古代印第安人有一种以各种绳结与配饰来达意的符号系统,我国的结绳而治想来与此相似;景颇族则有以各种不同的木叶等物来表达情意的符号系统,这是又一种。而直接催生文字的应当是刻画符号。从考古资料来看,最早的刻画符号大体为几何图形与绳纹,其作用应当类似于各种不同的绳结,除装饰外,有记事作用,仰韶文化等早期遗存的符号性刻画,基本上属这一类。最值得注意的有三:一是西安半坡仰韶文化遗址(距今7000—6000多年)发现一件石刻锥刺小圆圈图,小圆圈从一到八排列,共三十多个,大体合于远古十月历的一月三十六天,邓球柏先生称之为"原始河图洛书";第二种是天水傅家门遗址出土的三块卜骨,测定年代距今6000—5600年,上面的刻符与八卦中的阳爻、阴爻、太极非常相似;三是由原始刻画符号向象形刻划符号的发展,大汶口文化遗址(距今约6500年)有不少象形刻画符号,专家们从中提炼出多个已十分接近象形文字者(宁夏大麦地岩画中也有这类近于象形字的符号,年代尚未见确定)。这就证明了炎黄相接时期由最初单一的刻画符号,发展为"史皇作图"的"图"与仓颉作文字的"字",是完全可能的。而由几何形刻画符号分化为象形的文字与图纹类的图,时间也大体相当。因此说史皇与仓颉为黄帝之臣,并非向壁虚构。下面我们再进一步来谈谈仓颉造字的形制与影响。

关于仓颉造字,素来有四象、六书之说。这虽是后人的附会,但从汉以前的记载中也可看出点端倪,试引数条。

仓颉之作书,盖依类象形,故谓之文。(《说文解字叙》)这是说"象形"为仓颉造字的主要方法。

仓颉作书,与事相连。(《论衡·奇怪》),这应当就是所谓"指事"了。

昔仓颉之作书也,自环者谓之"私"背私谓之"公"。(《韩非子·五蠹》)

这大概是"会意"的起始,私者自环,指一人自我封闭,自环之上加"八"(背),与私相背就是公了。

夫虫,风气所生,仓颉知之,故"凡""虫"为风之字。(《论衡·商虫》)

《论衡》释道"虫"为"风"气所生,取气于风,故八日而化。这是"虫为气化"说的解释,而我们看来,风的构字法当为"形声","凡"是风的声符,虫则通龙,是其意符,因为"风从龙"。

这样看来,所谓六书中主要的象形、形声、会意、指事四法的原理,在战国至汉间人看来,仓颉已使用于造字之中,至于另二法"假借""转注"并非造字法而只是古文训读之法。四种造字法中,"依类象形"是根本的,故谓之"文",其他三种则是由"文"派生的,所以称为"字"(字为孳生之意)。

仓颉造字的影响是巨大的:

首先,我们从与仓颉并列的另一位"字祖"沮诵的名字来看,"沮"为终止之意,沮诵意谓不必再一味口诵。由此我们也大胆地为仓颉之名作"释义",仓通苍,有苍天之意,所以仓颉又被称"苍帝",颉可通为诘,诘曲之意,指其所造虫篆,形状诘曲,二圣之名,合以观之,谓:诘曲的文字一旦发明,则口耳相传的时代就结束了。

《淮南子·修务训》说仓颉造字,"天雨粟,鬼夜哭",为什么其影响惊天地,动鬼神呢?从前引《春秋元命苞》所云看,汉代人认为这是一种上察天文、下察地文,"穷天地之变"的"人文",《绎史》引《外记》说"仓颉造字,使天下义理必归文字",《文脉》更说"仓颉造字,泄太极之秘",也就是说,文字的发明使天地间最玄奥的秘密也能被人类发现掌握,即《路史》所说"天地之蕴尽矣"。具体到"天雨粟,鬼夜哭",古人有各种解说,《淮南子》高诱注从道家"去知识"的角度诠释为,文字发明,混朴不再,人民诈伪之心开启,将弃农耕而竞趋刀笔,天知其将饿,故为之雨粟;鬼恐为书文所劾弹,所以夜哭。《春秋元命苞》则加上一句"龙为潜藏",并下接"治百有一十载",则显然认为是一种震慑神鬼百物而开启久长治世的好事。综合这些说法,我们认为不妨作如是解:天因这一重大的发明,故雨粟而嘉奖人类;鬼因为人类知识开启,恐怕失去祭享,所以夜哭;龙的呼风唤雨的本领,也不再神圣,所以乖乖地潜藏于渊。要之,文字的开创对周汉际"人定胜天"理念的产生,应当起了催化的作用。

再次,仓颉造字与史皇作图,反映了从原始的画(如岩画)发展为状绘天文、地理、人文的图籍(如浑天图、山海图、圣贤图等)与记录天地人事的"文书"两类"图书";图与书便成为识万物之"分理"而"辨治百官,领理万物"的最有效的工具。从而为设官立制、分疆治土等一系列文明建设提供了必要的前提条件,也因此仓颉的形象也与"明"挂上了钩。

《淮南子·修务训》称其为"有神明之道,圣智之迹",《仓颉庙碑》则进一步神化称"仓颉生,德于大圣,四目灵光",《春秋元命苞》则更称他"龙颜侈侈,四目灵光",《春秋演孔图》更为他又取了一个传神的名号:"仓颉四目,是曰并明"。

当然,如本节一开始所说文字(也包括史皇的图)的创造并非仓颉一人之功,关于这一点,《荀子·解蔽》说得最为透彻:"故好书者众矣,而仓颉独传者,一也。"意思是,当时好作字的人很多,但独有仓颉所造之字传了下来,这是因为它能"一"。这个一,前人依文意注为"一于道",也就是说仓颉造字体现了大道的"分理",不是依一曲之知,随心所为。我们不妨引申一下,仓颉所造字因"一于道"而有规范划一之功,在五花八门的象形符号向象形字发展的过程中,仓颉所以独传,是因他通于大道,而依类象形——确定了分类,划一了字形。

下面我们再来谈谈,有了"图书"之后,黄帝时代如何各得分理而推行的行政举措。

① 分野演历与经土设官

仓颉造字,史皇作图的作用,《说文解字叙》以"百工以乂,万物以察"来概括,而《路史·前纪》更推扩之,说是从此君臣、父子、尊卑、法度、礼乐、刑罚等一切"为政立教、领事办官,一成不外,于是天地之蕴尽矣"。也就是说,文字图书的发明使居于天地之中的人能明辨万物之分理,而通过一应礼法制度加以规范。这里我们主要就天、地相应,来略加阐述。

听风气,观星象,演历数,传说伏羲、神农时便已有之,然而至五帝时代,从黄帝开始,更有了发展。

《后汉书·天文志》记"星官之书,自黄帝始",《续汉书·天文志》注则记,黄帝划分星野,凡中外星宫常明的,记有五百二十四个;为之命名者,有三百二十;星光微明者更有一万一千五百二十颗。这些说的是黄帝专设了星官之职,将星象记载于书,所记区分明微,为主要者分别命名,以使天象显得按部就班。

观星象与其他技艺的配合,便有了历法的演进。《世本》记:"黄帝使羲和占日,常仪占月,臾区占星气,伶伦造律吕,大桡作甲子(即天干地支),隶首作算术,容成作调历。"《史记·历书》则记:神农以前尚矣(过于久远)。盖黄帝考定星历,建立五行,起消息(阴阳乾坤),正闰馀(置闰月)。《史记索隐》引上述《世本》条,作了解释,大意谓容成作调历,是综合了前六臣占日、占月、占星气、作律吕(律吕依月应气)、作甲子、作算数六术而成的,即所谓"综此六术而著调历也"。(《晋书·律历志》所记同)也因此,所谓调历,应当是和合以上六种术数而形成的,以置闰来调正年月日的历法,关于调历的具体情况,比较复杂,且众说不一。民国建立,以公元1911年为黄帝纪年4609年;则黄帝元年为公元前2698年,但此说也未能得到学界认同。这些都过于复杂,这里不能细说,只需知道,这是一种不同于其先的"上元太初历",而为商周时代所大体沿用的,以"建子为正"的历法,虽至"汉元年不用黄帝调历"(《汉书·律历志》),然而汉武帝时的"太初历"的制定乃受其影响(《史记·历书》索隐)。黄帝时代是否有可能制作这种历法？1978年在郑州大河村(地点与黄帝建都处相近)发掘得仰韶文化三期(距今约5000年,时间也与黄帝时代相合)的陶器上,绘有表示十二个月的太阳纹,变化着的新月、满月纹,状如北斗尾部的星纹以及类如日晕的弧形带状图案。以这一发现,参以《汉书·律历志》所说"汉元年不用黄帝调历"这样言之凿凿的正史记载,可以认为黄帝时取得上述历法成就,甚至调历的实际存在是可能的。

由此可进一步探究传说中黄帝作《归藏》古易的可能性,我们知道,伏羲听风制八卦,立易象,演易气,是与历法相关的,而《史记·五帝本纪》记黄帝"迎日推策"也就是以易来推算日数,二者是相承的。既然殷商历法上承黄帝调历,那么,传为殷商所用的古易《归藏》也起始于黄帝,便也有了可能。《归藏》易从片段的残存与有关记载看,有两个特点,即"六崟"与"八索"。六崟的名目与《周易》八卦中乾、离、艮、兑、坎、坤相合,可见为《周易》前身。八索,据《云笈七签》卷一百《轩辕本纪》记,伏羲作八卦,神农以二卦相重叠组合为六十四卦,黄帝乃作八卦之说,来阐述重卦之义,谓之"八索"。这样看来,"八索"当与传为孔子所作《周易·说卦传》的性质相近,而从调历的进步来看,黄帝进一步推演八卦之理,应当也在情理之中,至少可以认为黄帝时易学与历学结合,有了重大发展。

与对天象观察的"规制化"相应,地象的"规制化"也势所必然,前述"星野"一词能说明问题。星野是以星宿的区次与地域的分划相对应,某星区对应某地域,地域就是"野",故称星野或分野。《帝王本纪》说"黄帝推分星次,以守律度","凡天有十二次,日月之所躔也。地有十二分,王侯之所国也",说的即这个意思。虽然,黄帝时未必已分十二侯国。

那么黄帝时的地域划分又究竟是怎样的情况呢？我们可从片段的史料中,了解其情况。《史记》称黄帝置"左右大监,以监万国";《东都赋》称黄帝"分州土,立市朝";《帝王本纪》称:"帝轩吹律定姓";以这三条与上一条合起来,可概括为三句法,即:推星次以分州土;听律音以定邦君;纪职官以拱中央。三者都是天地相应以立人事的。

黄帝时代的州，并非后来所说的"九州""十二州"，这是要到尧舜禹时代才有的建置，州在黄帝时代，当如吕思勉先生《先秦史》所说，其初是小聚落度(度量)地居民之法，后来用以划分所掌控的地域。从《史记》所记"万国"来看，当时所"分州土"是很多的，唯这些州土如何与星次相配，已不得其详，只是从前举《续汉史》所述黄帝分星野定星名来看，当时以星次与地域相配是有可能的。

"吹律以定姓"，说的不仅是姓氏，而且与分土建国相关。《左传·隐公八年》说："天子建德，因生以赐姓，胙(赐)之土而命之氏"，可见赐土"建邦国"与命姓氏密切相关。吹律以定姓据《绎史》所引纬书《易类谋》称，是"圣人兴起，不知姓名，当吹律听声，一别其姓，黄帝吹律以定姓是也"。这解释还不清楚。想来当是律管与时气相应，时气又与风向、方向相关，吹律定姓应当是以吹律听声来测试某人适宜于某方，并进而依此分赐其土而命其姓氏。姓氏其实在黄帝之前就有，而"吹律以定姓"则只有在律管发明后的黄帝时代才可能有，也许这一说法，是由伶伦造律而衍生的想象，但正说明黄帝时有赐姓分土之举。黄帝到底赐了多少姓呢？据《国语·晋语》记司空季子之说，参以韦昭注，大抵是，黄帝有四个妃子，共生二十五子，为二十五宗，其中十四人，因德居官而初赐之姓，又其中二人同姓姬，二人同姓己，因此为十二姓：姬、酉、祁、己、滕、箴、任、荀、僖、姞、儇、依。想来《帝王世纪》说，圣人以十二州配十二星次，即由这十二姓而来，然而这不仅与《史记》所说"监于万国"不合，也与二十五宗及得姓者十四人不合，更何况一姓之中，可能有多人封土建侯。不过从这条资料，可以推想出以下三点。一是无论封国多少，建土封侯者，必是同族，所以黄帝时的邦国或联盟是以血族关系为纽带的应当无疑；二是万国中的大邦，应是黄帝赐姓的十二姓的封国，想来所谓黄帝时有"十二州"的附会，或与此有关；三是十二姓的大邦，或许就是后来尧舜禹时代十二州、九州的雏形。

分土建邦，各邦国拱卫着中央，于是就必然有从地方到中央的官员建制。

邦国的官员，从《逸周书·尝麦解》"分设二卿"来看，至少左右卿（或相）的设置，应当是有的。中央之官，似乎有一发展的过程。《管子》所说蚩尤等六相，当为黄帝登基前的设置。《竹书纪年》记，黄帝即位二十年，有景云见，遂以云纪官。应劭《风俗通义》释为：春官为青云，夏官为缙云，秋官为白云，冬官为黑云，中官为黄云。这恐怕是附会，是以《周礼》之春夏秋冬四官与五方帝（或五色帝）拼合而成的。因为即使较早一些的五色帝观念之发生，也早不过周代，所以应劭说完全不可信。

不过，前引《史记·五帝本纪》的记载，却透露出值得注意的信息，只是历来对这一段叙述句读不当，故未能确切理解，这里不妨再引一遍并做诠释。

在叙述黄帝涿鹿之战大胜，巡游四海，并合符釜山，邑于涿鹿后，太史公记道：

> （黄帝）迁徙往来无常处，以师兵为营卫，官名皆以云命，为云师。置左右大监，监于万国，而鬼神山川封禅与为多焉。获宝鼎，迎日推筴。举风后、力牧、常先、大鸿以治民……

这一节一应标点本都在"以师兵为营卫"下用句，这样"以师兵为营卫"与"官名皆以云纪，为云师"为二事。这就使这段话十分难解："以云纪官"与二监及风后等四人，是什么关系呢？"以云命"的"官"又是什么官呢？

其实，"以师兵为营卫"下当如上录为逗号，"以师兵为营卫，官名皆以云命，为云师"是一层意思，说的是黄帝巡游时，以"师兵"为营以自卫，师兵组织中的官名皆以"云"命名，所以这师兵又称作"云师"。这样"师兵"与"云师"才能对得上号。

以下"置左右大监"至"以治民"是又一层意思，是说又置左右大监，监临万国，二监多参与各类祭祀乃至封禅礼，其地位相当于后来的左右丞相。后又获得天地人三个宝鼎与神策，据神策推设历数，从而得到了风后等四贤臣来治民，即所谓"黄帝四面"。

因此太史公这段记载反映了黄帝即位后，有军事与民事两个系统的职司官,后一套二监、四贤的民事系统,在五帝时代一直沿用为二监四岳制的主要机构。军事上的"师兵"制直至三代也一直存在,只是不再称"云师",因为"云"是黄帝的族徽,来自于即位二十年后的景云祥瑞,这也解释了为什么黄帝既为龙族,又称云族的历史迷案。他帝不会去用后者。

那么"师兵"又是什么呢?这个名称十分重要,它反映了黄帝时的军事、民事两套系统是合一的,也使后出的一条有关资料的可信度得以提升。《通鉴外纪》卷一,在叙述黄帝"经土设井","立步制亩"(即以步测丈量并以亩划分土地),以八家共一井为基本民政单位后,更记载说井一为邻(一井之中八家为邻),邻三为朋(三个邻合为一朋,以下可类推),朋三为里,里五为邑,邑十为都,都十为师,师十为州。

太史公所称"师兵",应当是与"都十为师"相关的,"师兵"当为由一"师"(十个都)抽调的军事建制,所以十都所构成的民政单位,用了"师"这样一个军事化的名称。由"师兵"之称,也可推知黄帝时的社会组织是兵民合一的。平时各户散居于"井"为邻,由二监四岳以下的民事官管牧,战时以师为单位,从各户抽调兵丁,由军事长官管理(民事官战时可转为军事长官,如风后、力牧),这时的官职,以各色云命名(想来旗徽之属也当以云色区分),而这支军队便称之为"云师"。本组上篇述"涿鹿之战"时提到黄帝头顶有景云出现,可为参证。那么一师的兵力究竟有多少呢?由一井为8户推算,一朋为24户,一里为72户,一邑为360户,一都为3600户,一师为36000户。如果户出一男为兵,则一个"师兵"的建制当为三万六千人,而一个州有十师,则州一级的兵力当达到三十六万人。当然这只是推算,连同《通鉴外纪》所述行政系统都有待更深入的验证;但从太史公所说"师兵",以及《周易·系辞传》所说黄帝时"重门击柝,以待暴客"来看,《通鉴外纪》所记,相当值得重视。"重门击柝"是防范暴客(偷盗等侵入者)的安全保卫措施,意谓设多重门,并设巡夜打更者。击柝巡夜,必是有了里、邑、都之属的建置后才会有的,所以"重门"的门,也不当如有的研究者所说的户门,而应是多重的里门、邑门、都门。虽然黄帝时未必就叫里、邑、都等,但这种性质的行政单位应当是存在的。

这一小节,我们分别从官室与冕服(礼)、乐律与乐曲(乐)、文字与图籍、星次与分土四个方面介绍了黄帝时代见于典籍记载的文化发展,尤其是"礼文"建树与社会组织及军政制度,并结合考古资料论证了这四方面成就的可能性确实存在。因此可以认为,说黄帝时代已进入邦国时代,并非夸大之说,这种邦国有以下特点:

① 它分两个大层次,一是雄踞中州的中央帝都,其首领可称帝君,即中央之帝黄帝;二是散置四方的分封的宗亲性质的"万邦"——大大小小的诸侯国,其首领可称邦君。

② 两大层次都建有类似里、邑、都之类的行政单位,这些行政单位是军政、民政合一的。

③ 邦国都有大大小小的城堡,其外围有一定封域的土地。城堡是邦国的中心,从而有了城与郊野的初步区分。

④ 维系帝都与邦国的纽带,除了血族关系外,最重要的是礼乐(当然必辅以我们来不及展开来讲的"刑法"),礼乐的核心是被认为通于天地之理的"人伦"。礼以别异分等,乐以和同万民,维系着宗族性的社会组织有等差的和谐。礼的主要外在表现是分土设职及随同品阶的有等差的官室与冕服,而其所以得以成立,其前提是文书与图籍的造作使"区分"有了可能。所以,文字及图书的发明是关键的进步。远远早于礼的"乐",在黄帝时代进展的最重要的标志与关键是"律吕"的发明。这不仅促进了乐曲的发展,也启迪了人们对乐的影响人心作用的认识,于是乐便被提升到与礼相等的地位。

⑤ 这一整套制度化的文化建设被认为是天道的体现,所谓"天人合一"的理念,至晚在这时已萌发。

以上特点总结中,笔者深感语言实在是贫乏的。由于炎黄时代没有留存任何当时的文献资料,我们只能用周汉间有关文献及其描述语言来讲析黄帝们的发明创造。因此读者可能有以周汉术语套在黄帝头上之讥。幸好有大量的考古资料及相关研究,可以印证周汉人所记黄帝时代前述文化建树的历史可能性。因此,对于这一节的描述与总结,可以这样来看待:所述各项建树的名称未必是黄帝时代所实有,但其中的事项事件则是当时可能发生的事实。也因此,我们认为始见于文字记载的殷周时代的以"礼乐"为中心的文化现象在黄帝时代已经萌发。正是在这个意义上,我们同意神话学、历史学界一些专家对黄帝的历史定位——"中华人文初祖"。

六、炎黄时期的妇女们

炎黄之前的女性故事,主要为母系社会的生殖崇拜神话,如抟土作人且为高禖氏的女娲,生育了伏羲的华胥氏女,与生下了炎黄二兄弟的女蟜氏等。至炎黄与颛顼时期,从各位"天下共主"都为男性来看,当时已进入完全的父系社会。再从前述颛顼氏立法,妇女当避让男子于道路,黄帝"别男女"等记载看,男尊女卑的观念也被认为萌生于这一时期。然而作为阴阳之一方,女子半边天的社会作用,仍没有消失。所谓"男耕女织","农"与"桑"并称为"农桑",即是妇女作用依然被认可的反映。本组前文未便顾及,今都为一节,略作介绍。

为与前文相接,所述故事不依时代先后,就从黄帝的妃子们开始,再回溯炎帝时期的妇女们。

1. 先蚕氏嫘祖与帝女桑——附嫫母

> 黄帝居轩辕之丘,而娶于西陵氏之女,是为嫘祖。嫘祖为黄帝正妃,生二子,其后皆有天下。(《史记·五帝本纪》)
>
> 黄帝元妃西陵氏曰嫘祖,以其始蚕,故又祀先蚕。(《路史·后纪五》)

这是说黄帝正妃嫘祖开创蚕业,故后世祀为先蚕氏。西陵氏之西陵,《史记正义》仅注为"国名",后世名作西陵的地名有多个,多少可与此挂上勾的当数长江三峡之西陵峡。上引《史记》条续记曰:嫘祖长子玄嚣降居江水;次子昌意降居若水,娶蜀山氏女昌仆。古若水在四川,为巴蜀向云贵之要冲。江出岷山,上游在四川。西陵峡与二水关系密切。此条又说"黄帝居轩辕之丘"而娶嫘祖,据《山海经·海外西经》,轩辕之丘在轩辕之国北,所谓丘,当是轩辕国所在"穷山之际"之一"丘",郭璞注即以此国在岷山之南,《西次三经》又记载王母所居玉山之西四百八十里,即当时所认识的江源处。因此自岷之江源至三峡之西陵峡正是传说中黄帝嫘祖及其子系活动的重要地区。又四川是远古蚕桑业发达地区,所谓"蚕丛",即蜀地第一位先王。因此,我们推测西陵氏女嫘祖之西陵为西陵峡,不为无据。

应当辨析的有二点:一是《山海经·海外西经》记轩辕之丘,并未说"黄帝居"此,只是说琼山在其(轩辕国)北,不敢西射,畏轩辕之丘。郭璞注"言敬畏黄帝威灵,故不敢向西面射也",因此这个"丘"或应是黄帝丘陇,即坟墓;二是《国语·晋语》所记黄帝"成于姬水"。怎样解释这些矛盾呢?综合以上记载,我们认为合理的推测应如下:

轩辕族发祥于玉山(昆仑)之西的西北大荒,东进至于关中,而有一支勃兴,甚首领功业威赫,称"黄帝"。黄帝继位后曾西游至昆仑,即回到过其故地,故西北的轩辕国有其冢墓(不必为真墓,也可能为纪念性的衣冠冢),而民人畏其威灵不敢西射。黄帝娶嫘祖,或当在其东进途中,或为其西游之时。当然,这些只是推测,聊供参考。

不过所谓嫘祖始作蚕,并不见于《史记》的记载。这是太史公的谨慎处,因为有更早的相关记载:

《山海经·中次十一经》记,视水之上"有桑焉,大五十尺,其枝四衢,其叶大尺余,赤理,黄华青柎(跗),名曰帝女之桑"。

帝女桑的传说又与炎帝女有关,《搜神记》《广异记》等都载有相关故事,综合起来,大致为炎帝长女(失名)仰慕仙人赤松子,随之风雨上下,至昆仑,后亦得仙,居于南阳愕山桑树上。正月一日,衔柴作巢,至十五日成。或化作白鹊,或显身为女人,炎帝见状悲恸,劝诱她回来而不得。于是就焚烧这株桑树,帝女就升天了。因此后世称这株桑树为"帝女桑",民人每至正月十五日,就焚鹊巢作灰汁,"浴蚕子招丝",就是纪念这位帝女的。

这一系列神话,已将桑蚕的发明推前到炎帝时代了,而其来源,又当与一种更古老的蚕丝记载相关联。《山海经·大荒北经》记：

> 欧（呕）丝之野在大踵东，一女子跪据树欧丝。三桑无枝，在欧丝东，其木长百仞。

这则故事可注意的是所谓"呕丝之野""三桑"，都应是野生的成片的桑树，而呕丝之女当为野蚕。这说明在家蚕养饲之前，先民已注意到野蚕吐丝了，也因此我们认为不必因嫘祖为先蚕氏而否认伏羲或神农作瑟琴的可能性。伏羲时既能师蜘蛛作网罟，那么取野蚕丝为弦就在情理之中。

呕丝者为女，恐不仅为男耕女织所致，《搜神记》有"太古蚕马记"的故事，大意为：

太古之世，有一位姑娘，父亲出征在外，陪伴他的唯有一匹雄骏的公马。姑娘担心父亲，对马儿戏说，你如能迎回我的父亲，我就嫁给你。马儿听了，就挣脱缰绳而去，果然找到了那位父亲，父亲骑上马，马儿却回望来处，不断悲鸣。父亲担心家中有事，便策马回家了。因此马有非常之情义，所以"厚加刍养"，谁知这马儿从此不肯吃草料，每见姑娘出入，就"喜悲奋出"，十分兴奋。父亲感到奇怪，就问女儿，女儿就一五一十告诉父亲前因后果。父亲大怒，恐羞辱家门，就射杀了这匹马，将马皮晾晒在庭院中。一日，姑娘于马皮下嬉戏，对马皮说："你是畜牲，而想娶人妇，所以遭到屠宰剥皮，又何苦来呢？"言犹未尽，马皮跃然而起，卷起姑娘就出门而去。几天后，父亲寻至一棵大树下，发现女儿与马皮已经化为蚕，在树上吐丝。所结出的蚕茧尤其厚大，不同一般，异乎寻常。邻妇取而养之，其收获数倍于常，因此名这棵树为"桑"。桑，就是丧（丧女）的意思。"如此，斯（那里）百姓竞相种之，今世所养是也。"

这个故事可注意的有两点。一是所记"桑"的得名与由"种"到"养"的过程。此前的蚕茧很小，当为野蚕，养蚕业则经由"种"桑养野蚕到家养的过程，而蚕丝的利用当在"养"蚕业兴起之前。其二，故事的时间为"太古"，地点则未明言。《搜神记》稍后的《中华古今注》（多取晋崔豹《古今注》）略同，至唐代的《墉城集仙录》等始具体化而称"当高辛氏时"，此时蜀地未立君长，蜀山氏独王一方，蚕女旧迹，"今在广汉（今属四川）"。这里所述时间是矛盾的。高辛氏即帝喾，在周人所造、汉人所传的帝系里是黄帝曾孙，五帝其三。然而这与当时蜀地未立君长不合，巴蜀最早的君长为传说中由洞穴走出来的廪君（见前，传为伏羲之后裔），其时代绝不可能晚于人文初肇的黄帝。蚕女传说由"太古"转为"高辛氏时"，应当由于帝喾传说与商人的天帝"俊"传说混杂而所致。最明显的是《世本》所记帝喾四妃，前三位为周弃之母姜嫄，商契之母有娀氏女简狄，唐尧之母陈锋氏女；而最后一位生挚（少昊名）的常仪，就是帝俊的那位生了十二个月亮的常仪（羲）。神话学家为帝俊、帝喾甚至还有更后的舜的关系常争讼不休，其实是商人奉帝喾为先祖，遂把原是天帝俊的神话加在了喾的身上，也因此会有畲族神话中置换了女娲来补天的高辛氏。至周代造作黄帝一系的五帝世系，又把显赫而本非周族的颛顼、帝喾也拉了进来，问题便更形复杂而几乎无解了。要之，唐人以"高辛氏时"代替晋人的"太古"，是把帝俊与帝喾混杂所致，所谓"高辛氏时"，当为"帝俊时"，也就是晋人所说太古之时了。不过唐人所指"蜀地"颇可注意，这反映了古巴蜀为蚕桑业兴起的重要地区。我们指嫘祖之西陵氏地或为西陵峡的推想，这也是依据之一（又《世本》记颛顼为蜀山氏女之子，亦可作为上述推想之参证）。

神话悠谬，所推测也仅是尽可能合理的想象，然而悠谬之中仍透露了蚕桑业形成的历史轨迹，这就是：

野蚕吐丝结茧，似蜘蛛吐丝结网一样，是多地初民早就注意到的自然现象。野蚕有生于其他树木，如柞树上的（柞蚕），有生于后来名为"桑"的树木上的。因某种机缘（如马头娘故事所述），发现食此"木"叶之蚕所结茧远大于食柞者，于是种此树而放养蚕儿于此木间；并因某女因此事而丧，故命此木为"桑"，并进一步摘桑叶而家养之，放养时代称"种蚕"，而家养之时称"养蚕"。又因养蚕，桑树多种于宅边，另一种宅边树为梓，故桑梓又成为故乡之代称。种、养以逐步驯化蚕的时间，从"帝女桑"与嫘祖故事看，当在炎黄之际，而黄帝娶嫘祖，或以有"织维之劝"（《黄帝内经》），即于丝纺有重大贡献，故后来居上成为先蚕氏。嫘，女、累为字，累即积丝成线之意，这个名字可为上说参证。

嫘祖另有一个尊号为"祖神",祖为路祭,相传嫘祖从黄帝巡游四方而死于道,黄帝祭之为"祖神",也就是佑护行路之人的神道(《云笈七签》引《轩辕本纪》)。这故事的寓意应同于周弃死于行道之中,是为民劳瘁而死的。

黄帝之妃据说有四位(古书多有四妃、四子、四女等称,这应与四方观念有关),其中有一位次妃也很有名,叫嫫母。综合《轩辕本纪》《帝王世纪》等记载:嫫母极丑,额头似锤,鼻梁似蹙,形粗色黑,像驱鬼时所用面具,然而貌丑德高,黄帝娶了她,让她训导后宫。后来亦随黄帝巡游,嫘祖死,为祖神,帝又令嫫母监护于道,岁时祭之,后人因此以嫫母为方相氏。

嫫母为方相氏的说法出于《云笈七签》,显为后世道士的附会。方相氏是见于《周礼·夏官》的驱疫之神,"掌蒙熊皮,黄金四目。玄衣朱裳,执戈扬盾",明显是位威武的男性神。后世驱疫戴面具扮方相氏,这面具叫魌,或魌头,形丑,故附会丑而贤德的嫫母为方相氏。她死后也要服侍正妃嫘祖。虽然如此,嫫母与嫘祖为黄帝四妃中有事迹可传的二位,却反映了古代所谓妇德的观念,在"德、功、言、貌"四事中,以德、功为要,德为首,故嫫母以德而虽丑得传,嫘祖有德更有事功,故为正妃,而一应记载从未涉及嫘祖是否有言有貌,因为"女子无才便是德",言,不是必须的;至于貌,则弄不好便成妲己、褒姒这样的"女祸",所以不必为嫘祖所必备。当然,这都是汉人的观念,所以有关嫫母的记载都是汉以后的。

2. 瑶姬与巫山神女——帝女灵

瑶姬神话始见于《山海经·中次七经》,说是:

(鼓钟三山)又东二百里,叫作姑瑶之山,"帝女死焉"(天帝之女死于此),她的名字叫"女尸",化为瑶草,叶片相重叠,它开黄花,果实像菟丝,"服之媚人"(吃了它会被人所爱)。

所谓"姑瑶"之山,其名当来自女尸所化瑶草,姑瑶即"瑶姑",是瑶姬一名的源头。

姑瑶转变为瑶姬,天帝指实为黄帝,当始于战国楚辞作家宋玉的《高唐赋》,说是赤帝女巫山神女对楚襄王言:"我,帝之季女,名曰瑶姬,未行(出嫁)

而亡,封于巫山之台,精魂为草,实曰'灵芝'。"(参《襄阳耆旧传》)。

宋玉赋所记于《山海经》有两点变化。一是地点,《中次七经》所记诸地大抵在今河南,姑瑶之山据前后条推敲,当距少室山(嵩山)不远,而宋玉《神女》《高唐》二赋的背景是峡中巫山至湖北云梦二泽,云梦中有高唐之台。这应是炎帝族分为中原一支与西南一支的反映;二是由瑶草变为女人瑶姬,这变化的来由可从上述"姑瑶之山"的释义寻得;而所谓"服之媚人"更指示了女儿所化的媚人之草,又化为媚人的女人之演变的内在联系。由这二点我们可得出两点初步结论:

一是,瑶姬神话是上古原化(化生)神话的一种,其性质与为赤松子妻的炎帝女化鹊是一样的。

二是,宋玉赋虽为文人夸饰之作,但其脉理与《山海经·中次七经》一致。《山海经》尤其是最早的《山经》,性质是一种统合博物学与地理学的著作,所记必简,因此宋玉赋对于瑶姬身份的说法未必尽为文人好事,从战国之后此说广见于各书来看,瑶草、瑶姬很可能是神话原初状态时就有的成分。

据此两点,我们完全可以宋玉赋的描写来充实《山海经》所记。

宋玉笔下的瑶姬"未行而亡"(未及出嫁就夭亡)很重要,其深层意蕴且待下文介绍精卫鸟时再说,这里先说说这位"怨女"的形象:

帝女因未行而亡,帝哀之,封之于巫山。她身居"巫山之阳,高丘之阻;旦为朝云,暮为云雨;朝朝暮暮,阳台之下"——虽然封了山神,但依然是这般的寂寞凄清。

楚襄王巡行至云梦之泽时,遥见一缕云气"崒兮直上"而变化无穷,宋玉告诉他,这就是传说中的神女之"朝云",昔时楚先王曾游高唐观,"梦遇巫山神女自荐枕席"。次朝,遥望巫山,果然云雨迷蒙,于是为之建"朝云"庙。宋玉为之作《高唐赋》。后来神女又与襄王梦合,宋玉又作《神女赋》。后世称男女合欢为"云雨",出典在此。

《高唐》《神女》赋中的瑶姬是一位绝世美女,却又飘忽不定。"其始来也,耀乎若白日初出照屋梁;其少进也,皎若明月舒其光;须臾之间,美貌横生:烨兮如华,温乎如莹,五色并驰,不可殚形……"总之是"茂矣美矣,诸好备矣,盛美丽矣,难测究矣;上古所无,世所未见"。这自然是辞赋家的渲染,但也见出神话对文学的影响。中国文学史上有三篇描写久旷女子的传世名赋,后来者无出其右。《高唐》《神女》即其二,第三篇是曹植的《洛神赋》,写的是伏羲氏女,她溺水而亡,化为洛神。由此足见古代神话对中国文学的启迪作用。

由瑶草(灵芝)至神女,由化生至爱情,是瑶姬神话的第一次转型,时间如前述在晚周;而至唐宋时期又完成了故事的第二次转型——神女成为助圣佑民的神祇,有两种类型,都由民间传说而来。

第一种为助大禹治水。其最终系统化为唐末文人道士杜光庭的《墉城集仙录》。杜记:瑶姬成为王母的二十三女,封为云华夫人。大禹治水时,至峡中,大风振崖陨谷。夫人因助之,召来狂章、虞余、黄魔、大翳、庚辰、童律等,助禹斫石疏波,决塞导厄,以循其流。大禹拜谢,只见,崇山峻岭间夫人化而为石,一会儿又倏然飞腾,化为轻云、夕雨、游龙、翔鹤——依然是那么飘忽不可踪迹。故事成型,虽在唐末,但其起源应当更早。证据是①:故事中所提到的庚辰、童律等诸神,同样见于大禹治淮水,降伏怪物"无支祁"的神话中,而无支祁故事据中唐人传奇称,得之于"文字奇古",传为庚辰之后图形之的《古岳渎经》,也就是说为大禹治水的实录。②《全蜀艺文志》录有《神女庙碑》。碑记神女助禹凿三峡情状为:"百灵恐惧听指挥,巨凿震响轰雷车。回禄烈火山骨菹,垦辟顽狠如泥涂。"此碑作时虽未详,但神女庙即"朝云"宫,为宋玉时所建,且碑文古奥,因此可推想所据为三峡一带的民间传说,时代应在先唐。杜光庭应是将这一应有关传说作了道教化的改造而成为前述故事。

第二种是神女佑航传说。见于南宋陆游《入蜀记》、范成大《吴船录》等。说是神女庙有神鸦,客舟将来迎之于数里之外,船过亦送行数里。人以饼饵投之,神鸦仰首接唧,十不失一,因此名之曰"迎船鸦"。三峡激流险滩,历来视为畏途,神鸦迎送自然有导航越险之功。这类故事应起于三峡中的船工。

由瑶草至"未行之女"瑶姬,至助圣护船之神,瑶姬故事的本源与转型,其意蕴是相当丰富的。这里有对早夭的弱者的同情,有对于美的礼赞、爱的歌唱,有对于自然山川的敬畏,而这一切当然都与对于瑶姬之父——炎帝这位圣人的敬仰分不开的。

3. 精卫与白额雁——帝女雀

《山海经·北次三经》还记载了炎帝另一位女儿的故事:

> (神囷之山)又北二百里,曰发鸠之山,其上多柘木,有鸟焉,其状如乌,文首,白喙,赤足,名曰精卫。其鸣自詨,是炎帝之少女,名曰女娃。女娃游于东海,溺而不返,故为精卫,常衔西山之木石以堙(填塞)于东海。漳水(由发鸠山)出焉,东流至于河。

发鸠山为太行山分支,在山西上党长子县西。精卫的"卫"字意同羽,箭羽称为"卫",精卫也就是"精鸟",即精诚之鸟。想来以卫代羽,或有以其心志如箭之直而无还的意思,所以《述异记》又记精卫曾自誓不饮其(所溺)水。"一名誓鸟,一名冤禽;又名悲鸟,俗呼帝女雀。"誓亦作"矢","誓言"多书作"矢言",所以"誓鸟"之称是"卫"当释为矢羽的有力证据。

精卫填海故事的寓意,最通常也是最直接的意思是表现了先民与自然抗争,虽死而尤未悔的强毅精神。这自然是正确的,从精卫之名、之"誓"、之"志"便可看出。

然而如果更进一步探究还可以发现一些更深的内涵。

精卫

我们不妨由两个疑问来开始探讨。

一是女娃为什么游于东海而溺亡?二是精卫究竟是种什么鸟?这两个问题是相互关联的。我们先来看第二个问题。

从"发鸠之山"来看,精卫应当是鸠类之鸟。《左传·昭公十七年》述少昊氏鸟历,在历正凤与四司玄鸟、伯赵、青鸟、丹鸟后,更列有五鸠等不同职司

223

鸟。鸠的意思是纠正以安民,所以五鸠都任高级的民事官。五鸠之一为鸤鸠氏,鸤鸠又作尸鸠,又有多种别名,其中有六个很可注意——鸣鸠、怨鸟、杜鹃、子规、阳雀、布谷。尸鸠合乎女娃溺海而化,鸣鸠合于《山海经》所记"其鸣自詨;怨鸟合于",《述异记》所称此鸟又名"冤禽"。可与此合参的是杜鹃、子规。子规即杜鹃,传为蜀帝望帝所化冤禽,夜啼至口血殷殷,尸鸠即大杜鹃。大杜鹃背羽黑色,与精卫"其形如乌"正相合。大杜鹃(尸鸠)是候鸟,随阳而飞,故又有"阳雀"之别称;大杜鹃,亦即布谷鸟,故又名布谷。以上尸鸠及其各种别称与精卫鸟太相似了,又,尸鸠在"鸟雀"系统中为"司空",司空之职其初为主管工程,亦与精卫填海的"大工程"可相联系。所以,我们以为尸鸠(大杜鹃布谷)当为精卫原型的第一位候选"鸟"。

以精卫为尸鸠的唯一看似不周之处为精卫"其鸣自詨",即自呼其名,布谷的鸣声似"布谷",似与"精卫"之音不合,不过自呼其名,可以而且更合理的解释是自呼其原名"女娃",这才合乎上古自招其魂的习俗。女娃之"女"指性别。女娃的名字其实只有一个"娃",娃与谷古音均近于娲,因此精卫自呼其名的声音应近于古音娃(娲),这就可与"布谷"的鸣声对上号了。

那么,尸鸠又怎么与填海扯得上呢?《述异记》的有关记载可解答此一疑问。说是女娃溺死东海后,"化为精卫,其名自呼,每衔西山木石填东海。偶海燕而生子。生雌状如精卫,生雄如海燕。今东海精卫誓水处,曾溺于此川,誓不饮其水。一名鸟市(疑当为"沛"字去三点水),一名冤禽,一名志鸟,俗呼帝女雀"。

这就是说,精卫鸟与海燕交合而生有雌雄二鸟,其搏击海上者为雄鸟精卫,而居山自鸣"布谷"者或为雌鸟。这样精卫鸟就更为可敬了。它一方面自誓而填海不已,一方面又随阳而至帮助神农催促着人们不要忘了播种——这两种工作,又以尸鸠、海燕结合,子孙相传而子子孙孙永无穷尽。

《述异记》的记载有一定现实依据,因为我国的海燕均在东南沿海,毛羽灰黑,与精卫相近,故以海燕的特征赋予了精卫。虽然《述异记》为南朝梁任昉所作,为后出之书,但所记有如下启发。

一是精卫鸟的原型应以尸鸠(大杜鹃布谷)为主而参合了海燕的特征；

二是显示了中华民族改造自然,不畏艰险而世代相继的强毅精神。试想,一只娇小的鸟儿搏击于惊涛骇浪、万里无垠的大海之中,世世代代,不休不止,是何等地壮丽而可歌可泣。这一点正与后面附及的愚公移山精神相通。

由似海燕的雄精卫填海,又可对精卫故事的又一疑问,女娃为何东游于海,作进一步的探究。

尹荣方先生的《神话求原·精卫填海与大雁衔枝》对精卫的原型提出了一种新见解——白额雁衔枝跨海。白额雁,身黑,嘴边头额处都有白色横纹,与精卫鸟如乌而文首、白喙相合。白额雁也是候鸟,在西伯利亚繁殖,迁我国长江下游一带越冬,中经山西与渤海碣石一带。雁儿跨海常衔尺许长树枝,疲倦时即将所衔树枝浮于海面,栖浮枝之上暂息。日本奥州边界,每年雁所衔来的树枝堆集,乡人集为燃料,以煮浴汤,谓为"雁浴"。又有传说,山西北边,每年鸿雁来时,常落下口衔的枯木细枝,土人集以为薪出售,年值达白银五万两之多。后一说又与"发鸠之山"在山西上党可相联系。由此尹先生推断精卫原型当是白额雁。它们从西伯利亚经山西与渤海湾(当时尚无渤海,概称东海)至今东海之滨长江下游,一路丢下所衔树枝,这就启发了精卫的传说。

尹先生的推断虽尚有些欠周之处,比如怎样解释"发鸠之山",山西之雁是否为白额雁,"冤鸟""志鸟""帝女雀"诸说又如何安顿等等。但仍不失为一种富于启发性的解说。白额雁可视为精卫原型的又一候选"鸟"。

这样有关精卫原型已经有了三种鸟：尸鸠(布谷、大杜鹃)、海燕、白额雁。这看来矛盾,但恰恰是神话产生的固有特点,它往往是多种生活现象的综合。我们认为由"发鸠之山"来看,精卫鸟当以尸鸠为主(后世发鸠山下有女神庙,侍女手擎白鸠,鸠儿预报漳水之涨,可为参证),揉合海燕、跨海之雁等多种勇敢的鸟类的产物；而所以归之于炎帝女所化,当是炎帝确有一女溺海而死,人们痛惜怀念这位夭亡的圣王之女,便综合数鸟特征,让她原化为神奇的精卫鸟。

将精卫鸟三种主要原型布谷、海燕、白额雁联系起来看,这种鸟不仅由冤禽提升至强毅、勇敢、利民的高度，更使"衔枝"除"填海"的意蕴外，产生了一种新的意蕴——跨海。"女娃"游于东海的"游"，即使最初级的，如今天所说的旅游，也含有见识新世界，也就是探求未知的意味。联系东海为炎黄时代的东"至"以及《山海经》中众多海外奇观来看，说女娃游于东海，是想探知"海那边"，应不算牵强。

精卫故事还会引起一些联想。

早期神话中，炎帝女娃之前的伏羲女，之后的虞舜二妃，都传说溺水而亡，且都化为了神，伏羲女化为洛神，舜之二妃化为湘水之神，神话学界有所谓反映"水难"之说，然而水难为什么多记女性，甚至治理水灾的神在早期也是女神女娲？我们认为这首先与初民认为水性属阴而柔，滋润万物的宇宙意识有关；其次与溺水女神神话产生的时代有关。相比于母系时代女娲理水神话之壮丽，溺水神话多产生于母系向父系转化的时期，故又添上几层怨丽、哀丽的色调。这种色调与禀承女娲传说的女性的强毅精神糅合在一起，表现了中华民族女性的性格特征：她们是强毅的又是柔美的。她们参与了人类对天地造化的改造，同时也以其水一般的柔情，在孕育生命、延续世代的过程中使原始的性欲升华而催生了"爱情"的意识。因此我们不妨附录二则有关的神话以与之互参。

附录　牛郎织女与愚公移山

牛郎织女

牛郎织女神话产生的年代不可详知，然而最早不会早于黄帝时代。因为炎黄时男耕女织才成为普遍的生活形态，而分星纪、命星名，如前述始于黄帝。最迟又不会晚于周代，因为《诗经·小雅·大东》中已有了这个故事的雏形，兹将有关诗句今译如下：

夜天之上有一条银河，如镜面般闪闪发光。织女踮着足尖，一日间在七个方位上徜徉。虽然来来回回，却织不成什么花样；再看那明亮的牵牛星儿，他也空有牛儿，却不去牵挽车厢。

《大东》是周诗,引述了各种星象来比喻人事,因此所提到的牵牛、织女二星,恐也只是当时流传的牛女故事之节写而非全貌。《大东》的引述,还有些更复杂的意蕴,暂且不去说它。仅就描写的情景来看,牛女天河相隔而相望的基本情节已经具备。这种想象由天象而来,牵牛、织女二星在南斗二侧。《史官·天官书》及古注记南斗为庙,牵牛为牺牲,在南斗之北,近连河鼓,故牵牛又名河鼓,共十三星,形似一人挽牛。织女三星与牵牛中隔天河,形似一人踮足而望。织女为"天女孙也",即天帝的孙女,它与婺女四星相邻,形似一女临机而织。就分野而言,相应于吴越一带。结合《大东》为东方小国讽西周王室诛求无已,牛女故事应起源于东南。牛女二星相隔天河,唯七月七日夜,织女可度过天河至牛郎一侧,于是而有《风俗通义》所记牛女七夕相会故事:

> 织女七夕当渡河,使鹊为桥,相传七月鹊首无故而秃,因为梁(架桥)以渡织女故也。

可知在汉时就有"鹊桥相会"的传说,东汉末年的《古诗·迢迢牵牛星》第一次描述了这一哀怨的故事:

> 迢迢牵牛星,皎皎河汉女。
> 纤纤擢素手,札札弄机杼。
> 终日不成章,泣涕零如雨。
> 河汉清且浅,相去复几许!
> 盈盈一水间,脉脉不得语。

自此以后牛郎织女成为游子思妇的象征,不断见诸歌咏。至梁代《述异记》则综合以上要素更发展为一则完整的故事:

> 天河之东,有美丽女人,乃天帝之子,机杼女工,年年劳役,织成云雾绡缣之衣,辛苦无欢悦,容貌不暇整理,天帝怜其独处,嫁与河西牵牛之夫婿。自后竟废织纴之功,贪欢不归。帝怒,责归河东,但(仅)使一年一度相合。

《述异记》所述天帝惩罚牛女的情节,多为今代的解说者不满,认为歪曲了神话原意,是对劳动人民的污蔑,反映了统治者的没有人性。其实由上述故事演变来看,《述异志》是将《大东》所述织女废织布、牛郎废驾车情节移入了后世牛女相思故事,只是改变了《大东》本意。从《大东》全诗来看,有关牛女的想象应是"西人之子"——西周贵族对"东人之子"诛求无已,导致东人生产废弛的象喻,是周代对东夷族征伐不已,诛求无度的历史事实的反映。《述异志》采入这一情节而略加改变为"惩罚"说,也是事出有因,而非向壁虚构。后世的有关传说大抵由《述异志》而来,只是有的民间传说把"天帝"改成了"西王母"。

牛女故事还有两个分支应当一提。

一是孝子故事。西汉刘向的《孝子传》记:千乘人董永卖身葬父,服丧毕,道遇一女,自愿为其妻,并助之十日之中织缣百匹,以偿还主人借与董永的一万钱。事毕告永,自己是织女,因君至孝,故天帝遣己下凡助君。语毕,凌空而去。这是"天女下凡"型神话与牛女神话以汉代崇孝观念为纽带的结合。这一系故事又有多种变形,不一一。值得注意的是,故事的地点"千乘"为东周时齐国的邑名,在今山东高青县,参以黄梅戏《七仙女下嫁董永》的传奇中"七仙女",为东南神话中所常见,亦可为牛女神话起于东南作佐证。

二是海槎与支机石故事。

六朝时的《博物志》记天河与海相通,年年八月有浮槎(木排)往来。一人有奇志,就带着干粮乘槎上天而见牛郎织女。这位奇人,后来的记载,有人说为海若(海神名),又有传说称汉武帝时张骞通西域乘槎浮天,并携归织女所赠支机石。支机石,多传说在成都严君平卖卜处。这一系列故事包孕有天河流为人间河海的原始宇宙意识,而由海至天汉,也反映了故事的发生在东南沿海。牛女故事引发的风俗,便是七夕——七巧节。记载甚多,试引两条:

> 七月七日,其夜洒扫于庭,露(天)施几筵,设酒脯、时果,散香粉于河鼓织女,言此二星神当会,守夜者咸怀私愿。或云见天汉中有奕奕之正白

气,有耀五色,以此为征应,见者便拜,而愿乞福乞寿,无子乞子,唯得(只可)乞一,不得兼求。三年乃得言之(三年后方可说出当时所许何愿),颇有多其祚(福)者。

《荆楚岁时记》则记:

> 七月七日,是夕,人家妇女结彩楼、穿七孔针,陈瓜果于庭中以乞巧,有喜子(蜘蛛)网于瓜上,则以为符应。

"七夕"的节俗,今天虽已淡化,但是其意蕴依然深入人心。年轻人也许对古诗词已较生疏,但秦观的《鹊桥仙·七夕》却仍为大家所喜爱吟诵:

> 纤云弄巧,飞星传恨,银汉迢迢暗度。金风玉露一相逢,便胜却人间无数。　柔情似水,佳期如梦,忍顾鹊桥归路。两情若是久长时,又岂在朝朝暮暮。

帝女桑、帝女灵故事所逗露的对于爱情的追求,由秦词的最后两句做出了民族性的总结。

愚公移山

如同牛女故事与帝女桑、帝女灵故事相应一般,与帝女雀——精卫相应的,则有"愚公移山"的故事,见于《列子·汤问》篇,说是:

太行、王屋二山,方圆百里,高万仞。原本在冀州之南、河阳之北,也就是相当于今河南孟县之地的冀州南部。北山愚公,年近九十,因二山堵塞了出入之道,故聚集家人商议,要大家集心协力,搬去二座大山,使大路一直通到河南南部,直达汉水的南岸。大家纷纷同意,唯有他的妻子献疑说:"凭您的力量,还不能减损魁父这样的小丘(在今河南陈留),又能把太行、王屋二座大山怎么样?退一步说,即使能挖去二山,又到哪里去投放二山的土石呢?"大家说:"投放到东北方的渤海之尾,隐土之北就是了。"所谓隐土是传说中为元气所隐藏的东北方平原。于是愚公率一子一孙,共三个能挑担子的男丁,敲石垦土,用畚箕将土石运到渤海之尾。他的邻居京城氏之寡妇,有一个孤儿,约七岁,刚开始换牙,也跳跳蹦蹦地跑来助阵。寒往暑来,一年时间,方能跑上一个来回。

河曲智叟——一位居于黄河拐弯处的智慧长者,笑着来劝止愚公,说道:"太过分了,你不聪敏啊!凭您的残年余力,还不能毁损山上的一草一木,又怎能对付二座大山的土石?"

愚公长叹一声说:"您的心思也太固执不化了,固执到无可开通的地步,还不及寡妇稚子。我虽然会死去,但有儿子在,儿子又生孙子,孙子又生下他的儿子,孙之子又生下他的儿子,他的儿子又会生下儿子,这个儿子还会有孙子。子子孙孙,没有穷尽,然而山却不会增高,我又何愁二山不平呢?"河曲智叟听了,无话可答。

"操蛇之神"——握蛇的天神听说了这件事,担心愚公们真的挖山不止,就禀告了天帝。天帝感其诚,就命夸娥氏(即夸父族)的二个儿子——巨人之子背负起二山,一座放到朔州(今山西朔州)之东,一座放到雍州之南(今陕甘交界处),从此以后,从冀州南部,到汉水南岸,再也没有高山阻断了。

这个故事为国人熟知,我们不妨就其背景来作进一步的疏解。

列子,即列御寇,《列子》之成书年代虽多争议,然而《庄子》已提到"列御寇",知战国时已盛传其学说,后世庄列并称,二书所记故事亦相出入,因此今本《列子》虽容有后来成分羼入,但其保存先秦资料尤多,而与《庄子》同为演黄老之术的道家类书,则可无疑。《汤问》篇记商汤向夏革问理,二人之对答,其大旨则如晋张湛注所云:"知之所限,莫若其不知,而世齐所见以限物,是以大圣发问,穷理者对也。"夏革是一位穷理者,从姓名看,应是夏朝遗臣,他对商汤问有数十则寓言,围绕一个主旨,就是知识是有限的,世界是无限的,不可以所见所知去限量无穷的世界。也就是《庄子》所说"吾生也有涯,吾知也无涯,以有涯逐无涯,殆矣"之意。愚公移山故事当由这一大背景中去理解:

大山不可以人力搬移,这是世人的"齐"见——一般认识,也就是通常所说的知识,所以称持此见的人为"智叟",不过其见只同于愚公之妻——为妇人之见。

子子孙孙无有穷尽,所以山虽大,未必不可移。这是超越世见的大知识,大智若愚,因此称具备这种大智的人为"愚公"。有意思的是,"京城氏"之遗孤也从愚公之见而踊跃参与,这是庄列一系以"混沌"未开的童心为本质之心的反映,愚公之心也就同于这种不为世见所限的本真之心。

以上愚、智二组人物都是一主一陪衬,这故事的手法甚是巧妙。

愚智之争的解决,是我们尤其应关注的重点,有二事:

一是王屋、太行二山的位置,据《禹贡》学的研究,搬迁后的太行、王屋,大体同于后世二山的地理位置,而搬迁前的冀州之南,则是远古太行山之所在地(王屋为太行支脉)。因此,这则寓言故事的现实背景是远古时代的陵谷变迁,由此可证故事的渊源很早。

二是解决的过程,是操蛇之神惧之,而上报帝,帝感其"诚",而命夸娥氏二子背负二山而迁之。操蛇之神,为手操各种蛇的神人,夸娥氏,据茅盾《神话ABC》的考证,即夸父氏,为巨人族。操蛇神与夸父,屡见于《山海经》,而最值得注意的是《海外北经》所记相连续的二条。前一条记夸父逐日,道渴而死,弃其杖化为邓林,紧接着记:

> 博父国,在聂耳(国)东,其为人大,右手操青蛇,左手操黄蛇,邓林在其东,二树木。一曰博父。

这里所说的博父国,据段末"一曰博父",则实当为"夸父国",袁珂先生引《淮南子·地形训》"夸父,耽(聂)耳在其北"证之,甚是。又夸父的形象也是"操蛇"的,《山海经·大荒北经》记他"珥两黄蛇,把两青蛇",又说"后土生信,信生夸父",《海内经》则记后土为黄帝之裔孙,祝融之曾孙,共工之孙。以这些记载合起来看,夸父氏为龙蛇之族,而"帝感其诚"的帝当为炎帝,操蛇之神则或为祝融。因为在《计倪内经》所记四方帝系中,炎黄相承为帝,而祝融治南方,至《吕氏春秋》五方帝系,炎帝为南方之帝,祝融则为南方之神,辅佐炎帝了。据此"愚公移山"故事所述的时代当在炎帝为"帝"、祝融氏司南方之时。其情节为：愚公移山，惊动了祝融(或与祝融地位相当的一位方位神)，祝融禀炎帝，炎帝感愚公之精诚，遂命夸娥氏之二子负二山另行安置。这样愚公移山故事与精卫填海故事就显示了二者内在的同一性。这就是"精诚所至，金石为开"，百折不回的强毅精神(精卫鸟也就是一种精诚之鸟)，而列子更从哲理的高度揭示了这种百折不回的精诚，是突破世俗一曲之见的"大智慧"。

如果说如海燕般搏击于浩瀚大海上的精卫与子子孙孙不已而移山的愚公，体现了我们民族坚韧不拔的意志品格；那么帝女桑、帝女灵与牛郎织女则又体现了我们民族柔美如水的情感诉求。这两方面，如阴阳相和合，统一于一种带有悲壮色调的"精诚专一"之上，而无论男女。也因此"诚"——"精诚"，一直为历代哲学家用作为一个十分重要的哲学范畴，至宋代大儒周敦颐，更把"诚"作为最高的精神境界。而以上这一系列神话故事说明，这种境界在炎黄时代已经成就，所以炎黄时期也是中华民族精神史上一个尤其重要的时期。

第六篇 公天下 唐尧与虞舜

第六篇 公天下：唐尧与虞舜

继黄帝而起的圣王是谁，有关文献的记载相互抵牾。依本于大戴礼的《史记·五帝本纪》，在黄帝后、尧舜前尚有高阳氏帝颛顼与高辛氏帝喾，他们连同尧舜都被记为黄帝的族裔。然而这一谱系从《汉书》起就受到质疑。《汉书·古今人表》或许就以为少了"少昊氏"不行，故又将少昊氏插在颛顼氏之前。《竹书纪年》称少昊氏在位而不称帝，班固之说或由此而来，这说法虽然弥合了五帝何以变为六帝的尴尬，但还是与更早的文献资料及考古遗存扞格。譬如《尚书·吕刑》即记帝（颛顼）命重、黎绝地天通的起因，是蚩尤乱政，那么颛顼至少不晚于黄帝。又《山海经》记颛顼为少昊孺帝，而少昊、太昊同属东夷族风姓，与起于西北的黄帝轩辕氏显为二系。再如高辛氏帝喾或即天帝俊，或其事迹羼入帝俊事，帝俊为生下十月、十二月的商人先祖，亦为东夷，时代更早，以至有高辛氏补天之说，与黄帝族裔也扯不到一起。考古发掘为这些怀疑提供了实证，如河南濮阳西水坡仰韶文化发掘的蛇鸟合体的大型蚌壳摆塑，其时代至少在距今6000年至5000年之间，而该地的一应考古发掘证明，距今8000年前，这里就有先民活动的遗迹。濮阳为颛顼之墟，因此可证实颛顼时代不会晚于黄帝。如此，则《史记·五帝本纪》的五帝系列，应是汉代崇礼黄帝观念确立后的主观造作。

汉代由大一统而世代相承的帝国观念出发，炮制了远古世代相承的黄帝以下的族属帝系，而实际上远古历史的情况不可能这么划一。颛顼、帝喾，应是太昊伏羲之后，与炎黄同时相先后的强大部族联盟的首领(少昊更早于颛顼)，战国多种文献说到黄帝伏四帝(见前)，即是这一历史情状的反映。

可以证成以上推断的最有力的文献资料是孔子或其门人所撰的《易经·系辞下传》，成篇年代不晚于战国，其中所列开天辟地、造福民人的圣王也是五位——伏羲、神农(炎帝)、轩辕(黄帝)、尧与舜。"子不语怪力乱神"，所以《易经》传所记五圣都不用其天神性质的帝号(如炎帝、黄帝)，而是从文明史的角度列举古圣之功勋尤甚者，也因此省略了与炎黄相近的颛顼、帝喾、太昊伏羲之后的少昊，因为从文明史角度而言，他们的地位稍逊，而可以用时代相近而功勋尤著的上述五圣人包容之。

为此本书的叙述系列采取《易经》的说法，以尧舜时代上联炎黄时代，而将颛顼、帝喾乃至少昊的有关事迹，插入相近时段，在前数帝中以专节的形式作了介绍。后文我们还将结合考古资料来证成这一叙述线索的合理性。这是要说明的第一点。

其次要说明的是，本书中自本章起至第九组，皆属于尧舜时代，最后的第十组则为舜、禹交替时期。也因此本章的标题不用"尧舜时代"而称"唐尧与虞舜"。之所以如此安排，不仅因为内容太丰富，更由于相较于黄帝的神话，尧舜及禹的神话在观念上有以下三点重要的传承与变化。

① 虽然同为远古圣王，然而尧舜与禹已"挤"不进"五方之帝"的系列，所以天神的色彩已大大减弱，而"人君"的成分却相应加重；也就是说尧舜及禹的神话，历史性超过了幻想性，这应当是大量记录远古神话的周汉时期有关尧舜及禹事迹的历史传说与记录多了起来。《尚书》以《尧典》《舜典》为始，无论其成书年代有多少争议，但其事迹至晚在周汉之际广泛流传并被记录，却应当无疑。

② 虽然都是极其崇高的权威象征，但其形象已发生了重大变化。黄帝形象在"力"与"德"两方面是均衡的。一方面他如前此的圣王那样能呼风唤雨，通神驱鬼，伟力无穷，无所不能，被认为是百战百胜的威武之神，另一方面，他又任用贤臣而"勿躬"，命二十贤臣完成了中华人文的初创，被称为"中华人文始祖"。尧舜及禹的神话，则淡化了"武功"的渲染，而侧重于以"仁"为核心的德行的宣扬。所谓"柔远能迩"——以德行为根本，怀柔以使远邦来服，举贤授能来使国中协和，被认为是尧舜时代政治艺术的最高境界。于是在尧舜神话中看不到如"颛顼共工之战"以使天塌地陷、黄帝伐蚩尤"涿鹿大战"这类大规模战争的故事。圣王尧、舜自己的故事，主要是德行性质的。这种变化，应当说明了两个历史真实：一是黄帝确实建立了一个相当稳固的有"中央权威"的城邦联盟，中国的雏形在当时大体已备了，所以尧舜时代"武功"便退居其次；二是，由于这种政治格局的形成，我们民族性的道德理念——"力"与"德"的主从关系，也相应成熟起来。读者也许会反诘：这些神话都是晚周至汉被记录的，反映的是晚周至汉的政治理念，未必是黄帝与尧舜时代的实际情况。是的，我们不否认，有关故事渗透有周汉人的政治理念，但是任何改造，必有一定的原型为基础。我们知道，"黄帝"在周汉之际是至高无上的，甚至有"凡百伎术皆始自黄帝"之说，但为什么偏偏体现最高道德境界的有关故事不加之于黄帝，而非加之于尧舜呢？合理的解释一定是这类故事，当时主要存在于尧舜传说中，而非黄帝传说中。二是周汉之际对神话的记录，是两种选择的结果：由周秦时的礼乐崩坏而统一，到汉初的黄老之术，到汉武帝时"罢黜百家，独尊儒术"这一进程，是中华民族发展过程中对政治理念的一种历史选择；这种现实的历史选择，决定了周汉间对当时流传的神话故事有意无意的选择。他们选择了黄帝故事作为"出礼入刑"到"由刑归礼"的代表，而又选择了尧舜故事作为由"黄老之术"到"独尊儒术"的依据。因此对于一应有关尧舜德性的神话，当作两面观。一方面，它们虽然经过了周汉间人，尤其是汉人的筛选与改造，而筛选过程中也必遗失了其他性质的尧舜故事——今天吉光片羽的资料中仍可看到这种痕迹；另一方面，如张光直先生所论："神话有

建立习俗、控制行为准则与赋予一种制度以尊严及重要性的规范力量"(马林诺夫斯基语),"制度因神话有了权威"①,因此,被记录下来的尧舜德性神话的原初形态,必有着周汉间视德性为首要意识之胚芽,从而被后者用作说明现行制度权威性的证据。

③《韩非子》说仓颉造字"自环为私,背私为公",这从金文中还可以清楚看出。"私"字自环封闭,"公"字于自环之上加"八"(背),可见公私观念,在文字创始之初已经产生,而所以会造这两种字,更说明公、私之矛盾,已成为一种十分突出的社会问题。一应尧舜德性神话,由家庭到社会,其核心便是崇尚"公"的意识,这也是后来孔子所称"大公"的渊源。并成为中华民族伦理道德的核心观念,也因此我们以"公天下"作为这一组故事的总标题。

明确了以上问题,我们便可进入尧舜神话的介绍与解读了。

一、尧舜与龙凤——出身与族属

与前此的圣王只有族属标志而无出身记载不同,尧舜二王都有出身可循。帝尧陶唐氏,名放勋,"陶"是其部族名,也是其"职业"名,尧字,《说文》所录古文形似二人各顶一土,后世繁体"堯",还有其古意。制陶必用土,因知其部落原先或崇土而尤擅制陶,尧当为其尤杰出者,以至被尊为陶祖。据考古发掘,陶器在一万多年前就有,但未见以"陶"名族者,至尧部族以"陶"为名,足证当时的社会分工,已细化到族属层次。

陶唐氏的"唐",或说为尧的封地(在今河北保定市),或说"唐"即"煻",烘焙之意。陶唐即陶土烘焙以成陶器。其实二者是有联系的,这就要将尧的出生之地及其与舜的关系联系起来考察了。

今存文献最早记录尧出生地的是《帝王世纪》,此书久佚,后世辑佚文于

---

① 张光直:《中国创世神话之分析与古史研究》,《中共研究院民族学院研究所集刊》,1959 年第 8 期。

此有二说,一说为三阿,在今江苏高邮;一说为丹陵,丹陵,古无此地名,因此有多地争取其所有权。我们认为就《帝王世纪》一书而有二说来看,这二地应当相去不远。由此,高邮县所主张,其地底层为棕红色土壤的仙居山即为丹陵(山名),就尤其可重视了。有二事可为佐证。

一是高邮属扬州,而与扬州隔江相望的镇江南有丹阳。丹阳县唐时始名,是由秦曲阿县改置的。古曲阿县有延陵乡,曲阿、延陵,顾名思义,都指此地有绵延曲折的山陵,故颇疑丹阳之名,由处于曲阿、延陵之阳(山南)而来,而曲阿山土当近于高邮之红棕色。今丹阳至镇江铁路沿线亦可见土质多红棕色,可为以上推测作证。要之《帝王世纪》与"三阿"并举的"丹陵",应当在今镇江、丹阳至扬州、高邮这一不大的区域内。

二是由尧舜的关系可循得线索。

《国语·晋语》记:

> 昔陶之祖,自虞以上为陶唐氏,在夏为御龙氏,在商为豕韦氏,在周为唐杜氏。

我们知道,祖神崇拜是有族属性的,虞舜部落也以陶唐氏为陶神,正说明二族关系密切。

那么舜又生于何地,属于何族呢?

关于舜的出生地,有两说,一为诸冯(《孟子·离娄下》),一为"姚墟"(《说文·女部》)。诸冯有指为在山西者,但孟子明言舜为"东夷之人也"(持姚墟说的晋周处《风土记》,也说舜为东夷之人),又《山海经》记帝舜世系的二条,一出《大荒东经》,一出《大荒南经》,因此舜生于东南为东夷之人说由来已久,诸冯之另一说为山东诸城,古属青州而近海,故舜出生的诸冯当为山东诸城无疑。姚墟也有二说:一说在山东雷泽,一说在浙江余姚,但无论如何都在东南,所不同的只是一在黄河下游,一在长江下游。要之传说中的舜两个出生地诸冯、姚墟正处于尧的出生地之南北二端,一在黄河下游,一在长江下游。

由以上资料我们认为东南为尧与舜的始生地,而中原地区——河北山西有关尧舜出生的传说,应是二者封国后所建沿用故乡名的新邑。陶唐氏尧始封于今河北保定一带,并命其地为"唐",后为帝都于平阳(今山西临汾),考古发掘,平阳附近有陶寺,看来无论贵贱,尧所至之地,陶业也就因之发达兴旺,真是一个"不忘其初"的圣王。

关于尧舜的德业,下面有专节介绍,这里之所以要辨证其初生之地,是要说明这样一种历史情状:一方面,从远古起,要成为号令天下的共主,必须据有中原;另一方面,入主中原者,却未必为中原人。入主的形式有武功有文德,而尧舜则是以文德为天下共主的典型。

尧舜的出生又都伴随有天人感应的传说,起于汉代的各种纬书所记细节有所区别,而大体则同。

尧母庆都本为天帝之女,感大雷电而生。年二十,与赤龙野合而生尧。其家有玄云入户,蛟龙守门,所以尧时常乘六龙在空中飞行(《春秋合诚图》《易坤灵图》)。

纬书的感生说,虽不可全信,但是透露了帝尧部族是崇龙的,这在史书中可得到印证。《左传·昭公二十九年》就记夏代时,尧的后裔刘累,以驯龙术事孔甲,赐氏曰御龙,据此班固之父班彪的《王命论》,就以庆都感龙生尧与刘媪感龙生刘邦相应,称刘邦为"帝尧之苗裔",考古发掘可以支持帝尧为龙族的推断。尧都平阳东北三十里的陶寺,发现一个推断为礼器的彩绘蟠龙图像的陶盘,是今见中原地区蟠龙图形之最早者,山西襄汾陶寺遗址的年代在距今4500-3900年前,其上限恰与尧相近,其下限则约当夏孔甲时期,为"陶唐氏既衰"之时。这是尧族崇龙的最好证据[①],从而也可为上章推测黄帝时代在距今5000年左右提供参证。

虞舜的出生也有一段类似的传说,《帝王世纪》记瞽叟妻曰握登,见大虹蜺,意感而生舜于姚墟(《初学记》引)。这是说舜为龙属,因虹蜺从龙,《楚

---

① 参王维堤:《龙凤文化》,上海古籍出版社,2000年。

辞·天问》"白蜺婴茀"注"蜺,云之有色,似龙",江淹《赤虹赋》"赤蜺电出,蚴虬神骧",都可为证。

不过舜的问题要复杂些,前文已引托名刘向的《孝子传》记,舜父瞽叟夜梦凤凰,自名为鸡,衔米以食已,说鸡为其子孙,视之,却是一只凤凰,凤所说的子孙应验于舜身上,则舜似又当为鸟族。

又是龙,又是凤,看来矛盾,其实不然。据《世本·帝系篇》舜为颛顼氏六世孙,《史记·五帝本纪》略同。在"龙与凤"一章中,已辨析颛顼氏为少昊孺帝而入居太昊之墟者,其龙形为蛇鸟(龙凤)合体,因此说舜从龙从鸟是从不同角度着眼的,就系出少昊而言,为鸟族,生于东南的舜,想来其初以鸟为图腾或族徽。距今5000—4800年的浙江良渚文化的发掘物中有鸟羽为饰的冠,专家考订即当地酋长所带的"皇"(古文作羽上王下),此地近于姚墟,今浙江余姚,这是舜原为鸟族的有力佐证。舜后来移居山东,而为尧提拔,终于为继尧之帝,则自然有了龙象,这就同少昊孺子颛顼继位后"乘龙游于四海"一样,蛇鸟合体的龙的次要部分"鸟足"被淡化,而主体龙则凸显出来。在"龙与凤"一章,我们曾讲过,舜二次脱险,一次"衣龙工",一次"衣鸟工",这是他的族属合蛇鸟(龙凤)为一的最佳例证。

我们之所以要不厌其烦地辨析尧舜族属,是想说明,由颛顼氏开始的蛇鸟、龙凤合一的文化象征,至尧舜时代已经相当成熟了。这从有关二者形貌、祥瑞的记载中可以看出。

关于尧的形貌,综合战国至汉一应古籍的描绘,大抵为:身长十尺,面庞上锐下丰,眉毛有八彩,参眸子,九窍洞明,因忧劳而枯瘦似蜡人。其中"参眸子"即重瞳,瞳孔重叠为二。重瞳是舜的特征,如果尧也重瞳,则说明尧舜当有族属关系。当然这也可能是以舜的特征误植于尧所致,故暂且置而不论。"眉八彩"《白虎通》解为:"尧眉八彩,是谓通明,历象日

帝尧陶唐氏

月,璇玑玉衡",《尚书大传》则解为"八字眉",当如背私为公的"公"字上的八字,加上他的上锐下丰的脸庞,神似"公"字,《淮南子·修务训》就以为尧的容貌是"公正无私"之象。要之这是一种上应天道,下通人道,乘云气而养护阴阳的神龙之象。

帝舜有虞氏

舜的形象,集各书所记,大抵是,虽系出鸟族,然而龙颜大口,身材短小,大约也是因为操劳,故肤色黧黑,其最突出的特征是"重瞳",故称"重明",加倍的明达,因而"作书成法,出言成章"。尧的八眉"通明",舜的重瞳"重明",突出的都是非比寻常,"明"察秋毫的德性与能力。《埤雅》记:"骊龙之眸,见百里纤芥",所以突出尧舜的"明",也是以龙的神性赋予二帝。

以上族源,在龙凤文化上的反映是颛顼氏以来,龙凤(蛇鸟)合体,而以龙为主的倾向,得到了强化。一方面龙凤都是祥瑞,而另一方面,虽说入主中原者不必为龙属,但一旦入主,想要确立天下认可的权威性,则必须首先尊龙,龙象成为正统的象征。这一情况从有关二帝祥瑞的记载中可得到印证。

尧崇龙,但也兼重凤,《拾遗记》记:尧在位七十年,有鸾雏岁岁来集,《述异记》记尧时"十瑞",其中二种便是"凤凰止于庭,神龙见于宫沼",这类记载可上推到周汉,《荀子·解蔽》记周代逸诗:凤鸟啾啾,其翼若干,其声若箫,有皇有凤,乐帝之心。这位"帝",杨倞注谓即帝尧。

帝舜虽系出鸟族,但崇龙的记载,在其即位后越来越多,《拾遗记》记:南浔之国,有洞穴下通地脉,中有毛龙、毛鱼,同穴而处。帝舜时其国献毛龙,一雄一雌,故置豢龙之官。这条记载可与《左传·昭公十九年》所记互参,后者说是董父以善驯龙事舜帝,故帝舜氏与尧族一样,在位时"世有畜龙"。以上所说"毛龙""毛鱼"尤其值得注意,应是鱼龙而有毛羽者,或许是带有点鸟的特征。《拾遗记》在说舜时豢龙之后,更说"至夏代养龙不绝,因以命族。至禹导川,乘此龙;及四海攸同,乃放河汭"。这就是说夏代崇龙以龙命族、导源于舜继尧之豢龙。纬书《春秋运斗枢》更记:"舜为天子,东巡临观,黄龙五乘,负图出置舜前"。得神灵献图,是得天下的象征,而这神灵,不是凤而是龙,正说明舜主中原后的正统性,必须有"龙"作为象征。因此可以认为虞舜之由在东南之崇鸟,至居中原后的崇龙,显示了"龙"崇拜压倒包括鸟崇拜为主的其他原始崇拜,而走向独尊的一个重要环节。虽然后世还有所反复,如商之崇鸟,但龙崇拜为尊的基本趋势,经尧舜禹三帝,已经形成。龙,成为中华民族的文化纽带。

二、公天下——尧舜禅让的文化背景

尧舜时期政治文化方面最大的事件当然是所谓不传子而传贤的"禅让",先是尧让舜,再是舜让禹,早在周代就不仅见载于《尚书》有关篇章,且在民间广泛流传。

《荀子·成相》载有《成相歌》,所谓成相是民间流传的一种歌辞形式,为舂米或筑城等劳作时所歌,后世称之为"古今弹词之祖"。荀子《成相歌》三章,主旨在于举贤授能,其中第二章上半,即歌尧舜禅让故事,以其文词浅白,而颇有助于深入理解"禅让"之文化内含,录之如次:

> 请成相(成相为歌首领起之辞),道圣王,尧舜尚贤身辞让,许由善卷(二隐者),重义轻利行显明。尧让贤,以为民,泛利兼爱德施均。辨治上下,贵贱有等明君臣。尧授能,舜遇时,尚贤推德天下治。虽有圣贤,适不遇世孰知之?尧不德,舜不辞(杨倞注:"皆归至公"。按:"尧不德"句是说尧不以辞让为一己私德)妻以二女(娥皇、女英)任以事。大人哉舜,南面而立万物备。舜授禹,以天下,尚得(德)推贤不失序。外不避能,内不阿亲(阿者,私也)贤者予。禹劳心力尧有德,干戈不用三苗伏。举舜畎亩(农田之间),任之天下身休息。

显然,歌辞的主旨在于"尚贤推德"方能"天下治"。而君主之所以能尚贤推德,则在于"为民"以"皆归至公"而不"私"阿。

下面我们再进一步综合有关神话来具体讲讲这故事的背景。

1. 许由、巢父与善卷——禅让,特定时期的政治文化现象

让贤的想法,在尧,早就有了。传说尧十五岁辅助帝挚(非少昊挚),受封于唐,二十岁时挚便让贤于尧(《史记正义》引《帝王世纪》)。因此,让贤在尧舜神话系列中可说是传统,虽然,这还是兄弟相让。

尧时,有一位隐者叫许由。《庄子》与《韩非子》同《荀子》,也都记有尧先让位于许由。如《庄子》说:

尧让天下于许由,对许由说:"日月已经出来了,而烛火还不熄灭,对于光明而言,烛火不也太为难了吗?时雨已经天降,而有人还在灌溉,这对于水泽来说,不也太徒劳了吗?许夫子,您成立而天下治,而我还尸位素餐地占着王位,自己也感到不恰当,请让我把天下让与您。"许由说:"您治理天下,天下已经大治了;而我还去代替您,我就变得为'名'了。"名号是事实(主体)的宾客,我难道愿意当一名宾客吗?鹪鹩鸟在深林筑巢,不过占据一根树枝;鼹鼠饮于河流,不过喝足一肚子。您回去吧,天下对于我而言是没有用处的。厨子不愿干炊事活,尸祝(巫的一种)也不能越过厨子去代行炊事啊!"

许由的故事,至汉魏时由道家的一系列著作踵事增华,添加了许多情节。说是许由夏则巢居、冬则穴居,饥则依山而食,渴则凭河而饮。他没有任何器皿,常以手捧水而饮,有人送给他半个葫芦瓢,许由以瓢取饮后,将它挂在树上,"风吹树动,历历有声",许由感到烦扰,就把瓢取下毁坏掉了。于是"以清节闻于尧",遂有让位之事(《琴操》)。又传许由拒绝尧后,怕尧再来,就逃离了。并得齧缺的启发,遁耕于颍水北岸,箕山之下。尧又召他为九州长(当为某州州长),他不愿听,就在颍水之滨洗耳朵,意思是召命脏了他的耳朵。这时,他的朋友巢父牵了一头牛犊来饮,见状,问许由为什么洗耳,许由一五一十告之。巢父说:"您如果身处高岸深谷,不与人道相通,谁又能见到您呢?您浮游人间世,是想让人知道,而求得清节一类的名誉。我的牛犊儿,如饮了您

的洗耳水,就脏了嘴巴!"说罢,就牵牛犊到颍水上流去就饮了。(嵇康《高士传》)

无独有偶,得尧传位的舜,也有访隐让贤的故事。

《高士传》又记:

> 善卷者,舜以天下让之,卷曰:"予立宇宙之中,冬衣皮毛,夏衣缔葛,日出而耕,日入而息,逍遥天地之间,何以为天下哉(要天下有什么用呢)?"遂入深山,莫知所终。

《高士传》虽晚出,但从《荀子·成相》提到"许由善卷,重义轻利行显明"来看,至晚在战国时代,善卷与许由已经相提并论了。

以挚让尧为萌兆,尧让许由而终于禅位于舜,再到舜欲让善卷而终于举禹,形成了远古史上一段视天下为"公器",而非一姓一氏专有的"至公无私"(《高士传》记伯成子高语)的传说时期,这一传说,甚至到禹还想继续下去。据《尚书》等记载,舜欲传位于治水功高的大禹,禹却推举他的治水同僚伯益等,最后因禹子启逐益自立,这种"公天下"的传统遂告结束而开始了一姓一氏世代相传的"家天下"。

那么这"公天下"的远古时期是否确实存在呢?是否仅仅是周汉之间的人为造作呢?我们不妨来作些推究。

记载尧舜禅让的周汉时期,已是"家天下"的时期,就统治层而言,不会去主动编造这种性质的历史神话;而就文人而言,从战国的《世本》《竹书纪年》到汉初的《大戴礼·五帝系》与太史公的《五帝本纪》,可以看出一条编造史前"家天下"的历史轨迹。先此,《世本》与《竹书纪年》虽有六帝(五帝加少昊)相继的名号,但并未说他们之间有血缘关系,至大戴及太史公方才把五帝(去少昊)归为黄帝一系,并称"自黄帝至舜禹,皆同姓而异其国号,以章明德",明显是在宣扬秦汉之间一姓之"家天下"意识;然而这样一来,不仅将源出东夷的二昊族的圣王与系出西北氏羌系的炎黄一系圣王相混淆,而且淆乱了他们之间的世代前后。虽然在太史公的五帝系中也有尧让舜、舜举禹之说,但这已是一姓之内的父子相传或兄终弟及,充其量也只类同于挚让异母弟尧,而非异姓之间的礼让。因此,如说文人造作古史,这种自黄帝起一姓相传的世系才正合"造作"的头寸。

禅让故事不发生在黄帝之前是值得深思的。按理说,黄帝的地位,如上章所述,空前绝后,如果禅让纯属编造,编到"黄帝"名下,才最合情理。因此"禅让"不属黄帝而属尧舜恰恰说明了传说有相当的可信度,因为这是历史情状决定的。炎黄之前以氏族、部落为单位形成一个个同姓的小部族,没有异姓相让的社会土壤,炎黄相继而由黄帝最终完成的城邦(首邦)联盟,以中央一帝君临包括东夷、西羌等在内的天下万国,这时才会产生"天下共主"是同族相传,还是异族相让的问题。这样传子及弟,还是推贤举能的"政治文化"上的矛盾才会尖锐起来。黄帝如前所述,"勿躬"而开任贤先河,但没有一条记载说黄帝"禅让";也同样没有任何记载归之于尧舜之后,却由《荀子》以民间歌辞《成相》的形态完整地记录,这就说明,这一传说在周代已普遍流传而有较高的可信度,如果以之与《尚书》《五帝本纪》等有关记载相对看,便可悟到尧舜时代,对于黄帝开始的"勿躬"而"任贤"的政治文化,已作出了重大发展。

2. 帝尧的"仁政"——禅让的政治文化基础

关于尧禅位于舜,史籍的记载,远比传说复杂。《五帝本纪》记尧在位七十年得舜,又二十年后尧老了,就命舜摄行天子之政,又二十八年后尧崩,舜才正式登基为帝。

关于这一段一百余年的远古史的记载最突出的就是后来所说的"仁心"与"仁政"。"仁心"与"仁政"发轫于黄帝之前,而光大于帝尧,传承于大舜,是有关记载的一条线索,由于舜摄政的时间长达28年,有些举措很难区分属尧还是属舜,所以我们不妨以尧为主下及于舜,来介绍可视为禅让基础的此期的政治文化,归纳起来,有以下三方面。

① 仁爱之心——"惟刑之静"

唐尧起自陶工,大舜则"发于畎亩之中,七世为庶人"(《五帝本纪》)。想来这种并非高贵的出身对他们"泛利兼爱"以为民的品质有一定影响。

唐尧在神话世界中的总体形象就是"仁爱"的化身。

首先他是一位自奉节俭而自成威仪的君主,这从先秦子书起就多有记载:

如《韩非子·十过》记:古时尧领有天下,吃饭、饮水都用土器(粗陶器),然而南至交趾,北至幽都,东西至日月出入处,莫不宾服(《墨子·节用》所记略同)。《五蠹》更记:"尧之王天下也,茅茨不剪,采椽不斫(居茅草白木之屋而不加修饰),粝粢之食,藜藿之羹(食粗米菜羹),冬日麑裘,夏日葛衣,虽监门(小吏)之服养,不亏于此矣。"(《尸子》所记略同)。

尧更关心民间疾苦,汉代《说苑·君道》称:

> 尧存心于天下,加志于穷民。痛百姓之罹罪,忧众生之不遂(顺适)也。有一民饥,则曰:此我饥之也;有一人寒,则曰:此我寒之也;一民有罪,则曰:此我陷之也。

因此他为政日惕夕厉,自戒曰:"战战兢兢,日慎一日;因为人不会被山绊倒,却往往会被小土堆磕跌"(《淮南子·人间训》),也因此,虽然刑法在文明创造中不可或缺,尧与摄政的舜也一起完善了刑法,立有五刑——墨(黥面)、劓(割鼻)、剕(去膝盖骨)、宫(去生殖器)、大辟(砍头);然而又恩威并施,一方面"象以典型"——图像五刑,宣教于民众,使之敬畏法典;另一方面更立有种种防止滥刑,从宽发落的措施。

有执法时的四项原则:

"惟明克允"——必须明察案情,方可公正量刑;"宥过无大,刑故无小"——对过失罪,虽大也要从轻处理;对故意犯罪,虽小也要依法量刑;"罪疑从轻"——证据不足,虽有疑点,也要从轻处理,"与其杀不辜,宁失不经",也就是说宁可不严守律条也不错杀无辜。

"罚勿及嗣"——刑罚只对当事者,而不株连子女。

有对于五刑的人性化宽松处理方法:

"流宥五刑"，可以用流放来代替五刑；

"五流有宅，五宅三居"——对于流放者，要使他们有合适的居所。

这二条应是对于官民一体适用的。宽宥的对象有一定范围，称作"三宥"。对此，汉人有两种解释，一说是幼少、老耄、蠢愚；一说是弗识、过失、遗忘。"三宥"与"五刑"后世合称"五刑三宥"。

"鞭作官刑，扑作教刑，金作赎刑"——以鞭打作为办治官的刑法，以荆条抽打作为教官的刑罚，对于"意善功恶"，即动机本善，效果却很坏的，可以交赎金代刑。

这三条应是对官吏特设的宽宥之法。

有对于犯罪原因的深入体察与不同处理：

"眚灾过，赦；怙终贼，刑"：对于受人调唆支使的，虽有过失，也赦免；只有对那些怙恶不悛，终身为贼的，才施以刑罚。

以上有关宽刑与宥刑（刑与宥）的介绍均本于《尚书》有关篇章与太史公据此而改写的《五帝本纪·尧本纪》。太史公在有关记述的最后写道："钦哉，钦哉，惟刑之静哉！"这句话应是尧对摄政的舜所提出的刑宥措施的首肯。刑宥之法的实质是以"仁爱"之心来处理刑法问题。由于以"仁爱"为中心的教化先行，故刑法虽重，而触犯刑法者大大减少，这就是所谓"惟刑之静"。

《尚书大传》记孔门弟子子赣言："传云，尧舜之王，一人不刑而天下治，教诚而爱深也。"虽然"一人不刑"有些夸张，但"教诚而爱深"，则可以看作对尧舜刑宥之法的确评——这种评价由"传云"看，早在孔子之前已经广泛流传了。

关于"肉刑"是否人道、应否废止，是古代中国刑法史上一个争论焦点，由汉至唐几兴几废，争讼不休，而神尧以流宥刑的举措也一直被支持废肉刑论者作为主要依据，足见其影响之巨。

② 民生为本——敬天授时

"仁德"作为一种观念，其实行必须有"民生"的发展作为基础，而"民生"的发展又当顺天以行，因此尧舜相继，进一步发展了伏羲、黄帝时代的历法以指导农业为主的生产,这就是所谓"敬天授时"。

《史记·五帝本纪》据《尚书》等古籍,记载帝尧继位"其仁如天,其知如神",乃命绝地天通的重黎之后羲、和二氏"敬顺昊天",以历数之法观察日月星辰之早晚,从而"敬授民时",颁告民众依天时从事生产。又分命羲之二子羲仲、羲叔,和之二子和仲、和叔分居东、南、西、北四方之极,观察太阳的运行,昼夜的长短变化,以调整中春、中夏、中秋、中冬的日子,从而具体指导农业与畜牧业应时制宜的有序操作。经过长期的观察,终于确定了一年为三百六十六日,并设立闰月调整四时。

舜代尧摄政时,更发明了一种仪器——璇玑玉衡,而据《白虎通》记尧"历象日月,璇玑玉衡"来看,这发明应是尧授意的。所谓璇玑玉衡也就是后来浑天仪的前身。用来观察七政——日月与五星(水土金火木)在各时节的位置是否齐中。七曜(日月加五星)齐中,则春、夏、秋、冬、天文、地理、人道得正,所以称作"七政"。璇玑玉衡的形制据东汉蔡邕、郑玄等的解说,大抵如下:玉衡是一根长八尺,孔径一寸的玉管,像一支横箫,由下端可观察星宿,璇玑则是赤玉制成的圆周形物,直径八尺,圆周二丈五尺有余,悬挂而可旋转以象天。

玑衡相配合,即蔡邕所说"转玑窥衡(以衡窥察),以知星宿"。古书所述甚简,故具体形制不得其详,大抵当是通过衡管来观测悬玑上的星座标志与天上对应星座的相互关系。西汉落下闳曾制作此器(与张衡浑天仪不同),原物已不存,今南京紫金山天文台陈列有明代正统间所造的浑天仪,但结构更为复杂,应是后世改进的制作。虽然如此,考古发掘可以证明尧时天文观察可以达到文献记载的水平。2002至2003年考古学家在尧都平阳附近的陶寺发掘得一座单体建筑,面积约1400平方米。有三层台基。其上层挡土墙与台蕊之间立有11株土柱,呈圆形排列,11柱间形成十个孔隙。自台基中心处,通过这十个孔隙向外观察,除一隙外,其余九隙都与远处群山某一山尖相对应。山尖是观测星座移动的坐标,故专家推测,这建筑便是其时观象授时的天文台①。此台与璇玑玉衡的原理是相同的,可证玑衡之说并非虚造。

天文历法从来都是服务于农业以及畜牧业生产的。《五帝本纪》及相关古注说:民间不知节气变化的准确动向,对生产极其不利,因此二圣通过天文观察来推演历数,并颁告民间,使大家能敬依天时来从事生产。这就是"敬顺昊天""敬授天时",后世合之为"敬天授时"。历代历法多称"授时历",便导源于此。

③ 广开言路——进善之旌与诽谤之木

帝尧不仅"其仁如天",而且"其知如神"(《五帝本纪》)。这种知(智),尤其体现于他治政的开明上。有许多相关的故事。他广开言路,不仅"有进善之旌"(《尸子》),"置欲谏之鼓"(《邓析子》),更"立诽谤之木"(《尸子》)。所谓"诽谤之木",崔豹《古今注》释曰:"今之华表木也,以横交柱头,状若花也,形似桔槔,大路通衢悉施焉,或谓之表木,以表王者纳谏也,亦以表识衢路也。"据此可知,所谓"诽谤",不是后世意义的造谣生事,诽谤的本意是议论是非,有"腹诽心谤"一词,即指民间对治政的不满。尧时鼓励民人直接对他把不满讲出来作为"纳谏"的一种更广阔的途径,所以在大路通衢之口广设"诽谤之木"来为议论治政是非者指示前来投诉的路径。它应与"欲谏之鼓"相配合,来诉者依此木指示到达尧宫前,可击鼓以进谏。《古今注》又说:"秦乃去之,汉始复之",这是因为秦代连"腹诽心谤"者也要"弃市",所以容不得"诽谤之木";汉代以秦为镜,恢复"诽谤之木",可见此木为帝王召谏的标志,故为历代沿用。今天天安门前的华表,就是清代的遗存。

④ 群议举贤与分官建制——九臣十子与四岳十二牧(以皋陶与夔为例)

纳谏使进善以任官有了更广宽的天地。《说苑》记尧时有九位贤臣舜、契、禹、后稷、夔、倕、伯夷、皋陶、伯益。其分司官职如司徒、司空、司马等,显为附会《周礼》,不必尽信,而从其实际所司看应为:司万民教化与官吏举选

---

① 参武家璧、何驽:《陶寺大型建筑 IIFJT1 的天文学年代初探》,《中国社会科学院古代文明研究中心通讯》,2004 年第 8 期。略见杨升南、朱玲玲:《远古中华》,第 215—216 页文图。

(舜)、司兵马(契)、司工程(禹)、司农事(后稷)、司乐(夔)、司工师技艺(倕)、司宗族之事(伯夷)、司刑(皋陶)、司山林畋猎(伯益)。我们只需将禹与倕的职司、夔与伯夷的职司、后稷与伯益的职司合并,便大抵可与后世的六部:吏、兵、工、礼、户(农)、刑相应。再从九人的族属来看,舜为姚姓虞氏,禹、契、后稷分别为夏族、商族、周族,倕也是商族,伯益为秦族,伯夷为祝融氏后裔,夔据《山海经》有关记载,或为牛龙之属,皋陶"马喙"(《淮南子·修务训》)一说"鸟喙"(《白虎通义·圣人》),则当为以马或鸟为图腾的氏族。后二者均为非大族而居要职者,这样一个高层核心,却包括了上古各著名或非著名的族属,可见尧任贤的包容性。

值得注意的是舜摄政后,并没有"一朝天子一朝臣",据《五帝本纪》,他的中枢团队为十人,其中八人即尧执政时与他同列的其余八子,所增加的另二人:龙,当为二昊之裔,为纳言;彭祖,颛顼之后(职司未详),彭祖后与老子并称"老彭",所以或许如老子一样为史官吧,当然这只是推测。舜的这一团队,尤其是前八人,基本上又是大禹治水中枢团队的班底。治水成功后,舜欲让位于禹,禹却力推皋陶、伯益(详见第九篇)。这种包容各族而稳定性强的中枢贤人集群,应当是尧舜时代长治久安的基本保证。

如果与黄帝时代的分官建制比较一下,可见尧舜时代已有了长足的进步。

前章已述,黄帝对邦国的控驭,以二监与四个方面之臣(四面)为主,至尧舜时代,已划分天下为十二州。其统系为尧(或舜)为中心,与主管天地的羲、和(相当于二监)及九子(或十子)成为中枢;地方上则设四岳(相当于黄帝之四面,为羲和之四子)十二牧(牧为州的首长)。十二州至大禹治水后合并为九州。这是一个重大的创举,有两个意义。

首先,如果说黄帝以二监四面统领各邦国,是后世"封建"制(分封制)的雏形,那么尧舜时代邦国之上的二监十子与四岳十二牧制,已启后世州郡制的胚芽。虽然尧舜不如黄帝这般威严如神,但是中央对地方的控制,却因这一制度而加强了。

其二,四岳十二牧同时承担推举贤能之责。《五帝本纪》记:十子自尧时皆举用,未有分职,于是舜乃至于文祖(尧的祖庙),谋于四岳,辟四门,明通四方耳目,命十二牧论帝德,(以)行厚德,远佞人,则蛮夷率服。舜谓四岳曰:"有能奋庸善尧之事者(能发明尧的功德而增美尧的事业者),使居官相事。"于是四岳举禹,禹让于稷、契、皋陶。舜乃依群议,分命禹、倕、伯夷、夔、龙、伯益等新进六人(皋陶、契、稷久在官位)各掌所司,并感叹道:"啊,你们二十二人(六人加四岳十二牧)要敬行其职,牢记顺天所宜而行事啊",于是三年考绩一次,三考定官职升降。远近众功业都因此而兴旺发达。

《五帝本纪》这一段记述与前述《说苑·君道》在十子任职时间上小异,古史传说有所不同,然而精神是相通的。这就是在广开言路、举贤授能的基础上,形成了由地方举荐,由中枢合议的议政制度。舜本身的被任用即通过这一途径。《五帝本纪》记"舜年二十以孝闻,三十而帝尧问可用者,四岳咸荐虞舜"(这一段故事,我们在下一节会详述)。

确实通过这样一种举荐选拔形式,尧舜时期的这些大臣们都有不俗建树,如稷、契等前文已述;舜禹二者后文再详。这里且以主司法的皋陶与主乐的夔为例,略述在二人主持下,刑法与礼乐这两种维系社会安定最重要的制度的作用。

皋陶,又作咎陶,音高姚。前面我们说到舜摄政时作五刑与一应宥赎之法,而实际主持这项工作的就是皋陶。所以,《北堂书钞》引《纪年》就说"命咎陶作刑"。其人脸色青绿如削瓜(《荀子·非相》),也就是"铁面无私"之相,《淮南子》也说"皋陶马喙(《白虎通义》作鸟喙)"是"至信"之相。故"决狱明白,察以人情"。明白而能体察人情的个人素质,是循法以断而能酌情变通的基础,也因此《淮南子》又称皋陶司刑时"天下无虐刑"。

皋陶的刑法成就,催生了一则有趣的神话故事"獬豸决狱"。獬豸又作"觟䚡",《论衡·是应》篇说,这是只一角之羊,天性能识别犯罪。"皋陶治狱,其罪疑者,令羊触之。——有罪则触,无罪则不触。斯盖天生一角圣兽,助狱为验,故皋陶敬耳,起坐事之。"后世记载大同小异,只是增加了一些特色,如

"似山牛""青色四足""食草,夏处水泽,冬处松柏,一名任法"等等。獬豸后来成了刑法的代表,古代监狱并供獬豸,以显刑法之威严。《论语·颜渊》又记:"舜有天下,选于众,举皋陶,不仁者远矣"。《左传·文公五年》记臧文仲听说皋陶后裔的小国六与蓼被灭亡,不由感叹:皋陶不再有后嗣奉献祭祀了。这是小事吗?德将不建,民将无援,可哀啊!可见皋陶治刑以仁德为核心而为民提供援助,故使残民以逞的不仁者避之唯恐不及。也因此,獬豸其实是对皋陶品格的神化。

与皋陶主刑相应成趣的是夔主乐。这是尧舜时期礼乐发展的象征。下面我们便以夔乐为主,略述这一时期的礼乐发展概况。

在"涿鹿之战"一节中已介绍黄帝取东海中似牛神兽夔的皮制作雷鼓,而大胜蚩尤。因此可知,典乐的夔当是以神兽夔为部属标志的东方牛龙之族在尧舜时代的首领。

尧使夔典乐,至舜的时代夔则被任为乐正(《列子》《孔丛子》《史记·五帝本纪》),所以他是两朝的音乐主管。之所以二帝有这项任命,想来有两重原因,一是夔牛其声如雷,"以其名呼之,可以取虎豹"(《法苑珠林》),也就是威伏百兽;二是其"状如鼓"(同上),黄帝取其皮为雷鼓,而鼓在八音之中,不仅其声如雷,最为宏壮,而且鼓点有调节音乐节拍的作用,也因此一应有关夔的音乐记述都与百兽与调乐相联系:

夔为乐正鸟兽服。(《荀子·成相》)

夔乃效山林溪谷之音以歌,乃拊(拍)石击石,以象(模仿)上帝玉磬之音,以致舞百兽。(《吕氏春秋·古乐》)

后世传说"伯夔作磬"(《傅子》),应是由这条记载而来。

尧使夔典乐,击石拊石,百兽率舞,箫韶九成,凤凰来仪。(《列子·黄帝》)

所谓击石拊石,就是击磬;所谓"箫韶九成",就是以箫管为主演奏《韶》

乐九遍。所谓"百兽率舞,凤凰来仪"是说夔的音乐能感动禽兽,乃至使神鸟献瑞。

夔的音乐何以有如此强大的感化力呢?又有记载说:

> 夔之初作乐也,皆合六律而调五音,以通八风。(《淮南子·泰族训》)
> 夔为帝舜乐正,实能以乐尽治理之情。(《孔丛子·论书》)

原来夔利用了伶伦创造的律吕而上应天时下达人情。

以上这类故事其实都本之于《尚书·益稷》的一段记载,今译如下:

夔说:"碰击玉制的鸣球,抚弄琴瑟而咏歌,祖先们就降临了。他们快乐地各在其位,虽然本来都是一方后王,却都以德相让。更以管乐与大鼓小鼓,合以木制乐器(柷)敔,参以笙与大大小小的钟;于是鸟兽都踩着节拍舞动起来。箫韶奏到第九遍,凤凰就来献瑞呈祥了。"又说:"我击拍起石片(磬),百兽都舞动起来,百官更和谐一体。于是皋陶高兴地歌唱道:'元首明哉,股肱良哉,庶事康哉!元首丛脞哉,股肱惰哉,万事堕哉!'"意思是,君主圣明,大臣贤良,万事就兴旺发达;反之,如果君主烦琐碌碌,大臣就会懈怠,万事也就废弛了。皋陶之歌,正唱出了歌乐兼有颂与谏两重功能,乐的"和同"作用,正是由这两方面而来的。

与乐的发展相应,尧舜时代"礼"的建设也有了重大发展,因有关记载故事性不强,故附于"乐"后,综述如下:

尧在位时就建立了"五典""四门"等制度。所谓五典就是"五教"——"五常之教",即父、母、兄、弟、子之间的伦理关系,这是"礼"的内核,以此"五教"与后来《孟子》所总结的"五伦"相较,前者未明确列出君臣、长幼、朋友,而纯为家族内部的五个方面,这说明当时的联盟中各属族,有着或近或远的宗法关系,而孟子"五伦"的出发点,也是就自然而然为"父子"关系;所谓四门,为于举行大典礼的明堂四面辟东南西北四门,"四门穆穆",不仅为百官依时序班次出入,而且"宾于四门",以礼敬诸侯与远方宾客。舜应尧命摄政后更在此基础上进一步发展为一系列的制度。以璇玑玉衡上窥天象而制定了相应的各级祭祀制度、巡狩与朝觐制度、律度量衡(律为十二律、度为丈尺、量为斗斛、衡为斤两)制度,乃至"吉、凶、宾、军、嘉"五礼的仪轨,其中的嘉礼,就是"亲万民"之礼。关于车服制度,太史公仅云"明诚以功,车服以庸",即功成赐以车服,其具体的级差不详,然而公侯伯子男五等爵及其所执圭是见于太史公记载的。而良渚文化的考古发掘中即有圭,同时还有琮、璧、钺等饰件,参以后文将述及的《尚书·禹贡》所记,说明太史公的记载虽未必尽符实际,但是有一定依据的。良渚文化中的琮有的刻有人兽合一的神徽,应当是族徽性质的,这也可为当时"宾于四门"即不同族属的诸侯执圭来朝,以合符信作佐证。

我们尤其应当注意的是五典(五教)为核心的礼乐建设与"五刑"以及群议制的依因关系:这就是礼乐教化先行,辅以刑法,并以此为准绳来评议功过,确定奖惩。其著名的例子是经过群议,尧放四罪,舜流"四凶",与舜举"八元""八恺"。

尧所放"四罪"为共工、讙兜、鲧与三苗,前三者是治水失职与举荐治水之臣失当者,三苗则以治荆州数为乱而得罪。

舜所流"四凶"为帝鸿氏(黄帝族)不才子浑沌,少昊氏不才子穷奇,颛顼氏不才子梼杌、缙云氏(炎帝族)不才子饕餮,四者皆有不思悔改的恶行,而为各族忧患。

以上四罪都是部居首领,四凶都是五帝系的贵胄,看来,尧舜作为明君并无"刑不上大夫"之说;不过明正典刑仍以"流"(放)代替了肉刑,而且能"物尽其用",流放到四边,让四罪人去教化四边裔之民,让四凶去抵御四方魑魅。这应是"流宥五刑"规则的实践。

舜于"流四凶"的同时又举选了高阳氏的才子八人,世称"八恺"(恺,和也),使之主后土,使百事均得时序;又举选了高辛氏的八个才子,世称"八元"(元,善也),使之传播五教于四方,从而使得普天之下,父义、母慈、兄友、弟恭、子孝,内平外顺(诸夏太平,夷狄向化)。

下文我们会看到,舜本身就是这种群议选拔出来的"才子"。

如果说五教、五刑主辅相从,是针对华夏族内部的政治设计,则"宾于四门"则是主要针对边裔各族首领的怀柔政策。两方面合起来,就是所谓"柔远能迩"——对远邦怀柔,对近内举能(《尚书·尧典》)。这尤其体现于三苗的归服上。前文已述,尧时三苗治荆州数为乱,为四凶之一,尧恩威并用,放之而不杀,舜摄政后,发展这一政策,"以德服三苗"(《吕氏春秋·上德》),当时禹请求攻伐三苗,而舜不许,称"吾教犹未竭也",于是先施教化以怀柔,仅对尤其顽固不化的征伐之,并指导禹班师回朝,让武士执盾与羽在宫门前歌舞,一舞竟舞了七十天,这是以武力为后盾的文教,于是三苗终于来归《尚书·大禹谟》。舜封其弟象至有庳,便是让象继续贯彻以上政策。《五帝本纪》又记舜时四止:南至交趾北发;西及戎、折枝、渠廋、氐、羌;北到山戎、发、息慎;东濒长、鸟夷,"四海之内"均戴舜之德而宾服(《尚书·尧典》)。其疆域已大于黄帝之时,这便是怀柔之功效。

3. 舜歌《南风》与唐尧十瑞——新的至乐之世

礼乐教化,宽刑简讼以治近内,德威并用,宾于四门以伏远邦,使尧舜时代出现了一种新型的至乐之世。它比黄帝之前更秩序化,又比黄帝时代更温馨,这集中体现了舜抚五弦琴而歌《南风》的故事上:

> 南风之薰兮,可以解吾民之愠兮,南风之时兮,可以阜吾民之财兮。(《尸子》)

琴为君子正声,南风温柔,又称薰风。虞舜时,薰风南来,万民的烦恼被吹散;它更按时而至,风调雨顺,万民的财富也因此得以增殖。

这种新型的至乐之世,尧时已经开始。

> 尧为仁君,一日十瑞:宫中刍(草料)化为禾,凤凰止于庭,神龙见于宫沼(池),历草(蓂荚)生阶,宫禽五色,鸟化白神,木生莲、萐莆(瑞草,能生风扇暑,令食物不腐)生厨,景星耀于天,甘露降于地:是为十瑞。(《述异记》卷上)

"十瑞"中的"历草"要特别提出来一说。《论衡·是应》篇已记其情状,《帝王世纪》承之而所记略详:

> 尧时,有草夹阶而生,每月朔日(初一日)生一荚,至月半则生十五荚;至十六日后,日落一荚,至月晦(月末,三十日)而尽;若月小(小月,二十九日),余一荚。王者以是占历,唯盛德之君,应和气而生,以为尧瑞,名曰蓂荚,一名历荚,一名瑞草。

这故事有两点尤可注意。一是大月三十日、小月二十九日,与《史记·五帝本纪》记舜摄政时,推演历法为一年三百六十六日,并已有置闰之法相应,可见,阴阳合历的中国历法在尧舜时已基本定型。二是"唯盛德之君,应和气而生",正与《尚书》所记夔乐"允和"相应,体现了尧舜相继以仁德以致上下一体和谐的理念;《五帝本纪》记舜事任用"二十二人咸成厥功"(近)而使四海来贡(远)后总结说"天下明德,皆自虞帝始",说明汉代认为,后世儒家所称的"明明德"观念是虞舜继尧而完成的。

这里我们不妨讲个小插曲——游戏的发明。

黄帝蚩尤时期发明的游戏有二项,一是"角抵",即相扑或摔跤,是蚩尤族习武时所戏;二是蹴鞠,也就是原始的足球,相传为黄帝发明,用以"讲武选材"的。国人因此自豪地说足球发明于中国。尧舜时代也发明有两项游戏。一是围棋,说是"尧造围棋,丹朱(尧子)善之"(《世本·作篇》),丹朱性情浮躁,尧制围棋就是为了以闲其情(《路史·后纪十》);二是击壤,则是一种民间的游戏,所谓"野者之戏"(《释名》)。

蹴鞠图

《论衡》记有传为尧时的《击壤歌》:

> 日出而作,日入而息;凿井而饮,耕田而食。帝力于我何有哉!

嵇康《高士传》更记:

> 壤父者,尧时人,帝尧之世,天下太和,百姓无事。壤父年八十余而击壤道中。观者曰:"大哉,帝之德也!"壤父曰:"吾日出而作,日入而息,凿井而饮,耕田而食,帝何德于我哉?"

击壤之戏从"壤"字来看,其初应是以土块相击,即以土块置地,以另一土块掷击之。后世改为木制而流传久远。记得笔者小时候(20世纪50年代)还玩过这种游戏,现在的保龄球,当推此为祖先。

综上,炎黄时期发明的两项游戏都为"武戏",而尧舜时代的两项则均为"文戏"。这就折射出在记录故事的周汉间人的意识中,炎黄与尧舜虽然都是圣君,但是黄帝时代起的恩威并施,至尧舜时已更偏重于以"仁德"治天下,而野老壤父所歌末句"帝力于我何有哉"(帝何德于我?)则更反映了君民虽有等差,但是和谐一体,民风淳朴,并不以颂圣为能事。也因此,嵇康将这位野老收入了《高士传》,但野老自野老,高士自高士,将野老升格为高士,反而掩盖了故事的本质意蕴。

以上,我们从仁爱之心、民生为本、广开言路、群议荐贤、至乐社会等五方面分析了尧舜相继的文化传统,这也是尧禅位于舜的背景。大致而言,舜的一切举措都发轫于尧,而尧的一切德行都是由"仁"为出发点的。天道为仁,所以在确立"仁爱"观念的孔子心目中,尧的功德甚至超过了黄帝(孔子也很少说到黄帝):

> 大哉,尧之为君也!巍巍乎,唯天为大,唯尧则之。荡荡乎!民无能名焉。巍巍乎其有成功也,焕乎其有文章。

意思是说,尧法天道而施仁政,所以虽然他素朴从简,万民无从观察而名之(帝力于我何有哉);但他却是"大"——美而有光辉之谓"大"(《孟子》),

也因此,他虽然白屋素椽,却是以天道为准则焕然而有文章的圣君。

尧舜相继,如果说一应记述于尧偏重于"仁",那么于舜更由"仁"而侧重于"孝"。孝为百善之先,"孝悌也者,其为仁之本欤"(《论语·学而》)。因此孝是发自内心深处的仁爱之心的第一步体现,然后由内及外,推扩为儒家的"五伦"。而舜之所以为尧识拔,"孝"行是首要的因素。下面我们就来介绍一下舜如何为帝尧识拔的。

三、尧对舜的考察与禅让——由"孝"到"五伦"

> 故天将降大任于是人也,必先苦其心志,劳其筋骨,饿其体肤,空乏其身,行拂乱其所为,所以动心忍性,曾益其所不能。(《孟子·告子下》)

这段名言为国人所熟知,而孟子举以为此说论据的六个古圣贤的事迹,第一个便是"舜发于畎亩之中"。也就是说孟子以为舜是由底层开始,历经困苦磨炼而成为圣贤、圣君的最早的典型。不过在一应有关舜的神话传说中有一点非常突出,即与先此圣王不同,舜的发达又是与其家庭间伦理关系的调正紧密相关的。发于穷困之境与善处家庭关系是我们考察虞舜故事的两个必须注意的着眼点。下面我们就先从舜的家世开始说起吧。

1. 家世升沉与发于畎亩

综合先秦时代一应舜的记载来看,舜的家世不像《孟子》所述那样简单,而是曾经有所起落。

《山海经·大荒南经》记南方"从渊,舜之所浴也",所浴,古注多释为一般的洗浴,但我们认为"浴"当是"浴生"之浴,即后世的"洗三朝"——新生儿三日洗浴之民俗的体现。舜为少昊、颛顼之后历来无疑,参以《山海经·大荒东经》所记少昊之国在东海之外大壑,有甘山,甘渊,少昊孺帝颛顼氏弃瑟瑟于此,颇疑从渊或即甘渊,而孟子所说舜为东夷之人也应当是可信的。

"舜为有虞氏"的"虞",其初并非如《帝王世纪》等所说为地名,参以《墨子》佚文"舜葬于苍梧之野,象为之耕",可见虞舜族本与狩猎族有关,而"虞"即是一种神兽,《说文》:"虞,驺虞也,白虎黑文,尾长于身",又传说它"不食生物"(《诗经·驺虞·毛传》),所以又是一种"仁兽"。有虞氏其初是以虎类的驺虞为图腾,而以狩猎为生的部族,虎为百兽之王,这虎类的驺虞更有仁德,所以又有"舜德服象"之说(《楚辞·天问》洪兴祖补注)。袁珂先生认为舜本为著名猎手,山西虞城、浙江上虞之"虞"均为以氏得名。大抵如是。不过舜是否为猎手,尚可探讨,因为这与有虞族为狩猎部族不是同一个概念。

舜的时代,进入农耕社会已数百近千年,远古的狩猎部族也纷纷向农业为主转化,孟子说"舜发于畎亩之中",诸多记载又都说舜一开始"耕于历山",是完全可能的。据《左传·昭公八年》与《国语·鲁语》,从舜的五世祖虞幕开始,直到舜父瞽叟,都司职"听协风",亦即听风以预告气候时节,以便安排农事的吏员。瞽叟是盲老人,《国语·周语下》韦昭注就说,瞽是掌知音乐风气的吏员,为史官之属,称"瞽史",想来这是因为听风要耳力,而盲人正因失明而听力尤佳。由此可知,有虞族至晚由虞幕起已为由狩猎族转向以农业为主的部族。又其酋长戴鸟羽之冠——皇,则说明其族徽也由虎转为鸟,或归属于用鸟历的鸟图腾了。因为鸟历就是听风察候的历法。

由上章律吕介绍我们已经知道音乐与气候相关。上述韦昭注说瞽史"掌知音乐风气"即是明证。于是又有瞽叟与舜善于音乐而改造瑟的传说。《吕氏春秋·古乐》记"尧之时,瞽叟乃拌(弃)五弦瑟,作以为十五弦之瑟",舜更加上了八弦,"以为二十三弦之瑟"。上章我们已介绍除律吕外,弦索也是观察气候变化的器物,瞽叟与舜父子二代改造瑟,应当与此相关[①]。上述舜操琴而歌《南风》之诗,应当是这一段家族史的体现。

不过一应记有虞氏掌知音乐风气的记载,只止于"自虞帝至于瞽叟"而不及于舜。关于舜则几乎无例外地记其耕于历山,陶于河滨,渔于雷泽(《墨子》《尚书大传》《史记·五帝本纪》等),而与孟子所说"舜发于畎亩之中"相应合。

---

① 参王维堤:《龙凤文化》,上海古籍出版社,2000年,第四章。

因此可知,舜虽不乏音乐天赋,但已去其家族世职而以从事农耕为主。其原因无从详知。我们只能推测"重瞳",即目力"明"而奇佳的舜,不适合或不愿意从事多以瞽者担承的知乐听风的小官吏,而决心从头做起,由最普通的农夫开始历练自己的德性才能。

历山有多处,而从"陶于河滨,渔于雷泽"来看,河指黄河,雷泽则为在山东菏泽一带之雷泽,此地有历山并与孟子所说舜的出生地"诸冯"(山东诸城)相近。因此,无论舜是生于山东诸城(黄河下游)还是浙江余姚、上虞一带(长江下游),至舜开始产生社会影响时,他的活动地域已主要在黄河下游。江、河下游均属东夷地区,所以说舜为"东夷之人也"。《国语·鲁语》更记"殷人禘舜而祖契",禘为追崇始祖以上的远祖之祭(这里的舜古注以为指帝喾,舜为喾之裔),殷商为东夷族,黄河下游正是此族发祥地,这是舜成立后主要活动于黄河下游的重要证据。

舜在他早期的活动中就显示了非凡的德性与才能,《韩非子·难一》记:

> 历山之农者侵畔(争占田界),舜往耕焉,期年(一年后)甽亩正。河滨之渔者争坻(水中小洲),舜往渔焉,期年而让长(少让长)。东夷之陶者器苦窳(粗陋不坚),舜往陶焉,期年而器牢。

《孟子·尽心上》又记:

> 舜之居深山之中,与木石居,与鹿豕游,其所以异于深山之野人者几希;及其闻一善言,见一善行,若决江河,沛然莫之能御也。

可见他不但能农能渔且善陶,更以其亲民从善、明而有断的德性,调解民间纠纷,为民众所敬服。

相较于许由、巢父,舜虽同样蛰处民间,但不同于前二者之以清节自高。舜是与闻人事而积极入世的,耕于历山,渔于河滨,陶于雷泽,正是孟子所说"苦其心志,劳其筋骨,饿其体肤,空乏其身,所以动心忍性,增益其所不能者"的早期历练,也因此有理由推想孟子所说"行拂乱其所为",也包括舜失其家族世职而转而由从事"畎亩"之事做起。

2. 舜的被举荐与尧对于舜的考察——纯孝

舜之所以在民间有如此崇高的威望,除了他的能力,一应古籍所记,更重要的是他的以"孝"为根本的德性。下面我们以《尚书》等所记为主,参以《史记》等其他文献综述如下:

尧在位七十年时,舜年二十,即以孝闻,舜年三十时,尧感到自己已老了,就与四岳群议,希望他们中有人来继承帝位。四岳都说自己"德鄙",不足以任帝位,尧就命四岳"明明扬侧陋"(《尧典》),也就是《五帝本纪》所说"悉举贵戚及疏远隐匿者"。众臣皆对尧说:"有一位未婚男子,即有虞氏的舜。"尧说:"朕已有所听闻,他到底怎样?"岳(当为东岳)曰:"他是盲人之子:父瞽叟顽固,继母凶嚚,异母弟象傲慢不逊。三人时有杀舜之心,而舜则以发自至诚之孝心来调和矛盾,父母每有所求,他必在一侧,于是进之于善,而使家庭关系不至于陷入奸恶。"尧听从了群议,说"我将对他再作考察"。于是以自己的两个女儿下嫁舜,以观察舜的内行;又让九个儿子与舜相处,以观察他的外行。舜与二女九子居于妫汭——妫水的拐弯处,在今山西永济县境内。舜内行愈加谨敬,尧之二女也不敢以贵重而骄对舜的亲戚;外行亦善,所居妫汭之地,民众纷纷来归,一年成聚落,二年成城邑,三年成为一个大都城。尧之九子也因此受益匪浅。

尧十分高兴,就因才授官,命舜"慎和五典",五典——五教,因此而顺畅,形成父义、母慈、兄友、弟恭、子孝的社会氛围。于是又命舜"遍入百官","宾于四门"。四门穆穆,诸侯与远方宾客皆敬。"慎和五典"与"宾于四门"也就是"司徒"之所职掌的两个主要方面——教化万民,敬礼诸侯与远方来宾。二者皆顺敬,于是形成"内平外顺"的政治局面。然后尧又使舜进入深山大谷,舜经烈风雷雨的考验而不迷,足见其有"明德"。

以上种种观察,考验,前后三年,尧已深知舜确如群议所说,足以授于天下,于是又通过群议,让舜摄天子之政。舜推辞再三而就位。自己"北面"而不敢为"南面王",以示尊尧之意。并继尧推行了前述以"仁"为核心的种种政措。舜摄政二十八年后,尧去世了。"百姓悲哀,如丧父,三年,四方莫举乐以思尧。"尧生前,也曾有大臣放齐举荐过尧子丹朱,但尧深知丹朱不肖,不足授以天下。如果授于他,则"天下病而丹朱得利",所以说"终不以天下之病而利一人!"于是反常合道,授天下于久经考验的虞舜。舜在尧去世后,如儿子般服丧三年,丧期毕,舜又避让丹朱于南黄河之南,亦即黄河入海处之九河以南。然而诸侯朝觐也好,官民讼狱也好,讴歌圣德者也好,都舍丹朱而归向虞舜。舜叹道:"这是天意吧",然后"之中国而践天子位",是为帝舜。(《五帝本纪》)

我们纵观尧舜禅让的故事,除可以寻觅到上述当时的一应政治文化建设,更可感到其中对于君臣关系的一种观念:君臣相敬而似父子。在《孟子》所归纳的五伦系统中,父子关系是最根本的关系。由发自人类本性的"父子有义",推扩而为"君臣有敬"等其他四种伦理关系。神话尧"仁"而舜"孝"的重点不同却相互关联,即仁德的根因在于发自至诚的"孝"敬。晚周至汉,人们在倡导这种伦理原则的同时,将其渊源推溯于尧舜二位圣君,这是在黄帝神话中也没有的成分。因此,下一节我们再进一步来讲讲舜处理家庭伦理的有关故事,以推溯尧舜政治文化的本源。

3. 舜的家庭伦理故事——孝的推扩

值得注意的是,没有一个其他圣主像五帝末位的舜那样有如此完备而曲折的家庭故事。然而,清理有关记载,最早的《尚书》之《尧典》《舜典》等文献仅止于上一节所提到的"父顽、母嚚、弟傲",而舜能以孝行调和之,并无后来那些复杂的情节。现在能见到的这类故事情节,最早的文献是《孟子·万章上》,至汉,《史记·五帝本纪》或据《帝王世纪》等敷衍之,而此后的《列女传》、王充《论衡》,并皇甫谧《通史》等踵事增华,录入了诸多细节,遂成为一种传奇性极强的故事。因此这一故事的可信度当有两重性:一方面它是战国至汉代伴随"五伦"这一伦理观念的确立而逐渐成型的;另一方面它又很可能以史前口耳相传的舜的德行故事为内核。因为《尧典》《舜典》虽肯定并非尧舜时的文献,但它们最晚是由周代史官据传闻编纂的,而太史公《五帝本纪》末,也说到他有关黄帝、尧舜的记载参考了四方的民间传说。因此,我们可以认为,同尧以国事为主的"仁"一样,舜以家事为主的"孝",虽体现了周汉间的伦理观念,但都导源于史前神话传说。"仁"与"孝"合称"仁孝",也因周汉间的整合,成为儒家价值观念的核心,而主导中华民族五千余年,至今仍有不朽的意义。

综合有关传说,故事大体可分为三段。

① 象忧亦忧,象喜亦喜——舜以孝友获荐

故事的主要角色有六人:舜、舜父瞽叟、舜继母(失名)、舜弟象、舜的夫人即尧之二女娥皇与女英。(此外舜尚有一位妹妹——传称"始作画"的敤首);相关人物则主要为尧与有关臣子。这些角色之间的关系已足以构成孟子所说的五种人伦关系:父子有亲,君臣有义,夫妇有别,长幼有序,朋友有信。这五种关系称五伦,也叫五常。五伦首位伦是"父子有亲",由此推扩为后四种人伦。值得注意的是,太史公的《五帝本纪》虽涉及五伦各方面的人物,却没有直接引孟子的五伦,而用了《尧典》中的五教:"父义、母慈、兄友、弟恭、子孝"。五教纯从家庭关系着眼,既可明"五伦"本源于"五教",更可证太史公的记载有比《孟子》更早的史料依据。

然而可叹的是,其初,舜生长于一个与"五教"多所不合的家庭之中,他的生母早逝,父亲瞽叟不"义"反"顽",继母不"慈"反"嚣",弟弟象不"恭"反"傲"。使这一不顺于"五教"的家庭总归"顺于五教",是这个故事的主旨;而确实贯彻了子"孝"兄"友",亦即后来所说"孝友"(孝于父母、友于兄弟)伦理的虞舜以及他的妻子尧之二女,便是这一转变的动力。

继母为己生之子象设计,唆使瞽叟,三人一直想害舜——尽管舜如瞽叟梦凤那样(见前),担负着全家的生计——舜却始终秉持着"象忧亦忧,象喜亦喜"(《孟子·万章上》)的准则。因为他知道父母疼爱弟弟,弟弟高兴,父母也就高兴了。这就由最根本的父子之情推扩到兄弟之情了。于是他不仅事事避让,更随呼随到,以孝道避免违背人伦的家庭悲剧发生。正因这种品行,群臣向尧推举了舜,才有了前述尧考察并识拔舜的故事。推舜的大臣们都年长于舜而德高望重,故舜一再谦让而推举皋陶等人;老臣们后来地位虽都在舜之下并终于成为舜的臣属,却都不怨不艾,悉心力助舜。这些就体现了后来所说"少长有序""朋友有信"的伦理意识。

② 二女助舜,两度脱险——衣鸟工与衣龙工

瞽叟等三人害舜之心在舜被识拔后仍旧不死。这时家庭中多了两位新成员,舜之二妃,即尧之二女娥皇和女英。她们并不以帝胄骄人,却以舜心为我心,与舜一起为化解家庭纠纷作出了颇有智慧的努力。因此太史公称赞她们"甚有妇道"。这样父子有亲又推扩到了"夫妇有别"——就君族与臣族关系而言,二女远较舜高贵,但就家庭关系言,夫主妇从是为别(等差),舜又高于二妃。在家庭内部前一种关系要服从后一种关系。二女助舜克尽孝道,就是尽了最重要的"妇道"。后世的多种戏剧如《打金鼓》《盘夫索夫》等都体现了这种伦理原则;而舜以下的家庭故事也非常有戏剧性,曾被元明人编为传奇。

舜与二妃居于妫汭,一年成聚,二年成邑,三年成都(见前)。尧很喜欢,就赐予舜锦衣、牛羊与琴,还为他筑了仓廪。家庭财富增加了,反而使顽固的瞽叟更想为象而害舜,于是他命舜上仓廪去泥涂屋顶,舜商之于二女。二女说:"应该的,去吧。"又为之谋划,"到时如果戕害您,烧死您,您就衣鸟工,穿着喜鹊状的工作服登上廪顶去吧。"舜如二女言前往了。瞽叟们果然撤去了梯子,放火焚仓,舜就像鹊鸟般飞了下来,免于一难。瞽叟们又让舜去疏浚水井,二女又说:"应该的,去吧。"并让舜预先观察好水井周围的地形,去掉下裳,穿龙形的工作衣前往。舜下到井中,瞽叟们果然以土掩埋,舜就像潜龙一般,由事先观察好的方向旁穿一穴,通到另外一井,终于从土掩中逃出。瞽叟与象以为舜这下子死定了,很高兴。象说:"这事主谋是我啊!"于是要与父母分家产,说是:"舜的二位妻子即帝尧二女与尧所赐琴,象,我就领受了;牛羊与仓廪则归你们二老所有。"这样象就占了舜的房舍,得意洋洋地操弄起尧赐予舜的琴,这时舜出现了。象十分惊愕而不悦,就讪讪地说:"我正想念您而郁郁不欢呢!"舜曰:"是啊,您这样想就大抵合于兄弟友于之道了。"事后,舜不但不记仇,反而侍父母爱弟弟更加敬谨。

尧知道了这件事——应当是由"观其内行"的二女禀告的吧,认为舜确

帝尧二女

能克尽孝道，于是就如前述命舜任司徒之职。据传，尧多方考察舜期间，舜"每常谋于二女"，故《列女传》称二女"聪敏贞仁"。

据《五帝本纪》记，舜践帝位后，以天子的仪仗去拜谒父亲瞽叟，态度十分和顺恭敬，又封弟弟象于有庳为诸侯。关于此事后人评价不一。孟子弟子万章就质疑道："舜流四凶而封象。同为对待不仁之人，何以处置不一？"孟子解说道："仁人对于弟弟，不将怒气积聚下来，更没有隔宿之怨，亲爱之而已。亲之欲其贵也，爱之欲其富也。封之有庳，贵之也。如果自己贵为天子，而弟弟为一介平民，这可以说是亲爱吗？"孟子的解释同样是亲亲为根本观念的体现，但显然有点牵强。"亲情"与"法"的矛盾，在孟子的思想中一直是一个难以调和的矛盾，而孟子意见是宁可不信守刑法，也不能违背亲之情。孟子又有一个学生名桃应，很鬼，又曾问孟子，如果瞽叟犯了法，皋陶来审理执法，舜又该怎么办？孟子回答，舜当弃天下如弃破鞋，背负着瞽叟逃到他的故乡东海之滨去，终身快快乐乐地过日子。类似的故事。《孟子》有多则，我们且不去管它，而需要辨明的是，孟子对封象的辨说恐未必尽合舜的本意。舜封象至"有庳"很可注意，有庳或说在湖南道县一带，或说在广西始兴一带。无论如何，都是远离中原的边裔之地。这样做其实有尧时的先例可循。尧流四罪臣至边裔以变——教化四夷，舜流四凶，也是让他们"以御魑魅"，都是"流宥五刑"以"物尽其用"的体现。舜封象于有庳大抵类此而说不上枉法，只是缘于亲情，稍为宽松而已。而象这位凶顽的弟弟，看来也没有辜负舜的期望，于是而有了"舜德服象"的神话与众多传说，这与"二妃"湘妃竹故事一起构成了舜的家庭故事悲喜剧式的壮美哀艳的结局。

③"舜德服象"与"潇湘二女"

"舜德足以服象"，语见《楚辞·天问》洪兴祖补注。意思是舜的德性足以让凶顽的弟弟象顺服。袁珂先生等专家以为舜德服象本指猎人出身的舜,能驯服野象,一应"象傲"的故事是舜能驯野象的人格化与社会化,可备一说。至少舜弟名象,与野象有一定关系,不过不必如有些专家那样把舜与弟的故事,一一与野象比附。

象顺服而由"不才子"变为"才子",有诸多古籍记载,而其源头在于《墨子》所记"舜葬于苍梧之野,象为之耕",王充《论衡》之《偶会》《书虚》篇也都言及。耕田的象,自然是野象,野象感于舜之德性而来舜所葬之野助耕,这应是"舜德服象"的源头。魏晋以后,这传说又同舜与二女南巡故事揉合起来了。说是:

象封于有庳后,应当是做了不少好事,湖南零陵一带有"鼻亭神祠""象庙",广西始兴一带有"鼻天子冢""鼻天子城",南北朝至唐,这些象的庙祠一直为民众祭祀。《水经注·湘水》一段记载可以为一应象祠作出说明,说是应阳县(属零陵)北有鼻墟,是象的墓冢,"山下有象庙,言甚有灵,能兴云雨。余所闻也,圣人之神曰灵,贤人之精气为鬼,象生不慧,死,灵何寄焉?"这说明,象在西南边陲,是被百姓当作圣贤所化神灵来奉祠的,也就是起到了舜所期盼于他的感化边民的作用。《史记·五帝本纪》唐人张守节《正义》,又引唐初《括地志》记"鼻亭神在道县(属零陵)北之十里,故老传云,舜葬九疑(山),象来至此,后人立祠,名为鼻亭神",这就把象在南方做好事与舜南巡故事结合起来了。

舜践位后的很多大事,除前文已及者外,更重要的是举用大禹治理洪水成功,指导大禹以文德兼武功降服了叛乱的三苗,并决定上效唐尧,不传位于子商均而授天下与禹。这些到"大禹治水"一章再细述。这里且说舜决定禅禹后,于"践帝位之第三十九年,南巡狩,崩于苍梧之野,葬于江南九疑"(《史记·五帝本纪》)。舜之二妃或说从舜南巡,或说闻舜死而追至苍梧之野,"相与恸哭,泪下沾竹,竹上文(纹)为之斑斑然"。这就是潇湘之间有名的斑竹,或称湘妃竹。据以上传说,舜、二妃与象都来到了潇湘之畔九疑山下。民间传说把这些综合在一起,成为一则又一则美丽动人的故事。

宋代的《太平御览》引《郡国志》，谓九嶷山有九峰，其中第五峰"舜源峰"最高为主峰，上多紫兰，其两侧第四、六二峰为娥皇峰、女英峰；女英峰畔第七峰为箫韶峰，象征舜"箫韶九成，凤凰来仪"，而其下即是象耕鸟耘处(象与鸟，应是舜先后二种图腾的标志)。有趣的是，在民间不仅把兄弟叔嫂四人合成在一起，更将第一峰名为"丹朱峰"，以未即位的尧子丹朱来作为陪衬，象征舜封丹朱于南方丹浦。

近世的传说更为动人，说是舜的友悌深深感动了凶顽的象，舜南巡时，象追随前往，经过日晒雨淋的磨练，象下到洞庭湖洗澡，尽脱象形而完全是人的相貌了。他走到九嶷山箫韶峰下，就在那里开垦种植。后来舜进入山里，与害人的巨蟒搏斗而亡，象得知后非常悲痛，化为一只石象，永远向舜牺牲的地方舜源峰朝拜礼敬。

这传说显然是从《括地志》所记有关峰名演衍而来，但有两点极可注意。一是舜与巨蟒搏斗而牺牲的情节，未见于文献记载，应是当地流传久远而文献失记的有关的民间故事之一。二是故事不仅禀承了文献记载中有关舜家庭伦理的精神实质，更加以发挥，而形成更悲壮动人的美丽故事。可见以五教、五伦为代表的伦理观念，并非尽属于统治者所炮制的精神枷锁，其中更有基于人性、为民众所认同的价值观念，这在今天仍有积极意义。

附录　重明鸟的故事

尧舜禅代的故事至此已基本讲完了，最后不妨引用一则袁珂先生发掘得其意蕴的神话传说，作为本组的结尾。晋王嘉《拾遗记》卷一：

> 尧在位七十年，有鸾雏岁岁来集，麒麟游于薮泽，枭鸱(皆凶鸟)逃于绝漠。有祇支国献"重明之鸟"(舜号重明)，一名双睛，言双睛(重瞳)在目。(此鸟)状如鸡，鸣似凤(舜为鸟族，与瞽叟所梦自称鸡的凤相合)。时解落毛羽，肉翮(无羽的翅膀)而飞。能搏逐猛兽虎狼，使妖灾群恶不能为害(与流四凶相应)。国人莫不洒扫门户，以望"重明"之集。其未至之

时,国人或刻木,或铸金(铜),为此鸟之状。置于门户之间,则魑魅丑类,自然退伏。今人每岁元旦,或刻木铸金,或图画为鸡于牖上,此其遗像也。

以上引文括号中的说明性文字,即袁珂先生推测这故事或为尧传舜故事原型的理由。我们认为《拾遗记》晚出,"重明鸟"形象主要是威武而非仁孝,因此"原型"说尚待进一步探讨。然而如此多的形象重合,可以认为这故事与尧舜有关,在祇支国之所在、重明鸟究竟为何鸟未有确考前(颇疑祇支与佛教有关,重明鸟或为鹏属),谨慎的推测是尧时确有远邦来献重明鸟,后世以此鸟形象赋予安民保境的圣王虞舜,究竟如何,有待知者。

第七篇 夷羿射日除凶与嫦娥窃药奔月

第七篇　夷羿射日除凶与嫦娥窃药奔月

被视为仁惠普施、天下安宁的尧舜时代,其实仍免不了各种天灾,尤其是水、旱二灾的祸害。不过有关神话记载已不同于羲娲时代。羲娲主要凭一己神力救民于水火,而尧舜时代的神话,尧舜则作为明君而将治害救灾之重任托付于他们的贤臣,从而发展了从黄帝神话开始的"圣君贤臣"政治理念。这样一来,此时未尝称帝的英雄人物——羿与禹就被突显出来成了平服旱、水二灾的主角。本篇与下篇,我们就分别来讲他们的故事。

不过,羿射日与禹治水,故事形成的途径又有所不同,羿射日故事本源于更古老的"十日并出"神话,而被归总于尧时,就神话与历史的关系而言,更多神话成分,也因此不为正史所录;大禹治水,则更多尧舜禹时期历史真实而糅合了诸多神话成分,所以为正史所详载。因此前者可称"历史化的神话",后者可称"神话化的历史"。当传说的历史成分超过了神话成分时,远古神话时代也就将要结束了。所以这两种神话的形成过程,应是神话史的重要研究课题。

大禹治水下篇再讲,本篇先介绍英雄羿的故事。羿的诸多故事都与日月相关而以"射日"为核心,因此我们的讲述也以"射日"为主,兼及除其他诸害与其妻"嫦娥奔月"的传说,以相映照。"射日"故事,可称是一个故事群,其间关系犬牙交错,为此我们先要作一些正本清源的工作,以廓清迷雾,更好地理解故事的内容。

一、射日故事的有关文化背景

1. 羿的三种身份之谜——族属与身份

从文献记载来看,羿有三种身份,或说有三个羿。

其一天神说,《山海经·海内经》记:

> (天)帝俊赐羿彤弓素矰(带长绳的箭),以扶下国,羿是始去恤下地之百艰。

《海内经》是《山海经》中最晚成书的部分,下至战国之世,所以这条资料,未可视作最早的说法。而故事情节却说明,其中的帝俊已是天帝,"下国"之君当另有其人,所以故事的背景应在俊为部落领袖已死被尊为天神之后。

其二是有穷国诸侯说,《楚辞·天问》问道:

> 帝降夷羿,革孽夏民,胡为射乎河伯而妻彼洛嫔?

意思是天帝派夷羿降临人间,来为夏民革除灾患,为什么他却去射伤河伯,而将河伯之妻洛嫔作为己妻。

"夏民"古今都指为夏代之民。又《史记·夏本纪》三家注都说,夏代有个羿由封地迁于有穷。驱逐夏代第三位君主荒淫纵猎的太康,后更"因夏人而代夏政",所代为夏代第五代君主相。此后自己也"恃其射也,不修人事",而为谗臣寒浞所杀。唯《史记》及《索隐》等,均未及"羿射十日"事。

第三位也就是我们所要介绍的主角尧命之射十日的羿,故事具见后文。

三个羿引起了后世不绝的论争:集中于两个问题。一是这个羿是神还是人,比如袁珂先生就认为帝俊所命之羿"的的确确是个神,而非神格化的人",

第七篇　夷羿射日除凶与嫦娥窃药奔月

后世将他与夏代的"后羿"混淆了。二是羿究竟是尧时人还是夏时人,战国时已多将二者混为一谈。然而尧代至夏中后期,相隔至少七八百年,对此高诱注《淮南子》起就作了区分。认为射日的羿与代夏的羿是二人,然而仍未能解决射日的羿与帝俊所命去恤下民之艰的羿又是什么关系之问题。

这些矛盾,是与帝俊、帝喾、帝舜三者是否为一人相联系的。而《史记·夏本纪》"正义"所引《帝王纪》的记载可以对此作出较圆满的解释:

> 帝羿有穷氏,未闻其先何姓。帝喾以上,世掌射正。至喾,赐以彤弓素矢,封之于鉏(在河南),为帝司射,历虞、夏……至夏之衰,自鉏迁于穷石,因夏民以代夏政。

这条资料,因帝喾赐羿"彤弓素矢",与《山海经》所记帝俊赐羿"彤弓素矰"相合,历来被作为帝俊即帝喾的证据。其实,恰恰相反,这条资料不仅说明喾、俊非一,而且为"帝俊"遣羿说与尧时羿射日二者的关系的解决,提供了钥匙。问题的关键在于喾命羿"为帝司射"的帝,其实并非如持俊、喾为一论者所认为的是喾本身。联系前后文可知,这段文字是说:帝羿(夏代后羿)的先世姓氏不明,唯知羿之族,在帝喾之前世代任射正之官职,至喾时赐当时的"羿"彤弓素矰,并封之于鉏,命他"为帝司射",这里"喾""帝"分举,"射正"之世俗官称与"司射"区分;鉏在今河南滑县,离喾都亳(今河南偃师)更有数百里;可知这个"帝"实为天帝。喾为殷族之祖先高辛氏,帝俊则为殷族远祖,在殷商卜辞中称为"高祖夋",卜辞所谓高祖,不是后世所称曾祖之上一代的高祖,而是指"高明之祖","高远之祖",高明、高远均有天意,所以帝俊也是殷商族的天帝,《大荒东经》记东方大荒之中有神曰析丹,东方曰析,来风曰俊,处东极以出入风,则知东风名俊,而东方为明所出处。这应当是帝俊一称之由来。喾命羿"为帝司射"的意思是命当时的羿为帝俊陵司射,也就是后世的"守陵使"之属。这个"羿"的后代历经虞夏,夏衰,由其族始封地迁于穷谷,并"因夏民而代夏政",有穷氏之族名由此而起,而这个羿因为是封国之君故称"后羿",又代"夏政",故又称"帝羿有穷氏"。以上是《史记正义》所引《帝

275

王纪》的大意。

此外，尚有一个细节当略辨，即《山海经》所记"帝俊"赐羿"彤弓素矰"与《帝王纪》所说"喾赐羿彤弓素矰"是什么关系，二者又与"尧命羿射十日"是否同一回事？其实"彤弓素矰""彤弓素矢"是一回事，因此，首先可知"帝俊"命羿是"帝喾命羿"的神话化，将事件由地上搬到了天界，羿既为帝俊守陵使之属，则神话说他为帝俊所遣便顺理成章了。又《帝王纪》说羿"为帝司射"历虞夏，可见这个"司射"从喾时的羿起又成为其家族世职，喾、尧时代相接，《史记·五帝本纪》即以尧为喾之子。《淮南子·本经训》记"尧之时，十日并出"而尧遣羿射日诛凶后，接云"万民皆喜，置尧以为天子"，则命羿射日时尧尚未为天子，或是前章所述尧年十五辅佐异母兄帝挚之时。帝挚继喾在位仅九年，为尧所代（《史记·五帝本纪》及《索隐》《正义》），因此大体可以确定，尧时射日之羿即帝喾命"为帝司射"之羿（最晚不出一、二传）。尧辅政时命守陵使之属而世代善射的羿去射日除凶，功成，尧为万民所拥戴，而代挚为天子。历史家将此归功于尧，因而更有《论衡》多篇所述，儒书与《淮南子》（当为古本）记尧自射日之说；神话则归功于帝俊，而有《山海经》所记"帝俊"使羿之故事。二者均当为尧辅政时命帝俊陵"司射"的羿故事的异化。至战国时，屈原《天问》有"帝降夷羿，革孽夏民"之问，开始了喾、尧时的羿与夏时的羿之混淆。引起了后世无休止的争论。为区别起见，下文我们称尧时羿为"夷羿"，夏时羿为"后羿"。《天问》称羿为"夷羿"，提供了一点重要的历史信息，即羿族为东方氏族，羿从羽，为鸟图腾，再从少昊子般始作弓与《吕氏春秋》记"羿作弓"二种传说来看，羿与少昊氏有些关系。少昊氏、颛顼、帝喾均为殷族祖先，故喾命尧为"帝俊"陵司射，也更讲得通了，远古之时守祖陵者，当与王族有或近或远的血缘关系。

以上是必须弄清的羿射日故事的第一个背景。

2. 射日神话的渊源与意蕴

这是要弄清的第二个背景。世界各族都流传有太阳与太阳神的各种神话，然而"射日"却不仅是中国所独有的神话想象，而且普遍存在于境内各族之中,这是中华民族的一体多元文化的又一表现。

据民俗学家调查,"射日"故事南北都有,而以南方各族为多。南方苗族、瑶族、壮族、侗族、羌族、黎族、布朗族、布依族、彝族、仡佬族、哈尼族、拉祜族、傈僳族、纳西族,乃至西南西藏的珞巴族、东南台湾的高山族等都有射日传说。也因此有专家认为北方如蒙古族、赫哲族等的射日故事,当由南方传入(可备一说)。与射日神话相类似的还有"夸父逐日"神话,我们也将于本组附说之,以与"射日"相互印证。现在先说各族"射日"故事,限于篇幅,试举隅如下。

① 各族射日神话举隅

苗族《史诗》在叙述"至公与雄公""且公与当公"造出十二对日月后,有专节述英雄"昌扎"射日月故事。说是十二个太阳耳背,把天神让他们轮流当值的嘱咐,听作一起出来,于是山石与人都被晒化了。昌扎便站在马桑树上,射下了十一对日月。剩下那一对吓得不敢出来,天地间便一片黑暗。人们让公鸡啼鸣相催,最后的那对日月才轮流出来,昼夜便交替出现。公鸡叫出最后一对日月或最后一个太阳的故事同样见于瑶族传说,射手格怀跋山涉水射落九日,剩一日;壮族传说,侯野射落十一日,余一日;赫哲族传说,莫日站在高山上射下两个太阳,余一个等等。可见此类神话,有同一个源头。

在诸多射日神话中有三事最值得注意:

一是布依族的射日传说有多种不同的版本。其中之一竟说射日者为伏羲兄妹,这与西南洪水后再造人神话中,多有以伏羲兄妹为主角同一性质,共同显示对伏羲兄妹为中华始祖的文化认同。

二是射日神话中有月亮为太阳所变一类:侗族创世史诗《密洛陀》有《射日月》专节,说是天神密洛陀创世后,天空出现了十二个太阳,要把人类晒死,密洛陀令其九子射下十个太阳,留下两个。白天出来的是太阳,晚上出来的叫月亮。台湾高山族的《太阳与月亮》神话则说,天上原有两个太阳,伊西卡姆丹的父亲射日,其中一个被射中,光线变暗了,就只能出现于夜间,变成了月亮。高山族的传说与侗族上述传说后半节非常相似。联系高山族的其他开辟神话,如咖道与嘎拉斯夫妇以长杆撑天,与布依族力戛撑天相似;二兄妹乘木臼躲过洪水、再造人类与南方广泛流传的兄妹再造人类相似,可以认为高山族为古越族的一支的说法,应当可信。

三是西藏珞巴族的传说:天地成婚,生下了九个太阳,七个住在一个叫金冬日的地方烧烤汇集于此的大地之水。谁也看不见。另外两个住在天父的怀抱里,像他的两只眼睛,看着大地。其中一个,晒死了它的同胞究究底乌的孩子,被究究底乌用箭射穿,再也不能发光了。从此天父怀中只剩下一个发光的太阳。这故事中九个、二个、一个的情节,也与侗族传说近似,联系西藏地区更广泛流传的《谁把天地分》神话中说:天地、阴阳、汉藏原本混合在一起,分开天地的是大鹏,分开阴阳的是太阳,分开汉藏的是皇帝,可以看出藏汉乃至西南其他兄弟民族血脉相近的文化联系。

各地各族如此众多的多日并出与射日神话,应当有着一个共同的历史记忆为故事发生的背景。下面我们就来进一步探讨这个问题。

②"多日并出"与"射日"的文化意蕴

多日并出,自然是不可能的,于是引发了研究者的种种推测。有认为是"日晕"现象,并列举今代各地日晕时,天空有数个太阳影像的报导作佐证。又有专家认为十日象征古时有十个以太阳为图腾的部族,所以射九留一,反映了族间吞并,也就是"天无二日"之意吧。然而战国至汉,一应"十日"故事,均与亢旱相关,而以上二说却与亢旱无关,只是企望将神话科学化或伦理化的假说,未可信从。所以我们还是由"十日并出"的最早记载来寻求故事的意蕴。

"十日"并出最早见于《山海经·海外西经》:

> 女丑之尸,生而十日炙杀之,在丈夫国北,以右手障其面,十日居上,女丑居山之上。

《海外经》是《山海经》中成书较早的部分,王红旗先生认为当成于夏代。由此条可见"十日并出"的最早意蕴是亢旱杀人而不可能是族间吞并。一日之光无以形容之,故幻想为十日并出以极言旱象之严重。

袁珂先生认为女丑为十日炙杀,当是古代以暴杀焚杀饰作旱魃的女巫的祛旱仪式之反映。参以《海外西经》所记女丑之尸在女祭国、巫咸国之间,又《大荒西经》记"有人衣青以袂遮面,名曰女丑之尸",则以女丑之尸与旱魃相联系是有见地的,因为旱魃正是衣青的(见《山海经·大荒北经》)。然而袁珂先生忽略了上引"生而十日炙杀之"的"生"字,"生"字说明被十日炙杀者是一个女婴。因此更合理的推断是,此女婴因被炙杀,人们怜之,而以之为司旱象的女魃。也就是说女丑之尸当是旱魃的原型,"魃"字从鬼,可见由尸化来。因此《海外西经》所记整个十日故事,便是大旱的象喻。十日并出,不仅见于《山海经》,更见于《庄子》《墨子》《竹书》等先秦古籍,可见与兄弟民族一样,汉族同样有着大旱杀人的惨痛的历史记忆。

有十日,然后有射九留一的祛灾想象。这想象从《论衡》言古本《淮南子》说儒书所传来看应当是汉代以前就有的。而楚辞《天问》言"羿何彃日,乌焉解羽",《招魂》言"十日并出,流金铄石"则可为这一推断作佐证,而引起我们尤其关注的是各书所言均为"十日"。《楚辞·远游》有"朝濯发于汤谷兮,夕晞余身兮九阳"之句,这个"九阳"是指一日在轮值之外,剩下的九个栖乎扶桑下枝的九个太阳。所以并非如有的研究者所说的汉族也有"九日"之说。十日与兄弟氏族所说"十二日""三日""二日"等明显有别,而反映了汉族先民特定的文化意识。

前面数章我们已多次提到《山海经·大荒经》记帝俊之妻羲和生十日,常羲生十二月,且有"浴日""浴月"之说。十日、十二月正与传为黄帝时代所定"天干"(十)地支(十二)相应,为后世阴阳合历与以干支记年、月、日之先声。可见"十日"说当发生于黄帝后。唐尧时代"乃命羲和敬顺昊天,数法日月星辰,教授民时",并定"岁三百六十六日,以闰月正时"(《史记·五帝本纪》)正是黄帝历的发展,而所命"羲""和",则与生十日之帝俊妻名"羲和"相应,当为"羲和"一名之分拆。羲、和总掌日月星辰,羲仲、羲叔与和仲、和叔分于四方,以正中春、中夏、中秋、中冬,是唐尧时历法的大致轮廓。因此,可以推断女丑生而为"十日"炙杀的神话,也当发生于黄帝至唐尧时期(女魃初见于黄帝神话,正可为此佐证),"尧射十日"或"尧使羿射十日"故事,正是女丑之尸神话与帝俊遣羿下恤民艰神话想结合的产物。

③ 夸父逐日——射日神话之先行

与"羿射日"可相互映发的更有"夸父逐日"神话。初见于《山海经·海外北经》:

> 夸父与日逐走,入日,渴欲得饮,饮于河渭;河渭不足,北饮大泽,道渴而死。弃其杖,化为邓林。

夸父逐日

应晚于《海外经》的《大荒经》,对此所记略详:

> 大荒之中,有山名曰成都载天。有人珥两黄蛇,把两黄蛇,名曰夸父。后土生信,信生夸父。夸父不量力,欲追日景,逮之于禺谷。将饮河而不足也,将北饮大泽,未至,道渴而死。弃其杖,化为邓林。

此条当为上条与《海外北经》博父国(见前"愚公移山"节)演衍而来。《山海经》之《山经》《海外经》《大荒经》中更有一些关于夸父的零星记载,地域广及东西南北中五方,故其族裔已不可详考。《大荒北经》称"后土生信,信生夸父"。后土为共工之子,共工为祝融之子,祝融又为颛顼氏之孙,这样看来,夸父氏其先似应为东夷之族。《东山经》称豹山(在泰山北六百里)有兽焉,"其状如夸父而彘毛",《海内经》记夸父助蚩尤与黄帝征战,而被应龙所杀,可以作为参证。所以夸父为颛顼、祝融、共工、后土一系可以说是合理推想。

夸父逐日的意蕴是什么,同样扑朔迷离,神话学界多以"远古神话的创作,必有其实际目的"为前提,认为夸父单纯地与日逐走没有任何意义,所以

希望找出其实际目的。于是而有种种推断,其中较有影响的有三类四说:

其一,"竞胜论",袁珂先生认为或当是表现了先民"对光明的追求,或是与大自然的竞胜,征服大自然的那种雄心壮志";

其二,"驱旱说",刘城淮先生认为"当是为了消灭旱灾去追日的";

其三,"巫觋说",王红旗先生认为是远古的一种驱逐"妖日"的巫术活动,巫师表演追逐太阳,干渴而死,结束时众人象征性地展现妖日被驱逐、万木苏生的景象;

以上二说都认为与旱灾有关,可合为一类。

其四,"测日影说",尹荣方先生承冯天瑜先生"估计无非抱着观测太阳,制服太阳的高大志愿"说,认为"欲追日影"是为了测量日影的短长,完成历法的制定,而夸父杖所化邓林就是用以测日影的"日圭",与拉祜族神话中的"扎鲁树"相近。

四说都有一定依据,也各有未周之处,因此我们且不忙判断是非,先回过头来,仔细分析一下"神话本身"的几个要点:

首先,《海外北经》说"夸父与日逐走",至《大荒北经》方说"夸父不量力,欲追日景",因此"追日影"是后起的说法,所谓"不量力"也显然是后起意识。因此"测日影以定历法"说并非神话的原初意义,且此说所列其他证据也与神话情节未可匹合。

其次,"与日逐走",逐、走连用,则逐非驱逐,而是追逐,逐走即赛跑之意。因此驱旱说驱"妖日"之巫觋仪式便也不合神话本意,且驱逐"妖日"说的所谓巫觋仪式也尚缺乏民俗学的依据作支撑,只能说是一种想象。

这样袁珂先生所主"与大自然竞胜"说,应是在主体层面上较通达而符合神话本意的解说。可与此说参证的是,《山海经·西山经》记有禺状豺尾而善投的夸父兽(《淮南子·墬形训》高诱注称之为神兽)。禺为猿猴之属,又善投掷,这形象有点像类人猿,则夸父族其初当是极古老的狩猎族,其善走(奔跑)亦在情理之中,《海外北经》郝懿行注则说"夸父善走"。因此,"与日逐走"便是要与日行九州七舍、五亿万七千三百九里的太阳比比谁跑得更快。应当注意在一应有关大人族的神话故事中,夸饰其神力,是普遍的现象,如《列子·汤问》记龙伯国巨人举足不盈数步,便遍及海上五神山,下一次钓钩,就钓起了载负有五座神山的六只巨鳌,使岱舆、员峤二山流于北极,沉于大海,海上巨亿仙者为之搬迁。天帝震怒,便逐渐缩减其国土地,缩短其人身材,然而至伏羲神农时,其国人犹身高数十丈,龙伯巨人与夸父大人,应同属东方部落之孔武有力的巨人族。

再次,将逐日与掷杖化林联系起来看,又显示夸父身死而造福人类的意识,与盘古神话的意识有相似之处。如果一定要寻找原始神话的"实际目的",那么对祖先神力的崇拜与对其造福后人的敬仰,便是这"实际目的"了。如再深究一下,也许含有禺图腾的夸父族与崇日部族竞争的寓意。

最后,虽然夸父神话其初并不直接与驱旱驱"妖日"相关,但入日而渴死,还是包蕴有烈日杀人的历史记忆的。就意识层面而言,可以认为夸父为日晒死,是女丑生而为日炙死的先行。致夸父死的是一日,致女丑死的是"十日",因此可推断夸父逐日神话当发生于"十日""十二月"的意识产生之前。

顺便再探究一下《大荒北经》有关记述对《海外北经》的演衍,其中包括三个要点。一是增添了夸父的谱系;二是改"与日逐走"为"欲逐日影",并贬之为"不自量";三是改"入日"为"逮之于禺谷"。这三点共同显示了以日为尊、夸父为愚,而日终归不可追、不可入的意识。这应是崇日部族的改造,而就谱系来看,应是形成于五帝时期或更后,这也许与夸父族助蚩尤战黄帝、兵败为应龙所杀有一定联系,因所说为推究,尚无确据,姑存于此,以待高明。

综上,夸父追日,应是早于十日并出及羿射九日故事的神话故事,二者均属太阳神话故事群,而共同体现了初民与自然抗争的勇气与伟力,以及对造福后人的始祖神的敬崇,二者与羿的族系神话交集,而有夷羿射日故事的发生。明确了以上背景,便可进入对射日除凶故事的解读了。

二、夷羿射日除凶

1. 神乎其技的猎人族夷羿

前文我们已据《史记正义》，概括地辨析了羿的历史情状，而无论是为世俗的"射正"，还是为"天帝俊"司射，都离不开弓箭与射技。善射是夷羿的部族特征。羿，《天问》已称之为"夷羿"，《说文·夷》"夷，平也，从大从弓，东方之人也"，均说明羿族属东夷部落，且为孔武有力而善射的猎人部族。这一点与夸父族有相通之处。又，夸父族属的图腾或记为兽类的禺，《北山经》则说为四翼，一目，犬尾的鸟类嚣而其音如鹊，则其族似当为鸟族分支。后出的《大荒经》说夸父操蛇，当是其族为黄帝降服后归属龙蛇图腾的反映。而羿，前已说明必为鸟属，这些都可以作为"夸父追日"与"后羿射日"有前后相联的内在联系之参证。

羿族善射，有许多文献记载，这些记载可能与不同时期的羿有关，既无明文区分，不妨作为族属特征综合如下：

"羿作弓"见于《吕氏春秋·勿躬》与《墨子·非儒下》，则羿是可与少昊子般相提并论的又一位东夷族的弓箭神。又传说，他善射的技巧，得之于楚地荆山"弧父"（《吴越春秋》），"弧父"意即"弓祖"，因此羿的射艺达到了"神乎其技"的境地。《管子·形势》篇说"其操弓也，审其高下，有必中之道，故能多发而多中"，多发多中应当是同时发射数箭而一一命中之意。《庄子·庚桑楚》则说"一雀适羿，羿必得之"，这记载至《路史·后纪十三》更演衍为一则神奇而意味深长的故事。说是羿曾从吴贺北游，见一雀，吴贺命羿射之，羿问道："让它生，还是让它死？"吴贺说射雀之左目，羿发射，却中了雀的右目。羿深以射左中右为耻，由是不断修炼，终于"妙中高出天下"。这是说羿的射技是由知耻能改、日修月炼而来的。《山海经·海内经》更记昆仑之高，"非仁羿莫能上焉"，称之为"仁"羿，"知耻而后勇"应是原因之一。羿习用一种名作"乌号"的强弓，这也许与他的禀赋有关，《淮南子·修务训》记其"左臂修长而善射"，想来左臂执弓，左臂长，开弓的幅度就大，所以善用强弓。族属传统、天生的体型与内在的仁德,使羿深得人们的信任,于是"越人争为持的"(《韩非子·说林下》),也就是争先恐后地为他举起箭靶子。这当然是深信羿"射远中微"(《荀子·王霸》)而绝不会误伤自己。

这样一个"仁"而又"神乎其技"的羿,自然是为民除害的最恰当的人选了。

2. 夷羿射日除凶

有羿除凶的传说甚多,都很简略,它们应都属于《山海经》所说帝俊命之去恤下民之艰的一部分,也因此不必也不可深究。反正所除诸凶在今存晚周各文献中是分散存在的,甚至仅有某怪之名而未言其为羿所除。至西汉《淮南子·本经训》方将一应故事以射日为中心统合为一则故事,记曰:

> 尧之时,十日并出。焦禾稼,杀草木,而民无所食。猰貐、凿齿、九婴、大风、封豨、修蛇皆为民害。尧乃使羿诛凿齿于畴华之野,杀九婴于凶水之上,缴大风于青邱之泽,上射十日,而下杀猰貐,断修蛇于洞庭,擒封豨于桑林。万民皆喜,置尧以为天子。

阅读这条资料要注意二点:

其一是,以射十日为中心串联分散故事的记事模式,与同书《览冥训》所记女娲补天除凶故事是一样的,都反映了汉以前天人相应的观念:天道正,万物得序,天道失序,万物乱伦;而圣人则是拨乱反正的关键。只是这圣人的功业,在尧舜时代已转化为圣君贤臣、君主臣辅共同完成的,也因此故事以"万民置尧为天子"作结。

其二是,如前已析,这时的羿,应是帝喾所命为帝俊陵寝司射的羿,或其一二传,这与《山海经》所记,帝俊遭羿下恤民艰并无矛盾,所以下文我们会将有关帝俊遭羿的某些情节,糅合在一起作介绍分析。至于除诸凶诸害的先后次序,虽因本为串联分散故事可不必泥执,但如后文所析,在《淮南子》的系统中,则表现为一种秩序化的安排。

鉴于以上两点,我们将《淮南子》所涉各物,分三组来介绍。

① 羿诛四凶

凿齿、猰貐、修蛇、封豨四物,都是怪兽形凶物,后世有的记载并称为"四凶"。四凶就记载情况看可分作二类:

羿除凿齿、封豨明确是见于先秦文献的。

1) 先说凿齿。《山海经·海外南经》记:

> 羿与凿齿战于寿华之野,羿射杀之,在昆仑墟东。羿持弓矢,凿齿持盾。

这条记载有二点要讨论。一是地理,这里所说的昆仑墟记在《海外南经》,则非西部之昆仑,古时凡大山统称昆仑,故清人毕沅据《水经注·河水》所记"东海方丈,亦有昆仑之称",认为此昆仑即东海之中方丈山,可备一说。二是凿齿是人还是兽。"凿齿持盾",似为人,故《海内经》径称"有人曰凿齿,羿杀之"。然而高诱注《淮南子》上引条则称"凿齿,兽名,齿长三尺,其状如凿,下彻颔下(长齿由下巴穿出),而持戈盾",则以之为能持戈盾之异兽。是人还是兽可从高诱注《淮南子·墬形训》得其仿佛。《墬形训》记自西南至东南十数国之最后第三国为"凿齿民",则其地当近东南。高诱注称"凿齿民吐一齿出口下,长三尺也"。看来高注本条与《本经训》一称兽、一称民相互矛盾,其实正透露了此人彼兽的关系。东南民族较北方民族齿较长,是较普遍的现象,但民人"齿长三尺",从口下穿出,则绝无可能。因此凿齿民之齿长三尺,当由凿齿兽之"齿长三尺"而来。推其缘由,当是凿齿民以凿齿兽为图腾,行猎战争时戴此兽面具而持戈盾,因此羿所射凿齿当为其原型凿齿兽。

2) 封豨。今存封豨资料最早者为《楚辞·天问》:

> 冯珧利决,封豨是射。何献蒸肉之膏,而后帝不若?

这段资料也有二点要详加讨论:封豨是什么?羿射封豨之桑林又在何处?

封为大,豨即猪,"楚人谓豕为豨也"(高诱注),故封豨为巨大的野猪。羿射封豨之桑林,高诱注为商汤祷旱祈雨的桑林,在古宋地(《墨子·明鬼》),当今河南、山东、安徽交界处。但《山海经·海内经》又记南方赢氏国有"封猪",因知封豨所在地本有异说,而高诱注谓桑林在古宋地,当与《淮南子》的秩序意识有关。

虽然《天问》王逸注称"封豨,神兽也"(当本于《山海经》),但从先秦典籍《左传》《国语》起,又将它比作中原之外的蛮夷。可见,即使是神兽,也是一种兽类凶神,故郭璞《山海经图赞》说道:"有物贪婪,号为封豨,荐食无厌,逞其残毁;羿乃饮羽,献音效技。"所谓"献音效技",当与《天问》所说羿献封豨膏肉于帝俊有关。因音乐有《桑林》之曲,与"羿射封豨于桑林"相合。

关于《桑林》之乐,《左传·襄公十年》:"宋公享晋侯于楚丘,请以《桑林》。"杜预注:"桑林,殷天子之乐。"宋为殷后,故《桑林》为殷商之乐可以无疑。但从羿献音于已为天帝之殷商远祖帝俊来看,其起始当更早在殷族成立之初。《庄子·养生主》记有《桑林》之舞,则知《桑林》之乐,当伴以乐舞。"献音效技"很可能就是献《桑林》之曲而伴以仿效射豨情景的舞蹈。羿如此兴冲冲地向帝俊复命,帝俊却"不若",若为顺,为善,不若就是不以为然之意。帝俊不以为然的原因在屈原时代之前应当有传说或记载,但早已失传,后世也就只有去推测了。袁珂先生说十日为帝俊子,被射落,帝俊自然也就不高兴了,这也只是人情之常的推测;自然,我们也可有其他的推测。羿所射杀者,虽是凶兽,但却是"神物",如封豨即"神兽",羿杀之,并以"神兽"之肉作羹奉献,未免惩凶过甚,故帝不以为然。就屈原所问将"不若"与射封豨献肉羹为一事来看,这种推想应更合乎《天问》原意。无论如何,羿兴冲冲地歌舞奉献,却被帝俊冷遇,是大煞风景的,或许他以"仁羿"之号上昆仑见王母与此有关吧。这一点待后文再详。

3)羿诛猰㺄与修蛇故事之来源与诛凿齿、封豨不一,先秦典籍虽记有二物,却并无羿擒杀之的记载。

先说猰㺄。猰㺄在《山海经》中记作"窫窳",更有记作"猰貐"者,可见二名是一物之音转异书,故下文都以猰㺄称之。

猰㺄也有为兽为人二说,并见于《山海经》。《北山经》记:

少咸之山(在西北雁门一带)"有兽焉,其状如牛而赤身,人面马足,名曰猰貐,其音如婴儿,是食人。"

如此则猰貐为一种食人兽。然而较晚的《海内》各经所记则有所不同。

《海内西经》记:"贰负之臣曰危,危与贰负杀窫窳。帝乃梏之疏属之山,桎其右足,反缚两手与发,系之山上木。在开题(匈奴)西北。"又记猰貐"蛇身人面",为贰负臣杀害后,有巫彭、巫抵、巫阴、巫履、巫凡、巫相等神巫皆操不死之药,卫护其尸,在昆仑山开明兽所处一带。

这样,猰貐不仅由兽变成了人,其形状也从牛身人面马足变成了蛇身人面,而且似为一个为逆臣冤杀的酋长。不过,《海内》诸经所记亦有相矛盾的。《海内南经》记猰貐居弱水(在西南),龙首食人;《海内经》所记略同:则"蛇身人面"又变成了"龙首"。

以上记载看似矛盾,但依《山海经》各部分成书先后来探究,可大致得其演变之迹。《山经》最早,《海内四经》稍晚,《海内经》最晚。因此可推断:猰貐原形为牛身赤色,人面马足,啼声似婴儿的食人兽,在西北。然后西北有某部族,以此兽作图腾,为猰貐国,其酋长即以"猰貐"名。然而这并不妨害猰貐兽本身的存在。因此《海内南经》与《海内经》仍有猰貐为食人兽的记载。至于二经所记猰貐由《山经》之西北,移至西南,则由《海内南经》所记猰貐居于弱水可得到解释。昆仑山所在地历来众说纷纭,但弱水三千里萦环之却同。故西北至西南,凡大山都可视作昆仑,不必拘泥。

《山海经》中的"帝",除有明确说明的,多指黄帝,《海内西经》记"帝"械杀害猰貐酋长的贰负之神于疏属之山,则说明猰貐当是黄帝时代一个边鄙小国(一本"帝"上即有"黄"字)。因臣属于黄帝,其图腾也就由牛身人面,变成了蛇身人面,乃至使得其原形猰貐兽的形象也变成了"龙首",又贰负之臣也是"蛇身人面",可为猰貐国之图腾及改变作佐证。也就是说猰貐国很可能是"牛龙"之属,郭璞《山海经图赞》说:"猰貐无罪,见害贰负;帝命群巫,操药夹守;遂沦此渊(当指弱水),化为龙首。"这是说猰貐国君为黄帝命群巫以不死

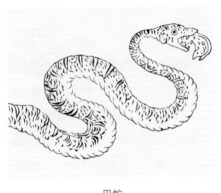

巴蛇

药救治后，化为龙首之物。郭赞可为以上推断作证。

4）最后说说修蛇。蛇是《山海经》中出现最多的动物，修即长，修蛇即长蛇。经中明确指为大蛇长蛇的就有七八处，其中与"羿射修蛇于洞庭"最接近的是《海内南经》之"巴蛇"，记曰：

> 巴蛇食象，三岁而出其骨，君子服之，无心腹之疾。其为蛇青赤黑（指色彩斑斓），一曰黑蛇青首，在犀牛西。

可与此条互参的先秦记载为《楚辞·天问》："一蛇吞象，厥大何如？"至郭璞《山海经图赞》称："长蛇百寻，厥鬣如彘，飞群走类，靡不吞噬；极物之恶，尽毒之厉。"从此"百寻"成为巴蛇大小的通常说法。综上，巴蛇的形象大抵为一种青黑质而五彩烂漫，长达百寻（一寻八尺），可以吞象出骨的巨蛇。至于郭璞所说的"厥鬣如彘"，当是掺和《北山经》所记大咸之山之长蛇"其毛如彘豪，其音如鼓柝"的特征。但巴蛇依《海内南经》所记方位当在弱水西，长蛇在北，故这一特征，未必为巴蛇所有，郭璞注又说"今蝮蛇色似艾绶文，文间有毛如猪髭，此其类也"，则以长蛇为蝮蛇之属。后世又有以巴蛇为蚺者，蚺即蟒，凡此均可聊备一说。"（羿）断修蛇于洞庭"的说法，又衍化为巴陵来历的故事：《路史·后纪十》罗苹注引《江源记》："羿屠巴蛇于洞庭，其骨若陵，因曰巴陵也。"巴陵属岳阳，晋代始置县，故汉代的《淮南子》但言修蛇而不称巴蛇，然而巴陵地处洞庭湖畔，为名胜，故后世遂以巴蛇为巴陵之蛇，并以之代替修蛇，其"名气"反而大于原初的巴蛇与修蛇而成为一种更流行的称呼。

综上，羿所除四凶，其原初皆为动物，其中除修蛇外，凿齿、封豨、猰貐三者又都有亦兽亦人之说，而据上析均为以兽为图腾的部落，其发生在黄帝之后。也因此而有羿诛四凶，是部族斗争的反映说。然而《淮南子》所述故事模式同于女娲治水除害,所以我们还是以四凶之原始形象怪兽类的凶猛动物来理解为妥。

② 羿诛九婴、大风

这是一组降伏凶神的故事,均不明见于先秦文献,而为《淮南子》首次言及。

1) 诛九婴于凶水之上。

凶水,高诱注谓在北狄之地,又称之为"水生之怪,为人灾",则九婴当为北方凶水之神。九婴,既不见于《山海经》,也不见于汉代其他古籍,唯《楚辞·天问》有"雄虺九首,鯈忽焉在"之问,《天问》多记羿所射怪物,则颇疑九首的雄虺(蛇的别名),即为九婴。《山海经·海外北经》又记共工之臣曰相柳氏,九首人面,蛇身而青,所到之处,一片泽沼。其地望亦与九婴相近,唯此怪记为被禹所杀。因此我们认为九婴、相柳均为九头雄蛇类怪物,应大致不差。

2) 缴大风于青丘之泽

高诱注:"大风,风伯也,能坏人屋舍",清人俞樾《诸子平议》校此条引《文选》刘孝标《辨命论》称高注上文之下尚有"一曰鸷鸟"四字。风伯一说为飞廉,据汉代《三辅黄图》记"飞廉,神禽,能致风气者,身似虎,头如雀,有角而蛇尾,文如豹",则风伯的拟人形象为一种糅合有鸟兽蛇等多种动物特征的异鸟。袁珂先生则以为大风即《庄子·逍遥游》中的大鹏,这是由风、凤、鹏三字古音同而多通转而来的推想。但庄生所说的鹏起于北海,与羿射风伯于青丘之泽不符,青丘在今山东曲阜附近;鹏之形状亦与《三辅黄图》所记神禽相去甚远。因此我们认为在没有更充分的证据之前,还是依高诱注以大风为鸷鸟(猛禽)形的神鸟为是。天时失序,风伯肆虐,不仅"飞廉"——掀人门帘,乃至"发屋"——坏人屋舍,故羿射之。

以上四凶——四种怪兽,二个肆虐之神——凶水神九婴与风伯大风,是《淮南子·本经训》附著于羿射九日故事的关于诛凶除害的小故事,此外尚有羿射河伯故事,不属此一体系,详见后。

现在我们再结合上述辨析与相关材料,将《淮南子·本经训》及高诱注所记这段故事再演衍并析其意蕴如下。

③《淮南子》记尧命羿射十日的文化意蕴

故事的主体情节,依以上辨析当如下。

到了尧的时代,天上十日并出,晒焦了庄稼,杀死了草木。如牛状、赤身人面而鸟足、啼声如婴儿的食人兽猰貐,类人而齿长三尺穿颌而出的巨猿"凿齿",长着九个婴儿般脑袋的九头毒蛇凶水之神"九婴",鹿身鼠首蛇尾、顶有角、纹如豹能摧人屋舍的鸷鸟形的风神"大风",贪婪无厌的巨型野猪"封豨",身长八百尺、青首黑质色彩斑斓、能吞象出骨的巨蟒修蛇等一起出来残害人民,于是尧命挟彤弓素矢而为帝俊陵司射的东部英雄夷羿去除凶灭害。羿先在南方的畴华之野诛灭了凿齿,又到北方的凶水之畔杀死了九婴,更于东部的青丘之野用长绳系箭射落了高飞的鸷鸟大风。接着上射并出的十日中的九日,仅留一日,下杀西方的猰貐(据此射日处当在西方),更随手灭了西南洞庭湖(洞庭也可解作洞庭之野)的修蛇,再回到中原,在后来商汤祈雨处之桑林擒杀了大野猪封豨。诸害毕除,万民皆喜,并因尧任贤有方,而拥戴他代替帝挚为天子(以上个方位均依高诱注,其地望与前析大抵相合)。

作为以上故事尾声的是被射落的九日的去向。据《山海经》郭璞注与《艺文类聚》所引古本《淮南子》,羿射十日,中其九,日中乌尽死而堕其羽翼。《庄子·秋水》唐代成玄英疏引《山海经》又记"羿射九日,落为沃焦"。沃焦据各书所记又名尾闾,是海水下泄处,海水因之而不会盈满,它在碧海之东,一说在东海之南方,大体当在东南,其形状为一大山石,方圆四万里,厚四万里,这说法有些含混。我们知道,日中有三足乌,乌载日行,那么"日中乌尽死",是仅仅载日之乌死了,还是连九日一起死了呢?想来古人不说"九日死"而说"乌"死,是不忍九个调皮的小太阳猝死,故仅说"乌"死。不过无论如何效果是一样的,九乌既死,仅剩一乌,则不能并载十日一起出来,而只能一天驮一日上天。反正自羿射十日后,"十日并出"的灾象不再出现,天上只有一个太阳,也因此天日的运行就秩序化了。《淮南子·天文训》将日"出于汤谷",至"入于虞渊,曙于蒙谷"前一天的时间划分为日行至十六个处所的十六个时间节点,称日"行九州七舍,有五亿万七千三百九里",正是与仅有一日行天相应的说法,而这十六个时间节点(晨明、朏明……黄昏、定昏等)为后世长期沿用,也反过来说明,为什么自羿射九日后,十乌驭十日的神话便退居幕后,而六龙驭一日经天的神话便跳至幕前了。

非常值得注意的是,博采群书为羿除凶射日故事作新编的《淮南子》却舍弃了《天问》所述羿除害事毕后,献封豨肉羹于帝俊而帝俊不若这一显然与射日相关的传说,这种取舍牵涉到《淮南子·本经训》这段记载的根本意蕴。

《本经训》是《淮南子》的第八篇,前此由《原道》至《精神》七篇,是属于本体论性质的。《本经训》承《精神训》而阐述本于常道的治乱变化之由,而大抵以为至乐之世过去以后浑朴已散,天下治乱,便系于能通于天道的圣人一身,有云"攘困穷,补不足,则名生(高注名,仁名),兴利除害,伐乱禁暴则功成。世无灾害,虽神(指圣)无所施其德,上下和辑,虽贤无所定其功"。以下便举了容成氏至乐之世以后,尧命羿射日诛凶与舜命禹治水通流二事,并说万民"称尧以为圣",而受命除害的臣羿、臣禹则作为布敷尧舜的仁德而建功的"贤"出现于故事之中,"君圣臣贤"而拨乱反正归于大治。

从这一基本理论架构出发,《淮南子》对上古羿的传说又作了两点重大改造。

其一是集腋成裘,当时流传的除害故事,有本属于羿的,有未必属于羿的,有甚至未见于晚周文献的,而现在则尽归之于"圣"尧所命的"贤"羿。

其二是将原本无顺序之分的各除害故事归总在一个秩序井然的体系中,依次为南诛凿齿,北杀九婴,东缴大风,而断修蛇并射十日于西,使九日坠于东海化为沃焦,然后至中原灭封豨而复命圣尧并祭献帝俊,从而明显体现了南北东西中的五方意识,也因此其所记射日故事,紧接"万民置尧为天下"后以这样几句话来结尾:

"于是,天下广狭、险易、远近,始有道里。"

这几句话神话学界常忽略而失引,其实是故事的点睛之笔,用以说明圣尧使贤羿射日除凶,是拨乱反正,使失正废序而壅塞不通的天地之气重新交泰,天时正,地理通,因此尧时的射日除凶,可谓舜时治水通流的先行,所以接下去便记治水故事与之并列。

综上所析,可见《淮南子》时射日除凶故事的整合虽然以汉人的意识形态作了改造,但是神话故事中原始的"竞胜自然"的本意并未丢失。相反,由于整合,不仅保存了易于遗佚的片段记录,更使之因聚合而凸现了上述本意,所以完全可以此为蓝本去解读一应故事。

三、羿谒西王母与嫦娥奔月

羿谒西王母请得不死之药与嫦娥奔月,在汉以后的神话中是相互关联的,也有关射日英雄羿的结局,所以我们放在除日之后,一起来讲析。

1. 故事溯源

故事始见于《淮南子·览冥训》:

> 譬若,羿请不死之药于西王母,嫦娥窃以奔月。怅然有丧,无以续之。

高诱注此节略为具体化,如指明嫦娥为羿妻,羿得不死之药于西王母,嫦娥"盗食之,得仙,奔入月中,为月精",不过这些记载也是一种"故事"新编而有其寓意,我们不妨先来探究一下这个故事的来源。

《山海经·海内西经》:

> 海内昆仑之虚,在西北,帝之下都。昆仑之虚,方八百里,高万仞。上有木禾,长五寻,大五围。而有九井,以玉为槛。面有九门,门有开明兽守之,百神之所在。在八隅之岩,赤水之际,非仁羿莫能上冈之岩。

这里称"羿"为仁"羿",则羿之登上昆仑,当在其射日除凶以解民艰之后,而极言昆仑之高峻,为百神之所居,则含有凡人之能登昆仑者,必为"仁"且"勇"者之意,然而此条并未显言羿上昆仑是请不死之药,甚至未云是去见西王母。

《文选》注引古易《归藏》:

第七篇 夷羿射日除凶与嫦娥窃药奔月

> 昔常娥以西王母不死之药服之,遂奔月为"月精"。

《归藏》传为黄帝作,殷商用之,此条一般以为是今所见嫦娥窃药奔月的最早记载,然而不仅未言羿上昆仑谒西王母请不死药,甚至未言"常娥"为羿之妻。

由于上引两条资料各自独立存在,因此有一种意见认为羿上昆仑与"常娥"奔月本不相谋,至《淮南子》方整合二事为一则情节完整的仙话。

然而问题并不这样简单,我们不妨从西王母与"常娥"的来历开始来探索一下谜底。

丁山先生据甲骨文考证,远古的月神,甲骨文称"王恒",或曰"西母"(《中国古代宗教与神话考》),这是一条重要的线索。

西王母为月神,有文献可征,《吴越春秋·吴王勾践阴谋外传》称"立东郊以祭阳,名曰东皇公;立西郊以祭阴,名曰西王母";《轩辕黄帝传》则言:"时有神西王母,太阴之精,天帝之女",所谓"阴""太阴之精",即是月神。

月神西王母既名"王恒",则"姮娥"之名便有着落。姮字不见于先秦古籍,初均作"恒",娥则为"宫娥"之娥,"恒(姮)娥"便是西王母"王恒"之侍女。汉宣帝名"恒",汉人避讳遂以"常"代"恒",因此有"常娥"之称,后来再加"女"旁,为嫦娥。

由此,我们再来看《文选》所引《归藏》的可信度,可悟得它具有二重性:

一是,"常娥"既为避汉宣帝恒讳后的称呼,而所引《归藏》称"常娥",则显非古易之原文。《归藏》久佚,汉以后所见所引《归藏》,均为后人辑佚而以时文所书者(殷商古易当为甲骨文或金文),由《淮南子》在汉宣帝前成书尚称"姮娥"来看,《文选》所本《归藏》辑集本当在其后。

二是,其故事情节,当保存了古易的基本形态,所谓"常娥以西王母不死药服之"之"以"字最可注意,"以"即用,即取,而并无"窃"意,则可证此"娥"贴近常居下都昆仑山的王母,必为西母"王恒"之宫娥——姮娥,她"近水楼台先得月",取王母不死药服之,自然也就不会有羿先请西王母不死药,姮娥后窃药服之的情节。由此可见《文选》所引《归藏》这一记载,与殷商间以西母为王恒最相吻合,所以说它保存了古易所记故事原初形态的大概,只是辑佚而以时文记录者改"恒"为"常"而已。高诱注所称奔月为"月精",应当本源于此。这样,结合以上一点,可以推断《文选》所引《归藏》,当是西汉《淮南子》后至东汉高诱注《淮南子》前这一段时间中以时文抄录的辑佚本,它虽有改易,但存古犹多。

综上可见,说《淮南子》所记这故事,是由羿上昆仑与"恒娥奔月",二则本不相谋的神话而成的,是可备一说的合理推想(另一种可能是各书所述本是一完整故事的节引)。但由此而以为是秦汉间方士所造作的仙话,则未必准确,因为故事的重点"奔月"本就是来源甚古的神话;而其中的要素"不死之药"来源更早,仅《山海经》中不死之药、之山、之国等就六七见,如前举帝命众巫操不死之药夹护猰貐之尸,就其故事形态来看,就属很早的神话而非仙话。

更重要的是,《淮南子》合二为一的这则故事的寓意,重点不是奔月成仙。论者都失引故事开首二字"譬若"与"怅然有丧,无以续之"后很重要的几句话——"何则,不知不死药之所由生也,是故乞火不若取燧,寄汲不若凿井"。譬若,是举例说明,《淮南子》记录这则故事是要说明故事前所说的一种道理:凡治天下必须知其本,"申、韩、商鞅之为治也,挬拔其根、芜弃其本而不穷究其所以生,背道德之本而争于锥刀之末",所以效果犹如"抱薪救火"。《淮南子》所述羿、娥故事,就是对这一道理的类比,故高诱注:"羿不知不死之药所由生也,申韩商鞅之等(包括这一段前所评的儒家)不知治之根本,如乞药矣。"由以上分析可知《淮南子》所记羿娥故事并非为制作长生不老药的仙话,而是压缩远古神话,以证实自己主张的这一套哲理之"权威"性的神话新编。

《淮南子》作为一种杂家著作,虽以道家的返璞归真、无为而治作为终极的理想境,但又不能不正视浑朴破散、知识开启的现实人间世。这种矛盾困惑,从老庄时代已经开始,至汉代因为一统帝国的确立,就更形尖锐。庄子已将冥合天道超凡之人分为至人、真人、圣人三个级次,至人、真人只存在于冥想之中作为道家精神的代表,而圣人则是应接现实人间世而与终极精神相通的涉凡而又超凡之人。唯有圣人方能以其至善之本性上通生生不息的天道而化之为贯穿于万类之中的德性。这就是所谓"道德"。也因此《淮南子》并不一般化地反对仁义礼刑及一应具体政措,而是强调,一应制度政措必须达其"本",既由道派生,更反过来体现道的德性。这样《淮南子》就调和了儒道二家的观念。因为在圣人处天地之中、通天道而应人事这一点上,儒道是一致的,区别只是,儒家以仁为天道,居仁由义(宜)制定各种制度政措,道家则以自然为天道,强调"自然而然",一切制度政措都是"末",其合理与否还要探究其是否合于"自然而然"的生成原则。譬如仁义,如果不是至善之性的衍生,就是"假仁假义"。"假仁"的代表是春秋五霸,他们在儒家的体系中还有一定的存在价值,而在道家的体系中是没有立锥之地的。这就是《淮南子》作为杂家代表作的重要理念。

值得注意的是《淮南子》对于羿谒西王母而请得"不死药"是持不以为然的态度的。认为这是"不知其所以生"的舍本逐末之举。为此,就把"嫦娥窃药奔月"故事嫁接于羿赴昆仑故事之后,并以为羿失药后因"无以续之",而"怅然有丧"。这样故事本身就显示了两重意蕴,并从中透现了"射日"与"奔月"两则本不相谋的神话,在《淮南子》中隐隐存在的观念联系。

其一是"羿"在《淮南子》中的地位并未达到"圣人"的高度,因为他"不究其所以生",也就是尚不能达本,他只能作为"达本"的圣人尧的辅佐,去干为民消灾的事。也因此万民拥戴而置之为天子的是尧,而不是射日除凶的羿。尧与羿的关系也就是圣君与贤臣(或能臣)的关系。

其二,关于"不死"的观念。不死是太古以来先民自然而然的憧憬,因此也成为神话的一个母题,而寄之于昆仑之类的神山及神山上的神仙,如前举天帝命众巫操不死药夹护猰貐之尸然。

远古神话中"不死"的实现途径是"化生",比如猰貐之君化为猰貐兽,炎帝女姚姬化为瑶草、瑶草又化为云华夫人,颛顼与半枯之鱼互化等等。这一神话母题至周汉时向两个方向发展。一是由神巫而演化出方士,以为人真的可以长生不死,故不遗余力地去追寻"不死之药",至秦皇汉武之际登峰造极;二是道家将"不死"的观念向精神方向提升,这就是从老庄开始的"一死生""齐死生"的思想。《淮南子》对羿与不死药的批评,其实不在于说羿不知不死药是如何生成的,而是认为求药之事与法家的刑法一样,均非"达本"之举,申韩商鞅不达治政之本,羿则不达生死之本。所以,高诱注又接着说,"羿谓命在药,不知命自在天也。"所谓"命自在天",《淮南子·精神训》有大篇的阐发,大意为:鸿濛之中有阴阳二神混生,万物负阳抱阴而生,其烦气为虫,精气为人。因此人是要有点精神的;人的精神受之于天而骨骸禀之于地,因此人死,精神复归于天,而骨骸复归于地。所以,"其生也天行,其死也物化",生死不过是精气存在形态的变化,所以"乃知死生之齐(齐一)也",而正确的生死观念是"生不足以挂志,死不足以幽(困)神"。人只要抱天命而婉转,不离违这一根"本"即是。因此,《淮南子》认为刻意去求不死药,非探本达道之举。

不过,《淮南子》作为杂家,在这一道家的生死观念中也掺合了儒家的因素。天命有种种,安之而已,是儒道共同的准则,羿作为圣君帝尧的贤臣,射日除凶造福于民,也就是尽其天命了,正不必刻意去求什么不死药。这就是《淮南子》所记,羿射日与羿求药二则故事观念上的重要联系。至于"嫦娥奔月"故事,在《淮南子》系统中,只是借来演衍上述理念的一个情节。这样就形成了本不相谋的羿上昆仑与姮娥奔月两个神话故事的缀合。然而这种缀合也非全然不相干的"拉郎配",而是有着一定的依据的。

一般认为缀合的基础是帝俊妻羲和生十月,常羲生十二月,羿既射九日而存其一,则连类而及有其妻窃药奔月故事,甚至认为嫦娥即常羲的音转。这种意见后半最不合理,常羲既生月,本为传说中的月神之一,则根本不存在需要奔月的问题。

前已辨析嫦娥原作恒娥,为西王母王"恒"的宫娥。"恒"字在象形字中为弓弦状(𠄌)。《诗·小雅·天保》毛传:"恒,弦也。"弓弦状也就是弦月状,恒娥奔月的想象,也就是让她归返其族的原始图腾。又"恒"既为弓弦状,而羿始作弓而善射,这样,弦、弓弦、弦月就成了《淮南子》所述羿谒西王母请得不死药,其妻姮娥窃食之而奔月故事的内在联系。明此,如作嫦娥奔月图,则月以弦月为妥。

2. 月宫景象与姮娥奔月故事的新编

嫦娥奔月为"月精",这月精是什么?她奔月后的境况如何,是快乐还是痛苦?传说月中有蟾蜍(蛤蟆)、玉兔、桂树,又究竟是怎么回事?对此后世有种种解说,更衍为各种嫦娥奔月的故事新编,加以上述羿与姮娥的似有若无的关系,遂使故事变得扑朔迷离,下面我们就来作进一步的推究。

《文选》所引古易《归藏》仅说嫦娥奔月而为"月精",未言月精是什么形象。

《楚辞·天问》:"夜光何德,死则又育?厥利维何,而顾菟在腹。"意思是"月亮又有什么德性,能缺了重又圆满。这又有什么好处呢?而腹中又养着'顾菟'"。这是今所可见月中有物的最早记载,但是"顾菟"到底是什么却众说纷纭。闻一多《天问·释天》列举了汉时的三种说法:有蟾蜍与兔二者说(刘向),有单言兔者说(纬书),而最早的则为蟾蜍说(《淮南子》)。由各说先后,闻先生推断,顾菟当为"蟾蜍"。蜍与兔音近,由蟾蜍而变为蟾兔,遂成二物。闻说一出,"几为定论"(袁珂语)。

然而"几成定论"还是未必成定论。尹荣方先生《月中兔探源》不仅举证两汉人壁画中已有月兔形象,更由"兔望月而孕"(《博物志》)、兔"每月一孕""视月之候",而称古人视兔,当如陆细《埤雅》所解"兔,吐也。明月之精,视月而生。故曰明视";更参以《本草纲目》引《博济方》说兔脑为催生药等,从而得出结论:汉人认为月中动物,既有兔,又有蟾。此说论证充分,言之有理,这里再申论如次。

其一,闻先生以音转之法释"顾菟"为蟾蜍,恐是舍近求远的曲说。菟,通兔,是先秦两汉时代的常例。《战国策·楚策四》:"见菟而顾犬,未为晚也。"汉文帝子梁孝王刘武建有"菟苑",即兔苑,其时代与《淮南子》相接。可见菟兔相通,自屈原时代至汉武时代是一以贯之的。因此,东汉王逸注《天问》此句谓顾菟为"顾望之兔",不仅言之有据,而且是最直接的解说。两汉后期纬书单言月中有兔,不可能是空穴来风,而从兔、菟相通来看,或许顾菟即顾兔之说由来已久,而为王逸引以为注。

其二,《淮南子》确实未言月中有兔,而于《精神训》《说林训》二次提到月中有蟾蜍,然而就其前后文来看,所记并非月中物故事的具体介绍,而只是用以说明其天人相应理论体系的一种类比(详见后文),而不能说明作者刘安们否定月中有兔。结合上一点,以及东汉《古诗十九首》"三五明月满,四五蟾兔缺"之句,可见月中蟾、兔并存,在汉代应是更广泛流行的看法。

除蟾、兔二动物外,月中尚有一种植物桂树,初见于《太平御览》卷九五七所引古本《淮南子》"月中有桂树"。古本《淮南子》提到的月中物尚有山河影,这些可证明《精神训》《说林训》所说月中有蟾蜍,并非《淮南子》对月中物认识的全部。汉代"月中桂"说至晋代则演化为"月中仙人桂树"(虞喜《安天论》)。至唐更有吴刚学仙有过,谪令伐月中桂,树创随斫随合,永无止息的传说。至于月中树为印度传来的娑罗树之又一说,更晚至宋代方出现,娑罗树为佛教圣树,故此说与佛教文化介入中土月亮神话有关。以上三者,非仙即佛,已去神话本意渐远渐离,可置而不论,故仅顺及于此。

综上,与嫦娥奔月神话相联系的月中物,蟾、兔、桂,至晚在战国至汉已经齐备,现在我们再来进一步探讨三物与主体故事的内在联系。这需从故事的两个要素"不死药"与"月"来理解。

兔与药与月联系已见前述。月中桂的介入首先因桂为药物,且被以为是"百药之长"(《说文》),甚至是可令人长生不老的仙药(《列仙传》等)有关。其次则因桂类有一种月桂,每月开花而与十二月相应。八九月间开一次花的桂,其实是木犀,唯这种月月开花或四季开花的桂叫"真桂"(《广群芳谱》)。因此月中桂树当由真桂的特性而来。这种真桂即《山海经·南山经》与《吕氏春秋·本味》已提到的"招摇之桂"(招摇之山在桂阳),可见其由来已久。[①]

较为复杂的是蟾蜍与月的关系。由于《淮南子》所说月中蟾蜍与月蚀有

---

① 参尹荣方:《神话求源:月中桂的来历》,上海古籍出版社,2003年。

关,后世遂有嫦娥化为蟾蜍而为月精的说法,这种说法,在今存文献中,初见于东汉张衡之《灵宪》,由于蟾蜍即癞蛤蟆,一般认为是丑恶之物,所以袁珂先生又认为这种说法对嫦娥窃药"必定是有谴责的意思在"。"谴责"说的影响很大,所以必须一辨。"谴责说"的根源在于通常认为导致日蚀月蚀的食日月者都是凶物,如天狗、天狼、夭鸟等等。蟾蜍既致日蚀,当然也被认为是凶物,然而《淮南子》所记的蟾蜍,却分明是善良的"灵物"。

《淮南子·精神训》说月中蟾蚀月,是其天人相应的理论体系的构成部分,其前文依《老子》万物负阴抱阳而生之说,将人的十月孕育成形和五体、五脏、三百六十骨节与天象一类比,然后写道:

> 是故耳目者,日月也;血气者,风雨也。日中有踆乌,而月中有蟾蜍。日月失其行,薄蚀其光;风雨非其时,毁折生灾;五星失其行,州国受殃。夫天地之道至纮以大,尚犹节其章光,爱其神明,人之耳目曷能久熏劳而不息乎? 精神何能久驰骋而不既乎?

这段话的意思是,把日月比作人的耳目,风云比作人的血气(精神),人的耳目之劳、精神之用应当有所节制,就如日月之有蚀、风云之有止一般。"日月失其行,(踆、蟾)薄蚀其光",是说三足乌与蟾蜍是调节日月之明光的,当日月失其行——运行不歇(比如十日并出)时,他们就"薄蚀其光",也就是所谓"节其章光",以使日月稍事休息。正是在这个意义上才把三足乌称为"日精",蟾蜍称为"月精",二者可称是日月之光的"司正"。当然并非凶物、丑物,而是善物、灵物,也因此月中蟾蜍的许多美称,如金蟾、玉蟾等等。并非如一些研究者所说的是民间对否定嫦娥说的翻案,而是《淮南子》本意的自然引申。张衡《灵宪》所记故事情节最能说明问题,说是姬娥窃药奔月前,曾向有黄问吉凶,有黄占之,曰:

> "吉,翩翩归妹,独将西行;逢天晦芒,毋惊毋恐,后且大昌。"嫦娥遂托身于月,是为蟾蜍。(《续汉书·天文志》刘昭注引《灵宪》)

这段记载，应是汉时流传的姮娥故事中一段为诸书所未引及的情节，有三点值得探讨。

首先，印证了嫦娥奔月，在汉时认为是"吉"且"大昌"的举动。

其次，"归妹"为《易》第五十四卦，义主"嫁出少女"的各种吉凶变化，因此"翩翩归妹，独将西行"当是指已出嫁随羿来至东方的少女嫦娥（上文称之为羿妻）将独自西行。联系上析，姮娥初作恒娥，当为西王母"王恒"之宫娥，则可以推想为羿登昆仑后，王母不但赐以不死之药，或许更以恒娥许与羿为妻而随羿来到了东方。恒娥后来又食羿之不死药西行归于月宫，而为月精。至于她何以要食药而奔月，文献无证，留下了故事的一段空白。后世便有种种推想，有的释为"误食"，有的联系《天问》"帝降夷羿，革孽夏民，胡射乎河伯而妻彼洛嫔"，推想姮娥因此不悦，故食不死药以奔月（详见附说）。无论如何，《灵宪》的记载，说明了嫦娥奔月是归返了她未嫁前的本位。

再次是留下了一个疑问。依《灵宪》姮娥遂托身于月是为"蟾蜍"，则月中蟾蜍是姮娥的化身。袁珂先生更举证唐《初学记》卷一所引《淮南子》已在述姮娥窃药奔月后有"托身于月，是为蟾蜍，而为月精"十二字，则意指《灵宪》所记似本于今已不存的唐时的某种版本的《淮南子》。

然而《初学记》所引《淮南子》的可靠性颇可怀疑。因为：其一，《归藏》但言嫦娥奔月为月精，并无"是为蟾蜍"说，至东汉高诱注《淮南子》此条也只说"为月精"，而无"是为蟾蜍"之说；其二，以《初学记》所引《淮南子》与今存《淮南子》比较，可知均为述窃药奔月事，然而以上十二字在今存本中是无论如何接继不上的，且如前所述，《淮南子》录此故事的主旨是说羿不知生死之本末，以与儒法诸家之治政不达其本作类比，这与化蟾了无干系；其三，《初学记》所引中上述"遂托身于月，是为蟾蜍，是为月精"，十二字之前八字全同《灵宪》，后四字则是于《归藏》"为月精"前加"而"字，则显然是二说的拼合。虽然《初学记》的节引，不明其前后文，但综合以上三点，可以断定《初学记》所说《淮南子》，或为《灵宪》之误记，或是唐时所存、拼合前说的一种并不可靠的《淮南子》版本，以其所记不合《淮南子》本意，故不传。因此我们还是应当信从高诱注传世本《淮南子》的说法,月精是姮娥本身。西王母"恒"为月神,而常居帝之下都昆仑,其宫娥姮娥先配与仁夷为妻,后食药返月而为月精。常居天上替王母行使月神之职。这种配置与五方之帝均有其辅佐原理是一样的。

那么蟾蜍又如何与姮娥奔月联系上的呢?这首先当从神话的源流来考察。

由《淮南子·精神训》所说"日有踆乌而月有蟾蜍"之以蟾蜍与三足乌相提并论可知,月有蟾蜍的传说是很古老的。当与日中有乌发生时期相近。但如《精神训》所显示的这是属于宇宙神话系列的,在这一系列中,或与三足乌为日精一样,蟾蜍本身就是"月精",均为原始的自然崇拜的产物。

姮娥奔月神话与尧时的羿相联系,其发生至早不会早于殷商古易《归藏》的时代,而完成则要迟至汉代,是附丽于英雄神话系列的爱情故事(《淮南子》又演化为哲理故事)。于是姮娥便奔月而成为这一系列中的"月精"。

也就是说两个系列的神话中有两个月精,蟾蜍为月精在先,嫦娥为月精在后。至汉晋之际,二者被混为一谈,于是而有姮娥"是为蟾蜍,而为月精"的说法。并导致后世因不明蟾蜍为灵物而导致的"谴责"说的产生。

至姮娥故事产生,原始的"月精"蟾蜍之职能也发生了变化:由原先的为月"司正",转变为与"不死药"相关的一应职能,如常任侠先生举证的沙坪壩汉棺之后额图案即为月中一蟾蜍捣药,二侍女一执桂枝,一捧一器皿。

这种转化与有关蟾蜍的又一神话系列——仙药神话(更准确地说是仙话)有关。蟾蜍本身有很高的药用价值,大蟾蜍耳后的白色分泌物药名"蟾酥",是消痈去疮的珍贵药物。至今癌症病人多以蛤蟆煅灰食之,甚至吞食其皮,就是来自一种流传久远的偏方。由蟾蜍本身的药效更有以蟾蜍名药草者。《抱朴子》所记"仙药"就有蟾蜍。这蟾蜍,即肉芝,头上有角。所谓肉芝当是草冠似肉瘤的芝。又有一种药草"天门精",别称叫"蟾蜍兰",一名"豕首"。"豕首"之名始见于汉郑玄注《周礼·掌染草》;而其又名蟾蜍兰,则始见于东汉刘熙的《释名》,谓为以其香气如兰,故名。豕首本为染草,后为中药天门精,而其草冠形状似猪首,与《抱朴子》所说蟾蜍仙药十分相近,或即为一物。这一名称演变过程与姮娥奔月故事情节的丰富几乎是同步的。因此可推断,因嫦娥食不死药而奔月,原始的宇宙神话系列的司正蟾蜍就变身为仙药系列神话中的捣药蟾蜍,它与玉兔一起成为陪伴"寂寞"嫦娥的一对灵物。

至此,构成嫦娥奔月神话与羿除凶射日神话二者关系之主要因素的来历、演变、意蕴及它们的变化,已基本介绍完了。剩下尚须略加推敲的便是《天问》所述"帝降夷羿,革孽夏民,胡射乎河伯而妻彼洛嫔"究竟是怎么回事了。兹附说于此。

《天问》显然是将夷羿受帝俊命,去下民之艰的故事与夏代后羿之事合在一起了。值得注意的是《淮南子》列举羿所除诸凶中没有河伯。高诱注更明确区分尧时射日除凶的夷羿与夏代畋乐荒淫的后羿为二人(辨说见前),这就反过来更说明屈大夫此问之没有答案,不是有关二事联系的相关资料当时已不传,而是因为本为二事,其中并无因果关系。探究起来,屈大夫之所以会有此混淆,恐怕是当时已将多个不同统系的神话故事混杂了。

河伯的故事很多,自成系统,其中有二个母题与后来的故事相关,一是河、洛二神相争神话。《初学记》引古易《归藏》：

> 昔者河伯筮与洛战,而枚占昆吾,占之不吉也。

《水经注·洛水》又引《竹书纪年》曰：

> 洛伯用与河伯冯夷斗。

可知河洛二神争斗的神话发生很早。想来应是洛水既为河水支流,二水必时或争流,而神话便以二神相争来解释这种自然现象。

二是,所谓"河伯娶妇"的原始祭祀。黄河虽为中华民族母亲河,但水患不绝,甚至屡次改道泛滥。殷商卜辞中已多见祭河的记载,祭品或以畜,或以少女。为人们熟知的战国时魏国西门豹治邺,惩治以少女献祭河伯的女巫与主使者豪绅便是典型的例子(《史记·滑稽列传》)。祭河的规格很高,祭品无论人畜,都不能有一点小毛病(《庄子·人间世》),而《史记·六国年表》记秦灵公八年"初以君主妻河",则是要以公主——当然是以他女代之的——来嫁给河伯,秦灵公八年是公元前417年,为战国早期,又称"始以君主妻河",则妻河不以公主的习俗当更加古老。《楚辞·九歌·河伯》辞意恍惚,但是其基本情节为男女相迎、相悦、相送,则是十分明显的。王逸注谓此歌的主体是屈原,而就《九歌》本楚地民间祭神歌而言,其原型应当是女巫将迎河伯而托之于相恋。董楚平《楚辞释注》谓当是男巫扮河伯,女巫迎神,可备一说。这样河伯娶妇故事就转化为河伯的恋爱故事了。故事中的女方因《天问》云"胡射乎河伯而娶彼洛嫔",故多有以为即洛神者。

洛神,自《天问》王逸注起,一般都指为伏(宓)羲之女宓妃。她溺洛而亡,后人追悼之,尊为洛神(《文选·洛神赋》李善注引《汉书音义》),但上举有关资料都晚至汉魏之际,如参以前引《归藏》《竹书纪年》所记,则如河水之有河伯,洛水亦有洛伯,均为男性神。由河洛之争与河伯娶妇神话演衍出河伯娶妻洛嫔之传说,其时代至晚在战国之世,其成因则是洛水为河水之流,河主洛从,为河伯配上一位妻子,洛嫔便是最佳人选。至汉魏间曹植作《洛神赋》取王逸注指洛神为宓妃,又以此赋描述之宓妃形象足以媲比宋玉之高唐神女,影响巨大,洛嫔便升格为洛水之神,而原来的洛水之神洛伯反而湮没不彰了;因为这位洛伯据《法苑珠林》引《洛阳寺记录》,"为一老公",一个连妻女也保不住的糟老头子,其无法与"翩若惊鸿"的美女争地位,是再自然不过的了。

由以上追溯可知,河伯娶洛嫔故事,是河洛相争的自然神话衍生而来的恋爱故事。因此虽然战国时如《天问》所显示的已有"羿射河伯"的情节,但是《淮南子·本经训》仍不以羿射河伯归入羿除诸害故事,这是因其与羿"下恤民艰"的主旨无关。将《天问》的情节纳入羿除诸害的一部分,起于高诱注《淮南子·氾论训》"羿除天下之害,死而为宗布"句。注为"河伯溺之,羿射其左目",但此注显然不合《本经训》所述羿除害故事的情节与寓意,而且很可能是刘向《说苑》所记春秋时豫且射白龙,中其左目故事的附会①。因此我们认为不宜将这一故事归入羿射日除凶神话,也不作为嫦娥奔月故事的构成成分,仅作为附说辨析于此。

3. 羿请不死药与嫦娥奔月故事的连缀

一应有关这一故事的史料辨析已概见于上,现在我们可以结合西王母等传说将一应碎散的材料连续为一个完整的故事了。虽然下面的故事也是故事新编,但应当是一种合理的连缀与推想。为慎重起见,凡推想的部分均在行文中加以说明。

① 关于羿谒西王母得不死药

羿射日除凶,向尧复命后,又兴冲冲地奏"桑林之曲",载歌载舞地到帝俊陵,向远祖俊献上一盅用封豨肉做成的膏羹,然而帝俊却不以为然。想来羿如同被兜头浇了一盆冷水而百思不得其解,于是便西行至天帝之下都昆仑,去向西王母求教。昆仑山方圆八百里,高耸八万尺,周围有三千里投羽即沉的弱水与投物辄燃的火焰山环绕,非乘龙不至。但是本为矫健的猎手,又除凶射日以纾民艰的羿是"勇"且"仁"者,所以能顺利地登山进谒。

羿为什么要去谒见西王母呢?这可由羿所属东夷部族的宇宙崇拜来探究。《吴越春秋·越王勾践阴谋外传》记,吴越,即东夷活动主要地区之一,"立东郊以祭阳,名曰东皇公,立西郊以祭阴,名曰西王母"。

又据《神异经》记,昆仑山上有大鸟名"希有",南向立,左翼覆东王公,右翼覆西王母,背上无羽毛处方九千里,西王母每年登希有鸟翼上会见东皇公。这就是昆仑山上《鸟铭》所说的"王母欲东,登之自通,阴阳相须,唯会益工"。所谓"希有"即《老子》所说的似有似无的宇宙本体道(一),东公西母,即为阴阳二神(二)"一生二,二生三,三生万物",所以《博异志》又说"万民皆付西王母"。阴阳二神当然也就是日月二神,西王母为月神,那么东皇公也就当如楚地的"东君"吧。东君与东皇公,当是异名同实而反映了楚地与吴越地区同中

---

① 详见刘城淮:《中国上古神话》,第 484 页。

有异的日神崇拜。

东公西母既然与吴越地区的宇宙意识相关,二者的形象便与鸟都有些关系了。

东皇公人形鸟面而虎尾,载一黑熊(《神异经·东荒经》),明显与鸟图腾相关,西王母虽未有鸟形的记载,"其状如人,豹尾,虎齿而善啸",但又蓬发戴胜(《山海经·西次三经》),戴胜是头饰,其形为一种似鹊而尾短,叫作戴鵀的鸟。这与舜的羽制皇冠相像,加以西王母的使者是三只青鸟,所以推断西王母的族属原初亦与东皇公一样,与东夷的鸟族有关系吧。

那么王母又为什么到西方呢?想来这与东夷齐鲁地区的太昊少昊传说相似,太昊在东司日出,少昊则西迁主日落(见前)。王母恒或亦由东向西为西王母。参证有四。其一如前举《神异经》所记西王母每年登上希有鸟翼上以会东皇公,即所谓"王母欲东……阴阳相须",这很像牛郎织女之一年一会,可见在吴越地区的宇宙神话中,东公与西母本为夫妇而主日月二仪;其二,《庄子·大宗师》"释文"举古本《山海经》有云,(王母)"善啸,居海水之滨",海水,在不明言方位的情况下,通常指东海,这是西王母原为东族而西迁的一个证据;其三是《山海经·西次三经》又记西王母的职能是"司天之厉及五残",五残为正东的凶星(《史记·天官书》),西王母司及五残,则其与东方关系必甚密切;其四,牛郎织女神话起于东方(见前),而以王母为惩戒二者之神,则王母在东夷传说中也必为神之一。由此四证,说王母如少昊西迁一样由东而西而为西方之神说应是合理的推断。神话学界多以昆仑在西而指王母为西羌之神。这也不错,但应修正为,如少昊西迁后为西方主神一般,王母之为西羌之神,也应当是她西迁而主月的后话——至少在吴越系的神话中应当如此。这也反映了远古东西部族的文化融合。

东公西母的故事既明,则羿登昆仑谒西王母的原因也迎刃而解了。

羿本为东夷鸟族猎人。在东夷族的神族系统中,帝俊是始祖神,而西王母则为更上一层化生万物的阴阳二神之一。功高而为帝俊冷落的羿,或许是希望由更高一层的神祇处求得解决困惑的启示。因为不仅"万民尽付西王母",而且历来圣贤,如羿之前的黄帝,与羿同时的尧舜禹,乃至后世的周穆王等,都与西王母相往还(见《竹书纪年》等),或由王母献以表示祥瑞的礼物来显示权力的合法性,或从她那里得到治政的启示。除害射日的羿向"司天之厉及五残"的最高族神西王母求教,是顺理顺章之事。也许还有一层原由,如在登昆仑前羿、娥已结合,他的妻子本来就是王母的宫娥,谒西王母,就有点儿女婿谒丈母的意味了。

羿见西王母的具体情况,文献明言的仅前述"请得不死之药"一语,然而,据前述相关资料还是可以略作敷衍。也许他上得昆仑后,王母使者三青鸟已在迎候这位"仁羿",并引领他至于西王母居处。这个居处,后世指为一座"有城十里,玉楼十二"的金碧辉煌的宫苑,并且连同把这位天神描写得"文采鲜明,光仪淑穆",但是这都是方士、道士的渲染(见《汉武帝内传》《集仙录》等),而由《山海经》《神异经》等早期记述来看,其形貌则如前述,似人,却集合了多种兽类形象而以鸟状戴胜为族属标记,这应当是一位原始部落的兼有女巫职能的女酋长的形象。至于她的居处,则为"穴处"(《山海经·大荒西经》),也就是像东皇公一样是一座石室,《汉书·地理志》就记"西北至塞外,有西王母石室。"室中的陈设较有特色的是一种用虎须草编织的草席,后世称作王母席(崔豹《古今注》),其他,想来就是一些木石制作的简朴器物了。《抱朴子·仙药》还记有一种"王母杖",由此可推想,西王母作为阴神并"司天之厉及五残",当握有一株权杖,其材质当为一种柔韧的树木。这石室及其室主,虽然是十分质朴的,却因弱水、炎山环护的崇高昆仑以及山上室边的王母桃、王母枣、禾木等的神树仙果的衬托而显得有一种非同寻常,包含洪荒之力的庄严气象。

谒见的结果是王母赐羿以"不死之药"。这不死之药究竟是什么,王母又为什么以此药赐之,这些又是神话故事的空白处。我们也只能从相关资料中来作一些推想。

先说"不死之药"。尧舜时代尚无炼丹服食之说,《山海经》所记服之使人长寿不老的药物,也都是自然的药草、药果,因此,王母的不死之药也应当是自然生成的。崔豹《古今注》记有一种被称作"王母珠"的植物苦葴,又名苦蘵,外壳形状像皮帽,始生时青色,熟了便变红,壳内有果实,正圆如珠,也像外壳一样生青熟红,苦葴既名王母珠,则应当可为不死仙药之候选者吧。

至于王母何以赐不死药与羿,从唯"仁羿"能登昆仑的文献记载看,最直接的推想是羿除凶射日,恤民之艰,为"仁"而能"勇"者,福佑万民的王母因而赐以不死之药作为褒奖,这也是表示了与帝俊对于羿之来谒的不同态度。帝俊"不若",王母则甚若,认为羿的行为是顺天的善举。这样,结合《淮南子》前述对羿失不死药的评述,这个有关"不死药"故事便显示出了这样一种更深刻的意蕴:

创作神话的先民通过王母赐药,表达了除凶护民的夷羿应当不死的希愿,而《淮南子》作为一种哲理性的子书,更对故事略作新编,表达了不死之药无可复制,然而人如能达其本即顺天应命,完成他能力所及的本分而有补于民,则其精神也就不死,也因此这则故事被编入《精神训》中作为阐述这一哲理的类比。

② 关于嫦娥奔月及其职司

夷羿的不死药,为其妻姮娥所食,如前文所述,有较早的"以服"与稍后的"窃食"之说。而就本为西王母恒宫娥的姮娥已作为夷羿之妻又为什么要服药奔月而言,二说并无本质的区别。《灵宪》记姮娥将行,求筮于有黄,这说明她对于奔月是有过犹豫不安的。这种犹豫不安也许有道德层面的考虑,虽然作为王母的宫娥,服此药并不为过(以服),但私服夫君请得之药(窃食)却多少有些不妥;也许更有感情层面的,奔月就其原初身份而言,是返归本位,但要就此永别她仁而且勇的夫君有羿(哪怕是如后世附会羿已有所移情于洛嫔),也是一件痛苦而不易下决心的举动。这些都是文献无明证的推想,读者也尽可以有自身的合理推断,但无论如何,犹豫不安是此行前的心态,直到有黄筮得《归妹》之兆,而卦象显示在吉凶二者之际,虽有"晦芒"也不必惊恐,因为"后且大昌",她才下定了服药奔月的决心。不过有黄的筮占之词,究竟是什么意思。《灵宪》没有解释,这关系到嫦娥的结局。我们不妨结合后世的文献来作一番探究。

宋代记唐都长安的《长安志》有"结麟楼"。《志》引前代道书《七圣记》等，称郁华为日精，是奔日之仙，结麟为月精，是奔月之仙。我们知道男孩称麟儿，结麟的意思应是求子。因此可知先唐时期已有传说奔月之仙"结麟"，这是佑护万民得子嗣的。那么结麟是否就是嫦娥呢？元代《说郛》引《三余贴》载嫦娥与羿故事后又辨说"盖月中自有主者，乃结璘（麟），非嫦娥也"来看，至宋元之际，多将结璘与嫦娥相混，然而《三余贴》的辨说却是本末倒置的。结璘为奔月之仙、为月精始见道教《太上黄庭内景玉经》，远远晚于古易《归藏》《淮南子》所记姮娥奔月为月精之说。道教多以神话灵物甚至历代圣贤改名换姓为本教之神仙，如以瑶姬为云华夫人，以老子李耳为太上老君等。改嫦娥为结璘正是一例；但由此也可见，姮娥为月精当与人间子嗣相关。《汉书·后妃传》记"元后母索氏梦月入其怀而生后"；晋张华《博物志》记"兔望月而孕"；《本草纲目》引《博济方》说，民间催生，以兔脑为药，或设茶果祭月；《帝京景物略》记民俗祝辞"月、月、月，拜三拜，休教儿生疥"，以及近世还广见于乡社的八月十五演剧，多以"兔儿拜月"开场：均当为月精与子嗣有关传说的演衍。由子嗣自然又联结到姻缘，《西厢记》中的莺莺拜月、《拜月亭》中的瑞兰拜月均属此类。而"月下老人"的传说（《演幽怪录》），更是这些因素的进一步推衍。

这样，我们可以对《灵宪》未曾显言的"翩翩归妹，独将西行。逢天晦芒，毋恐毋惊，后且大昌"作下面的理解了。

姮娥下嫁仁羿，居东方，将要奔月归返她的月神王母恒之宫娥的本位，虽然会经过圆缺离合的痛苦，但是不须惊恐，最后的结果是"吉"且大昌——姮娥作为月精，与本居月宫的蟾蜍管理着月亮的运行；又与白兔一起掌握着人间的子嗣与姻缘，这白兔想来应是姮娥所饲而与她一起升天的。姮娥、蟾、兔三者又合作，取月中桂捣制仙药。每到桂花飘香时，桂子便落到人间。《封氏闻见录》记，每逢明月清光，桂华（桂花所化作的月光）洒满人间时，人们都能感受到月精给予人们的惠泽。"桂子月中落，天香云外飘"，唐人宋之问的《灵隐者》诗,这样概括了月精姮娥的恩波惠泽。也因此,月亮作为金精与太阳并提,"化物多者,莫多于月",春秋时的管子就曾这样赞叹。后世的上述故事,应当是管子所叹的月的功德的一部分。

这些当是《灵宪》筮辞"后且大昌"所当包含的成分吧。

③ 关于"奔月"后的羿和嫦娥的情况与结局

姮娥奔月归位,造福于民人,但是就其自身以及其夫君仁羿而言,不可避免地有着天人相隔的别离之痛,于是对于奔月后这对夫妻的境况与结局又有着种种的想象。虽然大多为文人歌吟与民间传说,已不属于神话范畴,但也反映了国人对这一远古神话的关注与相应解说。

先说说夷羿。《淮南子·本经训》说他因无以续药而"怅然有丧",是出于子书构作理论体系的故事新编,其实是没有什么依据的。不过"怅然"应是爱妻奔月后,仁羿应有的精神状况。比较可靠的倒是同书《氾论训》所记羿"有功于天下,故死托祀于宗布"。宗布,据高诱注,汉时仍设祭于室中。宗布神的职能,高诱又称"祭田为宗布,谓出也"。以祭祖先的祭田称为"宗布",当有祭而祈宗嗣发生(出)广布之意。高诱又注:"或曰,司命傍布也。"这是说"布"是司命之神一侧的神道。司命有大司命,主寿夭;少司命,主子嗣。就布称"宗布"来看,当为少司命的辅助神,汉时供奉于室中,应当与此相关。高诱注的两说都与宗嗣有关,则汉人以为羿死后职能,当为佑护人间子嗣之属。此外,清人孙诒让认为宗布是《周礼·地官》中禜与酺二者之合称,为御水旱灾害之神,则与羿除害射日的本意相关。各说虽有异,但羿死后为一祐民的善神则无疑,其中"司命傍布"说尤其值得重视,这与姮娥奔月为月精而祐护人间子嗣构成了奔月后一在天上,一在人间所职司的内在联系。

较之"怅然若失"的羿,嫦娥身处后世所说的广寒宫中自然是加倍寂寞,这引起了历代文人的不断歌咏,其中最著名的是唐人李商隐的《嫦娥》诗:

云母屏风烛影深,长河渐落晓星沉。
常娥应悔偷灵药,碧海青天夜夜心。

嫦娥有悔或是诗人出于自己落寞心境的想象,而寂寞嫦娥于碧海之中夜夜孤灯不眠,思念着她仁而且勇的夫君夷羿,则是十分合理的演衍。

与此相映成趣的有《说郛》所引《三余贴》所记故事:

> 嫦娥奔月之后,羿昼夜思惟成疾。正月十四夜,忽有童子诣宫求见,曰:"夫人之使也,夫人知君怀思,无从得降。明日乃月圆之候,君宜用米粉作丸团,团如月,置室西北方,呼夫人之名三夕可降。"如期果降,复为夫妇如初。

这自然是宋元之间的民间传说(也许由《荆楚岁时记》所记正月十五编杨枝迎紫姑神演化附会而来),但可见民间的想象比文人骚客来得乐观。人们不忍见射日除凶的英雄与舍家奔月而福佑民人的嫦娥长久寂寞分离,而安排了一个让他们团圆的大结局。这也启示我们体悟到射日、奔月两则有关"仁羿"故事的内在精神联系——不死之药本不可求,但生而除凶卫民、死而福佑民人的先贤,总是为万民所同情并敬仰的。

愿死而为司命傍布的夷羿与奔月为月精的嫦娥在福佑中华民族子孙繁衍,"吉"且"大昌"的同时,真的有一个大团圆的结局。

第八篇 鲧禹治水（上） 伯鲧篇

相较于以"十日并出"为象喻的旱灾,尧舜时代的水患更具有可以考查的历史真实性。不过,神灵显威、降魔服妖的神话传说与条分缕析、言之凿凿的史家记载,这两个既趋向不同又相互缠杂的资料系列,却使我们的介绍变得困难起来。历来有关鲧禹故事的介绍,都侧重于神话本身,突出的是他们的坚韧与神勇,而对于史家记载中所体现的禹的超群智慧与系统观念,却甚少涉及,这不能不对深刻理解鲧禹治水所体现的民族性格之实质造成损害。为此,我们的介绍将以史学记载为骨架,而以神话传说为血肉,来进行这组神话的重构,并讨论若干有趣的疑难问题,希望读者能对先民在应对远古史上第二次大洪水中所展示的主体精神,有"更上一层楼"的体会。

一、鲧禹治水的有关背景资料

1. 鲧禹父子的化身种种——发祥与族属

读鲧禹故事最令人困惑的是他们变幻不定的种种化身,时而为马,时而为龙,又时而为鱼、为熊。这与这个氏族的发生、发展有关。鲧禹父子的发祥地主要有三种说法。

一是西羌说。《史记·六国年表》称"故禹兴于西羌",此说当本于《帝王世纪》。《史记·夏本纪·正义》更引扬雄《蜀王本纪》,指定"禹本汶川郡广柔县人,生于石纽",石纽即今四川北川县。

二是中原崇山说。崇山为今山西汾襄县塔儿山之古称。崇山之名应得自鲧的封地。《国语·周语下》:"……其在有虞(舜),有崇伯鲧。"《路史》罗苹注更引夏代古易《连山易》称"鲧封于崇"。可见"崇伯"之称与鲧的封地相关。

三是东夷说。《世说新语·言语》记"大禹生于东夷"。顾颉刚先生则据禹大会诸侯于涂山(今安徽当涂),并计天下于会稽(今浙江会稽),崩后更葬于会稽,及越地其他大禹遗迹而谓禹实为越人。

三说以中原为中心,西及川西(西夷),东及浙东(东夷),其跨度足见大禹影响之大,而为各族所敬仰;然而,也因此留下了一个难解的谜。结合有关神话传说来看,我们认为鲧禹之族属,应当是发源于西羌,成立于中原,至禹而终功于东南。

三说中,历史可靠性最强的是见诸《连山易》《逸周书·世俘解》《国语·周语下》的鲧封于今山西临汾附近崇山为崇伯说。《左传·昭公元年》"迁实参于大夏"句服虔注大夏"在汾浍之间",可知汾水、浍水间古称大夏(浍水为汾水支流),鲧封于此,筑城以后,而以崇伯之封而名山曰崇山,故又称崇伯鲧,其子禹后来亦称崇禹。《逸周书·世俘解》记有《崇禹》《生开》乐曲,开即启,指夏后启,他后来废除尧舜二代的禅让制,而建立中国历史上第一个"家天下"的王朝夏朝。大夏—崇—夏朝,这名称变迁说明二点:其一,崇与夏关系密切,本来二名都有高大之义;其二,启去"崇"而改以发祥地"大夏"命名新朝,是因为"崇"之一称,是诸侯身份,一旦贵为天子,自然不能再用此称,故探本溯源,径以"夏"命名。

《国语·周语》记夏后氏"郊鲧而宗禹",即以崇鲧、崇禹为其祖宗,便透露崇、夏之间的上述关联。这个建立世代相继之王朝的夏族与代表我们民族初祖的伏羲所属的"华"族,以其影响深远,便合为华夏以指称我们一体多元的中华民族。

不过,封国之地并不一定是族属起源之地。各种文献中透露的蛛丝马迹,倒是说明鲧禹的族属应当为西羌。这个问题牵涉到鲧的世系与各种看来矛盾的化生故事。在举证之前,需对《山海经》故事中所谓"化"与"生"的含义作一交代。

涂元济先生《鲧化黄龙考释》一文,在细致考研的基础上提出:《山海经》中的"生"是指部落、氏族的分孽、增殖,就是分;"化"则是部落、氏族联合统一过程中的一个现象,所谓某物(或某人)化为某物,就是某氏族由原来图腾变为尊奉新的图腾。涂先生的观点为解读《山海经》中诸多人、物生化的记载提供了一条门径,经检核这条门径就《山海经》大部分有关记载来看是适合的。

《山海经·海内经》:

> 黄帝生骆明,骆明生白马,白马是为鲧。

这条资料为研究者反复引用,但其中的"骆明",却被大家忽视了。骆也是马,是一种披有黑鬃的白马。所以以上引文是说:黄帝族中分出了一个以黑鬃白身的骆马为图腾的支族,其初始的首领可能叫骆明,骆明之族又分出一个支系,以白马为图腾。黄帝为龙属,龙马互化,所以由龙属分出一个骆马族,再由骆马族分出一个白马族,是顺理顺章的演衍。

应当注意的是,本来至"骆明生白马"其意已明,却又续了一句"白马是为鲧"。这是特意解释白马与鲧的关系的。鲧字从鱼,怎么又与白马发生关系的呢?这要从"白马"的原型说起。

《山海经·山经·西次四经》记中曲之山"有马焉,其状如马而白身黑尾,一角,虎牙爪,音如鼓,其名曰驳(駮),是食虎豹,可以御兵"。《易·说卦传》曰:"乾为马,为老马,驳马",《艺文类聚》引《管子》更记:"(齐)桓公乘马,虎望见而伏。公问管仲,管仲曰:'意者君乘驳马?'公曰'然'。仲曰:'驳马生食豹,故伏焉．'"可知驳兽,以"其状如马"而亦被称作驳马。所以郭璞《山海经图赞》称:"驳唯马类,实畜之类。骧首腾旄,嘘天雷鸣。气无不凌,吞虎辟兵。"可见驳马是一种白身黑尾的异相之马,或说是异相的黑尾白马。

从郭璞《图赞》看,它有龙属之特性,故驳马又称作"驳龙"(汉陈琳《武军赋》),北齐高纬的御马更名为"驳龙仪同"。

又龙中有一类叫蛟,蛟龙并称,蛟龙又作鲛龙(《礼记·中庸》),这是鱼龙互化的反映。而鲧与"鲛"同,《天问》即称"鲛","鲛"据《闽中海错疏》即"马鲛鱼",也就是马形的鲛,因此可知白马是为"鲧",也就是"白马是为鲛"。

驳(駮)、蛟、鲛三字,据《说文》,古音同,都在二部,偏旁虽不同,但同为"交"声,这样,从马类的驳(駮)到龙类的蛟,到鱼类的鲛,就连成了一线,"骆明生白马,白马是为鲧"的意思就是骆马族分孳出白马族,这白马族是龙属黄帝之裔,白马也就是白龙马(龙驳),故能入水而为鱼类的鲧,或许白马族傍水而处时便以水中之鲛鱼——鲧为图腾,其首领即为鲧。可以佐证以上推论的有三事:

其一,《淮南子·说山训》说"一渊不两鲛",高诱注:"鲛鱼之长,其皮有球,今世以为刀口之鱼是也,一说鱼二千斤为鲛"。由此古人多以"鲛鲨"合称,并多认为鲛鱼即鲨鱼(《文选》李善注、《本草纲目》等)。鲨鱼传为胎生(《清稗类钞》),实即水中之兽。这样山中之可食虎的马类猛兽驳与水中之刀剑之口的猛鱼(实为猛兽)便显示出了内在的同一性。联系鲛(鲧)即马驳,则白身黑尾之驳兽化作水中之鲛更是顺理顺章的了。

其二,所谓"一渊不两鲛"意同"一山不容二虎",是指鲛为水中之王,这个水中之王便是"蛟龙"之蛟,蛟居渊中,所谓"积水成渊,蛟龙生焉"(《荀子·劝学》),《说文》更称"蛟,龙属也,鱼满三千三百年,蛟为之长,率鱼而飞去"。这又是巨鲛化龙的明证。

其三,蛟能兴洪水称"蛟水",又能兴风浪称"蛟浪"(《艺文类聚》《始兴记》等),神话以鲧来治水,应与他既为神蛟,当可治平同类有关。更有意思的是记载中说,鲧性格暴烈,甚至因为不满尧欲让位于舜而与尧争论,欲得三公之位,"怒甚猛兽,欲以为乱,比(排列)兽之角能以为城,举其尾能以为旌。召之不来,仿佯(彷徨)于野以患帝"(《吕氏春秋·行论》)。这种形象与性格不正与山野猛兽驳、水中猛鱼鲛相吻合吗?这些应是鲧神话有关想象的基础。

至此,有关记载中记录鲧、禹的化身,或为龙,或为马,或为鱼,因三物本可互化而完全可以理解了。正不必煞费苦心,强定孰是孰非,而失去"化生"类神话的本意。

比较复杂的尚有鲧禹都曾化为"黄熊"之说。熊与龙、马、鱼似乎没有什么关系,因此后世据《尔雅》等辞书记熊有三,一则为通常所称的陆上之熊,二则为熊入水为能,三则为三足鼋,亦名能。从而认为化熊当是化为三足能也就是三足的大甲鱼。这应当是一连串的误解所致。首先,通常认为鼋即鳖,为一字之异体,但从造字之法看,二字一从黾,一从鱼,鼋为蛤蟆(蟾蜍)属(《说文·黾》),二者应有所区别。《庄子·秋水》以井底之蛙与东海之鼋对举,以说小大之辨,正说明鼋与蛙属有关。《说文》无"鳖"字,而有"鼋"字,说明"鳖"为后起字,而此字一起,鼋为蛙属的属性便被掩盖了。应劭《风俗通义》更有一节有趣的辩证:

虾蟆一跳八尺,再跳丈六,从春至夏,裸袒相逐,无他所作,掉屋肃肃。按虾蟆无尾,当言"夏马"(夏日之马),夏马患蝇蚋(蚊子),掉尾击之,故肃肃也。

此条说明汉以前记载,有以"夏马"误为"虾蟆"者。这又可与二则相关记载互参。

梁代任昉《述异记》:

尧使鲧治洪水,不胜其任,遂诛鲧于羽山,化为黄熊,入于羽泉,今会稽祭禹庙,不用熊白(熊背的脂肪)。黄能,即黄熊也。陆居曰熊,水居曰能。昉按:今江淮中有鲛名熊。熊,蛇之精也。至冬化为雉,至夏复为蛇。今吴中不食雉,毒故也。

此条"昉按"前当为任氏所采旧说,辨鲧化黄熊,与鲧化黄能二说实为一事,因为熊水居则称能。"昉按"后则为任氏的补充说明,有三点颇可注意。

其一,"今江淮中有鲛名熊",联系上文会稽祭禹庙不用熊白,则是说:江淮间,以为鲛为熊所化。

其二,称熊为蛇精,冬为雉,夏复为蛇,则春秋仍当为鲛。冬雉、夏蛇的说法,应当是江淮(本属东夷)蛇鸟(龙凤)并尊观念的表现,且不论。而熊化作鲛,鲛(水中熊)又为蛇精的说法,则说明熊图腾与蛇(龙)图腾有一定联系。《诗经·小雅·斯干》以梦见熊罴为得男孩子之兆,梦见蛇虺为得女孩子之兆。郑玄注说,熊罴居山冈为阳,蛇虺居水渊为阴,得子无论男女均元气所化生。我们知道,万物"负阴抱阳"而生,这应当就是熊、蛇互化的依据所在;而入水之熊(能、鲛),便是熊、蛇互化的一个中间形态,熊图腾与蛇图腾之间也有着分化关系,熊为蛇之精,暗示了熊图腾也是由龙蛇图腾分蘖而来的。

其三,入水之熊为鲛,则说明近世研究者参《史记·五帝本纪》张守节《正义》说力主入水之熊为三足鳖,实为曲说。三足鳖说的依据是陆居之熊不能入水(顾颉刚、袁珂说),这依据是有违常识的,熊是泅渡能手,尤以北极熊为最。先民见熊入水,将凶猛之大鱼鲛想象为熊的化身,并因入水而去熊下"火"称为"能",又加三点称为"能",其实四点为火,三点为水,能与熊只是表示陆居与水居之区分而已。要之三足鳖之说只是上举以"夏马"为虾蟆的翻版。其实入水之熊音 nén,三足鳖音 nái;《尔雅·释鱼》仅言"三足鳖,能",而然未指三足鳖为水中熊,自唐人张守节起混而为一,近人因之,不足为训。排除了三足鳖后,剩下的问题就只有一个了。

鲛究竟是驳马所化,还是黄熊所化,我们认为从图腾变迁的角度来看,二说是可以统一起来的。不妨先排列一下有关鲧的化身资料之先后次序。

最早的记载见于古易《归藏·启筮》说鲧入羽渊化为"黄龙",则说明鲧族所系的祖图腾为龙蛇。其次《山海经·海内经》所说"白马是为鲧",如前析是反映了龙——龙马的氏族分蘖,龙马入水为鲛(蛟),则是龙马之龙性的复归。需要说明的是,《海内经》成书虽可能晚至战国,但其性质是《山经》《荒经》《海外经》之外,有关资料的辑集,其来源大多应早于战国之世。再次,记化熊说的《国语》《左传》《天问》均战国著作。

从中可以看到,龙(蛇)、驳马、黄熊三者的关系。

黄帝龙族,其后裔鲧的氏族之龙性是一贯的。龙马互化,黄帝之龙族直接孳生骆马族,又从骆马族分化出驳马族(鲧族)。袁珂先生以《海内经》的"白马"与《大荒北经》所记黄帝之裔"弄明生白犬"相联系,以为白马为白犬的变形。鲧或与犬戎族相关,其实白马自白马、白犬自白犬,因为西北确实有一个"驳马族",见于《新唐书·回鹘传》。所以犬戎族与驳马族,应是黄帝族的两个分支,由犬戎族而有盘古神话中的"龙犬",由驳马族而有鲧乃至"白马(龙子)是为鲧(鲛龙)"的传说。

黄帝入主中原,据有熊氏故地新郑,而有有熊氏之称,这应当是较后的文献记载鲧化黄熊说的基础。由此看来,鲧为白马(驳马),鲧化黄熊,只是反映了其族图腾前后的变易而已。就均由族图腾"龙"化生而言,并无区别。因此我们只要排除了近人所主起多参《史记·五帝本纪》张守节《正义》的"三足鳖"说,尽可以依各种神话故事的原初叙述,来处理鲧及其化身的形象。

驳马族为西北民族,《天问》又说鲧死后西征化为黄熊,结合前举所辨黄帝族起于西部,则可以认定鲧族起于西部,而封于中原崇地,至于指其为"东夷",当由大禹治水崩于会稽而来,如封地不能指为发源地一样,崩葬之所同样不等于发源地。"东夷"说的另一可能的依据是《世本》等记"黄帝生昌邑,昌邑生颛顼,颛顼生鲧",颛顼氏本与黄帝无涉,说他是黄帝之裔,乃汉人尊黄帝所造的世系,不可从。但颛顼原本为太昊、少昊之后,为东夷,由此而有鲧为东夷之说。

综上,发祥于西部,受封于中原崇地,终功于东南会稽应是鲧禹父子一系的主要线索。

2. 洪水与"共工氏"——附说二次洪水与中国洪水故事的民族性

洪水作为人类惨痛的历史记忆,广泛存在于世界各民族的神话传说包括史诗之中,不仅《圣经·旧约》记载了著名的诺亚方舟的故事,而且希腊、北欧、印度、太平洋诸岛都有特大洪水的记载。至于我国,洪水神话更广泛存在于各族的史前传说中,而尤以女娲补天理水与鲧禹父子治水为著名。

关于中外洪水传说的意蕴异同,梁启超先生有一段阐述:

> 初民蒙昧,不能明斯(洪水)理,则以其原因归诸神秘,故所当然。惟就其神话剖析比较之,亦可见彼我民族思想之渊源,从古即有差别。彼中类皆言末俗堕落,婴帝之怒,降罚以剿灭人类,我先民亦知畏天,然谓天威自有分际,(上帝)一怒而尽歼含生之族,我国古来教宗,无此理想也,故不言干天怒而水发,乃言得天佑而水平。彼中纯视此等巨劫为出于一种不可抗力,绝非人事所能挽救,获全者惟归诸天幸;我则反是……而常欲以人力抗制自然。我先民之特性,盖如是也。(《太古及三代载记附洪水考》)

如果说梁氏这段论析要有所修正的话,那么就是类似希腊等境外神话,将洪水起因与人类再生归之于上帝的洪水神话类型,在我国边远地区若干民族的神话中其实也有存在;但就中国洪水神话最有代表性的女娲补天理水与鲧禹治水而言,确实体现了梁氏所说的二种"我先民之特性":人性可通于天道而得神佑;欲以人力抗制自然。边远地区的洪水神话所述洪水起因则大抵呈现为天神惩罪类与挑战天神两种类型并存的形态。后一种尤其值得重视。如苗族雷公发水类型的神话,彝族曲本系统的有关神话均为挑战天神型的洪水神话,这是否受到女娲、鲧禹神话的影响,是一个值得深入研究的课题。因此总体而言,梁氏所归结的中国洪水神话的两个民族性特点,是相当精辟的。

当然,女娲、鲧禹治水神话晚至晚周、汉初才成型,或非初民所传之原貌;然而,周汉人记载的这两则故事至少说明,周汉间对于远古神话的接受,是采取了一种更积极的天人相应、人力可参与天地造化的立场,而所以会采取这种立场,并以女娲、鲧禹作为体现当时观念的权威,也说明这两则洪水故事的原初形态必包含有这些意识的萌芽。

相较于前面已介绍过的女娲理水神话,鲧禹治水故事又有两个特点:如果说前者体现的是先民朴素的宇宙观念,那么后者更多地体现了尧舜禹时代对境内山河的实际认识;如果说前者克制洪水的途径还主要是依靠人祖通天的神力,那么后者则主要依靠由圣贤代表的凡人的实际能力——勇敢与智慧,从而对开辟以来理水经验,乃至所体现的精神作了总结;如果说第一次洪水只存在于神话故事本身之中,那么尧舜禹时代的洪水却是有确凿的历史文献记载与考古发现可循的。

尧时洪水绵延不绝直至舜禹之世,广见于先秦典籍如《诗经》《尚书》《国语》《战国策》《吕氏春秋》《论语》《孟子》《庄子》《天问》,甚至可上溯到古易《归藏》的片段佚文。其延续的时间很长,试举数则:

《山海经·海内经》郭璞注引古易《归藏·开(启)筮》:滔滔洪水,无所止极,伯鲧乃以息石息壤以湮洪水。

《尚书·尧典》:汤汤洪水方割,荡荡怀山襄陵,浩浩滔天。

《诗经·商颂·长发》:洪水茫茫,禹敷土下方。

《吕氏春秋·爱类》:上古龙门未开,吕梁未凿,河出孟门,大溢逆流,无有丘陵、沃衍、平原、高阜,尽皆灭之,名曰洪水。

《庄子·秋水》:禹之时,十年九潦。

《孟子·滕文公》上下篇,则作了集中的描述,如上篇记:当尧之时,天下犹未平,洪水横流,泛滥于天下,草木畅茂,禽兽繁殖,五谷不登,禽兽逼人,兽蹄鸟迹之道,交于中国。

新世纪以来的考古发掘证实了以上记载并非空穴来风。

方燕明《登封王城岗遗址的新发现与夏文化研究》,浙江省文物考古研究所《杭州市余杭区良渚古城遗址 2006—2007 年的发掘》,《文汇读书周报》的《上海人的祖先从哪里来》等文,揭示了中原河南登封、辉县一带龙山文化二里头文化之间的古城多有毁于洪水者,而南方良渚文化的突然消失距今 4000 年前后,与夏王朝建立前的尧舜禹相继的时代大体相应[①]。

---

① 参杨升南、朱玲玲:《远古中华》,上海书店出版社,2015年。

尧舜时代的洪水虽可考查,但神话学、历史学界又有一种争论。这次洪水与女娲时的洪水是一次还是两次?质疑二次的主要依据在于神话中的二次洪水的罪魁祸首都是共工,我们认为这种质疑是不能成立的。

首先,人类史前传说有两次大洪灾,不仅见于中土记载,希腊洪水传说中亦称有二次。一次为阿奇基亚洪水,一次为杭迦里安洪水。因此二次洪水是中西人类远祖的共同历史记忆。

其次,女娲理水属宇宙与人类诞生神话系列,鲧禹治水依据以上考古发现来看,属于历史与社会神话系列,故事的性质既不一,其情节,前者主要据神力,后者主要依人功,也大相径庭。

其三,共工之名几乎纵贯于从羲娲,经炎黄,直至尧舜禹的整个远古传说时期。洪水的洪即"共"加水旁,其又一名称"泽水"之"泽",古音就同"洪",由此可知,共工是一个符号,至少有二义,一是水神名,二是氏族名。这二者是统一的。

《山海经·大荒北经》记,西北系昆之山"有共工之台,射者不敢北向";《路史·后纪二》引《归藏·启筮》更记"共工,人面,蛇身,朱发";《神异经·西北荒经》则综合之,说"西北荒有人焉,人面,朱发,蛇身,人手足,而食五谷禽兽,贪恶愚顽,名曰共工"。可见,共工原是西北荒一个以龙蛇为图腾的民族,故史籍多称为"共工氏"(《吕氏春秋》《左传》)。这个氏族与伏羲氏发祥地相近,应当有一定联系。其特点有二:其一是滨水而能治水。《管子·揆度》:"共工之王,水处什之七,陆处什之三";《左传·昭公十七年》记郯子言"共工氏以水纪,故为水师而水名"。可见,共工氏因水居什之七,因而以水纪,更因而能治水,故史乘多记其用障法治水。而其后裔则为尧舜时的四岳,佐大禹治水(《国语·周语下》),另一较早的后裔句龙,则为黄帝辅佐,是为后土。这也说明共工族与伏羲、炎黄一系是有一定关系的。此族又一特点是,虽然也曾做过造福于民之事,但其族属性格暴烈,以至"乘天势以隘制天下"(《管子·揆度》),其初期首领死后,葬所共工台,也令人畏惧,使"射者不敢北向"。水族与暴烈不驯的两个特点的结合,遂使"洪水"与这个民族产生了摆脱不了的干系,于是"共工氏"便由能应对洪水(工)的民族(共工又为司工程的职官名),转化为"洪水"产生的代名词。这个过程也反映了远古时期的部落斗争,而有为"神"、为"臣"两个阶段。

共工族以"水纪",则其神为水神(《淮南子·墜形训》),高诱注即言"共工,天神也,人面蛇身",这个天神共工的名称,或许就是其发祥时部落首领的名号,反映了原始部族的英雄崇拜。共工族很强大,《管子》说"共工之王",《琱玉集·壮力》篇称"共工,神农氏诸侯也,而与神农争定天下",则知在城邦联盟的酝酿期中,共工族不仅为争夺天下共主之有力一方,且一度占有优势,自称为王,"乘天势以陵制天下"。但无论是前一时期,还是后一时期,最终都很不走运而败亡。

共工氏与颛顼氏争帝而怒触不周山,应是其族初期在西北时的传说,本来共工氏主水,而天帝命本属东夷的颛顼为北帝以主水,遂引发这次争端,从而产生怒触不周山的神话,而这里的神,其实是半人半神的部族首领。

共工氏与神农氏争天下,则是以诸侯身份争夺天下共主之时,争战又失败,遂沦为臣属,一直至尧舜时代均不再有"王"者气象。从尧舜禹时代的洪水遗迹以中原为主,而大禹治水的主要活动地区也在中原,且以治河为最著来看,原初在西北的共工氏,在与颛顼之争失败后,进入中原,后来更经历了一度复兴到再次败亡的过程。后一次败亡应当是决定性的,从此有关洪水的传说不再以共工兴乱为缘由(如商周时代的西蜀洪水故事,见后)。

成王败寇是一条历史铁律,因为败亡,共工氏在神族与人族二系中都很不得意。在神族中,他的水神之名号从来未得到过普天下的承认。正宗的水神先有《山海经·海外东经》的"天吴",其形象为八首八面八足八尾,皆青黄的兽类;后来则以河神河伯、江神阳侯影响最大。就人族来看,一应记载都说他作为一方诸侯不守伦序,成事不足,败事有余,终于成为时时作乱的"四罪"之一。而"洪水"这一初民最大的祸患之发生,也归之于这一氏族,其原初的治水功绩反而湮没不彰了。看来,与蚩尤族一样,这是两个远古史上有过重大影响的民族,但都在部族争战中败亡,而其后裔则归为炎黄、尧舜一系的臣属,融入了华夏民族。

综上,共工氏出现于两次大洪灾之中,不仅不能理解为两次只是一次,相反,反映着部族战争的这两个神话,恰恰说明远古史上确实有两次尤其重大的水灾。

3. 圣王之道与台骀治水——远古先民理水观念与经验综述

通常说,鲧以壅堵治水失败,禹发明了疏导之法而平伏洪水,其实疏法,由来已久。

《国语·周语下》记周灵王二十二年谷水、洛水相斗。王欲沿用共工、伯鲧之壅法应对,太子晋进谏,现以白话翻译如下:

> 我听古时为民君的,不堕毁山巅,不增高枯干的渊薮,不筑堤防以阻川流,不穿洞穴以泄湖水,因为山,是土所聚成;枯渊,是万物所生所归处;川流,是天气的通道;湖泊是水所会聚处。天地生成便聚为高山,而使物归之于下薮;又疏通为川谷,以宣导其气;形成大大小小的湖塘,以滋润天地之美。因此山不崩塌,万物就有所归;气不沉滞,也不致涣散。这样万民生,就有了财用;死,也有了葬身之地……所以山泽上下相因,以备不可预测的事情发生。古代的圣王只是(顺天而行而)慎重对待逆天地之性的举措。
>
> 当初共工氏弃用这种圣王之道,而安于淫乐,淫乐而失其身之正位。他想以壅法筑堤防来治百川,堕毁高山,堙填下薮,从而祸害了天下。所以皇天不降福于民,庶民不为之助力,祸乱并兴,共工因此而被诛灭。到了虞舜之时,有崇伯鲧(鲧)恣其妄为之心,一概沿用共工错误的壅堵之法,因此尧诛(放)之于羽山(以下述禹疏导之功)。

《周语》这段记载,以顺逆天地之性为核心论壅堵与疏导之得失,体现了《易经·损卦》"勿损益之"的思想。那么这是否全是周人的附会呢?试看以下三则故事:

《神异经·东南荒经》记:

> 东南隅大荒之中,有朴父焉。夫妇并高千里,腹围自辅。天初立时,使其夫妻导开百川,懒不用意,谪之并立东南,男露其势,女露其牝,不饮不食,不畏寒暑,唯饮天露。须黄河清,当复使其夫妇导护百川。

《神异经》是六朝时汇集历代神异故事之书,此条所记情节与文字甚古朴,或当为前代所传,其称"天初立时",称"朴父",称"导护百川""导开百川",又同书同篇更记"此人开导河""禹更治之",则朴父虽懒,却被传为禹宣导之法的先行。

《文选·西京赋》:

> 巨灵赑屃,高掌远跖,以流河曲。

《西京赋》是班固所作,类似的记载见于西汉《遁甲开山图》,称巨灵"偏得元神之道,故与元气一时生混沌",则为与盘古一样的开辟之神。《搜神记》则记为一则完整的故事,说是太华、少华二山本为一山,河水东流至此,只能绕山曲行,河神巨灵以手劈开其上,以足蹯开其下,华山这才分为太华、少华二山,以利河流。至今,华山上仍留有巨灵开山时的巨掌之形,而他开山时的足迹则留在数百里外的首阳山下。

于是巨灵与朴父导川一样,成为洪水神话系列中远在禹以疏导为主治水前开辟时代的又一先行。

如果说以上三则故事神话色彩浓厚,似纯为想象,那么导水的故事,应当有更多的历史真实性。

《禹贡锥指》引《左传》记郑国子产之言,说是古时金天氏(少昊氏)有裔子叫作昧,为玄冥(主水)师,昧生允格与台骀。台骀能继承昧的世业。宣导汾洮二水而堤障大泽(湖),从而安定了太原(今山西临汾西南)。玄冥为颛顼氏之前的北帝,可见台骀疏障并用以治水,应是五方帝系确立之前的传说,来源甚古。而这位台骀可以说是大禹以疏导为主治水的较可靠的直接先行。

合此三事,可见大禹治水是远古先民治水经验的集中体现。

中原以上记载外,蜀地有一望帝使鳖灵治水的故事,说是鳖灵原为荆人,其尸亡去,荆人求之不得。其尸竟随江水上浮至四川郫县而复生(按尸上浮,当为江水倒灌)。望帝使之治水。鳖灵遂开决灌县之玉垒山,民人方得安居乐业,望帝遂仿尧禅舜之例,传位于鳖灵,号曰开明,望帝自己亡去,化为子规。事见扬雄《蜀王本纪》。其中玉垒山,《蜀志》则记为巫山。

望帝、开明的时代,据今人考证,相当于周代中后期,则所记事为大禹治水之后。然而,鳖灵的名号与浮尸复生的情节是远古神话化生观念的反映,也因此这则故事常被作为鲧所化黄熊为三足鳖说的一个佐证。结合《蜀王本纪》记望帝杜宇乃由天而降,其妻利由江源井中出(夫妻为天地合),有理由推想望帝鳖灵故事或为远古蜀地化生型开辟神话的历史化。即使不作这种推断,则其与中原尧舜禅让、鲧禹治水的联系还是十分清楚的。《蜀志》记:"巫山龙门,壅江不流,鳖灵乃凿巫山,土人得陆居",便是鳖灵神话与大禹凿龙门开巫山神话的糅合。

综上可知,《国语·周语》所记,古圣王不以壅堵之法治水是有一定依据的,只不过作了"顺天地之性"的理论总结。

从中我们也可以进一步悟到鲧禹父子二代治水成败的故事,至周汉间被赋予了两重意蕴:其一,与其他政措一样,以人力防御自然,必须先顺应自然之性。这就是"天人相应",也是最早的环保意识的反映;其二,人若要参与天地造化,自然必须先具有纯正的合乎伦序的诚正本性,这就是所谓"天人相参",以下介绍的周汉间记载的鲧禹故事莫不带有这种色彩。

这应当说是周汉人对远古神话的哲理提升,对于我们的民族性格的养成具有积极作用——虽然其代价是,使共工、伯鲧这两位应在史前时代起过重大作用的"人物"从此蒙上了洗不脱的恶名。

二、泽水警予与群议举鲧——附说早期中国的忧患意识

尧时洪水的文献记载已略举如前。对于这次洪水是否真有如《尧典》

《孟子》所说那样"怀山襄(上)陵,浩浩滔天","泛滥于天下",近代以来,学界有所质疑,但也都提不出确凿证据来否定先秦古籍记载。所以我们还是把这一问题留给历史学界去慢慢讨论。这里只提挈三点:

其一,以前述考古发现中原与江南约四千年前的洪水遗迹,结合《三秦记》《关中记》《蜀本纪》、盛弘之《荆州记》、袁崧《宜川山川记》、《永嘉志》以及《郡国志》《十道志》等早期的方志地志有关记载来看,这次洪水广泛存在于中原为主,东南及江淮、江浙、西南川鄂交界处,乃至蜀中人民的历史记忆中间。涉及地区还是相当广大的,而水势也相当猛烈。《荆州记》说:

> 空泠峡,绝崖壁立数百丈,飞鸟所不能栖,有一火烬插石崖间,望见可(约)长数尺,相传云"尧洪水时,行者泊舟于崖侧,炊于此,余烬插之",至今犹存,故曰插灶。

《三秦记》:

> 终南山,一名地肺(肺),可避洪水,上有神人乘船行,追之不可及。

《郡国志》记:

> 济州有浮山,故老相传云:尧时大雨,此浮水上,时有人揽船于岩石间。今犹有断铁锁。

诸如此类的记载,正可与《尧典》所记洪水"怀山襄陵"互证。

其二是初民对于洪水的看法。《孟子·滕文公》记尧时洪水泛滥于中国,而特意提到《书》曰"洚水警予",此语见于《尚书·舜典》,无论这话是尧还是舜所说,但执政者都把洪水看作上天对自己(予)的一种警示。后世每有大灾,天子会下"罪己诏",其源头就在这里。虽然《尧典》《舜典》都可能是周人的手笔,但他们把这种传统归之于虞夏时代(二典属《虞夏书》)当有相应的依据,至少说明执政者要有自省意识、忧患意识、责任意识的觉悟,在早期中国已经成熟。《太平御览》卷四四引《十道录》(唐时书)又记"覆船山,尧遭洪水。

维舟山下,船因覆焉",看来民间尚有尧还曾亲自去巡察过水势的传说,但蛛丝马迹,尚不足定论,聊记于此。

其三是,尧舜时,任用治水之臣,是经过中枢群议的。《尧典》与《史记·五帝本纪》记当时议事过程,大抵是:尧命羲氏、和氏及二者四子分掌天地四时以正历法,后二氏俱老,尧乃询群臣谁可继位,大臣放齐推举尧之子丹朱。尧认为他既顽嚚又好辩,不行。大臣驩兜又推荐共工,说他"方鸠僝功"——广集人力,已作了初步的功程安排,可用。尧认为共工巧言似敬,实则阳奉阴违,罪恶滔天,也不行。于是尧转向四岳说"现在洪水为害正烈,浩浩荡荡,围山漫岭,人民都在忧愁叹息,有谁能来治平之呢?"四岳推荐鲧。尧哼了一声,说鲧行事背戾,违反教命而贻害族人。四岳说,那就没有其他人了,试一下吧。不行的话,再说。尧这才同意用鲧治水。然而,鲧治水九年终于无功而返。

这段记载又一次说明,治水在当时是在天人相应的总体意识指导下进行的。洪水是天地之气失正所致,所以治水之臣的首要选择标准是上应天性的个人德性。尧认为共工与鲧都非善类,故不适宜担纲治水重任;不仅如此,二者后来都成为洪水不治的替罪羊,被作为四罪之二流放边裔。

不过这段记载言外也透露了一些信息,就是共工与鲧都有一定的治水经验,甚至为治水作了某些准备。共工当时为水官(郑玄注),《尧典》记他"方鸠僝功",《史记》改写为"旁聚布动"——广聚人功、布置工程。由此亦可证,《荀子·成相》《淮南子·本经训》说第二次洪水的起因是"共工"振滔洪水,这"共工"不应视作具体人名,而当作为"洪水"的一个符号,这种"神话"性的记叙与上述历史性的记叙的差异,造成了后世远古洪水是二次还是一次的不尽争论。

鲧之所以为四岳一致推荐并一再坚持,也因对于治水他是时任工师的共工氏外的不二人选。

鲧善作城郭,见于《吕氏春秋·君守》《世本·作篇》,《初学记》引《吴越春秋》更记"鲧曰:'帝遭天灾,厥黎(民)不康',乃筑城建郭,以为固国",则是说鲧曾以建城郭来障堵洪水。这些记载的源头可能更早。《山海经·大荒北经》记有"鲧攻程州之山",郝懿行注谓这与同书所记"禹攻共工国山"类同,从后者可知所谓"攻程州之山"当与攻山川治水相关,唯具体做法已不得其详。

这样看来,共工,尤其是鲧,在当时不仅以能理水名,而且在上上下下中享有相当高的威望。尧对他们的负面评价不是就理水能力与技术出发,而只是从个人品性着眼,正说明了这一点。至于前引《国语·周语下》记太子晋言,将伯鲧承共工之法"堕高堙庳"与大禹"厘改制量",改堵为导作对比,以斥共工、伯鲧有违自然之道,应当是周人对前人经验的总结,所以其对二者的批评不免"事后诸葛亮"之嫌。

以上辨析是想说明这样一个问题:伯鲧(共工同)并非一如多数文献所述那样罪不可恕。他的悲剧主要在于性格上的弱点——暴烈而刚愎自用。这种性格使他在治水上师心自用,未曾吸取台骀障宣并用的经验;而在"政治"上更显得十分幼稚。据史学界研究,鲧封崇伯居大夏之地,在尧封于唐(同样在大夏地)之前。从《墨子》记鲧为"帝之元子"看,崇伯鲧在当时十分强盛,对于新来的唐尧,至少是可以分庭抗礼的。因此在唐尧为天子都平阳后,鲧看不清"天下归一"的趋势,而敢于抗尧之命而争三公之位,甚至"怒甚猛兽,欲以为乱;比兽之角,能以为城;举其尾,能以为旌",看来是摆开了阵势以作要挟。《尧典》说他"负命毁族",应当就是指这类事。所以他最终作为四罪之一被先流后诛,抗君应是根本原因,治水是导火线,可以说是两罪俱罚(《吕氏春秋》就直接将舜殛鲧的原因归之于抗命争三公之事)。尽管如此,却不能否认他在远古与洪水抗争中有着不可动摇的先行地位,因此,不为三代间形成的君权至上观念所局囿的诸多神话与民间传说,对于这位失败的英雄便给予了更多的同情甚至敬仰,并影响到雅文献的记载。下面我们就具体讲讲鲧治水的有关事迹,以见鲧禹父子在治水方面的表现,不全是相反,而恰恰是相辅相成。

三、中国的普罗米修斯——伯鲧理水献身

屈原《天问》是对鲧的遭遇表达系统性质疑的最早文献,以此为主,结合相关资料,可以见出鲧虽有过,但许多方面可称禹之先行。

屈大夫问道:

说鲧不能胜任抗洪,众人为什么还如此推崇——都说是不必担忧,为什么不先课试他,却直接任用?……他本希望顺从天意民心而建功,为什么帝却对他施以重刑?

这段诘问显然是种对前述《尧典》所载故事而发(这也说明《尧典》的形成时代应在战国之前),重点有二。一是以为,如果说鲧有罪,那么推荐他的众人与未试而任的帝也同样有责任;二是说鲧的本意是顺天为民,所以不应当加以诛罚。屈大夫的"不平则鸣"应当说是反映了先民对鲧的总体评价,下面我们结合其他神话传说来还原鲧理水受刑的全过程。

1. 筮卜与布土——鲧的担当与筹划

《归藏·郑母经》记:

> 昔鲧筮注洪水,而枚占《大明》,曰:"不吉,有初无后。"(《玉函山房辑佚书》)

远古每行大事,必先筮占以问吉凶,鲧受命后同样如此,然而占辞显示的是有初无后的"不吉"之兆。先民将占辞视为天意的显示,所以对之持敬畏的态度。对于常人来说,占得不吉之兆,就会畏缩不前,想来鲧见此兆也不会高兴,他也完全可以"天意不可违"为由向尧辞去任命以明哲保身。然而鲧不是常人,他从来是位敢于抗命的真汉子,因此他不以"天意"为惧,仍毅然担当起主司理水的责任。

《史记·宋微子世家》记宋微子对周武王问说,"在昔鲧堙鸿水,汩陈其五行。帝乃震怒,不与'洪范'九等"。"洪范"是体现天道的大法。天帝不赐予鲧这一大法,微子说是因鲧淆乱了五行。然而我们知道,五行观念以及"洪

第八篇 鲧禹治水（上）：伯鲧篇

范"说之出现，早不过商周之际，微子的说法充其量是时人的解说。而由《归藏》上条所记，可以设想，鲧既然不顾占筮所显示的天意之警示，决然担纲治水，其不能得到天之助佑也就在情理之中了。

天既不佑，那么就只能靠人力。《天问》又问道："鲧何所营，禹何所成？"对于父子相继的这次治水伟业，鲧与禹各自都干了些什么？父之"所营"与子之"所成"是否有某种联系，看来屈大夫之时已经搞不太清楚了。然而，《山海经·海内经》还是透露了一丝信息。

> 禹鲧是始布土，均定九州。
> 鲧复生禹，帝乃命禹卒布土，以定九州。

后文介绍大禹治水时我们会详细讲述"布土"与"定九州"，这里先概要指出，"布土"，即划定理水的区域，是禹治水的第一步。记述大禹治水的《尚书·禹贡》篇开宗明义第一句即说"禹敷（布）土"；"定九州"则是大禹治水的最终结果，即《禹贡》篇末所谓"九州攸同"。《海内经》既称"禹鲧是始布土，均定九州"，又说"鲧复生禹，帝乃命禹卒布土以定九州"。二条对看，上条之"始"，下条之"卒"，最可注意，卒为竟，为终，有始方有终，故下条之"卒布土"当为帝命禹最终完成"布土以定九州"之业。而这次大业的起始，是"禹鲧是始布土，均定九州"。"禹鲧"之称有点费解，疑有脱文或衍文（当作"禹父鲧""禹承鲧"之属，或"禹"字衍）。即便一如文本作"禹鲧"，亦当作禹鲧相承来理解，不然无法解释二条之"始""卒"相应。传说中禹治水多得神圣相助，如河精授河图（《尸子》卷上），仓水使者传与宛委山所藏金简玉帛之书（《吴越春秋·越王勾践外传》），玄女传以二、五、九迹之术（《道学传》）等；而我们认为，如果禹确有治水所本之蓝图，那么《海内经》所记鲧禹相承布土定州应是更合乎情理的来源之一。关于这一点，《天问》又以神话的形态透露了一点信息：

> 鸱龟曳衔，鲧何听焉？

意思是鲧何以会听从鸱(猫头鹰)衔[木石]与龟曳(尾)呢？马王堆汉墓帛画有鸱立龟背形象，可见《天问》以鸱、龟二物合提应有所本；至于这里表现的是什么？可从禹的类似神话中得到解释。

> 禹治水，有应龙以尾画地，即水泉疏通，禹因而治之。(《山海经广注》引《山海经》佚文)

> 禹尽力沟洫，导川夷岳，黄龙曳尾于前，玄龟负青泥于后。玄龟，河精之使者也。龟颔下有印，文皆古篆，字作九州山川之字。禹所穿凿之处，皆以青泥封记其所，使玄龟印其上。今人聚土为界，此之遗像也。(《拾遗记》)

将以上三条资料合看，可见在先秦的记载中但言应龙助禹而并无龟助禹治水的记载，而恰恰这个龟出现在《天问》所记鲧治水的故事之中。由此，我们虽不必断定六朝《拾遗记》所记禹故事，实是鲧、禹二者故事的捏合与发挥，但可以由其所记来反观《天问》以上二句的本意。

鲧不听天命，自然无由如禹般得天帝所命之应龙来助阵。他所凭依的灵物只是鸱与龟。以鲧的龟曳尾与禹的"应龙以尾画地""黄龙曳尾于前"对看，可知鲧龟之曳尾，亦当是画地于前(至于这龟是否如《拾遗记》所说禹龟般印泥记九州山川之名，则资料阙如，只能存疑)。而鸱衔木石又当作何解呢？鸱的特性之一是能候风。《艺文类聚·鸱》引《礼记》曰"前有尘埃，则载鸣鸢(鸢亦鸱属，合称鸱鸢)"，注"鸢鸣则将风"；又引《列仙传》记鸱鸢"候北风，当飞渡南海"：则《天问》所记鸱衔(木石)当有以木石标示方向之意。这样鲧龟曳尾画地，鸱衔木定向，二者相应，竟然与《禹贡》开篇所是说"禹敷土，随山刊木"表现出惊人的一致性。难怪屈大夫会问"鲧何所营，禹何所成"，二者的功过是否真这样黑白分明呢？

就这样，"白马伯鲧"全然不顾上天的警示而开始了他的治水规划。

2. 窃息壤与营葑葎——鲧的工程经营

《山海经·海内经》又记：

> 洪水滔天,鲧窃帝之息壤以堙洪水,不待帝命。

郭璞注此条,引《归藏·开(启)筮》说,"伯鲧乃以息石息壤以填洪水。"可见《海内经》所记由来已久,看来鲧对天命采取"天不我佑,则我不待帝命而自取之"的态度。

息壤,据《淮南子》高诱注,是一种可以生生不息、无有尽止的土,所以可用来障水。这当然是天帝的宝物,鲧竟然私窃之,而不待帝命。这是大逆不道之罪。所以神话将鲧的死因归之于此,《海内经》即继"不待帝命"后,接云:

> 帝令祝融杀鲧于羽郊。

能自生息不止的息壤,当然只存在于神话的想象之中,那么鲧用以障堵洪水的究竟是什么呢?《天问》继述鲧死后化黄熊西征后接着问道:

> 咸播秬黍,莆雚是营。何由并投,而鲧疾修盈?

"秬黍"是黑小米,雚莆是蒲苇类的水草。此问前二句是说,鲧广播黑小米,又(经)营水草。只是这个"营"字意义含混。从王逸注起,多解作经营蒲苇丛生的水洼之地,在上面种满了黑小米,但这种解说其实难通。其一,如确如上说,则二句的顺序应倒过来;其二黑小米是旱地作物,种在水洼之地,即使已经排涝,也难以成活。

清人蒋骥《山带阁注楚辞》首先对"雚莆是营"作出了新解,称此句"言鲧欲使民播树,故于雚莆之地,营筑为堤"。

顾颉刚先生则据《淮南子》记女娲治水之法,认为鲧以息壤止水,应当就是"以芦灰止水"之法。

尹荣方先生更合二说,并参以今水利专家论芦苇与水利之说及相关民间故事,作了详密的论证,大意谓,据《韩诗外传》所记,孔子言"老蒲曰苇",可知雚莆即芦苇。芦苇丛生,于水道通畅最为有害。乾隆二十三年六月,湖北荆州大水,起因即是豪绅肖逢盛,私占江心窖金州种植芦苇,以致沙洲不能刷动,逼洪水北趋,致使万城大堤决口,至今当地每年都要组织千军万马割苇焚苇。1984年起,还使用了火焰喷射器。

然而芦苇于水又有二重性。"芦灰缩水"(庾信《拟连珠》),是填水材料。尹先生更举证河南中皇女娲故事以证之,转录如下:

> 那时的中皇山下,到处是一望无际的芦苇,女娲为了战败康回(共工)的水灾,带领中原的子民,把中皇山下的芦苇割下来,然后在中皇山下的索堡、麻堡村一带,把芦苇打成捆子。索堡村用葛条捆芦苇,麻堡村用麻捆芦苇,因此得名。芦苇打成捆后,人们扛着送到空条、大陆泽、菏泽等地方,烧成芦灰和泥土拌和起来,筑成土堤,阻挡康回放来的洪水。如今那里烧芦灰的村子还叫芦灰窖、灰场、芦苇窖等名字。

这样尹先生就有力地证明了鲧"蓳菲是营"也应是"焚苇筑堤"。这里想补充说明的是上引中皇村故事,虽说的是女娲治水,然而所举"空条、大陆泽、菏泽"一带,正是大禹治水的重要地段之一,禹于此障疏并施,也曾作堤(详后大禹治水节),所以中皇村传说应是对远古两次大洪水历史记忆的叠合。这样《天问》上引四句透露了鲧治水的又一方略,他抗洪与恢复生产并举,一方面焚苇堤筑,一方面广种黑小米以救灾。这一点同样为大禹继承。那么鲧究竟筑了多少堤防呢?《路史·后纪十二》罗苹注记有鲧堤遗存多处,并称"古长城,即尧遭洪水命鲧筑之者",所记或有夸大,但以九年之功筑堤防水,工程浩大,是可想而知的。所以屈原既质疑"鲧何所营,禹何所成?"更不平地问道"为什么四罪同罚,而鲧的恶名尤彰呢?"

3. 被殛羽山与化身龙鱼

虽然,鲧如屈大夫所说其初心是"顺欲成功"而罪不当诛,但看来,无论是从天帝处窃来的息壤,还是应当为息壤原形的灰泥堤岸都未能阻挡住滔滔洪水。

"不吉,有初无后"的筮辞应验了。《尚书》记载他"九载,绩用弗成"(《尧典》),而被作为四罪之一,"殛鲧于羽山"(《舜典》)。《史记·五帝本纪》则更于"殛鲧于羽山"后加上一句"以变东夷"。既然是"以变东夷",则"殛"并非杀死而是与其他三罪之"流""放""迁"同意(参孔安国注)。太史公这样记述,或许与诸多异异同同的前此记载有关。

《尚书》的另一篇《洪范》记"鲧则殛死",《墨子·尚贤中》"昔者伯鲧,帝之元子,废帝之德庸(功),既乃刑之于羽之郊,乃热照无有及也。帝亦不爱"。这是说鲧为帝之长子,治水无功后,被刑于羽郊,这是个光照不到之地,帝也不怜悯这个长子,则这个刑,就是流放。二条对照,可见"殛死"为先殛后死,殛为流放之意甚明。

那么,羽山或者羽郊在什么地方呢?鲧被流放后又是怎么死的呢?也有多种传说。

《山海经·中山经》记青要之山有帝之下都为密都(约在河洛一带),由密都南望,有"墠渚,禹之父所化也,是多仆累、蒲卢",据此有人认为羽山在河洛之南,则为中原。其实渚为水洲,墠为祭祀用的平整地面,墠渚意谓水洲上祭祀用的平地;仆累为蜗牛,蒲卢即蒲芦,为芦苇(朱熹《诗集传》),其非山甚明,想来当是鲧筑堤理水之遗迹而民人除地为墠以祭之处。传说后来禹治水至这一带化为黄熊开山,当与此有关。此说之外,尚有羽山在钟离(今安徽凤阳附近),羽山为极北之委羽山等说法,或为后人附会,或论证乏力,影响不大,故不一一。

羽山在东南,则是早期记载的一致指向。《史记·五帝本纪》据《尚书·舜典》明指尧"殛鲧于羽山,以变东夷",可以与之互证的是《山海经》郭璞注与《初学记》所引《归藏·启筮》都称禹殛死后三年不腐,"剖(付)之以吴刀",《天问》则称鲧死后化黄熊后"阻穷西征"。"吴刀"为吴地所产宝刀,"西征"则由东而向西。至于在东南的具体方位,则有多说,其中有两条较早的很可注意。

六朝《神异经》记:

> 东方有人焉,人形而身多毛,自解水土,知通塞,为人自用,欲为欲息,皆云是鲧也。

《拾遗记》则记：

> 海民于羽山之中,修立鲧庙,四时以致祭祀。

而更早的晋人郭璞注《山海经·海内经》"帝令祝融杀鲧于羽郊"句谓"今东海祝其县西南有羽山,即鲧所殛处"。祝其之地在山东蓬莱县东南,合以上二条可知鲧所殛之地在东海之裔,应是汉魏六朝时期较通行而在众说中为较早的说法,可以采取。

把前此所谈到的鲧殛死与有关化身的神话传说综合起来,大抵情节当如下：

虽然鲧不顾"不吉,有初无后"的天诫,甚至干犯天威,冒死以盗取天帝之息壤来障堵洪水。筑堤数百里,并种粮救灾,但屡堵屡溃,未能阻止滔天的水势。天帝因此而震怒,认为他淆乱了五行,败坏了伦序,于是就把这位"元子"流放到东海之裔的羽山之野。这是个日月光照所不照临的地方,海浪搏击,海气凄冷,天帝丝毫不加怜悯。鲧在羽山被幽囚了三年,身上都长出毛来,形同毛人,似乎是回归了他本为驳马族的原始本性,他徜徉于山野之间,而性格仍旧是这般刚烈,认为自己解水土,知通塞,所以依然故我,不肯低首伏罪,这样他就对"帝"造成了威胁,于是帝命南方之神——炎帝的辅佐祝融去诛杀了他。

鲧死了,但他的精神不死,尸体三年不腐,祝融便以锋利的吴刀割开了他的肚皮,鲧竟化作一条黄龙(郭璞注引《归藏·启筮》),龙入水又化作一条剑口刀齿重二千斤以上被称作"能"的鲛鱼(《拾遗记》),最后更化作一头黄熊,由东南奔返他的始兴之地西部大野之中。(驳、蛟龙、鲛鱼、熊的关系见前析)

不屈的鲧化生西归了,但后人仍怀念着他的功德。海民庙祀之,四时致祭,这是否因为"毛人"鲧"自解水土,知通塞",在幽囚三年中仍然为黎民做了好事呢？由东南西征的一路上更有多处鲧的传说,安徽、湖北乃至四川都有托名羽山处,河洛一带有祭祀它的"埠渚",安徽钟离的"羽山"处,"其水恒清,牛羊不饮"(《郡国志》),可见黎民乃至畜类都对鲧怀着无比的崇敬。而夏朝建立,并没有因鲧干犯天怒,成为"罪人"而忘记这位族属的英雄,仍将他作为初祖而郊祀之(《左传·昭公七年》)。

"鲧婞直而亡身兮,终然夭乎羽之野?"

屈原在《离骚》中这样感叹道——从上述记载看,这应当不仅仅因为屈大夫对鲧有同病相怜之感吧!

以上故事至"化熊"为止,是从神话角度看鲧的,然而诸多神话都与历史记载相混杂,只要把上述故事中的帝(天帝)改为尧帝或舜帝,将窃天帝息壤改为煆芦灰以作堤,将淆乱五行的罪名改为以障堵之法治水失败,而与前此的"争三公"两罪并罚,再略去吴刀剖腹而化生的情节,便大体上是鲧的故事之历史记载了。这一点预示着我们民族的神话时代即将谢幕。

希腊神话中有一位普罗米修斯,他为人类盗取"天火",触怒天神宙斯而被绑在高加索的山崖上每天遭神鹰啄食肝脏。可以说,甘冒天怒,盗取天帝息壤而遭殛死的鲧是中国的普罗米修斯。这又当是中西神话比较研究的一个有趣而重要的课题。

第九篇 鲧禹治水(下) 大禹篇

第九篇　鲧禹治水（下）：大禹篇

如果说有关鲧的资料呈现为神话与历史夹杂，神话中明显含有史籍所记的历史资料，那么有关禹的文献，历史其实已从神话的记忆中独立出来，构成了详实系统的史笔式记载。然而近代以来，由西而日而中，对于这些资料，史学界既怀疑其真实性，神话学界则普遍将它们与神话资料等量齐观。这种认识，直至最近二三十年，才有所改变。在众多相关历史文献中，最重要最系统的无过于《尚书·禹贡》篇，我们后面要介绍的大禹治水故事的主要依据及叙述线索就是来自这篇重要文献，因此在故事展开前，先须对《禹贡》的可信度略作辨析。

《禹贡》篇一度被怀疑为战国人甚至更后的伪作，然而《诗经·商颂·长发》已说"洪水茫茫，禹敷下方土"，这是商代已有《禹贡》开首"禹敷土"之说的铁证；21世纪初春秋铜器"燹公盨"面世，其铭文之首"天命禹敷土，随山刊木"以下数句，更与《禹贡》"禹敷土，随山刊木……"相当接近。此二条，参以《诗经》大小雅中"丰水东注，维禹甸之""奕奕梁山，维禹甸之""信彼南山，维禹甸之"等句，足证《禹贡》篇的雏型至晚应在商周之际已出现。考古学家更以《禹贡》

"九州"的地理位置与考古发掘相对照,证明公元前 2000 年左右(距今 4000 年左右)中华大地上已形成若干有特色的文化圈,且与《禹贡》九州范围大体相应。杨升南先生(《远古中华》)据此推断《禹贡·九州》应是商人对夏代的追记,而全部《禹贡》的主体当成立于周代而非后来想象的产物。我们认为这个判断大体上是正确的(至于细节部分后文还会随机探讨),也就是说《禹贡》成篇的时代距禹的时代不远。

从小学起,我们就在课本上读到"勤劳勇敢的中华民族",然而《禹贡》所展示的以禹为代表的先民的不是神话的神话,会使你真切地感到那种远远超乎"勤劳勇敢"的,立足天地之间,充满智慧而又大气磅礴、自强不息的创造活力,才是我们民族的真精神。

这种创造活力,更基于在极艰辛的条件下长期的全面的调查、勘察与对前代经验的总结,这就使禹的这项大工程透现出缜密的思辨能力与堪称当时世界之最的统筹、组织与执行能力。可以毫不夸张地说,禹主导的这项工程已经具有今天所说的"系统工程"的主要特征。这不仅表现于水利工程本身所体现的对境内山川湖泽乃至周边海域主从总分关系的全局性把握,更体现为将理水与发展生产、划定区域、建立有效的社会组织与行政管理体系作为一个系统来设计并实施。所谓"禹贡",简言之就是禹通过理水所建立的普天下四面八方经由网络式水系向中央——帝都平阳辐辏献贡的早期国家形态。这种形态,即便有商周时期的社会因素介入,但其主体应是以禹及其实际开创的夏代有关治政经验为蓝本的。因为商周人不可能凭空设计出这样一套"系统工程"——没有量变的层层累积,是不可能有所谓"质变"的。《禹贡》所显示的这种系统性,尤其是工程设计经纬分明、首尾呼应的系统性,反过来也证明此篇的历史可靠性;而细研资料,我们更可发现,多则大禹神话有着与历史的重大契合;也因此,我们仍依神话学界的传统,将相关历史文献与神话一并来研究介绍,以使两方面的资料相互映发,更好地展示如同神话般的这段历史。

《禹贡》所包含的极其丰富且极其重要的历史信息引起了后人的重大关

注。相关研究著作,重要的就有数十种,至清代胡渭集采众说,汰芜取精,益以己见,解疑探微而成《禹贡锥指》这一《禹贡》学的集大成著作,此后学者专家虽有所弹指,有所推进,但就大节目而言,未有能撼动《锥指》所论析者。因此本篇除介绍禹个人情况的首节外,均约取、综合、深化或商榷《锥指》所析为主线并参以后人的若干意见来组织相关神话传说,也因此,除十分必要,一般不再标示材料出处,这种设计当然也是考虑到本书准学术文化读本的性质,而希望便于读者阅读。

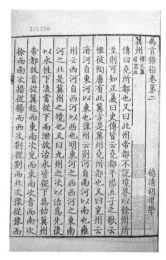

《禹贡锥指》书影

一、大禹出山——自强不息的罪人之子

1. 禹的出生之谜

① 化生说

古易《归藏·启筮》记禹出生:

> 鲧殛死,三岁不腐,副(剖)之以吴刀,是用出禹。(《全上古三代秦汉三国六朝文·全上古三代文》辑)

《山海经·海内经》"鲧复生禹",郭璞注所引《开(启)筮》则说:

> 鲧死三岁不腐,副之以吴刀,化为黄龙也。

这是一种源自化生观念的解说。化为龙、化为禹是一回事。《说文》:"禹,虫也。"虫在卜辞中与"巳"同,巳即蛇,龙蛇不分,所以化为禹也就是化为龙蛇。要之,这则最早说到禹出生的神话的内涵是:鲧虽死而精神积郁不灭,先是三年不腐,被祝融以吴刀剖尸后化为一条龙,这条龙,就是他的儿子大禹。那么,这条龙是否就是"黄龙"呢?恐怕有些疑问。应注意郭璞所引称作"开筮",开筮即启筮,汉代第四个皇帝景帝名"启",改"启筮"为"开筮",是避汉景帝讳。汉朝自承是黄帝、大禹一系,黄帝为黄龙,则禹也成了"黄龙"。土色黄,汉前期为土德,至东汉光武朝,始以火德自居。因此,我们推断郭璞所本之《开筮》,应是汉景帝之后的一种西汉人辑本。这样鲧"是用出禹"应是《启筮》所记的原貌。"黄龙"说的又一个源头当为《国语·晋语》所记"鲧殛之于羽山,化为黄熊,以入于羽渊"与《天问》所问"化为黄熊,巫何活焉?"前文已析熊、龙互化(熊为蛇精所化),熊化为黄熊,则龙为黄龙,也可说顺理成章。要之,化熊、化龙均当是龙蛇图腾的黄帝居中原而都有熊氏新郑之地后的说法。而推其原初,如前述,鲧禹父子应是西羌白马(白身黑尾的驳马)族。

② 感生说

《世本·帝系篇》(张澍萃集补注本)记:

> 鲧娶有莘氏女,谓之女志,是生高密。云:"高密,禹所封国也。禹母修己,吞神珠如薏苡,胸拆生禹。"

同时此篇更将鲧禹的族属归为黄帝—昌意—颛顼一系。

禹母修己吞神珠生禹,为感生类的神话,它与简狄吞玄鸟卵生契、姜嫄履巨人迹生弃,以及更上的华胥女履巨人迹生伏羲、女登感神龙生炎帝、附宝感大电光生黄帝,更下的刘媪感赤龙生刘邦为同一类型。其中唯简狄感生契、姜嫄感生弃分别见于《诗·商颂·玄鸟》《诗·大雅·生民》,为商周族的原生态的始祖神话,形成期为早商、早周之外,其余都是战国末年至汉初,为构筑君权神授的帝王世系的产物。因此可知感生型神话的产生要晚于化生型神话,其初,如商、周始祖神话,可视作化生型神话的一个较晚的分枝,而其他则显然是周汉之际为制造万古一系的帝系所造作,而并非原生态的远古神话。

修己"胸拆生禹"的情节,显示了禹化生与禹感生二系神话的变化轨迹,二者的共同点是孕禹者体坼而生之,最早的化生型神话说禹是乃父鲧腹拆而生,这个"生"如前所析是氏族裂变的反映,因此又可化龙、化熊、化鱼。编造帝王世系的周汉间人不解此意,认为这事过于荒诞,所以要为这位圣王按上一个实际应有却神话化的生母"修己"。我们认为修己"胸拆生禹"是鲧"腹副生(化)禹"的后世变形。或以为修己为女,反映了母系社会知其母不知其父的情状,其实这与母系、父系社会无关,因为即使到了父系社会,男人也生不了孩子。因此,禹的出生之谜只有从化生型神话到感生型神话演变的角度来审视,方为合理。

禹感生神话,又分两个系统。以上所引《世本》之说为中原型系,其中有莘氏女之有莘国,在今河南陕县,所述禹的封地高密则在今山东。然而扬雄《蜀王本纪》以下所记禹出生神话则称禹母拆副(剖)生禹于蜀地西北汶山郡广柔县石纽乡,至今这里仍是羌族聚居的地方,甚至乃母的名字,所吞神珠的形状也有所不同。二说是与鲧族起于西羌与起于崇地(大夏)两种说法相对应的。更有以二说相混合的,则谓鲧娶有莘氏女剖胁生禹而家于西羌石纽(《吴越春秋·越王元余外传》)。感生说的种种矛盾,恰恰反映了它是晚起的,与禹鲧有关的各地都要争圣王大禹的出生地权,遂有种种异说。

根据以上解析,我们不取种种感生说,而取原生态的鲧腹剖出禹说。当然这个"出"不能理解为"生育"之生,而是化生之生。

2. 罪人之子的异禀卓行——大禹出山

"阻穷西征,岩何越焉?化为黄熊,巫何活焉?"由《天问》此问可知,晚周时关于鲧死后的化生故事,当有这样一种类型:鲧在东南被殛杀后化为黄熊,翻山越岭地西行,而为挟不死药的西部神巫救活。那么,屈大夫疑而问之的巫又怎样使鲧活过来的呢?

不妨由化生型神话的"原理"来作探索。

首先,巫救治鲧的情节与上章所介绍的猰㺄君被贰负之臣杀害后,帝命巫咸等十数神巫皆操不死之药环护之,最后尸身由蛇身人面化为了龙首状物(《山海经·海内西经》《山海经·海内南经》)为同一类型,其起源是相当古老的。

其次,化生型神话的"生""化"其实为氏族分合。鲧的"生"与"死"正构成了一个部族分、合的循环。鲧族由龙属的黄帝系分出为白马族；他死后又化为黄龙黄熊，则是说其子禹又回归其祖图腾，合入黄龙族的黄帝有熊氏的联盟。这与猰貐君为巫救活后化为"龙首"状物一样，都是黄帝权威确定，龙成为中华民族象征的反映。

再次，这样一位神异的人物自然有着天赋的异相。《帝王世纪》等记禹的状貌大抵如下：身长九尺九寸，而"足文履已"——足下的纹理成"已"字形，虎鼻大目而"两鼻参耳"——两侧鼻翼几乎连结到双耳，胸前有玉斗的记号，头上则载有钩铃形。现在我们来解释一下这个形象。足文履已，是表明其为龙蛇之族，因为已为蛇而通于龙，其鼻翼通连二耳，则正是龙鼻甚大之特征。头上之钩铃是星名，为房星略北的二颗辅星，房星主马，头戴房星之辅星钩铃，说明此龙当为马龙之族。这样就可以认为鲧化熊西征返其故地后为巫救治所化的禹是回归了其祖图腾龙，但仍保存有马龙之族的特征。而其胸前的北斗记号则是表示他将成为导引万民的新一代的帝王。《帝王世纪》的记载，可以认为是魏晋间人的造作，但这种造作本身却说明禹为西羌龙马之族是当时人的通识。此外，《尸子》还记"禹长颈，鸟喙"，这是意指禹为鸟族。尸子名佼，为鲁人（一说晋人），无论是晋是鲁，其主要经历是在秦国为商鞅师，参与变法，事败逃入蜀中。秦人崇凤，而蜀又是鸟族少昊氏所司，想来尸子记禹"鸟喙"与此有关。由此也可推想，尸子的原籍似以鲁人为较可靠。因为鲁本东夷鸟族发祥之地。尸子指禹为"鸟喙"可视为一种别说，形象设计中可以不取；如取用也无妨，合《帝王世纪》所记，可理解为禹出身地西羌、中原、东越三说之综合。

虽然禹生而有异禀，但作为罪人之子，禹的早期生活应当并不顺遂，《吴越春秋》记"禹三十未娶"，各书所记其结姻涂山氏女是在治水至南方涂山之时（《吕氏春秋·音初》《楚辞·天问》），则"三十未娶"说当大抵不差。古时结婚一般均在冠年十八岁前后，上古则应更早。三十未娶，说明罪人之子禹未兴之前，颇不为乡里所待见。

然而这位罪臣之子终于为舜起用，而承乃父之志，开始了又一轮的治水大工程。

《史记·夏本纪》记有舜用禹的过程。但以所述各时间节点与同书《五帝本纪》之"尧纪""舜纪"相对照是根本对不上号的;所以不足为据,只是大体可看出是鲧治水失败多年后,这时禹已是成年之人。可注意的倒是《夏本纪》对于禹品格的介绍:

> 禹为人敏给克勤,其德不违,其仁可视,其言可信。声为律(声音与钟律相应),身为度(以身为法度,即以身作则),称以出(权衡出于其身),亹亹穆穆,为纲为纪。

大体的意思是说禹敏捷勤恳,为仁德之人,从容庄敬,一切言行都中规蹈矩,完全合于礼乐而通于天道,因此是位纲纪之臣。而先秦的有关文献也印证了这一记述。

《尚书·大禹谟》称"禹克勤于邦,克俭于家,不自满假"。

《左传·宣公十六年》称"禹称善人,不善人远"。

《孟子·公孙丑上》称"禹闻善言则拜"。

《楚辞·离骚》称"禹俨而祗敬兮,周论道而不差;举贤而授能兮,循绳墨而不颇"。

《荀子·大略》称"禹学于西王国"。

所记德行未必都是禹出山前的,但均可与《大戴礼》《史记》所记互证。所提到的谦逊好学向善,则应是一应美德善举的根本。

无论如何,禹大体在而立之年前后为舜识拔而出山了,而今天审视这一故事,有两点重要意蕴:

其一,舜不以罪臣之子而弃用禹。这既是尧舜时代"五刑"不株连家族的反映,也是舜"元首明"而有容,故得"股肱良"而成功之范例。

其二,禹不以罪人之子而自卑,相反却常保正直向善之心,好学谦虚,终于赢得上下一致的认可而成纲纪之臣。

二点合一自然是又一种"公天下"时代"圣君贤臣""使贤尚能"的佳话。

这些故事或许是周汉之际最终形成的,但无疑体现了早期中国的政治理想,至今仍不乏借鉴意义。

3. 大禹治水的团队、后盾及其意蕴

自《尚书·虞夏书》诸篇至战国诸子及《史记》等汉前朝文献,对于禹治水人事准备的描述除了体现圣君贤臣、使贤尚能之外,更描述了群臣之间的通力合作。这两方面用《尚书·皋陶谟》的话来说就是八个字:

> 允迪厥德,谟明弼谐。

意思是君主恰如其分地履施德政,就能谋划英明、群臣谐力。下面我们综合各书记载,勾勒当时的安排情况。

舜任命禹总领平治水灾,禹谦虚地辞让,并推举殷族的稷、商族的契与牛龙之族的皋陶,认为这三位前辈更合适担此重任。舜坚持己命,并命稷主管农业生产;命契为司徒"敬敷五教"——教化百姓遵循五伦;命皋陶为"士",相当于后世的大理卿,掌五刑以明法令。此外又命伯夷掌宗族事务,命垂为"共工"领百工之事,命伯益为"虞"主管山泽林木之事,而高辛氏之后伯虎、伯熊为之辅助,命夔掌乐等等。同时命四岳与十二州牧各守其职,同心协力"惟时相天时"——要一心顺天时而行事,并实行三年考绩一次,三考依功过定官职升降的制度。这样治水大业便在一个井然有序的政局中展开了。

直接辅助大禹治水的大臣有司农的稷、司山泽林木的益与司刑政的皋陶(也有的记载加上伯夷)。前二人的职掌直接与治水有关,皋陶司法则有点工程督导的性质,因为明法纪,考功过是工程有序进行的重要保证。

中枢团队之外,在地方更以共工氏的四个儿子为四岳,这不仅是刑不及亲的体现,更因为"共工"氏的世职便是管理百工,尤其擅长水利工程。《舜典》《史记》都以"共工"为职司之名,正体现了这一点。看来"共工"作为一个符号在远古具有两重意义,既是管理工程的职司名,又是洪水之代名词;任心妄为便成水患,顺天而行便是辅臣。两方面正构成一种正反合的关系,这是"共工"研究中应引起充分注意的一点。四岳分掌四面而领当时十二州的

十二牧,便构成了治水团队的第二个层次。

　　史籍记禹治水的管理团队大抵如上,而神话则又加上了一个层次——神。禹所到之处,几乎都有神灵相助,后文再详,这里要特别举示的是贯穿治水终始的应龙。应龙,我们并不陌生,他助黄帝杀蚩尤、夸父而降处南方,逢旱则降大雨以纾灾情,所以"帝"命之襄助大禹也是用其所长。应龙助禹见《山海经》,是早期传说。另一种灵物"玄龟"的出现,则迟至六朝《拾遗记》,不过《天问》已有龟助鲧的说法,则玄龟助禹也不为唐突。所以后文的故事也不妨让这个龟儿出现。

　　神灵助禹的神话其实是由远古天人相应观念所派生,主旨在于说明禹作为圣人其德性是上通天道的。因此《尚书·洪范》所说鲧淆乱五行,所以天不赐他"洪范"九畴,禹嗣兴,(以其上述德性)天乃赐以"洪范"九畴,可以视为历史记载与神话传说的结合点。

　　圣贤之心又如何能与天道相通呢？其中介为民心。这一思想通贯于《尚书·虞夏书》各篇之中,试举数则(为便阅均今译)。

　　　　伯益辅佐大禹,说：只有德才能感动上天,才能使无论多远的人都来归服,自满遭损,谦虚受益,这就是天道。(《舜典》)

　　　　皋陶论施政关键,既说君主能发挥其德性,决策便能明智,群臣便能协和。又说施政的关键"在于知人,在安民",知人则明而有断,使俊乂在官；安民则惠泽普施,使百姓怀之。(《皋陶谟》)。

　　　　皋陶又说"天工,人其代之"——就是天意要由人力去贯彻完成；"天聪明,自我民聪明；天明畏,自我民明畏,达于上下,敬哉有土"——天的耳聪目敏,源自民的耳聪目敏；天之扬善惩恶,源自民的善恶判断。圣主能上达天意,下通民情,就能敬守其国土。(《皋陶谟》)

　　合三条可知：至晚在商周之际,已形成这样的观念,考察在位者是否能上达天道的标准是其是否能下通民情；而禹及其治水工程正是对这种最早的民本观念的"权威"诠释。故《尚书·益稷》记禹自述经历,将起因归之于解除洪水所带来的"下民昏垫"(陷溺)之苦,而最终的结果则是"烝民乃粒,万邦作乂"——百姓得到充实的食粮,万国由是而安定。

这样,禹的治水工程自然得到了邦国与人民的倾力支援。柳诒徵先生《中国文化史》辨此事谓《益稷》又记禹治水时广度土功,区划五服,纵横各五千里,每一州动用十二师的人力直至四海之滨。这是禹治水团队的基础。十二师,孔安国传以为一师二千五百人,则十二师为三万人,十二州则二十七万人;《尚书大传》则以为"州凡四十三万二千家",如此以常规的户出一人计,则一州动员人数达四十三万二千人,九州合计,则为三百八十万八千人。无论何种算法,而以其治水年月之长达十三年计之,其土功之量是惊人的。对于大禹治水的规模,西方与日本研究者多有质疑,认为通计禹之治水,总长达一千二百至一千五百公里,是三百公里长城之四至五倍,较之有名的隆河工程也为四倍。因此而谓"则此等具有怪力之禹,殆非人间之人也"。(日本《支那太古史》引西人说)

对此,柳先生论曰:

> 按治水之难,以人工及经费为首。近世人工皆须以金钱雇之,故兴工必须巨款,吾国古代每有力役,但须召集民人,无须予以金钱。故《书》《史》但称禹之治水,不闻唐、虞之人议及工艰费巨者,此其能成此等大工之最大原因也。西人但读《禹贡》,不知其时治水者,实合全国之人力,故疑禹为非常之人。若详考他书,则知其治水非徒恃一二人之功。

柳说甚是,所谓"实合全国之人力",可为《史记·夏本纪》"禹与益、后稷奉帝命,命诸侯百姓(指各姓之族长)兴人徒以傅土"作注解。考古发现则可以佐证当时已可能具备这样的组织动员能力。迄今已发现的禹以前的大型城堡有70多座,其中尤大者达数百万平方米,如山西襄汾陶寺古城达280万平方米,浙江莫角山古城达290万平方米,陕西神木石峁古城竟达400多万平方米。可见《尧典》所说的"万邦"统属于这些大型城邦,各城邦又统属于"九州"或"十二州"。因此可以认为城邦联盟制的国家形态是禹治水的基础。这种有组织的动员,谓之最早的"举国体制""人民战争",当不为过。而大禹则在其中"身先士卒",作出了表率。

《韩非子·五蠹》记:

> 禹之王天下也,身执耒锸以为民先,股无胈(大腿无赘肉),胫不生毛(小腿毛被磨光),虽臣虏之劳不苦于此矣。

《庄子·天下》所记略同,而加上"沐甚雨,栉疾风,置万国"等字样。成语"沐雨栉风"即出于此。《尸子·广泽》则又记禹因上述辛劳生偏枯之疾,步不能迈(不能双足交替迈步),名曰"禹步",所谓禹步,也就是像跛子行走,据说当时神巫多效之(《扬子法言·重黎》),后世道士步罡踏斗的步法即取法于此。

最令人感动的是《尚书·益稷》所记禹的自述,说是,当时自己对丹朱他们的淫乐无度感到悲恨(而奋发自厉),娶了涂山氏之女后,第四天就又踏上了治水的征程,后来儿子呱呱坠地,自己也从未抚养过他,只是专心致志于治水工程。这段自述后世多有敷衍,《史记·夏本纪》记:

> 禹伤先人父鲧功之不成受诛,乃劳身焦思,居外十三年,过家门不敢入。薄衣食,致孝于鬼神;卑宫室,致费于沟淢。

《吴越春秋》则记:

> 禹伤父功不成,循江,泝河,尽济,甄淮,乃劳身焦思以行,七年,闻乐不听,过门不入,冠挂不顾,履遗不蹑(帽子被树枝挂落也不顾,鞋子脱落也不拾穿)。

以上,劳身焦思、过门不入、闻乐不听、冠挂不顾、履遗不拾也都成为形容操劳的成语。

读以上记载，必会感到中华民族对"领导干部"的要求，在那时候已经成型。

就这样大禹肩负君的嘱托、民的期望、先父的遗愿，率领他的团队出发了。

二、大禹治水的规划与勘察——有关神话的意蕴

1. 神话的想象

禹治水有所规划，即便在神话中也有所体现，前文已提到一些，这里再综述如下：

> 禹乃嗣兴，天乃赐禹"洪范"九等，常伦所序。（《史记·宋微子世家》）

这是接前文述鲧"汨其五行，帝乃震怒，不与洪范九畴"而言的，意谓鲧不顺天意，不得天助，禹顺天意，得天赐之大法"洪范"。这是禹治水所据原理的神话化。

> 禹治水，有应龙以尾画地，即水泉流通，禹因而治之。（《山海经广注》引《山海经》佚文）
>
> 应龙何画？何海何历？（《楚辞·天问》）

王逸注后条："禹治洪水时，有神龙以尾画地，导水之所当决者，因而治之也。"则此条是说禹得天地所遣神龙——有翼的应龙之助，应龙以尾画地是禹治水的先锋与前导。这一条与前举《尸子》所记"河精献图"应是有关禹治水方案的神话化。

前析至六朝《拾遗记》更吸收龟助鲧的传说，而称"黄龙曳尾于前，玄龟负青泥于后"，这龟还以额下印文，印青泥定九州山川之名，则又成为禹治水同时划定九州山川的神话化。

《淮南子·墬形训》据《山海经·海外东经》所记而称：

> 禹乃使大章步(以步测量)，自东极至于西极，二亿三万三千五百里七十五步；使竖亥步，自北极至于南极，二亿三万三千五百里七十五步；凡鸿水渊薮，自三百仞以上，二亿三万三千五百五十里有九渊，禹乃以息土填洪水，以为名山。

这是说禹使神人步量东西、南北，及测定渊泽深度，应当是禹曾进行全境范围勘查，以划定九州的历史之神话化。

《吕氏春秋·慎行论·求人》则说禹巡行四海，以所记神话地名多不可考，为便阅读，此掇其大意。说是禹巡行，东至日出之所东海中的扶桑，访问了鸟谷国、青丘国、黑齿国；南到今越南境内，访问了交趾国、孙朴国、续樠国、羽人国、裸民国、不死国；往西到了巫山之下，又深入到积金山，访问了奇肱国、一臂国、三面国；往北到了北海，登上衡山(不是南岳衡山)，访问了太戎国、夸父国与北海之神禺强，探访了河源处的积水与积石山。禹所到之处广求贤人，希望充分发挥地利以利民众。他辛苦到了极点，乃至面色黧黑，七窍不通，行走时后脚不能跨过前脚，也就是所谓的"禹步"。

《吕氏春秋》所述可与上条互参，大体勾划了禹所经行的四至，其中所述各奇奇怪怪的国名，则是四裔之少数民族的神话化。因此这二条是大禹治水曾经勘查测量境内山川形势的神话化。《吕氏春秋》条未明言是治水伊始的查勘，还是治水之后的巡察，如为之后，则相应于后文所说的"导水"。

将以上散在的故事合起来，则即便在神话系列中，禹治水也呈现出一种有原理，有规划，有勘查，甚至有复查验收的系统化的过程；而更有意思的是历史的记载与这些神话显示出惊人的对应关系。

2. 历史的记载

> 禹敷土，随山刊木，奠高山大川。

这是《禹贡》篇开首的三句话。《禹贡锥指》将这十二字单列为第一卷，足见其纲领性的地位。说的是正式施工之前禹的运筹规划及相应的勘查工作，大意如下：

敷即"布"。"禹敷土"即《商颂》"洪水茫茫，禹敷下土方"，当时洪水怀山襄陵，疆界尽失，水道紊乱，治水无从着手，故"禹分布治之"（《尚书正义》）。

宋人吕祖谦说："史官作《禹贡》，先言'禹敷土'三字，见禹有一定之规模在胸中，分布九州之地，甚处用此治，甚处用彼治，工役计用多少，然后施功。"（《东莱书说》）。凡此均是认为禹"先定其规模，而后从事者"（胡渭语）。

施工之前的规划，一定有所依据。禹"分布治之"的依据应当有两方面。

一是图籍资料。《尸子》卷下记：

> 禹理洪水，观于河，见白面长人鱼身，出曰："吾河精也。"授禹河图而还于渊中。

河精授图自然是神话，以见禹治河得天之助，虽然想象美好，但当不得真；而从片段文献资料看，应是当时已有相关的图籍记载。在"炎黄"章中我们已介绍了黄帝臣"史皇作图"，这个"图"主要是指舆地图籍。又上篇我们介绍"禹鲧是始布土"，则鲧先于禹也曾"布土"；所以"禹布土"的依据首先是从黄帝时代起直至鲧治水所留下的一应舆地图籍资料，也许还包括台骀障宣并用以治水的资料。

与图籍的研究相比，更重要的还是实地的勘查，这就是"随山刊木，奠（定）高山大川"。

洪水泛滥、经界全乱，大地上所可见到的有标识作用的仅有高山，图籍的记载已不足为治理规划的依据，因此要勘查。"随山刊木"，刊为"立"义。《史记·夏本纪》即书作"行山表木"——循行大山间，立起木柱以为标识。刊又有伐意，故《禹贡》孔传释为"随行山林，斩木通道"。二说可以并存。此外《孟子·滕文公上》记舜使益掌火，益烈山泽而焚之，这应是当林木蓊丛之处，以火焚之以开道，当为"斩木通道"的补充手段。

禹一行勘查于境内的高山大川之间，其路程且依前述西人估计，当有千二百公里之长，会遇到各种地形地貌。《尚书·益稷》记禹自述"予乘四载"，也就是乘用四种工具。后人解为陆行乘车，水行乘舟，泥行乘辐———种板制可于泥土滑行的橇，山行乘桐——或释为轿，或释为屏，即底上有钉的木制登山靴。车、舟古已有之，橇、桐则首见于禹事，应是大工程中的小发明吧。

"随山刊木"的作用，《禹贡锥指》（下简称《锥指》）集前人各说列出五点。

> 随山刊木，有五利焉：遥望山川之形势，规度土功，一也；往来之人，不迷厥道，二也；禽兽逃匿，登高避水者，得安其居，三也；奏庶鲜食，以救阻饥之民，四也；材木委积，可以供治水之用，五也。

这应是合理的推想，说明除立木为标，以利规划，积聚木材，以备施工外，更是一件惠及民众乃至凡百生物的举措。

随山刊木的结果是"奠高山大川"，奠为"定"意。《锥指》又集众说而加以小结：

> 及随刊已毕，高山大川，历历可数。禹于是定某山为某州之山，某川为某州之川，使各治其所有，则法加详焉（指较之行前布土的预案更详明）。山川既奠（定），禹与益、稷、四岳及九牧（十二州改定为九州，则十二牧也简为九牧），各率其属，发人徒以就役，或两地先后兴工（例略，下同），或邻封（国）一时并作；或决川之余兼及畎浍（田间、山间水道），或距海（至海）之后，久乃涤源（清理该段水患之源）；或为二州之界，而临事共协其力；或历数州之域，而当境各任其劳：上下相维，彼此相应，如身之使臂，臂之使指，故能量功命日，不愆于素。八年而九州攸同，十三载而赐圭告成也。

这一段小结大意是说随山刊木后，虽然水患依然，但是禹一行对境内的高山大川已了如指掌，从而使各州明确所司，这样就有了比随刊之前的预案更加详确的治水规划了。这在《禹贡》中称之为"导山"——循行山林。然后，禹的中枢团队就指挥并指导因势制宜，具体情况具体处理，有条不紊地展开了举国一体的宏大治水工程(对于各种具体情况,原文均举有具体例子,而在以后的各卷中更详细阐述,见后文)。

工程总体完成后,更进行了全境范围的"导水",所谓导水,即"禹乘舟而行,核其治否"(《锥指》),也就是再次查验各水系是否确实贯通且与农田水利配套成龙,九州贡道是否畅通而辐辏于帝都。因此可称为一次兼有社会组织意义的工程总验收。这样整个治水过程便呈现为如下几个阶段:

出发之前的预案(应据黄帝以来的图籍资料)——随山刊木作实地的勘查(导山)——勘查基础上的正式施工方案的确定——举国一体因势制宜的施工——工程完成后循水查验(导水)。

据"八年而九州攸同,十三载而赐圭告成也"二句,预案、导山、施工用了八年,导水查验则花了五年,整个过程共计为十三年。如加上鲧治水的九年,则父子两代治水凡二十二年。更从《舜典》与《史记》所记看,父子治水,两段之间要相隔多年(所记有矛盾,不可确知),则上古史上这第二场大洪水从爆发到治平前后应在三十年以上。为患越烈,记忆愈深,遂有对大禹治水一系列历史记载与神话传说的产生。

综观先秦有关记载,在治水过程中,禹的思路与规划有以下几个尤其值得注意的特点。

其一,就认识论角度而言,禹治水的以上过程明显体现了"知行合一"并循环往复的特点。今天我们所说的"实践出真知""一切结论产生于调查研究之末"等,在早期中国的以上记载中已有明确体现。

其二,就方法论而言,禹治水又体现了"全局观念"乃至"系统工程"意识。这除了以上所说的水利、生产、社会组织的综合治理外,仅就工程本身而言,也是一个富有全局观的系统。后文我们会介绍,禹处理每一具体工程时,都不是头疼医头,脚疼医脚,而总是由山与水,干流与支流,流动的江河与贮水的湖沼,内陆江河与周边的大海,江河湖海众水与具体的地形地貌、变化的节候风向等错综复杂的关系及交互影响中,来分析水势的顺逆壅通,从而结合前人经验与教训,确定具体的施工方案(详见后文),而在具体工程之上,对于境内水系纲领性的把握,是更重要的。

后世所说的干流、支流观念,先民很早就已具备,《管子》便记水出山而流入海者命曰"经水",引他水及于大水入海者命曰"枝水"(支流)。《墨子》则记"禹湮洪水,决江河,通四夷九州,名川三百,支流三千,小者无数"。《舜典》记禹自述则称"予决九川距(至)四海,浚畎浍距川",意思是开通了九条大川使之归于海,又疏浚田间水道与山间细流使之归之于大川。《史记索隐》以弱水、黑水、河水、汉水、江水、沇(济)水、淮水、渭水、洛水为"九川"(当本《禹贡·导水》)。不妨且依此说来略加分析。

这九川可分为三组。弱水与黑水流向与其他七条由西向东流的大川不同。弱水西北流入大漠,黑水则西南流入南溟,是西部边裔地区的二个主要水系,于中原水系相对独立(当时水患也不大),此可为一组。漾水为沔水,汉水上流,三名互通,后为江水支流,洛水、渭水则为河水支流,此三水可为一组,其实都与江河分分合合,合合分分,最终入海,故可视作江河的大支流,唯以其本身都受纳众多小支流,故单列。河、江、淮、济四水为一组,在当时都是由西向东而有直接出海口的最大的经水,因此九川中最重要的是这一组四川。因为河、济、淮、江四大川均西东流而由北向南排列,是九州境内水系的四大动脉。《尔雅·释水》与《礼记·王制》称之为四渎(渎为大川),其祭祀等级同诸侯,可见地位之重要。禹决九川时虽未有四渎之名,但《禹贡》所记以此四水为重点,尤以河与江为最,则是十分明显的事实。这一点不仅可见禹实有纲举目张的洞察力,也可由禹时未有"四渎"之名见出《禹贡》的成书应早于集取有周代资料的《尔雅》与《礼记》,而有相当高的可信度。

顺带应辨析的一点是,由西人质疑禹治水的规模甚至是否有其事起,国内史学家亦颇有怀疑者,甚至认为禹之所理主要为孔、孟所提到的沟洫、畎浍等农田水利之事。这种怀疑既无依据又悖于常理。江河不治,本源壅堵,不知又如何来治理沟洫、畎浍? 决九川距四海,浚畎浍距川,是说先决通九川使之归于海,再使大小沟壑归于川。这才是达本之举。《锥指》释"浚畎浍"是继通川后的"涤源"水利工程,"卑宫室而尽力乎沟洫",才是指农田水利的修治,在洪水平治,大禹继位后仍然不断进行(卑宫室,是指节约宫室的建筑费用以尽力于农田水利),这才是对文献的正确解读。

其三,以上二点,与前析相合,说明神话所称帝赐禹"洪范九畴",其实反映了早期中国"天人相应"观念的两个相互联系的方面。一是,人可以参与天地造化(自然),但前提是人的行为要合乎天地的伦序(内在规律);二是,这种合理的参与,又有基于人的德性,唯圣贤方可以其本真的好学向善之心,掌握这种规律。晚周至汉代整合的鲧禹两代治水神话,强调父子不同的德性与治水方法,其全部意蕴就在这一点。

3. 综合场景

现在,我们将相互对应的神话与历史资料综合起来,描述一下治水工程之前,禹的规划与勘察情状,以利画家构图与读者阅读。

……禹几经谦让,终于接受了舜的任命,承担起主司平治洪水的重任,并与他的同仁:司法的皋陶、司农的稷,司山泽林木的伯益等组成了一个包括殷族、周族、牛龙族等龙族各分支代表人物的中枢团队,而为之助力的,更有天帝下遣的应龙、玄龟。

据传,自黄帝时代起,文字与舆地图已经由仓颉、史皇等发明,共工氏、台骀氏乃至禹的父亲鲧,都曾在治水方面有过经验教训,特别是"鲧禹是始布土",鲧应有过据尧舜划定的州域,分布土工的筹划。因此禹与他的团队出发前,对有关图文资料进行了仔细的研究。然而,洪水泛滥,河道改变,水系混乱,疆界失据;无论是尧曾划分的九州,还是舜改划的十二州,其中的山水形貌都已不复当初,因此一切前代的图文资料——刻于龟甲的,铭于钟鼎的,划于竹木与陶器上的,都已只能作为参考,而不能作为布局施工的蓝本,据此而来的各种设想,也至多只能作为预案。但有一点则是肯定的。鲧与其先的共工氏所采用的只是"堕高堙庳"——攻伐山坡以堙填水渊的障堵之法,所以都失败了;而禹发现前代有一位台骀氏,曾经以疏导与障堵并用之法治平了帝都平阳一带的水患。这一案例参以更古老的朴父导川、巨灵开山传说,促使禹坚定了这样一种信念:欲承父业,当先变父法。依照具体的地形水系,变一味堵防为障、宣并用,依前代的舆地资料,在先父"布土"的基础上进行勘查并重新规划"布土",应是禹行前预案的主要内容。

周代的文献,如《国语》等,将鲧禹的成败,归结为逆天而淆乱五行与顺天而调理五行,因此鲧不得天赐之大法"洪范",禹则得天赐"洪范"九等。这虽是周人以其当时意识形态的追记,但也曲折地反映了顺天也就是依应自然之理。禹变乃父鲧之法,其实反映了古老的八卦与《易》所说的根本原理,最主要就是依自然之势而"弗损益之"与"变则通"两条。

"创意",是我们今天尤其推崇的,而对前人经验教训的辨析,与对变化了的现实情状之切实把握,是创意的前提。

禹的最了不起的第一个全面性的创意,就是治水不由"水"起手,而是由"山"着眼来规划全局。之所以说他了不起,是因为后世的一些《禹贡》学专家,都搞不清大禹治水的第一步是《禹贡》所记的"导山"还是"导水",而错以为"导水"在先。其实"导山"是第一步,原因并不复杂,洪水泛滥,治水其初,水已无从导得;然而,水由山出,又依山转,水流而山不移,当时能据以确定方位、经界的唯有一片汪洋中的那些大山。《禹贡》开首即言"禹敷土,随山刊木,奠(定)高山大川"意思就是大禹之重新布土定域,首先就是由随山刊木,确定各高山大川的州域分布情况开始的。综合文献记载,禹导山——循行勘察大山之情景大体如下:导山由帝都平阳附近的岍山开始,而重点是九支与水患相关的大山脉,因此有的山名头虽大,如泰山,就因与当时水患关系不大而不在所导之列。

治水的总体方针是依水性就下的自然规律,将洪涝导入周边的大海,因此,禹以有入海口的干流及其重要支流的流向刊定,为随山刊木主要目标,它们分别是由西向东的河(黄河)、济、淮、江(长江),以及与江分分合合的汉水、河的最主要的支流洛水、渭水。以上七川为治水的重头戏,此外,干流尚有流向不同的弱水与黑水,禹预案将其分别导入西部的大漠(大漠古称瀚海,所以也称西海)与南海,这既因二水相对独立,又二水之源与江河之源相近,由此可分杀江河源头的水量。为了随山刊木、刊定九川入海的走向,禹一行的足迹

几乎踏遍了四海之内的相关大山。试想一下当时的情景:

一群蓬首垢面却又精神昂扬的先行者,跋山涉水,陆行乘黄帝发明的车,水行乘伏羲时代发明的船,遇到泥沼则制作滑橇,登山时又换上掌有钉齿的登山鞋。共工氏四子所率领的九州各族民众是他们最坚强的后盾,为先行者提供当地的山势水情,结合这种实地查勘,禹命伯益居前逢山开道;命皋陶约束部伍,具体指挥;命稷随时调配食粮,既为勘山后勤,又尽可能互通有无为灾民提供新鲜的食物;命伯夷礼天祀地,希望得到天地山川之神的佑护。就这样,他们就在所循行的大山上砍伐下无数的林木,既立起了千千万万个标杆,一个连向一个,曲曲弯弯,高高下下,标示出各个水道的走向,更为以后的工程储备了大量的木材。山道开通了,百兽也因此有了避水觅食的所在,因而向先行者投去敬崇的目光。那么神话中的那条应龙,那个玄龟在干什么呢?想来应在禹的指挥下,紧随伯益。应龙曳动巨大的尾巴,清理着伯益开出的通道,更为刊木立标指示方向,而玄龟则用它颔下的印文,在禹堆起于各山的青泥上烙上印文。

就这样,成千上万的标木遥相呼应,勾勒出中华水系的大致轮廓与综合治理之难点关键。据此,禹改变了舜时十二州的布局,将山山水水,重新划定为九州,使四岳九州牧明确职司,分工合作,共襄宏业。可见,"随山刊木,奠(定)高山大川"便是"禹敷土"以定九州山水的主要工作。

三、伟大的工程

禹敷土划定九州山川所属后,宏伟的治理工程就正式开始了。禹施工情况的记载,也同样有神话传说与历史记载两个系统。前者片断而散碎,后者系统而丰富。鉴于本项目的"神话"性质,下面的描叙将重点取用有神话传说可相映照的治水主要环节,而对施工的全过程则删繁取要,作贯通性的叙解。

讲叙施工,必然要叙及地理状况,然而世代旷远,山川变迁,因此不仅具体的山名、水名,甚至最基本的九州分域,也是众说纷纭。加以空间性质的地理位置、古今之地名变迁、文言的叙述方式,这些对于非专业历史地理学者的一般读者而言,将如对天书。为此,文本的有关介绍,主要是举其重点而述其大势并配以示意图,以给读者一个大体的定位。具体工程的治理形势,留待后文,这里先将禹所定九州的大体方位以简图示意如下。

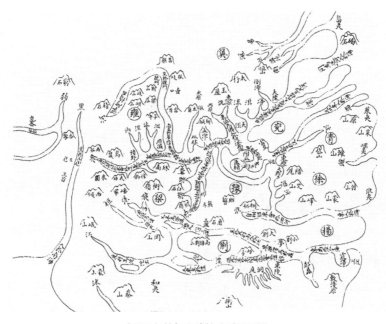

《禹贡长笺》郑端简公禹贡原图

1. 擒贼先擒王——禹伏相柳氏

尧时洪水的罪魁祸首,传说中有二位。一是共工,《荀子·成相》:"禹有功,抑下鸿,辟除民害逐共工",此外《荀子·议兵》与《战国策·秦策》都有"禹伐共工"之说。对此,《荀子》杨倞注已有质疑。因为从《尚书·尧典》至《史记·五帝本纪》都记当时共工氏为尧臣,不仅是治水候选人之一,且一度为工师,最后作为"四罪之一"被流放。因此,《荀子》《战国策》所记"共工"应作为洪水之代称来看。子书、策士援古证今,随手拈来,而其原由,恐为见于《山海经》中的以下一些传说:

  西北海之外，大荒之隅，有山而不合，名曰不周负子，有两黄兽守之。有水曰寒暑之水。水西有湿山，水东有幕山，有禹攻共工国山。(《大荒西经》)

  共工臣名曰相繇，九首，蛇身自环，食于九土(一作山)。其所歍(呕吐)所尼(止歇)，即为源泽，不辛乃苦，百兽莫能处。禹湮洪水，杀相繇，其血腥臭，不可生谷；其地多水，不可居也。禹湮之，三仞三沮(多次测量想以土填埋之而未果)，乃以为池，群帝因是以为台。在昆仑之北。(《大荒北经》)

又《山海经·海外北经》"共工之臣名相柳氏"条略同，繇、柳古音同，相柳即相繇。

将以上记载合看，有二点极可注意。一是《海外经》《大荒经》均是《山海经》中成书较早者，其时代先于《荀子》《国策》，但均未言"禹伐共工"，而但言"攻共工国山"，杀"共工之臣相柳"；则战国文献所言"禹伐共工"应是由早期这类传说转化而来。其二是《大荒西经》所记"不周负子"山的山水形态与《大荒北经》所记相繇氏所居九土或九山之形势十分接近，而《海外经》相柳条后有"共工之台"，则相繇氏所居处即共工氏故地，其地处西北方不周山一带，北方主水，不周山更是八极之西北极，为第一次大洪水的发生地。因此"禹攻共工国山"，禹杀共工臣相繇应是寓意大禹拔除洪水之根源；所谓"三仞三沮，乃以为池"即是灭除洪水之渊薮之意。至于是否当时"共工氏"已经归服而其臣属不驯不伏，则资料阙如，只能作为一种合理推断。

《山海经》所记相柳氏形状与禹平伏他的情节甚简，然以相柳九首，蛇身自环而剧毒，可以想象当有一场剧烈的争斗。(《中华创世纪》有所演衍，可参看)

2. 黄河之水天上来——治黄三部曲

前已介绍，考古发现证实黄河中下游尤其是中原地区是第二次大洪水为害最烈的地域。而《禹贡》所记大禹治水也正以黄河治理作为重中之重。我们不可能在此详尽介绍记载中大禹治河的复杂过程,故仅取其中最重要的,也有相应神话传说可相映发的三大工程作分析介绍。

① 通凿龙门,兼治渭汾与有关神话——治黄第一役

整个治黄工程,乃至整个治水大业是由开凿龙门(壶口)开始的。《淮南子·本经训》即以"龙门未开,吕梁未凿"作为洪水振滔的首因,也因此,围绕龙门山开凿的一套工程可称治河第一役。先附图如次:

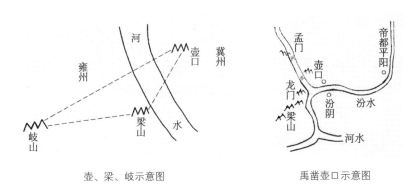

壶、梁、岐示意图　　　　　　禹凿壶口示意图

1) 有关神话——伏羲助禹

关于此役也有数则美丽的神话,先说一则:

> 禹凿龙关之山,亦谓之龙门。至一空岩,深数十里,幽暗不可复行。禹乃负火而进。有兽,状如豕,衔夜明之珠,其光如烛。又有青色犬,行吠于前。禹计可(约)十里,迷于昼夜。既觉渐明,见向来豕犬变为人形,皆著玄衣。又见一神,蛇身人面,禹因与语。神即示禹八卦之图,列于金版之上(两句是说神授禹一刻绘于金版上的八卦图)。又有八神侍侧(指代八方)。禹曰:"华胥生圣子,是汝耶?"答曰:"华胥是九河神女,以生余也。"乃探玉简以授禹,长一尺二寸,以合十二时之数,使度量天地。禹即执持此简,以平定水土。蛇身之神,即羲皇(伏羲)也。

这则故事见载于六朝时所辑东晋王子年《拾遗记》。唐代类书《北堂书钞》卷一五八引有同一故事,而情节略简且有所出入,因此这则较完整的故事

可能有东晋至梁代人的改造成分。尽管如此，也属于较早的传说。其意蕴有二：一是以中华初祖伏羲氏助黄帝之裔大禹治水，构成伏羲—黄帝—大禹这一文明传承的系列；伏羲华族，大禹夏族，华、夏相承，是"华夏"一名的本意。二是八卦图、八神与合乎十二时、可度量天地的玉简，意指大禹治水既合乎八卦所阐述的源于阴阳的八方之气变化之理，更基于玉简所可测得的天地山川自然之性。大体上二物的作用与《尚书》所说帝赐禹"洪范"九畴相当。

2）首战布局

神话虽属想象，但也启示了我们对大禹治水工程思路与部署的理解。以龙门工程为首役，见于各种先秦文献。这是禹得变化之理、循自然之性的一次伟大实践，是大禹继治水由"导山"起之后又一重大创意。

当时近于汾水而三面近河的冀州帝都平阳（今山西临汾西南）一带水患严重，这不仅见于文献记载，也为前举考古发现所证实。因此平阳一带的水患治理在大禹之前一直是重点，台骀、伯鲧都曾在此下尽了功夫，因为这不仅关乎民生，更因平阳作为帝都，而具有重大的社会与政治影响。

禹自然懂得这一点，但是他却把首战的重点放在了平阳西南冀、雍二州交界处的龙门山、梁山与岐山这样一个斜三角形地带，而将汾水的治理作为稍后的从属工程。从《禹贡》学研究来看，历代学者多有质疑：大体包括三点：其一，这是否有违保卫帝都的原则；其二，这是否有违"布土"，分九州以使各有职司的原则；其三，这是否违反了治水一般先下游后上游的通则。

然而，正所谓"变则通"，从《禹贡》所记来看，对于这三点禹的施工方案实际上皆已虑及，只是根据具体的山形水势，做出了更有效的变通。

从水患来看，冀州平阳一带的汾水水系，确是重灾区；与此相应，西南的雍州岐山至雍岐交界处的梁山，为渭水水系，有渭、泾、漆、沮等黄河支流流贯，炎黄发源于此，周族先民经营于此，是所谓关中粮仓。这时也是一片汪洋。然而，这两处重灾区都是"标"而不是"本"。经过勘查，禹一定已探明了这两处重灾区水患之本在于两处中间冀州雍州交界处的龙门。龙门的位置古来有大体相近的多种说法，《锥指》集众说而辨之，谓龙门是一段长约一百六十余里的黄河水道,它的上口在清代吉州西的孟门,下口在清代河津县的壶口山尽处的梁山余脉,二山夹河相望而分属冀雍二州(梁山处的下口近世也称之为龙门)。

据有关记载,这段水道形如"石槽",黄水西来宽合今天的二百米左右。至此徒然收束且越来越窄,至壶口山尽处,巨石倾危,水面收束至仅二十米左右,万斛千顷的激流挤入"石槽",又从崖顶几乎垂直悬注,形成一道高深约七十余尺的悬瀑,久而久之,山石倾塌,逼窄壅堵更甚,水声如巨雷喑鸣,又为当时已多崩塌的梁山所阻,再一次受到束迫,便怒不可遏地倒行逆流,成为洪水。由经水和枝水的关系来看,帝都平阳一带汾水水系(冀州中偏西部,在今山西西部)与岐山周原一带至梁山的渭水水系(主要在雍州东部,今陕西东部),这两道黄河大支流水患的根源便在中间经水大河的这道石槽,因为经水阻塞不仅不能受纳枝水,反而倒灌而酿成大患。由治川先下而上的通例来看,冀州多平原为低,雍州以西多大山,西接禹所至的河源(今甘肃兰州西南的小积石山),在九州中地势最高。总体上治河由冀州始,雍州以西黄河上游则放在九州理水的最后,是符合大原则的。而以中游上部的龙门为治黄第一役,则是一种依据实际情况的变通。对此后世研究者,包括苏东坡多有不解,认为既然先下后上,何不从黄河入海口开始,一截一截往上疏通呢?且下游未治,中游先凿,河水东流直下,冀州以东充青诸州岂不遭殃?其实禹对这一点应早已成竹在胸。勘查使他洞悉水情,黄河下游的水患,看似因众多的支流早已淤塞,入海口是一片被称作少海的泥沼;但病根还是中游隘口不通,洪水横溢不止。中游不治,洪水夹泥沙而下,下游的壅塞将更严重。这与中医所说的"中焦积食",造成整个消化系统功能紊乱的道理是一样的。龙门工程的关键创意:壶口(龙门)、梁山、岐山三山,河水、渭水、汾水三水作为一种综合性工程来施工,就是为消除这一"积食"而设计的。这样一旦成功,中游水势分流,泥沙减少,下游的负担反而会减轻。前举朴父神话说,巨人朴父夫妇因导川不力,被天帝责罚处于东南隅大荒之中。说是必得河清之日,方可回归原来的工作。所谓"河清",当然是黄河中游起的泥沙得到控制,这时朴父夫妇才能从濒海的东南隅大荒处返回。这则神话正透露出大河中游以下泥沙不除、东南濒海永无宁日的道理。

由这一变通来看,后世的另两个质疑,也就迎刃而解了。九州经界是人为划定的,而山川脉络是自然相连的,两者不可能百分之一百合榫,梁岐二山虽在雍州,然与冀相邻或相近,山水之势与冀州龙门一带相通,故禹将它合入冀州工程一并治理,而雍州更西的黄河上游,水患不严重,则放到最后处理,这是对"布土"的变通;帝都平阳必须重点保卫,但单治大河支流汾水,病根不治,将事倍功半,所以龙门综合工程,是保卫帝都平阳的达本治根之举。

以上的施工布局,就是《禹贡·九州》开始所说的:

既载壶口,治梁及岐,既修太原,至于岳阳。

上二句是说工程从壶口(龙门)始而兼治梁山至岐山,即前析冀雍二州交界处的斜三角形工程;后二句中"太原"在今山西太原西南,是一片高而平的原野,又称大卤、大夏,为汾水的源头;岳阳的岳是指霍太山,在今山西霍州市东南,岳阳即霍山之南,是汾水流经处。两处都靠近帝都平阳,所以这两句是指,继壶口、梁、岐工程后即有汾水治理工程。前后各二句的关系,历代研究者的总体意见都相同,清人朱鹤龄归纳得最清楚,说是"今河北(河之北)多有鲧堤,太原、岳阳,帝都所在,鲧必极意崇防,禹因其旧而修之,成先绩也(成就了先父开始的业绩),然禹不以此事为(工程)之始者,盖必河道通,而汾水之东,始有可受(承受容纳),禹急于河之大,鲧急于汾之小,此成功所以殊耳"。前文我们对于此役山川形势的分析,即由历代《禹贡》研究成果中综合并加以深化而来。

以上阐析,必须提挈如下几点:

其一,《禹贡·九州》成形最早,杨升南先生在《远古中华》中指出,其蓝本很可能出自商朝史官之手,是商人对夏人的追记,当是公元前 2000 年间(距今 4000 余年)的作品,因此其所记的可靠性是相当高的;

其二,以上过程证实了禹对于先父鲧的事业,并非一味反其道而行之,而是有承有创：他利用修整并完善了鲧于帝都平阳一带所筑的堤防；更敏锐地发现，治汾必先治河，从而在洞察黄河水系山川形势及各部分相互关系的基础上，制定了通中有变的治河方案；而以壶口（龙门）、岐梁为此役首战与关键，不能不说是又一个伟大的工程创意。就具体施工而言，修堤是障，凿山是宣（导），这种障、宣并用之法，很可能吸取了台骀治水的经验（参看《锥指》卷二胡渭评注），因此，禹的创意也是对中华民族历史经验的提升。前辈导夫先路，九州万民为其后盾，这是禹伟大创意的两个基础。顺便当略加辨析的是凿山与"堕高堙庳"的区别。"堕高堙庳"是推倒高山来填平渊薮，于山于渊都违反其自然之性，凿山则是拓宽山间水道，以便水流顺利就下，而山也并不堕毁，所以是因势利导，以人力参与天地造化，故不为违逆自然。

其三，这是禹治水"系统工程"的范例，开凿龙门兼治梁岐与渭、汾水系不仅解决了经流"中焦积食"的问题，而且先后使其西雍州岐山、渭川一带的平野恢复了"粮仓"的生产力，而其东汾水一带由于"宣汾、洮，障大泽"，不仅汾水可畅通归河，而且因加强了大大小小湖泽的堤防，成为许多个"蓄水池"，以利河汾水量的调节，这样威胁帝都平阳的主要水患也就不攻自解了。说这是集水利、生产、社会政治于一体的"系统工程"当不为过。

其四，解答了神话传说伏羲授玉简的意蕴。那合于天时、可以丈量天地山川的玉简，应当就是以大禹为代表的四千年前先民们可以参与天地造化的丰富知识与超卓智慧之象喻。

3）故事综述

至此，我们可以将神话传说与历史记载糅合，并结合相关资料，来还原禹治河第一役的情状了。

禹屹立于冀西孟门山上，从随山刊木的勘查中，他已明了从这里起南下至连接雍州梁山的壶口，是一道长达一百六十里、有"石槽"之称的狭窄水道。黄河之水天上来，波澜壮阔，然而至此，河面陡然收缩，仅为上流的十分之一，万千奔马般的水势，被突然收拢，便逸出旁流，似同脱缰野马般四处漫溢，这便是后人所谓"龙门未开，吕梁未发，河出孟门，大溢逆流"（《吕氏春秋·爱类》)。其东帝都平阳一带积年未解的水患,其西炎黄始兴的岐山一带之无数良田被淹,病根便在这段一百六十里的"石槽"。远望着汾水一带一截截残存的堤岸——这是他英雄的父亲"白马伯鲧"以障堵治水、治汾而不及河,终于失败获罪的象征。欲承父业,须先变父法,于是他决定"厘改制量,象物天地"(《国语·周语下》),吸取古时台骀障宣并用的经验,并创造性地决定由山及水,由经及枝,由河水及于渭、汾,来通凿这道石槽以拓宽河道,受纳渭、汾二支系的来水,使二系之平野展露胸怀,湖泽得以蓄水,则帝都平阳之水患自然解除。可谓一举而四得之。

"石槽"如何具体开凿,史无明文,而由《史记》等所说当时"兴人徒"——动用役夫,每州或达数十万人,此役集冀雍二州之力,则工程之宏大可以想象;神话传说应龙以尾曳地,以通水系,则这位天帝所遣的大力神龙,应首当其冲,展翅挥尾充当通槽的开路先锋。当然我们更可以想象,应龙是这支百万龙的子孙所组成的治水大军的象喻,各个支族——熊、马、鱼、牛、犬乃至虎豹等各族,集结于龙的大族下,献计献策,群策群力,共襄伟业。我们还可以合理想象,障、宣并用,也不排斥暂且障堵东西两大支流的来水,使"石槽"水势稍杀,以便通凿,凿通之后,再去障而使二支流来水通畅归河。要之,就《禹贡》所记来看,这一系统工程的次序应是先以壶口、梁山、岐山这一冀雍交界处的三山为主,河渭并治;然后,障大卤之泽,导汾水,使东边的汾水水系得到整治。从神话来看,工程中的定向取道,有赖于伏羲所赐的金版八卦与玉简(尺),神助是想象,但以八卦来推算,以简尺来测量,应是题中之义,所以伏羲以来,历代先民的智慧结晶——原理的、器物的,应是禹施工之所依凭。当山水凿通之际,禹为一条条山脉、一条条川流正式命名,他堆起青泥,勒上印文,而神话中,这"烙印"的工作是由应龙的小伙伴玄龟来实施的——根据以上神话与历史的关系,如果作画,可以以人为主体,而神话中的伏羲、应龙、玄龟可作为背景以淡彩、淡墨来处理。

无论如何,以开凿龙门为核心,梁岐并治,河渭汾兼理的系统工程完成之日,石槽东西的无数细流(畎浍)之水,被导入两大支流,二大支流之水更顺畅

第九篇　鲧禹治水（下）：大禹篇

地流向业已拓宽的孟门至梁山的大河河床，涌向新开凿的龙门下口。河渭汾三水合流，形成大河中游已得到整治的干流，奔向东方，滚滚滔滔；而其西面，渭川平原也露出了被洪水淹没近二十年的宽敞胸怀，其西，鲧的封国所在之大夏一带也川渊井然，也许在这里，禹如同他的父亲鲧一样，还种上了许许多多的黑小米……

龙门既凿，吕梁已发，不仅人类雀跃庆功，凡百禽兽也沾恩渥泽，欢欣鼓舞，于是又产生了有关此役的最后一则神话——鲤鱼跃龙门。不妨以此来为这则故事作结吧。

> 龙门山，在河东界，禹凿山断门一里余（凿山而称一里余宽的石门，当即凿通的石槽下的壶口），黄河自中流下，两岸不通车马，每岁季春，有黄鲤鱼，自海及诸川争来赴之。一岁中登龙门者不过七十二。初登龙门，即有云雨随之，天火自后烧其尾，乃化为龙矣。（《太平广记》卷四六六引《三秦记》）

鱼为什么在春三月游至河水中游，跃龙门的"鲤鱼"究竟是什么鱼？有关这些，尹荣方先生《鲤鱼跳龙门索解》一文有详尽的科学化的考辨，饶有趣味，读者可以参阅。这里我们仅由神话的意蕴着眼来作一些诠释。

有两个成语，可以作为考察的出发点。一个叫"鱼龙混杂"，说的是俊才与庸才因形近而混同；一个叫"鱼化龙"，说的是在同类中出类拔萃。看似相反的两个成语其实同出一源，就是神话中屡见的"鱼龙互化"。群鱼回溯龙门，可以解读为我们民族全体性的对禹开凿龙门这一治河首功的敬礼，而一年中唯七十二鲤鱼可以跳过龙门，则必是众鱼中尤其强健且智慧者。鲤鱼跳龙门，从有关记载来看，应是曾经有过的真实景观。但龙门山高耸，鱼要跳过，必须乘水势。春汛涨满，水面距龙门之顶较平时为近，是对群鱼都适用的普遍条件，但能跳过仍只是少数，则这些鱼，不唯尤其强健，而且应当是溯流而上时，借取了河出龙门隘口时激荡而起的波浪之势。"好波借力"，所以这鱼不仅强健而且能巧用水势，具有大智慧。值得注意的是"七十二"这个数字，我们知道孔子有三千子弟,其中贤者正为七十二位。因此有理由推想,这则神话的作者,应吸取了圣人兼"素王"的孔子与贤徒之关系,唐代以科举及第者为"登龙门",群聚宴庆的宴会叫"烧尾宴",更尊孔子为"大成至圣先师",应当寓有唐人对"鲤鱼登龙门"神话含有上析因素的解读。因此可以将登上龙门的强毅且智慧的鲤鱼,视作崇礼大禹的群鱼中的俊秀(如科举及第者然),鲤鱼跃龙门故事,可以视作禹开凿龙门所体现的精神品格之尾声或象喻。故不妨将之作为我们整合的禹凿龙门故事的尾声:

……当奔腾的大河之水,穿越业已通凿的龙门之际,人们突然发现万千金色的黄河鲤鱼逆流回溯于龙门,作敬礼状。其中尤其强健的若干大鱼,乘激流上扬之势竟飞越过高高的龙门之顶,伴随着风雨雷电,尾部赤红似燃,向天飞升。众人欢呼,咸称吉兆,禹笑笑说:我们龙族的事业应当后继有人吧!

② 开凿三门峡——治黄第二役

开凿龙门后,禹并未因此役已西及岐山而一路西向——这是因为岐山以西黄河中上游水患不大,可留待最后。他的目光专注着河出龙门后东与东北方向灾情最严重的地区,开展了一系列的工程,其范围广及冀、兖、青三州,在一系列系统性的工程中,最重要的是开凿三门与导河入海二役,现在先来介绍三门之役。此役山川形势大抵如下图。

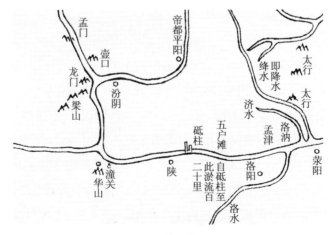

禹开砥柱示意图

1) 中流砥柱与三门——有关记载与神话

"中流砥柱"是国人熟知的成语,比喻可以在艰难中独撑危局的铁骨中坚。文人创造成语是从观赏的角度着眼的,其实,其初砥柱却并非这么美好。

砥柱,在今河南硖石县,禹时属冀州。《水经注·河水》载:

> 砥柱,山名也。昔禹治洪水,山陵当水者凿之,故破山以通河。(其初)河水分流,包山而过,山见水中,若柱然。故曰砥柱。(禹)三穿既决,水流疏分,指状表目(依状起名),亦谓之"三门"也。

据此,砥柱原为一巨崖,经禹三凿而成三门。后世对于砥柱与三门的位置有些异说,如唐人赵冬曦《三门赋序》称这一处隘口自北向南有六峰横亘河床,砥柱为最北一峰,经凿开称三门。《锥指》辨析之,称"要之诸峰在当时总为一巨石,禹析之以近河,三门亦砥柱也"。这是较为通达的说法(鉴于本书神话性质,故可以此说为基础来构图,而不必求之过细),而这三门称为"鬼门"(南)、人门(北)、神门(中),以表示通于三界之意。

砥柱三门之险,"不减于龙门",虽经禹通凿,其势依然惊心动魄。《水经注·河水》又记:

> 其山虽辟,尚梗湍流,漱石云洄,澴波怒溢(波浪冲击山石,水势萦洄如云气,旋流横溢成洪水),合有一十九滩。水流迅急,势同三峡,破害舟船,自古所患。

禹似已预见到三门地形复杂,水患不可能根治。当地传说他特意留下了一头壮硕的长毛狮子看河,它忠实地执行禹的指令,大吼一声,能使河水倒流。这样安排后,他才在最凶险的鬼门处跃马过河,继续东向,马蹄在山石上留下了深深的印痕。至今,去三门游览,还能看到这些马蹄印与一头石狮,这石狮据说便是长毛狮所化。

2) 三门、淤河与济洛诸水——禹凿三门的创意。

神话有关禹凿三门的记载较简单,但《禹贡》学研究却显示这项"不减于龙门之险"的工程更包含了禹创意的大智慧。它包括由砥柱至所谓洛汭数百里黄河水道的综合治理。

原来砥柱所在的河面,宽仅二十余丈,却有包括砥柱在内的多座山峰当河断流,形成许多险滩,由龙门经陕西潼关奔流而下的河水,至此又受到重大阻遏,泥沙沉积,久而久之从砥柱到其东的五户滩,形成了一道一百二十里长的"淤流""一石水,六斗泥",当地民谣唱出了这淤流的淤积程度。由五户滩更东,便是众多黄河支流汇聚的孟津东边的洛汭。有从北面太行、王屋诸山脉发源南流至河的降水(即漳水)、济水中段(济水分为上、中、下三段),有从其西南熊耳山发源入河的洛水水系,所谓"洛汭"便是洛水入河处。因众水相汇聚,这里曾经也是一处"粮仓",但当时,洪水漫漶,诸水上流已多壅堵,其西淤河泥沙更日渐相侵,粮仓已不复旧观。

面对这样的山川形势,禹此役采取了浚淤河、凿砥柱、理济洛,次第并举的综合施工方案。而其中的"次第"尤能见其大智慧。

如前述,后世,三门一带仍水患不绝,据记载,从汉武帝时代起,直至北宋庆历年,近千年间,历代再凿或计划再凿三门的大工程就有六七次,但无一成功,故庆历后,不再有凿三门之议之举。《锥指》据孔安国传以来的研究总结道:

> 三门之险不专在砥柱,其下兼有淤流为之阻。盖自砥柱以东,夹河群山之水并注于河,禹功既远(禹凿三门后年代既远),泥沙日积,河上激六峰(砥柱及其南五山峰),下阻十九滩,湍波倍加汹涌,昔人(自东汉至宋人)但欲增广三门,一试于杨鸾(汉代),再试于李齐物(唐代),不惟无益,而害且滋甚,则以镌(凿)石落水,河身愈浅,三门虽广,不能胜百二十里之淤流故也。禹治河自下始,孔传(《尚书》孔安国传)云"或凿山,或穿地,度禹当日必先浚淤流,而后析(开凿)砥柱。"

这段话说的是:后世治三门,是就三门治三门,未考虑到三门开凿,山石更增淤流之淤,故不成;而禹治三门,不就事说事,先疏浚淤流,再开凿三门,所以成功了。因此《锥指》更感叹道：

> 世患无神禹耳，岂患砥柱之不可漕（通漕运）哉！

这是对禹的智慧的高度礼赞。

与穿地、凿山以治砥柱淤河相配合，禹又先后对其北之降水、济水中段与其南洛水水系进行了"涤源"，亦即整治山间水道的工作。其中对洛水水系的清理已跨越冀州而至于豫州境内，这与治壶口由冀及雍一样，《锥指》称之为"或为二州之界，而临事共协其力"。经过这种"如身之使臂，臂之使指"一般的统一指挥、分工合作，不仅平阳迤东的水势，不至西溢，帝都的安全进一步得到保障，更使洛汭一带的川原秩序井然，又一个上古"粮仓"恢复了，为治水工程提供了可靠的后援。有关洛水水系的治理，也有一则神话故事，我们不妨用以作为这一小节的收尾。《楚辞·天问》洪兴祖补注引古本《淮南子》：

> 禹治洪水，通轘辕山，化为熊，谓涂山氏（禹妻）曰："欲饷（送午饭），闻鼓声乃来。"禹跳石，误中鼓，涂山氏往，见禹方作熊，惭而去。至嵩高山下，化为石。方生启，禹曰："归我子！"石破北方而启生。

这个故事也见于《绎史》卷十二引《随巢子》，文字略简，随巢子为战国时人，可见先秦时已有此传说，禹娶涂山氏女之时间、地方，异说颇多（辨见后文）。这里，我们要尤其注意的是通轘辕山而化为熊的情节。轘辕山在今河南偃师南，近于洛阳东南之伊阙，故曹植《洛神赋》说"背伊阙，越轘辕"。伊阙亦传为禹治水所辟，阙即门，伊阙两山相望，伊水流其间，而轘辕山西有洛水流经，伊水为洛水支流，可知禹通轘辕山，与禹凿伊阙一样为环绕洛汭的水利工程之一部分，轘辕有关口叫轘辕关，"道路险隘，凡十二曲，将去复还，故曰轘辕"，看来禹所以化熊攻山是因其山势曲折如盘陀螺，而轘辕关口或即禹所开通。轘辕东不远处即黄帝所都有熊氏新郑，所以故事中的禹所化不是马不是龙，而是熊，而与鲧化黄熊西征故事一般，都是中原一带的传说。无论无何，化熊攻山故事说明当时此役的艰辛，而禹作为主事者则当仁不让，身先部伍，为治水大军做出了表率。

3) 故事综述

至此我们可以把此役的大体经过综合如下了：

……壶口龙门之役后，禹挥师出潼关一路东向，到了砥柱山，此处河道陡窄，而山崖众多，其著名的即有所谓"六峰"，其中尤以砥柱为最，巨崖当流，川流阻遏，形成了许许多多的险滩，激浪迸云，旋流洄转，舟入即没。砥柱迤东，是一段一百二十里长的淤河，有"一石水，六斗泥"之称，而夹岸高山间，溪涧壅堵，也挟泥沙而注于大河支流，更加重了淤河的淤积程度。本来北来的降、济诸水，与南来的豫州洛水及其支流所汇成的洛汭之地，为一片沃野，而现在与淤河相互影响，已几成沼泽。

砥柱、淤河、洛汭之南北来水，都要治理，从哪里下手呢？如先凿砥柱，山石俱下，淤河必将愈加壅堵，先理洛汭，则上游泥沙依然，必将劳而无功。禹审形度势，选定了坐镇冀州（《锥指》），冀、豫协力，先清淤河，更凿砥柱，再理洛汭诸水的施工方案。

具体的施工情景，同样史无明文，我们也只能结合神话传说作些合理的推想。浚淤河是"穿地"，天帝遣来以尾曳地而通水泉的应龙自然仍是开"河"先锋，而冀、豫交界处的万千民夫应是举锸成林，挥汗如雨，同心协力，将掘起的淤泥在两岸堆积成堤。"凿山"则是攻石，想必又一队民夫，斧斫斤伐，并将碎石肩挑筐负，运至岸边为筑堤材料，尽可能不让土石掉入河中加重河床的壅堵。《水经注》说治砥柱"三穿既决，水流疏分，指状表目，亦谓之三门也"，"三穿"的主语不明，可以指众人，也可承上作"禹"。我们不妨作神话化的解说——禹以伏羲所授玉简，丈量以定准位置，然后高举盘古所使那种太白金精所铸之开山神斧，运神力而三凿，轰隆隆三声巨响，砥柱之上顿时出现了三个石门，不仅缓解了这一段水面曲折迂回的态势，更因其上游激流已合汾水之力由三门直下，使已疏浚的淤河得以冲刷，不致很快重新淤积。三门既凿，禹却深知，这里的问题并未也不可能一劳永逸地解决，所以他留下了一只镇河的长毛狮子——其吼声可使河水倒流——然后才从最险峻的鬼门跃马东去，鬼门山崖上至今还留有当时的马蹄印。与此相先后,禹更指挥部属,各司其职,在冀豫二州交界处,分别清理洛汭之北的降水、济水中段,之南的洛水水系大大小小的支流乃至山间溪涧,这便是所谓"涤源",清除众水之源,配合主流的疏凿工程。其中较重要的是洛阳附近伊阙与轘辕关的开凿。轘辕山势曲折如陀螺。禹一时兴起,竟化身黄熊,头拱足扒(其神力当非今日之推土机可比),当时他是否想到了父亲鲧死后尸身三年不腐而化身黄熊的往事,我们不得而知,然而这头雄健硕大的黄熊,正是大禹勇毅顽强精神的化身……

③ 九河、碣石与大陆之役——治河第三役

大河干流自洛汭南边流过,走势渐向东北倾斜,由冀州进入兖州(今山东为主),更由二州交界处的碣石入海,导河入海是黄河中下游治理的最后一个大工程,几乎没有相关的神话故事流传;然而有关工程本身的历史记载却富于传奇性,而被神话学界采作资料;加以"碣石"约在南北朝中期已彻底没于大海,成为一个千古之谜,这一历史事件可作为一种不是神话的"神话"来读。

所以,我们的介绍将综合相关资料,并益以合理想象来展开。为明此役山川形势,先附简图如下。

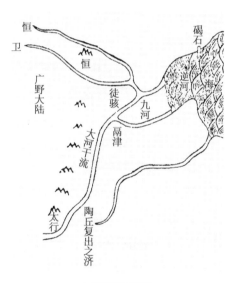

九河碣石示意图

1) 千古碣石之谜

说到碣石,人们最先会想起的就是魏武帝曹操的《观沧海》诗:"东临碣石,以观沧海。水何澹澹,山岛竦峙。……日月之行,若出其中;星汉灿烂,若出其里。"这是建安十二年,曹操北征乌桓,回军途中,登碣石所作。然而登碣石并不始于曹操,汉武帝于元封元年春夏间亦"北至碣石",其行虽有求仙之举,但从"巡自辽西,历北边至九原"来看,巡边更是主要目的(见《史记·孝

武本纪》)。再往上溯,秦始皇三十二年"之碣石",并"刻碣石门",这篇碣文很有意思,其中有句云:

> 皇帝奋威,德并诸侯,初一泰平。堕坏城郭,决通川防,夷去险阻。地势既定,黎庶无繇(遥),天下咸抚。

也因此《史记·秦始皇本纪》将"坏城郭(堕坏东边诸侯城郭),决通堤防"与"刻碣石门"相提并论。虽然始皇此举的性质与大禹理水不一,但不难看出决堤夷险并勒石铭记,应有着对大禹治水功烈的历史记忆,而秦皇、汉武、魏武三位魏晋之前尤其以雄枭著称的君王,前后相承地登碣石,更说明这种历史记忆的深刻与永长。可以认为禹登沧海之滨的碣石,在秦汉之世已成为圣帝功烈的一种符号。这与黄帝封禅泰山(神话为大阅鬼神),而秦皇汉武也都以封禅泰山为重,道理是一样的。魏武未称帝,不能封禅泰山,然而登碣石、观沧海是没有问题的。所以曹操这首《观沧海》,其实流露着他自视为承帝舜之大禹的心理特征。

有趣的是,唐宗、宋祖都没有登碣石的记录,是不是因为这个"符号"至唐宋已失去其意义了呢?

下面我们就从禹治碣石海口之役开始,来探讨这一迷案。

2) 碣石之役的三难选择

此役山川与海的形势,《禹贡》中有多处记载。

《导山》篇称:

> 太行、恒山,至于碣石,入于海。

这是说禹随山刊木勘查阶段时,由太行山经今河北北岳恒山后,又到了海口的碣石,并由此入海考察。

《九州》篇有以下数条,"兖州书"记:

> 济、河唯兖州。

这里说兖州位于济水与河水之间。二水均由冀州流来并西南斜向东北方入海。又记：

> 九河既道,雷夏既泽,雝、沮会同。

兖州九河是大河入海口的多条支流,这三句是说九河与海口碣石处的疏导工程结束后,青州南端,兖州与青州交界处济水的两条支流雝、沮二水会同雷夏泽之水而被导入济水,这是济水水系治理的一部分。济水工程的大头在徐州,故本小节仅提挈于此。

兖冀相连,"冀州书"又记：

> 恒卫既从,大陆既作,鸟夷皮服,夹右碣石入于河。

这是说"九河既道"之后,其西恒卫二水与大陆泽也得到了治理。海中岛民(当今朝鲜,日本一带),可于右碣石进入大河向帝都朝贡(参《锥指》卷二)。又《导水》篇记禹在治水工程告成后,更循行水道。其导河水由当时所知的河源积石山(大抵在今甘肃近青海一带)始,经龙门、砥柱、洛汭后,又：

> 北过降水(即横漳水),至于大陆,又北播为九河,同为逆河,入于海。

以这条与上条对参可知,工程后,由大陆、恒卫向北,河水有多条支流合称"九河",又会同为逆河,进入大海。

综合以上各条可知,这一带的水情大抵如"小引"之末附图所示。这样禹治降水后,实面临这样一种三难选择。碣石海口处的九河严重壅堵;海口之西冀州的恒卫与大陆地势低洼,又是水系紊乱,一片沼泽;海口西南青州南端雷夏泽周围的雝、沮与济水地区也是一片泽国。据历代《禹贡》学研究,青州水患不重,济水当时自有入海口,治理主要在徐州(详后),可且不论。最难的是恒卫大陆与海口的关系如何处理。按一般人包括后世一些《禹贡》学家的认识,恒卫离帝都为近,大禹治水自龙门起,一路主要在冀州,则这二处中,先治大陆、恒卫水系是顺理成章的事,且大陆恒卫既治,海口的压力不也可得到缓解了吗?

然而大禹一定已在由太行东向碣石的导山勘查中发现,三难的根本不在大陆水系,甚至也不在海口的碣石本身,而在于碣石西南的虽与大河相连,但名头远不如上述大川的"九河"。

碣石是大体上南北向的一组长长山崖,据说绵延数十里,山顶有大石直立如柱,碣也就是圆顶石柱之意。后来有称大海中天柱峰为碣石者,也缘于此。碣石之西偏南便是所谓九河。九河之名目已不可详考。大抵是指连接恒卫的最北边的徒骇河至最南面的鬲津约二百里宽地区的众多河道。这些河道早已淤塞而使大河出海口成为一片方圆数百里的泥淖,又以其近海而淤堵,故又称为"少海",意思是似海而非海者。

九河既壅,不仅大河干流不能通畅入海,也使大陆泽一带积水无从下泄,这样河沙沉积,海沙又从碣石内灌,少海一带的壅堵情况就越来越严重,范围也越来越扩大。

《禹贡·导水》篇说"又北播为九河,同为逆河,入于海",这说明禹不仅看到了上述的问题症结,并创造性地采取了首先使九河归一,同为逆河的施工方案。《禹贡》专家解析其原理大抵如下:疏浚九河并将其尾部开通,使之合为一宽阔的逆河,逆河在王莽时称"迎河",也就是逆迎九川之水,使同归于一之意。这是因为九河各自势单力薄,加以壅堵不畅,根本无力冲刷淤泥积沙。开通其尾共成一道宽阔的"逆河",则能总受九河之水,加以各自的河床已得疏浚,这样"团结就是力量",水势由分而合,势大力道,不仅九河少海的积沙可被冲入海,更能相应地阻滞海沙的内灌,这就是汉人王横所说:"内沙不积,外沙不入",宋人苏轼所说的"以一迎八(苏氏以逆河为九河之一),而入于海"。

由此可知,开通逆河,以一迎八(九),既使河水可由右碣石之南畅通入海,又可受纳大陆泽一带恒卫漫溢之水,为稍后的大陆、恒卫治理创造条件。《禹贡锥指》卷一:"或距(至)海之后,久乃涤源",又注"如治兖时,河已从碣石入海",说的就是禹在河工最后一役中这一伟大创意。

由此我们可以悟到自秦始皇起,汉武、魏武乃至魏文帝曹丕都要登临碣石以抒情怀之原因所在——大禹治水,碣石之役,是导河入海告成之役,登碣石,有追攀帝禹之意。可惜之后不数百年,已无海口碣石可登。《禹贡》学家指出,这是因为年代旷远,禹河这一地区又日渐淤堵,但后世君主臣工不明禹所洞察的山川形势,只是一味地治理九河本身而置少海、逆河于不顾,致使海水逐步内侵,少海也就成了真正的海,这就是后来的渤海。

那么碣石湮没于何时呢?历代《禹贡》学家作了详尽的研讨,大抵是北魏郦道元作《水经注》时所见的碣石,已只是被海水包围的一块礁石,其最终沦没当不晚于北齐年间。这个碣石在今河北乐亭西南(一说在抚宁)。后人不愿相信印记着大禹功烈的碣石就此不见了,就为它找个多个替身,有的外扩至乐浪,即今朝鲜平壤附近;有的则内缩至河北青县合口镇"小孤山"(以状如安徽长江中的小孤山得名,此为金元人说),而最出名的则是河北昌黎县北十里的所谓碣石。这种说法,笔者以为至晚在盛唐间已相当流行。高适《燕歌行》有句"扰金伐鼓下榆关,旌旆逶迤碣石间",说的是大军向山海关进发,而曲曲折折行进于碣石之山道间。就地望推之,当即昌黎之北的碣石。然而这个碣石距海有数十里之遥,不能望见海,登此也决无魏武帝"观沧海"那般的豪兴,想来唐宗宋祖无登碣石之举,原因应在于此吧。

2) 碣石九河之役综述

至此,我们可以对大禹此役的情状作整合描述了。由于有关神话资料缺失,我们仍请以尾曳地、以道水泉的应龙来贯彻终始;古人绘有"禹跨应龙图",民间更有"九龙戏海"的传说;吉光片羽,弥足珍贵。

降水与济水下段平治后,禹一行继续东进,并由冀州进入了地势更低平、水患尤严重的兖州。跨乘着有翼的巨龙应龙,禹俯瞰着这片纵横均数百里的广袤土地,思

应龙

索着这段工程,应从何处入手。随山刊木时,他曾自太行山经恒山而由大海之滨的碣石山边进入大海。考察中他发现又有一个两难的问题。西边冀州西部的恒水、卫水与业已成为一片沼泽的大陆平野,水患严重;东边兖州大河入海口又是一片宽广约二三百里的泥滩,潮来一片汪洋,潮去一片泥泞,西来的大河干流根本不能顺畅向海。依先冀后兖的"布土"格局应先治大陆与恒卫,但是他发现,这样做是行不通的。因为两处水患的根子是一个:就是海口碣石迤西被总称为"九河"的众多支流。九河壅堵已一片紊乱,河沙沉积,加上海沙倒灌,所谓"少海"的这一片泥滩便越来越扩大,禹一定担心久而久之,这里会被大海湮没。而恒卫二水又与九河最北也是最大的徒骇河相接连,所以海口堵塞,海潮倒灌,由九河向上弥漫,更加重了大陆与恒卫的灾情。九河不浚,海口不通,大陆恒卫的治理根本无从谈起。所以先海口、后大陆是势所必然的选择;而大陆、恒卫暂且不理,问题也不会太大,因为其西有太行、王屋等大山遮挡,这一带的水患不至严重威胁业已整治的帝都平阳附近的水系。

那么碣石一带的少海与九河如何治理呢?禹设计了一个创造性的施工方案,在九河之尾,开通一道宽阔的"逆河",使九河归一,合其分散疲弱的水力为一道强大的奔流,这样才能既不使九河的泥沙积滞,又抵御海沙的入灌,这便是汉人王横所说的"内沙不积,外沙不入"。试想,当时大河自龙门以下已经得到治理,九河一旦因逆河开通而顺畅,居高而临下的大河水势将是何等壮伟!禹这个创造性的方案是何时形成的呢?不可详知,但从工程前的"导山",禹由碣石入海而未提逆河,工程结束后,"导水"所述止于"逆河"而不再探海来看,这创意应当是在导山之后、导水之前,也就是治水团队进入兖州之后为更合理。所以,我们不妨设想,方案的最终确定是禹跨应龙再次巡视这片水域之际。

九河归一的工程具体情景怎样,同样史无明文,但既然神话说应龙曳尾以通水泉,那么这头巨龙在我们的综合新编中还是责无旁贷。九河分散,南北达二百里,应龙何乃太忙碌,所以不妨让他召来四海龙公龙婆。更尾随一大群龙子龙孙来助阵,这想象应不算太离谱,因为民间素有"九龙闹海""九龙戏海"的说法。这样我们在《中华创世纪》中就新编了大致如下的一段场景：应龙一龙当先，尾曳翼扫，开通归一的逆河，而四海龙公龙婆青、红、白、黑各二，一龙浚理一河，紧随开路先锋，龙子龙孙们则嬉闹之中拾遗补缺。这支龙的大军，也就象喻了实际开通逆河、疏导九河的"龙"的子孙们。

试想一下，这项工程完成时又是怎样一种景象？当时龙门以东的河道都已畅通，且淤泥已清，万顷水波，滚滚滔滔，由西面奔流到业已开通的九河，不再受到阻滞，所以一改昔时的徘徊叹息，而合北来的恒卫二水高歌猛进。由九河而涌入宽阔的逆河，进一步冲刷着积沙，并由碣石之南，欢快地冲入大海。这水势之大，真应了后人所说的"黄河之水天上来"，相信那开路先锋应龙如果尚未登岸，也将被冲得连翻几个筋斗吧。

九曲黄河终入海，海口碣石自然就成为大功告成的标志，禹是否像后来的秦始皇那样在此勒石记功，或至少命玄龟堆起青泥，烙上"碣石"的印文呢？这已不可考知，也无从考知了。因为年代旷远，后世对于这一段水利工程的维护因不明九河与逆河相互关连之理，只理九河而对逆河失于维护，因此大抵在北魏至北齐之际的二三十年中便连郦道元所见的那为海水包围的礁石般的碣石也见不到了。碣石彻底湮于海了，而逆河一带的少海也终于为海水侵吞，成为后世的"渤海"，渤海又称渤海湾，当与上述的地理形势有关。

虽然如此，但碣石作为大禹导河入海告成的标志，是这样地深入人心，于是人们另外命定了多处碣石，有的深入内陆河北昌黎县，有的则远展到海外，甚至及于朝鲜，虽然都不可信，但也时时成为骚人墨客的歌咏材料而提醒着龙的子孙们：不要忘记，距今四千年之前，我们祖先的这段丰功伟绩……

3. 平野入青徐——青济与徐淮之役

黄河入海后，河工可称"大头落地"，剩下的只是岐山以西大河上游的补苴工作了。这到治弱、黑二水时一并处理即可，因非主战场我们也就从略吧。

兖州东为青州，东南为徐州，青徐二州相连，又都以泰山即岱宗与兖州相邻，其东界则濒临大海（东海）。杜甫诗说"平野入青徐"（《登兖州城》），大体也适合禹时青徐二州的地貌。二州的地域合起来大抵在今山东省东部与苏北地区。二处的水情，青州为小且不处于众水合集处；徐州为大且又与其西北方兖徐交界处的大野泽水系，其南的扬州水系相关。所以，青徐之役我们介绍的重点是徐州，青州则带过。有关地理位置大略如右图。

禹治徐淮示意图

① 禹擒淮水之怪无支祁

这是此役中最著名的神话故事，说是：

大禹理水，三次到达淮水发源地桐柏山，总是"惊风走雷，石号木鸣"，洪波涌腾，天神为畏，所以难以兴工。禹大怒，便召集凡百神灵与大臣夔与龙来助阵。桐柏山神与一应小邦君长都礼拜请命。禹就囚禁了被怪物胁迫的鸿蒙氏、章商氏、兜卢氏、犁娄氏，并终于擒获了淮涡水怪无支祁。无支祁能人语，善应对，辨江淮之浅深，识原湿之远近，"形若猿猴，缩鼻高额，青身白首，金目雪牙，颈伸百尺，力逾九象"。它又是搏击、又是跳腾、又是快奔，轻捷如电闪倏忽，人都无法看清。当时从禹治水的有一干神将，禹先命其中的童律去制服它，童律不能制；又命乌木由去对付它，还是不行；第三次遣日神之子庚辰战之，终于将他制服。这时数以千计的山怪木魅、水灵石妖，奔走呼号，围绕着被制的无支祁，似想上前营救，庚辰用戟驱赶走群怪。禹就用大铁索锁住他的颈项，用金铃穿牵它的鼻子，移送到淮阴龟山脚下，使淮水永远安流向海。由庚辰起人们都图画无支祁形象以免淮水之灾。

至唐代宗永泰年间，李汤任楚州刺史。当时有渔夫在龟山下夜钓，钓具不知被什么东西制住，拖不上来。这渔夫水性很好，就快速潜到水下五十丈处，看见一具大铁锁，盘绕龟山水下的山根，渔人就顺铁索找寻，竟不知铁索牵向何处。于是上岸报告了刺史李汤。李汤命这位渔夫及善水的数十人入水重新寻到铁索，但是合数十人之力也拿它没办法。又加上五十多头牛，人畜合力，大铁锁方才稍稍近岸。当时并没有风，却突然"惊浪翻涌"，观者十分惊恐,只见铁索之末,出现一兽,形状像猿,头是白的,长着长长的鬣,牙如雪,爪如金,目中鼻中水流如泉,鼻涎口沫腥臭难闻。人无法靠近它。许久,这怪兽才伸长脖颈打个哈欠,突然又睁开双目,目光如闪电,它环视四周人群,"欲发狂怒",围观者四散奔逃,怪兽也就慢慢地牵着铁索,连五十多头牛,一起拽入水中,从此再也不出来,也寻不到它。

这个故事见于中唐著名文学家李公佐的笔记《戎幕闲谈》。上述的后半截(原文的前半截)是记公佐在故楚之地听到的唐代当时的传奇故事。上半截(原文的下半截)则是李公佐为印证这个故事而记载的一次探穴得古书经历,说是元和八年,他随吴郡太守元锡等泛洞庭,登包山,入灵洞,在石穴间得《古岳渎经》第八卷,文字古奇,编次蠹毁,不能解,公佐与同行的道者周庐反复研究,才读懂了它,上述大禹制服无支祁之故事,就记在《古岳渎经》中。唐代宗时发生的水怪故事正与《古岳渎经》所记相符。

故事的传奇性质很明显,又晚至唐方见记载,但它仍为神话界所重视,而收入资料集,用于研究中,其原因有二。一是无支祁一类怪物的形象来源很早,不仅见于六朝刘宋时刘义庆的《幽明录》、刘静叔的《异苑》,而且古印度的神话传说中早已记有同类怪物,以至不少研究者认为,故事源出古印度,并谓《西游记》中的孙悟空的形象即来源于这一系列。其二,李公佐记录包山灵洞得《古岳渎经》是为了印证唐代宗当时的传奇故事,得经当并非虚构,早在汉代,纬书《河图绛象》就记载春秋时吴王夫差命龙威丈人于龟山取得"禹书"一卷,凡一百四十七字,这正可与李公佐所记互参。无论如何,治淮神话中,这是唯一一则有完整情节者,这也说明,淮水的治理,在青徐地区的重要性。禹擒无支祁,与禹擒相柳一样,有擒贼先擒王之意,只是一在河,一在淮;相柳为河水首恶,无支祁为淮水首恶。故事中禹锁水怪于龟山的情节很重要,详后。

② 青徐之役中禹的创意

从示意图中可见青徐之役关系到三处水患,一是由河南桐柏山发源的淮水干流的入海口被壅堵;二是其北,流经蒙山、羽山一带的泗水与沂水,为淮河的重要支流,其入淮处也严重壅堵;三是淮水西北方徐兖交界处的大野泽与济水、汶水水系也严重为患。此外这三处水患的交集——据《禹贡》学研究——又影响到更南的扬州,因为徐州居北而高,扬州居南而低,徐淮暴涨,扬淮受殃,故淮水扬州段的水患,根子在淮水徐州段,徐淮平治,淮扬之水自然而弭。因此扬州虽于治淮有所配合,但《禹贡》"扬州书"不述治淮事,我们也仅提挈于此,以明大势。

淮扬略过,回过头来再看上述三处水患的关系。从示意图可见,大野泽一带与沂、泗、淮一带,中间是蒙山,蒙山高四十里,长六十九里,是今天所说沂蒙山区的主脉,它又西接龟山,二山共长八十里,由于蒙、龟相连,蒙大龟小,故龟山又叫西蒙山。所以上节之神话故事,述禹擒获淮涡水怪无支祁,锁之于龟山脚下,也就是锁之于蒙山西峰脚下,这正透露出蒙山在治淮工程地位的重要性。

蒙山之所以重要,是因为它既处于大野与淮河中间,便使两处水患看起来互不相属。但实际上蒙山之西的淮水重要支流沂水,在蒙山南端合泗水而入淮河。可见蒙山、羽山一带是两处水患隐然存在的结合部,必须做综合治理。大野与淮泗沂得以治理,则蒙羽之间广大地区的生产力便可得以恢复。

那么禹的施工方案究竟如何呢?我们可以从《禹贡·九州》之"青州""徐州"二书的记载及历代专家的研究中得其大概:

"青州书"记青州治理是继上一书"兖州书"所述而为言的,在说明州界"济、河惟青州"(青州在济水与河水之间)后,述工程道:

  嵎夷既略,潍淄其道。

"徐州书"又继"兖""青"二州所述而为言,在说明州界"海岱及淮惟徐州"(东至海,北至泰山,南及淮水)之后,述工程道:

  淮沂其乂,蒙羽其艺。

以上各句的析释且暂置,我们首先会注意到,青徐二州书各二句均上及兖州工程(详后文),且句式是对应的,而紧接"蒙羽其艺"后,"徐州书"又记:

> 大野既猪,东原底平。

大野即示意图中,徐兖交界处的大野泽,则记叙又从徐州通到兖州之东界。这样文献本身已表明青徐之役是又一个跨州界的综合工程。现在我们结合示意图与历代《禹贡学》成果,来勾勒这一综合工程的大致情况:

"青州书"所说"嵎夷",就是神话中东海日出处旸谷。可知"嵎夷既略"是承"兖州书"所述"九河既道"而言的,指禹在开通了大河入海口后,又行进至海中,经"略"今辽东一带——后世秦皇、汉武登碣石,同样是这一路线——然后又渡海而南,疏导了潍、淄二水,由于古今地理变迁,潍、淄二水的名称与流向有所争议,但可以肯定的是:潍、淄主要流域都在青州,"潍淄既道",首先是说"九河既道",海口畅通后,又治理潍、淄二水,使"水循其道",从而使海滨之民可以由此而通向帝都平阳。

潍水为汶水支流,《水经注》记其由今山东东部淳于县北合于汶水,淄水则为济水支流,由今山东东部博昌县合于济水下段。所以"青州书"在"潍淄既道"后述职贡,并以"浮于汶,达于济"来总收。可知潍、淄二水的治理,当与济水、汶水有关。

汶、济下段——青州段得到了治理,自然也就有利于汶济中段——兖徐段以及相关的大野泽水患的平治。虽然青州河道治理较单纯,如《锥指》引宋人林之奇所说:"青虽近海,然不当众流之冲,但(仅)潍、淄二水,顺其故道,则功毕也,比之他州,用力最省者也。"由此,我们的介绍也仅概略如上。但如前述,这同样也是系统工程的有机组成部分,并非棋局上的"闲子"。

青徐之役的重头戏在徐州!

"徐州书"说"淮沂其乂,蒙羽其艺。大野既猪,东原底平",四句相承,是有先后与因果关系的。

前面我们说到,蒙、羽二山,尤其是蒙山,是淮泗沂水系与大野与济、汶中段水系二处水患的结合部,但这仅仅是表象而并非水患的病根。

"淮沂其乂"的"沂"水是兼泗水而言的,《禹贡》学家解释,这是因为禹时沂泗于河北邳县会合而东至清河县入淮,当时沂水水患大于泗水,故以沂兼泗。"淮沂其乂"淮居沂(沂、泗)前,则说明禹当时已勘明,这里的水患,根子在经流淮水,其工程程序是先淮后沂,《锥指》分析道:"淮纳沂,不决淮距(至)海,则沂无所归,故必先淮而后沂也。"淮水壅堵,入海不畅,则沂、泗必因而壅堵,淮水平治,经今江苏涟水入海,则枝水沂泗的平治也就水到渠成了。这就是所谓"淮沂其乂(安)",而其第一个重要影响的就是——

"蒙羽既艺"。这是说蒙山羽山山谷间众多的水道得到疏浚,使之有序地流向沂泗而入淮,这种疏通山间水道的工程也就是《尚书·益稷》所说的"浚畎浍距川"(畎浍即山间水道),《禹贡》说的"涤源"。经过先经水(淮),再枝水(沂泗),再涤源的系列工程,于是蒙羽一带便可以"艺"——种植作物了。

由此而来的第二个重大的影响就是:

大野既潴,东原厎平。

这是说"蒙、羽"既安,则这一淮沂与大野、汶济结合部的水涝便不再西北漫浸到大野一带。依据"治湖宜障,治川宜宣"的道理,在大野泽筑起了陂堤以蓄水,又疏通大野泽一带汶、济之水的下流,这样与青州之役的"潍淄其道"相衔接,使汶济下游的东原(今山东东平、汶上、宁阳)一带的原野得以平治,可以耕作。

这样一方面徐淮平治,使蒙羽、沂泗与大野、汶济乃至东原得理,另一方面,后二者得理,又反过来使得淮水更为驯顺。徐淮得理,更使其下游扬淮的问题从根本上得以解决。所以这是一个以徐州为中心,青、兖、扬三州协同;以徐淮为根本,兼治济汶、沂泗、潍淄及若干大泽的系统工程。其思理之明晰,布局之恰当,次第之合理,今天看来也不禁叹为观止。

③ 故事综述

从上述此役工程创意可见,它与禹擒淮涡水怪无支祁神话有一个重要的契合点,就是"淮沂其乂,蒙羽其艺",这与禹擒淮涡之怪而锁之于龟山即西蒙山脚下正相一致,因此可以认为这一神话,正折射出大禹此役的艰辛与智慧。

所以可以整合两方面的描述,并结合相关资料而成为如下的"新编"。

……大河入海,禹治河的工程大头落地,便由冀兖向东南,移麾青徐二州。后来诗圣杜甫有诗曰"平野入青徐",禹时的地貌,总体也如此,众水会凑,原野膏腴;然而洪水又将这里变成一片泽国。导山勘查时,禹已查明,青徐水患甚至西北殃及兖州,东南波及扬州,而众患之源在于水患最甚的淮水徐州段。徐淮难治,以至于禹三次深入淮水源头桐柏山,却迟迟不敢轻易动工,其原因,据桐柏山神与当地酋长鸿蒙氏、辛商氏、兜卢氏、犁娄氏的报告,是淮水涡水交汇处(今安徽蚌埠市西,属徐淮段)有一个淮涡水神无支祁在作怪,这些酋长都受到无支祁的胁迫,禹因此囚禁了它们,而召集一众神灵,并请来帝廷司乐而能捆雷鼓的夔,主宾客而能傒远人的龙助阵,一起去寻找恶名远播的无支祁。

淮涡交会处对于禹来说并不陌生。导山时,他行经这一带,与涂山氏女偶合,四天后即南行勘察,所以很快找到了水怪所在处。由于水患严重,他都来不及回家看望一下,就在水边布下了擒怪的阵仗。

无支祁不慌不忙地浮出水面,伸一个懒腰,又打了一个哈欠,一副满不在乎的样子。待到全身浮出,身高竟达五丈许,它高额首,塌鼻子,形如猿猴,虽然酣梦初醒,但金目一睁森然如电,鼻孔与双目中更涕泗如泉,腥臭不可向迩。禹早已听说这怪物神通了得,脖子一伸有百尺来长,神力胜过九头巨象。它搏击如电闪,腾跃如跳丸,奔跑如疾风,使人眼花缭乱,所以极难对付。当时禹的部族中有王母之女云华夫人遣来助阵的一干神将,童律、乌木由、庚辰等,禹先命童律上前擒怪,却很快败下阵来,又名乌木由赶上去接战,还是不敌。最后还是庚辰制服了这个水怪。庚辰是如何得胜的呢?没有相关记载,想来因为庚辰据说是太阳神之子,用它的阳光般的神针迷茫了无支祁的眼,再用神话后面提到的神戟一击而中吧。无论如何水怪是被擒伏了,但是附逆于它的一众山精木魅、水妖石怪又鼓噪着,奔绕着想上来营救。庚辰又以神戟驱散了众妖群怪。这时禹命众将以系有长铁链的大铁锁,锁住了无支祁的颈项,又取出一个金铃穿在它的鼻子上系住铁索的另一端。然后将它移到徐淮北岸,锁在龟山,也就是西蒙山的水底山根下,从而使淮水安流向海。神话还说庚辰的后裔,都图绘无支祁的形象,以祛免淮水风雨之难。这与大闹天宫的孙行者被镇五行山下,为观音释出后从唐僧西天取经有些相像,所以研究者认为,无支祁应是孙猴子的原型之一。

神话虽属想象,但必有若干现实因素为出发点。故事中所述禹三至桐柏终于擒淮怪于徐淮而锁之于龟山(西蒙山)便含有历史的折光。因为淮水与蒙山的关系正是大禹徐青兖并治方案的焦点所在,这一点见诸《禹贡》的有关记载。所以我们不妨将神话与历史糅合进一步作以下想象。

……禹既锁无支祁于西蒙山根,随即登上了蒙山之顶,进一步观察当时的水情。蒙山西连龟山全长八十里,高达四十里,禹登顶四眺,不觉心胸开张,似有茅塞顿开之感。

由蒙山顶西偏北望,只见莽莽荡荡一片大泽,这就是徐兖交界处的三百里大野泽。大野泽通连西南方的济水中段与东北方的汶水中段,气象万千,不过现在已是流潦遍野,一片沼泽。更向南望,则是源于桐柏山的淮水之中段——徐淮,禹刚在这里制服了无支祁。蒙山两侧,在大野与徐淮之间,又有二道川流,东为沂水,西为泗水,夹蒙山而南流,并于山南合而为一,流向徐淮。其中东侧的沂水从上游起就水患尤其严重,使蒙山与其东南的羽山之间,许许多多的沟浍溪涧,都壅堵不通。这样以蒙山、羽山与沂泗二水为接合部,其南淮水,其西偏北大野与汶济水系,凡三处水患交织影响,一团乱麻,并严重影响淮水下游扬淮段。

不过乱麻难不倒智慧而富有经验的大禹。他在随山刊木的勘查中总结出一条颠扑不灭的道理,百川向海,治水的根本在于以疏通直接通海的若干大川为经,来聚合支流,以汇流入海。当时他勘明的经流,境内有数条,大河大江最大,淮水与济水虽然较小,但当时都有数条支流与各自的海口。济水下游入海口,在兖州之役中已大抵整治,现在要对付的是连通三百里大野泽的济水中段。由于蒙山的中隔,淮、济二经水看似互不相关,但实际上由于处于结合部的沂泗二水与蒙羽二山之间的众多溪涧,这两条经水的水患又息息相关。因此以徐州为主,青、兖、扬三州协同;以导引淮水通畅入海为本,兼理沂泗、蒙羽与大野、汶济;探本及标,便是此役的不二选择。

方案既定,禹坐镇蒙山之巅,分兵三路。命应龙率一干神将主攻徐淮之水,而同时让淮扬一带于下游配合疏浚下游连通洪泽湖、射阳湖的扬淮水道。又分出二标人马,一标在徐淮北岸梳理沂泗二水、蒙羽二山之间的细流畎浍,一旦徐淮水疏通,便可使沟浍之水汇入沂泗,沂泗又汇入徐淮;另一标则西北向徐兖交界处,依台骀以来川宜宣、泽宜障的经验,清理济汶与大野泽通流的水道,使之下接兖州段已完成的济汶下游的河工,导引已汇合了汶水的济水中段通畅入海,更于大野泽周围将已倾坍的堤坝加固起高,以使泽水不致东南漫,从而减轻徐淮的压力。这两标人马由谁率领呢?依《史记·夏本纪》,皋陶、伯益为禹左膀右臂,因此让他们分领二标人马,应是合理的想象。

试想象一下,这一综合工程完成时的情景:

待到应龙头拱尾扫翼搧,徐扬二州数十万民夫随后协力,打通了自淮沂交汇处至今江苏涟水附近淮水入海口的千里水道时,第一标分队就决通蒙沂之间众多细流与沂水、沂水与淮水的结合部,于是畎浍向淮水支流、支流向徐淮经流畅通奔凑,长淮千里由徐入扬,奔腾向海。与此相先后,大野之水也依前述方案完成。这样探本达标,标本兼理,应当是一派大野似镜,沂泗如带,千里长淮安流向海的壮伟景象。

那么禹当时又是什么心情呢?胜利的喜悦自是必然,但或许还有一些感伤。我们这样设想是因为这里有座羽山。这羽山虽非禹父白马伯鲧被殛死的东海羽山,但仍有民人庙祀这位失败的英雄。想来,鲧也曾在这一带有所用功——鲧治水九年,所至之地也相当广阔。因此我们不妨想象,禹应当在蒙羽之间,向东海遥祝,以其成功告慰先父的英魂,然后留下那业已被驯服的淮涡水神无支祁于三处水患结合部的蒙山西峰龟山脚下,让它改恶从善,镇守这一带水情……

4. 江汉朝宗于海——禹理江汉水系

自壶口龙门之役,至青徐之役,由北而南,三条入海大川河、济、淮的中下游及其重要支流都已得到治理,于是,禹治水的重点就转移到后世所称"四渎"最南的江水,也就是长江了。四渎之中江河最大,通观《禹贡》所记有关江水治理的记载,会发现,治江虽已有治河经验可依凭,然而南北地形、地质、山川泽海关系有同有异;禹对江水水系的治理方案也因此而与治河有所异同。这是禹的智慧之最可贵处。他总是能依据实地勘查的结果,对治水的一般原则作因地制宜的通变。

江水发源于西部梁州(今四川)的岷山(当时认识),更由西向东横贯荆、扬二州,入于东海,其流程古时已知将近万里(今称全长6300公里,乃由岷山更西的沱沱口算起),甚至长于大河,禹治江水的重大工程主要是四处,由西而东,分别为今三峡迤西包括三峡的江水上游;今两湖交界处古九江,即后来的洞庭湖及其周围水系(为叙述方便,以下即径称"洞庭周围水系");今南昌九江一带已在今湖北汉阳合流的江汉之水与南来的赣水(彭蠡水、豫章水)交汇处的彭蠡(鄱阳)湖周围水系;今江苏常州、苏州至浙江湖州一带震泽(具区)周围水系。以图示意,大抵如下:

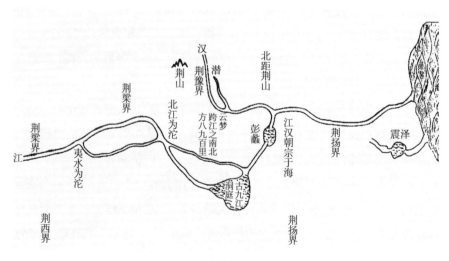

江汉朝宗于海图

禹理江水,是由后文会讲到的彭蠡周围水系开始的,其与下流之震泽水系关系如下图:

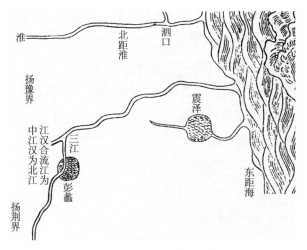

三江、彭蠡、震泽及淮水示意图

禹治江水的神话故事不少,但都散碎细小,缺少象治龙门遇伏羲、治淮降无支祁那样可以总领全局的故事;甚至没有像治碣石海口那样的后世重大历史故事。所以,我们也不像前数节那样先总述神话再印证历史,而采取先略述过程、原理,再综合相关神话为故事的办法来介绍。

① 禹理江汉水系总述

据《禹贡》记述次序与历代《禹贡》研究,大禹理江汉水系的某些细部虽尚有待于探究,但大体过程还是相当清晰的,鉴于本书的性质,我们还是从大处着眼,其细部除某歧说影响到对总体的理解,略加辨析,其他则从略。

大体而言,禹理江汉分两个大阶段:第一个阶段是扬州西与荆州东端交界处的彭蠡一带水系和彭蠡东震泽一带水系的治理;第二阶段则是荆州西端的洞庭湖一带水系和其西荆州梁州交界处三峡工程及其迤西梁州江汉上游水系的治理。这就是说第一阶段治中下游,第二阶段则治中上游。其中洞庭湖东西是上中游交界处,彭蠡东西则是中下游交界处。而全部江汉工程就是从彭蠡一带水系的整治开始的。这就是"扬州书"接区域界定后所说的"彭蠡既潴,阳鸟攸居"。

　　细心的读者一定会发现,大禹治江与治河的首役,虽都是由中游开始,但是又有两点区别。一是同样从中游始,但彭蠡已是中游下段近下游处,也就是说治江第一役不同于治河,禹暂置中游上段于不顾;二是治河龙门首役是凿山通流,治江之彭蠡首役则以理湖导川为中心。

　　如果尽依治河的经验——壶口龙门是黄河第一大隘,那么长江的第一大隘则是荆梁交界部的三峡,治江似应先疏凿三峡。但禹却先理彭蠡,这是基于长江水系与黄河水系情况不同的睿智决策。江河水情不同有种种,后文还会涉及,而其中最重要的不同是黄河处北方,地势高而流域多大山,虽然治理中也必须顾及湖泽,但北方的湖泽较少也较小,所以更重要的是处理山与川、干流与支流的关系;长江处南方,上游虽也多山,但自出峡后,便是"山随平野尽,江入大荒流"(李白《渡荆门》),其地势低平,湖泊既多且大,众多水流辐辏于湖,因此川与湖的关系就成为长江中下游治理必须认真处理的症结问题。大禹治江四个重点工程:三峡及江河上流水系、洞庭水系、彭蠡水系、震泽水系。其中三个是大湖及其周围水系,足证上述江水之不同于河水之水情。当时以上述三大湖为代表的南国众多湖泊水泽已严重壅堵,如果中下游的大湖不理,而依治河之法,先通三峡,则上中游丰沛的水量必将排山倒海,东南之地恐怕又将新造出一个"少海"。

　　那么为什么又不以三大湖中最西的洞庭为第一役,或者依治水先下后上的一般原则,以最东的震泽为首战的对象呢?这是因为由导川入海的原则而言,这三大湖中彭蠡的地位处于《禹贡》所说"江汉朝宗于海"的枢纽位置,关系长江水流众多,而最大的本身也合聚多条支流的汉水则是与江分分合合的最重要的一条。"江汉朝宗于海"的意思为江汉会合并汇集众支流一起奔向大海。因此彭蠡不理,其上游的洞庭与下游的震泽之治理便无从谈起。

　　② 有关文献

　　以上所介绍并非笔者的"现代化"分析,而完全可由《禹贡》扬、荆、梁三州书与《导山》《导水》勾索得之。对此,《锥指》作者胡渭有先发之明,然而散见各篇且语焉未详,细部也尚有争议,因此现在就提挈《禹贡》以上各篇之要申说之。

《禹贡·九州》述禹治各水的次第大抵是依各州排列次序展开,且相互呼应的,有前书启后书之端者,亦有后书蒙前书而省略者。这些省文大抵可以《导山》《导水》二篇所述参证。

《九州》篇述江水治理,由"扬州书"起。扬州水患不仅有江,而且有淮,"扬州书"不涉治淮,是蒙其前"徐州书"之治淮而省略,而由《导水》篇等可知,扬州配合徐州治淮,主要是今苏北洪泽、射阳一带湖泊川流的疏通,这里顺及之。

"扬州书"述治江,在开篇述州界的"淮海惟扬州"后,即云:

> 彭蠡既潴,阳鸟攸居;三江既入,震泽底定。

这段叙述中由于"三江"的位置与具体所指,因故道沦没,后世有所争议,但其大体是明确的。我们不妨就其所指来破解一些有关争议。

就大体而言,"扬州书"上引四句说明,治江乃由扬州始,首治彭蠡,更及震泽,有所争议的是"三江"指什么,后世研究者多以"三江既入,震泽底定"的句序,而就周代以后震泽附近业已改迁的水系寻找三江所在,可谓刻舟求剑而莫衷一是。其实"彭蠡既潴,阳鸟攸居,三江既入,震泽底定"上下各二句句式是相互勾连,互文见义的。意思是彭蠡湖既已治理并筑陂堤以潴湖水后,周边的泽(浅水为泽)恢复为"薮",即可居栖生息的湿地。这种湿地在《导水》篇中称为"汇",《禹贡》学家解释道,蠡为内(蠡,里也),汇为外。湖水既潴定,阳鸟就可于彭蠡外围的"汇"上栖息了。

那么彭蠡又如何得以治理的呢?"汇"之一词颇有启发,汇是会集之意,也就是以彭蠡为中心的众水会集处。这众水也就是会聚了许多支流的"三江"。三江顺畅汇会的治理是彭蠡与震泽二湖治理的关键,所以可知"三江既入"与前面的"彭蠡"是互文见义,谓"三江既入"("入"当为入于海),既关乎"彭蠡既潴",又使震泽水患迎刃而解得以"底定"。

那么,"三江"又指什么呢?

《禹贡·导水》记漾水(汉水上流)东流为汉水,一路经行至于今湖北汉阳附近的大别而南入于江,又向东汇泽于彭蠡,东为北江,入于海",又记江水"过九江,至于东陵,东迆北会于汇,东为中江,入于海"。《导水》循江、循汉的这两处记载,是后世最主要的两种"三江"说的源头。二说的主要分歧在于三江是指江(中江)、汉(北江)等三水汇泽于彭蠡,还是指已合流的江汉与彭蠡水汇泽后出彭蠡又有二水来会并称为三江。《锥指》作者胡渭承汉郑玄、宋苏轼主张取前说,此后丁晏则承班固主张取后说。二说之是非且不说,而以下基本情况是明确的。无论"三江"之称指江汉与南江汇泽前,还是汇泽后,但北江即汉水,中江即江水肯定无疑,有中有北必有南,二说亦各有所指,但《导水》不言南江,说明南江不甚重要,我们也可姑且略而不论。因此就大体而言:江汉会于彭泽,而又东流入海,是彭蠡以下长江水系的主要流向。禹此役的主要工作是疏导这一水系使之通畅无阻。其重点则是宣障结合:宣江、汉与彭蠡(豫章)水而陂障彭蠡湖,两方面相辅相成,使江汉出蠡汇之区而顺利东流,从而不仅使彭蠡湖边之"汇"可居候鸟,也使彭蠡东的震泽水患迎刃而解。至于三江与江汉的关系则从治江之"荆州"段可以得到大体的解释。

"荆州书"于述州界"荆及衡阳惟荆州"后接着就说:

> 江汉朝宗于海,九江孔殷,沱潜既道,云土梦作乂。

这里的"九江"也有歧解,胡渭指为彭蠡之西洞庭湖的一众川流,如沅、澧、潇、湘等,是为古九江,而非后世江西之"九江",丁晏也不同意胡渭说,但胡渭是对的。因为《导水》篇记循查江水从上游而下至澧(今湖南澧县一带,在洞庭湖西),过九江,至于东陵(东陵即今湖南岳阳附近的巴陵,在洞庭湖东),然后"东迆北会于汇,东为中江,入于海"。因此这个古"九江"处于今湖南澧县与巴陵之间可以无疑,以其水势浩大后称之"洞庭",洞庭即浩瀚之意。江水经巴陵后又东偏北流,会北来的汉水于大别,更合流至彭蠡之外围"汇",然后一路向海,这便是汉为北江,江为中江。

九江为今洞庭一带的古九江,则上引之前二句文义便豁然开朗,"江汉朝宗于海",是上承"扬州书"所述江汉彭蠡震泽之役而言的,意思是江汉经此役既已不再滞塞而通畅入海,则其上流之洞庭古九江水也就"孔殷——大畅"了。

由以上所述,可对"三江"问题有一大体合理的解释。

荆州在西,扬州在东。"荆州书"说"江汉朝宗于海"是就江汉由分而合而言,江汉会大别后经彭蠡湖口,彭蠡本身已有豫章水(又名彭蠡水),故虽称江汉二水,其实相汇于彭蠡的实为三水(郑玄、苏轼、胡渭说实本于此)。我们认为此说是正确的。因为江汉合流经彭蠡与汇,《导水》有明确记载,然而"扬州书""彭蠡既潴"句前未提及如此重要的江汉,则只能是以"三江既入"为兼领彭蠡与震泽的互文。班固以下,未明这一文理,仅以"三江"下领"震泽",遂生出众说纷纭的扬州界三江之说,以其均无合理阐述,不可从,要之,丁晏、胡渭之争,于"名"而言,不为无谓,而就荆扬江汉治理之"实"而言,则无关紧要。对于一般读者而言,了解彭蠡与三江之役是下兼震泽,上连洞庭的枢纽之役即可以了。

不过导三江汇泽彭蠡,使荆州洞庭一带的古九江水也能顺利入江,对于洞庭水患的解除而言,只是一个方面;洞庭水患的又一重要方面,则来自其西梁州方面的江汉上游之别流——沱水与潜水。必须充分注意的是宣导沱、潜二水,两见于"荆州书"与"梁州书"。为明形势,兹依《九州书》先荆后梁的次序,再引录如次。

> 江汉朝宗于海,九江孔殷。沱潜既导,云土梦作乂。("荆州书")
> 岷嶓既艺,沱潜既导,蔡蒙旅平,和夷厎绩("梁州书")。

两个"沱潜既导"出现于二处工程的中间位置,说明荆梁二州水患治理休戚相关,而"沱潜既导"则是关键之处。

沱水出梁州岷山,是江水上游之别流(分支),一路由北而南会其他支水而入大江干流;潜水即西汉水,与上述东汉水(沔水)同出雍州嶓冢山时名漾水,东西分流后，东汉水流向如前述江汉朝宗于海，潜水则南流入梁州界为嘉陵江，更一路向南至今重庆市入于大江（其称西汉水而为汉水别流，当由于入江口在沔水入江口之西）。总上，沱、潜二支水主要流域都在梁州且均于梁州入大江。

以上水系关系既明，再联系"扬州书"所述彭蠡工程，则"荆""梁"二州书以上二节引文所述工程秩次便晰然可明。

"荆州书"上引首句"江汉朝宗于海"，既上承"扬州书"所说"彭蠡既潴"，"三江既入"，又下启"梁州书"上引首句"岷嶓既艺"。说的是扬州三江、彭蠡得理，则荆州江汉会合处便连带古九江水现出朝宗向海的气象。江汉朝宗于海又必有对其源头的"涤源"工作相配合，这便是"梁州书"所说的"岷（江源）嶓（汉源）其艺"。这以后便是"荆""梁"二州书都提到的"沱潜既导"了。沱潜的疏导实分二段。其上段得理，便使梁州蔡蒙（今四川蒙顶山）一带乃至更西南的和夷聚居处可以耕作；其下段则是导沱潜二水顺利于今重庆一带入大江，然后随大江水出峡，便由梁入荆，使荆州洞庭一带的云梦二泽之水又可顺利归入大江，从而"云土梦作乂"，云土梦作是互文，说的是云梦之土显露可以耕作，从而得"乂"。洞庭一带古九江，云梦均安，则洞庭本身的治理也就较简单了，当如彭蠡既潴那样，陂障而使之"潴"定而已。

以上所析，尚有一点未明，挟沱潜之水的大江，又是怎样由梁入荆而使云梦得安的呢？这便是荆州段江水治理最重要的工程三峡的通凿。

"三峡"之名不见于《禹贡》，但是江之别流沱水、汉之别流潜水既在梁州合入江水干流一并东流由梁向荆而出峡，则可知"沱潜既道"必包含三峡工程。（《禹贡》不提三峡，当为当时尚无其名，但已有其实）因此《锥指》断言："盖江之有三峡，犹河之有龙门也，禹治黄河，自龙门始；则治荆（州）之江，必自三峡始"，也就是说荆州洞庭与荆州段江水关系的处理，在三峡已理之后。三峡治理有较多的神话传说，又是禹治江水上游的最重要的工程，所以我们下面即以历史与神话参证，来描述三峡工程并对禹治江工程加以整合性总述。

③ 禹通三峡、理江汉综述

……禹站立于江水出峡口的高山之巅,马上,治江的最后也是最艰险的一役就要开始了。

前此,他已依先下后上的原则,整治了江水、汉水交汇处至彭蠡又至震泽的大小湖川；使江汉中下游的广大地区得以安定,其间也不乏神工鬼斧般的工程。《越绝书》《水经注·沔水》均记太湖(震泽之后身)中原有一座柯山,对湖身潴水不利,禹就将它移到了太湖东畔吴中的陆地鹤阜,更名为莋碓山(一作岞岭山),之所以命"莋",当与移山所用草或竹皮所编大绳有关,此山东与西南又有两座小山,山形如卷起来的笮索。民间传说,这两座山就是禹用牵柯山的大索所堆成的。二湖的治理,作用又是巨大的,《吕氏春秋·爱类》即记禹障彭蠡干东土所治者千八百国。

而现在禹要面对的是江汉上游与中游上段的水患。一是江汉发源处岷山与嶓冢山直至至今成都西南蒙顶山(《禹贡》称蔡蒙)一带的水患；另一处则是荆州洞庭与古九江,连同夹处洞庭东北与西南的云梦二泽的水患。其中后一处范围尤广,南及后来称之为南岳的衡山。两处水患看似相距甚远,但却相互关联,其共同的根子是源于岷、嶓的江汉上游别流——沱水与潜水,及其相关的大小支流细水。上游这一水系既直接造成了蒙顶山一带水患,更分分合合影响洞庭云梦。这种影响分二支。汉水干流称沔水,东流而由北向南漫溢影响洞庭云梦,汉水别流潜水一名西汉水,则于梁州境内已合入江水东流至梁荆交界处,受阻于后来所说的三峡,又西南向影响洞庭乃至云梦。禹导山勘查前曾分别勘查过有关山川形势(见"导嶓""导岷"),这时便确定了一个涤源、通峡,兼理洞庭云梦的施工方案。其核心举措便是"荆州书"与"梁州书"共同提到的"沱、潜既导",即江汉别流沱潜的通疏,这既能使峡西梁州"蔡蒙旅平,和夷厎绩"——蒙顶一带可以行旅祭之礼而平义,更远之西南夷亦可安定而从事生产("梁州书")；又可使峡东"云土梦作乂"("荆州书",文义见前)。这样看来梗阻大江由梁入荆的峡口之通疏更是"沱潜既道"这一核心工程中的关键,也因此峡中即后来所称三峡工程有较多的神话传说,为此我们要大体了解一下江水出峡的路线与峡中的大体景象。

江水干流流至今重庆市一带有多条支水来会,水势虽大,却因其东峡谷狭隘,致使水患严重。《蜀中名胜记》记今重庆至其东万县之间,"有木枥山,昔大禹治水过此,见众山漂没,惟此山木枥不动,故名"。可见民间对这一带洪水历史记忆之深。万县迤东约二三百里就进入后来所称的三峡中了。禹时峡中的景象文献阙如,故引《水经注》的记载聊作参考。

> 自三峡七百里中,两岸连山,略无阙处。重岩叠嶂,隐天蔽日。自非亭午夜分,不见曦月。至于夏水襄陵,沿溯阻绝。或王命急宣,有时朝发白帝,暮到江陵,其间千二百里,虽乘奔御风,不以疾也。……常有高猿长啸,属引凄异,空谷传响,哀转久绝。故渔者歌曰:"巴东三峡巫峡长,猿鸣三声泪沾裳。"

上引本自盛弘之《荆州记》,所记当然是业已经禹开通的三峡,但一些基本要素——连山蔽日、长七百里,水流湍急、逾于迅风等当不致大变,所引渔者之歌,则隐隐透露出即使至南北朝时舟船倾覆一类事故,当不在少数。这也反映了峡中的隘口险滩实多。这从三峡的众多说法中可以看中。"三峡"一词,最早见于晋常璩《华阳国志》所称"巴郡三峡",巴郡即重庆,可知此三峡均在重庆附近,分别为石洞峡、铜锣峡、明月峡。上引《水经注》又提到"巴东三峡巫峡长",巴东在巴郡之东,南朝时有巴东郡,即引文中"朝发白帝"之白帝城附近,其略东即巫山十二峰,因此这一带的峡总称巫峡,其中包含有金甲银盔甲、铁棺峡等(这些峡名当为后世所起,下同)。杜甫出蜀前有诗"即从巴峡穿巫峡",正反映了巴峡(巴郡三峡)与巫峡的地理位置。因此东巴峡、中巫峡二处名称至晚应是晋唐时就已有了的,最后一峡后世一般指为西陵峡,西陵峡晋时也已有此名,在巫峡东,直至今湖北宜昌江水出峡口,其下有兵书宝剑峡、牛肝马肺峡和崆岭峡、灯影峡、黄猫峡等。以上可见长江三峡虽名为三,然而三为总名,其下峡谷甚多,以上所举还仅仅是就其大者而言。今代所指三峡最西的为瞿塘峡,在重庆奉节白帝城处(较晋代所记起于巴郡东缩了一大截)。由瞿塘经巫峡至西陵峡东端,实测为193公里,其中宽谷103公里,狭谷90公里,狭谷占46.6%,且以西陵峡末段最为集中。而著名的黄牛山(又名黄牛峡)下有滩,名黄牛滩,最为险恶。《荆州记》记"宜都西陵峡中有黄牛山,江湍迂回,途经信宿犹望见之,行者语曰:朝发黄牛,暮宿黄牛,三日三暮,黄牛如故",意思是黄牛峡、滩,因谷狭石多而水道迂回,行船三日夜还走不出此峡,虽是夸张之辞,但盛弘之所说"途经信宿犹望见之"——船行一昼夜还能见此山,当接近实景。开通黄牛峡当是通峡工程的关键一战,有多种神话传说,后文还会讲到。现在,我们不妨先回过头来,由西而东,看看神话与民间传说中的有关故事,这些故事中贯穿着一种旋律——凶险、复杂而宏伟。

凶险集中在与后世所论三峡有关的龙蛇故事中。《荀子》记禹治水时有龙蛇为害,禹驱逐之;而三峡之瞿塘峡一带正流传禹降龙斩龙的故事。说是当时峡中有十二条蛟龙为害,更有一条夔龙(牛龙)兴风作浪,为祸尤甚。禹举起锁龙圈将夔龙制服,镇压于江底。群龙无首,纷纷逃窜。正巧夔龙之婿由东海乘潮而来,未能及时返回,又怕被禹逮住,便一路东奔西突,把峡石撞得七零八落。弄得一片汪洋,禹将它擒获,拴在柱上,斩首正法。斩龙处有斩龙柱、斩龙台;镇压夔龙处有镇龙石,传说是女娲补天留下的五色石,此石就是现在还屹立在瞿塘峡口的巨礁,又名"滟滪石",石下有险滩,叫滟滪滩。杜甫赠李白诗说"还将锦水凭双泪,好过瞿塘滟滪堆",就是指的这里。瞿塘滟滪是著名的险滩,《太平寰宇记》:"滟滪堆,周回二十丈,在夔州西南二百步蜀江中心瞿塘峡口。冬水浅,屹然露百余尺。夏水涨,没数十丈。其状如马,舟人不敢进。谚曰:'滟滪大如马,瞿塘不敢下;滟滪大如鳖,瞿塘行舟绝;滟滪大如龟,瞿塘不可窥;滟滪大如襆,瞿塘不可触。'"民谚的意思是瞿塘凶险,以滟滪为最,峡口狭窄,水浅石露时,舟人都视之为畏途;而水深石没时更成为暗礁,舟人更连望一下,碰一下都不敢。上述民间斩龙的故事,当由此生想。

瞿塘峡往东是巫山巫峡,这里也有一个斩龙的故事,不过这个故事体现了三峡工程的复杂性。《巫山县志》记:

> 斩龙台，(县)治西南八十里错开峡，一石独立，相传禹王导水至此，以龙错开水道，遂斩之，故峡名错开，台名斩龙。

巫山十二峰，全长一百六十里(《水经注·江水二》)，前文已有过介绍。巫山神女(见第四篇"神农氏")"旦为朝云，暮为行雨"的神话，即是此处峰回流转，水气云烟似梦似幻的神话反映。这头倒霉的莽龙错开峡口，应当是山形水势复杂迷幻所致吧。

巫峡又东，是西陵峡了，西陵峡以黄牛峡之险闻名，大体已见前文。民谣记三天三夜也绕不出去的黄牛滩自然是复杂又复杂，凶险又凶险，而应对复杂凶险的便是宏伟的洪荒之力，传为诸葛亮所作的《黄陵庙记》记他率军过蜀道，经黄牛峡，只见"乱石排空，惊涛拍岸，敛巨石于江中，崔嵬巉屼，列作三峰"，江左大山壁立，"大江重复(回旋)"，石壁中有神像映现，须发衣冠如彩画，前树一旗，右立一黄犊，犹有督工开导之势。又记古时传说黄龙助禹开江治水，九载而成。确实不是臆说云云。从这故事看来，这里的黄牛应是黄龙所化的牛龙。

《黄陵庙记》是否为孔明作颇可疑，但黄牛峡石壁上"有人负刀牵黄牛"之像，则确实无疑，晋袁崧《宜都山川记》、北魏《水经注》中有记载。宋代陆游、范成大更都详记其事。如范氏记："黄牛峡上有洺川庙，黄牛之神也，亦云助禹疏川者。庙背大峰峻壁之上，有黄迹如牛，一墨迹如人牵之，云此其神也。"(《吴船录》)陆游更录张九成所撰赞词："壮哉黄牛，有大神力。萃聚巨石，百千万亿。剑戟齿牙，碌硪江侧。壅激波涛，险不可测。威胁舟人，骇怖失色。刲羊醑酒，千载庙食。"这段赞词很可注意，陆游解释说："张公之意，似谓神聚石壅流以胁人求祭飨。"这个解释是对的。如此，连以上各记载看来，西陵峡黄牛的本来面目有点像淮涡之神无支祁，牛神本聚石壅流为害舟人，后当为大禹降伏而改恶从善，故陆氏又记"传云，神佑夏禹治水有功，故食于此。"

众多文献记载又衍生出一则更朴实的民间传说，说是"大禹劈开三门峡后，骑着神牛赶来长江三峡，先用斧头劈，劈不开；又叫神牛用角触，也触不开,反把角都触弯了,所以后来的牛角都是弯的。禹再想方设法,终于劈开了。"由此看来,三峡开通虽有"神牛"助力,但归根到底,还是人的智慧与伟力。这可与"断江"的史地记载相互印证。《水经注·江水》记:

> 江水历禹(之)"断江"南,峡北有七谷村,两山间有水清深,潭而不流。又耆旧传言,昔是大江,及禹治水,此江小不足泻水,禹更开今峡口,水势并冲,此江遂绝,于今谓之断江也。

这是说原来的江水出峡口很狭小,不足以让大江通流,禹就弃此口,另外再开了今见的峡口,水流才畅达,冲涌出峡。将此"断江"与上述民间传说对看,可以想象黄牛虽勇,但用力还不是地方,禹再"想方设法",另开"今峡口",才使问题得以解决。所以民间故事或许反映了禹当时弃旧峡、开新峡的历史记忆。

如果说以上与瞿塘峡、巫峡、西陵峡(今所传三峡)三者相关的神话与传说反映了后人对禹通三峡各个段次的历史记忆,那么《全蜀艺文志》所引巫山《神女庙记》则神话化地集中描绘了这一工程惊天动地的声势。

> 百灵恐惧听指挥,巨凿震响轰雷车,回禄烈火山骨菹,垦辟顽狠如泥涂。

我们试将这描述演衍一下:千百位神灵恭谨小心地听从大禹的指挥,巨灵伟神们用巨大的开山斧凿攻山。火神回禄更祭起冲天之烈焰烧山,把山崖的骨架都烧化了。使那些顽狠坚硬的巨石就像松软的泥土一般变得容易开凿。从此文名《神女庙记》看,可以想象助阵的神灵们应是黄帝次女巫山之神瑶姬遣来。她应当站立于巫山之巅在烟霞烟火中俯瞰着这一壮伟无比的工程。那冲天之火,或许就是她在恰到好处时用她"暮为行雨"的神雨来熄灭的吧。

细玩以上故事,有一些可以引起深思的工程学问题:

首先烈火焚山的情节很可能保存有远古水利工程的某种技术手段。《孟子·滕文公上》就记载伯益以烈火焚山泽。三峡民间又传说:"开山导水时,大禹生怕开凿出来的峡谷的岩石不坚固,容易坠落,就用神火把山熔炼了一次——我们可以想象主司火攻的应是主管山林泽薮的伯益——从此岩石都成了黑的特别坚硬,不长草木。"《神女庙记》说火攻的作用是"攻岩",传说则说火攻的作用是"固岩",当是就"火攻"在不同的阶段不同的作用而言的,不管怎样,可以见出,开山除斧凿之外,兼以火攻应有所依据,这可供工程史专家去深入研究。

其次,传说称山石为黑色,不长草木;而《文选·江赋》则说"巴东之峡,夏后疏凿,绝岸万丈,壁立赮驳"(斑驳的暗红色);《水经注》则于前引"自三峡七百里"一节的引文说峡中"春冬之时,则素湍绿潭,回清倒影。绝巘多生怪柏,悬泉瀑布,飞漱其间。清荣峻茂,良多趣味。"这种记载与传说的矛盾或许由于所基三峡段次与成文时间有所不同。但从暗红的赮驳,可见"火攻"的痕迹,而郦道元所说峡中"清荣峻茂"的景象至今尚存,则可见大禹治水开三峡虽兼以"火攻",但并未破坏三峡的生态环境,这又是工程学应注意的材料。

最后,凿三峡与开龙门、凿三门峡一样都是"通凿"而非"夷平"。结合前举《国语·周语》太子晋论鲧禹治水来看,夷平就是"堕高堙庳",是破坏自然环境的鲁莽行动;通凿则是开凿以宣导川流,是因自然之势而参以人工的智慧之举。"断江"与"固岩"的故事最能说明大禹的这种智慧。这种智慧,对于今人而言,尤其值得珍视。笔者行旅之际,见到南北各地,多有开山取材通路,半壁山崖挖空了,破损的山体又多不加封固,摇摇欲坠,这时总会想起大禹的这些故事。当地政府如不加注意,则山塌路断之惨祸当指日可待。

言归正传,无论如何,由于以通凿三江为关键的"沱潜既道"工程,由北面与西南二方,同时解除了洞庭、古九江以及云梦一带水患,这样以"江汉朝宗于海"为最终目标的江汉工程之最后一块拼图也完成了。我们不妨据以上素材,设想从当时的总设计师大禹的眼睛来观赏一下这样一幅壮观的景象:

禹一身玄衣,牵着那黄色的神牛——它应为黄龙所化——站立在峡口黄牛堆岩上,前面是一杆迎风大旗,身旁是皋陶、伯益、伯夷、稷等副佐,在核心团队后更簇拥着云华夫人——巫山神女遣来的一众神将:童律、庚辰、鸟木由、狂章、虞余、黄魔、大翳等等。那一路先锋劳苦功高的应龙——它由天帝遣来——自应蹲踞于禹的大旗之下,背上驮着它的小朋友玄龟,它正准备用额下的印鉴在岩上一堆青泥上印上"西陵"之名。

禹又一次举起伏羲所授可量度天地的玉简指向峡口,简端的神光射向峡口江面又向上下游似电光般地飞速游走。这时,人们看到了这样一幅奇丽壮伟的景象。

西望江汉上游,从发源处岷山、嶓冢起,由于已经"滁源"而可耕作,无数道银白的细流汇入江、汉两条经流。江汉又都一分为二,东汉水又名沔水穿崖越岭地东流,经云泽北端,更向东南彭蠡方向滚滚流去;西汉水又名潜水,则南向汇入大江干流。大江则已汇合了自身的别流沱水,至西汉水来会处更是气势愈壮,顺畅地滔滔东流,奔向"巴郡(今重庆)三峡"与其西后世所说的"巴东三峡":瞿塘峡、巫峡、西陵峡。这一路峡道总长达数百里而多乱石险滩,现在业经疏凿,已大致通流。站在西陵黄牛堆上的禹等一行,西望汇合了西汉水的大江之水,至瞿塘峡口奔涌着、呼啸着、跳荡着流入峡中,涉滩过礁,萦萦回回地来到秀丽的巫山脚下,在不久前熔石固岩的残烬余光中,应和着两岸峡猿的长啼,声震峡谷,响遏行云。江水终于流到了禹等脚下新开的西陵峡,一旁狭窄的旧峡口已被阻断弃置,成为一泓碧绿的清泽,这截"断江"也乐得清闲,静静地观望着西来的大江之水从业已通凿的石滩上激荡着,欢笑着,奔涌着向新开峡口流去。江水出峡过荆门后便是一片平野了。后来唐人李白歌唱道"山随平野尽,江入大荒流",想来禹时的情景,大抵如此。江水出峡,禹等即登上西陵更高处向东远眺,只见荆州洞庭云梦一带又是一派新气象。云梦北边,东汉水流经,而江水干流则径奔洞庭之西,与洞庭及古九江水系相汇后奔腾向东。

经水通畅,枝细归纳,环绕洞庭的云梦二泽积涝顿去,露出一片可以耕作的湿地,相信主管农业的稷一定很兴奋——又一片膏壤在等待民人去播种了。江至云梦洞庭的气象定是格外壮观,后来唐人孟浩然《洞庭湖》诗云"八月湖水平,涵虚混太清。气蒸云梦泽,波撼岳阳城",正是大江汇洞庭,众水激荡景象的写照。江水由洞庭湖北又东北流,而与北边的东汉水南北呼应,而逐渐靠拢,会合于今湖北汉阳附近的大别,一起向扬州境内的大湖彭蠡奔去,至彭蠡之北又会合流经彭蠡的南江,即彭蠡水,三江激荡,其水势从后世谢灵运诗:"洲岛骤回合,圻岸屡崩奔"(《入彭蠡湖口》)可以想见,然而经水既宣,湖堤已障,虽然水势浩大,却已按部就班,湖周围的湿地,成为万千候鸟的栖息之地,惊起徐降如飞雪,似散絮,为三江的会合增色添彩。

"江汉朝宗于海",这句至今为人们熟稔的成语即出于《禹贡·九州》之"荆州书",或许当禹们远望江汉在东向远处隐隐相会时,便是这样欢呼着的,又或许这竟是禹借江汉会合景象所说的一句形象的哲言。它既体现了大禹治水的根本经验,即导支细归于大川,导大川奔入日出处的大海;又蕴含了我们民族一种充满凝聚力的理念,如同百川归海,万邦亿民总归向具有大海一般宽广胸怀的"明主"。当然"明主"是否能得万民拥戴,也根本在于是否有海纳百川的胸怀,不然则是"水可载舟,也可覆舟"的。

江汉会于彭蠡后的景象,神禹目力再佳也是望不见的,但禹并不担心,因为彭蠡之东扬州的震泽一带也已经整治,扬州的牧守与民人,一定已做好迎接大江之水的准备……

四、禹与涂山氏女的故事

非常有趣的一种现象是,中国远古神话在描述半人半神的英雄或圣王之丰功伟绩的同时,又总是伴随有他们的婚姻、爱情故事,如伏羲与女娲、黄帝与嫘祖、舜与尧之二女、夷羿与嫦娥,而禹与涂山氏女故事尤其扑朔迷离,意蕴丰富。迷离原因有三:一是涂山氏女究竟为何方人氏;二是此女的名字之谜;三是,这段爱情是和谐还是不和谐。种种迷离,正反映了故事意蕴的丰富。这须从有关资料的比勘中来探讨。

1. 禹纳涂山氏女于东南

各地有涂山、涂山女有关古迹的达十来处,大体分布在四个地区,今举其有代表性者分辨之。一是在今山西夏县一带,有涂山台。《十三州志》记:

> 涂山台,涂山氏思本国,筑以望之,(台)基犹在夏城南安邑,俗名青台,上有禹祠,其东南五十五里中条山有望川,夏后避夏(暑)离宫之所。

安邑即今山西夏县,传为禹的都城,故事说涂山台为涂山女思念故乡而作,则可知涂山初非在山西,台以姓氏名,而非以地名。夏县一带类似的古迹尚有数处,不一一。

二是在今河南嵩山一带,有启母石,宋洪兴祖注《楚辞·天问》引古本《淮南子》:

> 禹治鸿水,通轘辕山,化为熊,谓涂山氏曰:欲饷,闻鼓声乃来。禹跳石,误中鼓,涂山氏往,见禹方作熊,惭而去。至嵩高山下,化为石,方生启。禹曰:"归我子!"石破北方而生启。

这故事不见于今本《淮南子》,而清代《绎史》则辑有一传为战国之《随巢子》的相同记载,稍略,而字句大同。虽然二处记载都为后人所辑录,但《汉书·郊祀志》已记汉武帝元丰元年,幸缑氏(嵩山旁)见"夏后启母石",立启母石庙,但不数十年,汉元帝罢之,候神使者七十余人皆遣还京。由此可知汉时已有嵩山一带启母石之说。但当时已不甚相信,故元帝罢之。这种矛盾的原因,清人景日昣《说嵩》提供了一条重要线索,说是"古传涂山氏,饷夫闻鼓,何与广德所祀张勃疏圣河,饷至鸣鼓事,酷相类耶?岂恢奇动听,传闻者附之欤?"由此可推测,汉元帝所以罢启母石庙记,当是嵩山一带这一传闻本是附会今安徽广德一带禹祀的类似故事而来,这可与涂山氏本为东南人氏的说法互参。

禹娶于涂山,除不甚可靠的后世所辑《连山易》外,最早见于《尚书·益稷》篇所记禹之自述,但未言涂山在何处,屈原《天问》亦曾问及,也未明地理。最早明言其地望的是《吕氏春秋·音初》篇:

> 禹行功,见涂山之女。禹未之遇(未成礼)而巡省南土。涂山氏之女乃令其妾候禹于涂山之阳(南)。女乃作歌,歌曰:"候人兮猗",实始作为

南音。周公及召公取风焉,以为《周南》《召南》。

言涂山女之歌为"南音之始",则其地在南方甚明。
《水经注·淮水》记:淮水经古当涂县之故城后,接云:

> 《吕氏春秋》曰:禹娶涂山氏女,不以私害公。自辛至甲四日,复往治水,故江淮之俗,以辛壬癸甲为嫁娶日也。禹墟在山之西南,县(当涂县)即其地也。

此条所记《吕氏春秋》文,实为上引《音初》篇条与《尚书·益稷》所记禹自述的糅合。《益稷》记:

> 予(我,禹自称)创若时,娶于涂山,辛壬癸甲,启呱呱而啼,予弗子(抚养),惟荒(广)度土功。

所谓"辛壬癸甲",即自辛日至甲日凡四日,便复又南治水。《水经注·淮水》云江淮之俗以辛至甲为嫁娶日。则正是对于禹不"以私害公"之"新婚别"的纪念。因此江淮当涂之涂山为原初的涂山氏女所在地是较为可靠的传说。这个当涂应是古涂山国所在地,在今安徽怀远县(蚌埠西)淮水南岸,而非东晋后所侨置者。一个有力的证据是蚌埠西有涡口,为涡水入淮之口,正是禹擒淮涡之怪无支祁处。

此外尚有:苏北濠州说,前人已辨其庙乃周穆王古庙;会稽涂山说,当起于因禹南巡死于会稽而来;渝州(今重庆)涂山说,当因禹三峡工程而起。三者出处均晚,均当为附会之说,不一一。

要之,禹娶涂山氏女当在随山刊木行经淮涡一带之时,二者匹合而未成礼,四日后禹即南行,此后经过家门而不入。

涂山氏女的名字也有多说,传为夏《易》的《连山易》说"名曰攸女",《世本》的不同版本或记为"曰娇,是为攸女",或记为"名女娲,生启"。我们知道,女娲为人祖,传为伏羲之妻,女娇(蟜)则传为炎黄之母,以涂山氏女为女娲,为（女）娇，当是夏朝崇高其祖而来。夏朝又以涂山氏女为高禖氏，称之为女娲（见第一组"高禖氏"）。从中也可见，夏人以伏羲至炎黄一系自居，因此如果一定要给涂山氏一个名字还是以"攸女"为妥。攸女的含义难以确释，《帝王本纪》说"禹始纳涂山氏女曰女娲，至是为攸女"，而《连山易》曰："禹娶涂山氏之子，名曰攸女"，则攸女之"攸"或有"始"义，盖攸通悠，有久远意。攸女即第一位夫人，但此说甚牵强，有本末倒置之嫌，仅录以备参，以待高明。

2. 禹与涂山氏之恋性质的不同解读

《水经注》所引《吕氏春秋》谓禹婚后四日即南行治水为"不以私害公"，是一种最通常的解读，但今世学者则多称为不圆满的婚姻。这是由屈大夫的《天问》首开其渐的，问曰：

> 禹之力献功，降省下土方。焉得彼涂山女，而通之于台桑。闵妃匹合，厥身是继；胡维嗜不同味，而快朝饱（朝饱，喻男女欢爱情事）。

以上所问后世今译颇多，以董初平先生《楚辞译注》所译为较妥当："禹为治水而出力献身，从天降临去考察水文，怎会找到涂山氏之女，在桑林里与她通淫？应该是伉俪恩爱，生后嗣传宗接代；为什么同床异梦，只贪一时欢快。"

说董译"较妥当"，是因为尚有可质疑之处。最主要的一点是译"通"为"通淫"，先此郭沫若译文就译作"通淫"，二氏或均本于《吕氏春秋·当务》所说"禹有淫湎之意"。其实《当务》此句与涂山氏无关，高诱注谓指"禹甘旨而饮之"，吕不韦举此事的本意更是批评后世有人好辩而不合于论，举六王五伯（霸）之所谓"过"而非难之，是不对的，故又说"辨若如此，不如无辨也。""淫湎"之湎是沉溺之意，禹匹合后四日即行，与湎无关甚明。其实"通"就是野合，是上古习俗，《史记》记孔子也由其母野合而生。故在当时并无通淫这样的贬义。因此这几句的今译应当如下：

禹致力于土功，得天命而降世省察，来布下方土，又怎么得与那位涂山氏之女，匹合于台桑之野。本来相互怜爱，是为了生儿育女以延续后嗣，为什么又旨趣不同，而只以一朝的男欢女爱为快。

这样就可以看出屈子之问与前举禹纳涂山氏女后四日即南行的内在联系。屈原作为文人,对于涂山氏女的新婚即永诀,歌以望之,终于化石抱有同情,因此问天:禹既承天命,担大任,又何以要与彼女有一时之合,而使其暂欢而长痛,自己也未能负起为人父当抚养子嗣的职责。同一事件,经史的记载着眼于"不以私害公"之大义,而文学作品则偏重于家庭和悦之恩爱。立论之不同正反映了担大任者,在公义与私爱之间不能两全的矛盾。就"人性"的角度而言,屈子之问有其启蒙意义,但是在鱼与熊掌不可兼得之时,舍鱼而取熊掌,乃是我们民族性的道德准则,从这个角度看问题,《天问》所问,不是对经史"不以私害公"的否定,而是加深了身处公私矛盾中的大禹涂山氏匹合事件的悲剧性,悲剧是痛苦的,却更是壮美的,也因此,屈子以吁天疑问的方式来表达感情而不是对禹作正面的批评。

《天问》意蕴既明,则袁珂先生以涂山氏见禹化熊"惭而去"故事释"何嗜味不同"(《古神话选释》)之扞格难通,也就不烦多辨了。《天问》之"嗜味不同"意指男重公义,女重私爱,与见熊惭与不惭无涉。

其实涂山氏见禹化为熊故事,是禹夫妇故事中一个独立的另类。见化熊而惭的情节,显然不合乎化生类神话的意蕴,因为化生类神话中,人与动物是平等互化并无高下尊卑之分的。因此禹化熊开辕辕山的故事或许早已有之,但涂山氏饷彼见化熊而惭的情节则肯定是后人加入的。也因此,这一情节与禹夫妇故事的主流形态格格不入。因为从《连山易》《尚书·益稷》起,纳涂山氏女后四日即南行,以后又三过家门而不入,涂山氏遂望夫化石,诸情节已构成一个完整的故事。涂山氏未尝随夫远行甚明。有鉴于此,下面的综合故事中,我们也像处理山西涂山台故事一样,不将这一情节纳入故事主体。

3. 故事综述

今安徽蚌埠西怀远县古涂山有一个禹会村,石板之下,巨石倾危,俨然似一位妇人状,人们称之为启母石。当地人们都刺血以祭之,乃至用粉白黛青来装饰石首(《说嵩》卷四"石阙条"),这就是所谓涂山氏女之望夫石。

原来大禹作为罪臣之子,至三十多岁尚未婚娶,但他却以超卓的禀赋与好学向善的德性,得到帝舜的识拔,而担当起治理特大洪水主司的重任,应当在随山刊木、循行到这里时,遇到了古涂山国之女,《吴越春秋·越王无余外传》记载了禹识涂山氏女的过程,今译如次:

禹三十未娶,循行到涂山,深恐大龄不娶,有违礼制,就自誓说"吾应娶妻了,一定会在这里应验。"这时,有一只九尾白狐来到了禹面前,禹说:"白,是我的服色;九尾,是君王之证。曾听到涂山这里的民谣唱道:'毛茸茸的白狐,九条尾巴,蓬蓬松松;我家喜庆怡悦,有一位佳宾来为我王。成家成室,我邦走向明昌。这是天人之际的匹合,请佳宾就此随我前行。'我现在明白这歌谣之意。"于是禹娶了涂山氏之女,女名女娇,辛日匹合,至甲日,才四天,禹就南行了。禹去后十个月,女娇生下一个儿子,取名叫启,启不见生父,昼夜呱呱而啼。

禹一去就是十数年,涂山氏女每天都命侍妾到涂山之南坡眺望,却总也盼不到大禹归来,于是她就作了一首《候人歌》,唱道:"候人兮猗——盼望你归来啊,盼望你归来!"据说这就是"南音"之始。涂山禹会村——禹会涂山氏之村——石坂下的那块启母石,据当地传说是此女望夫久远所化。

这一切,一心致力于治水的大禹并不知晓,后来他也曾因治理江淮,三次经过家门却没回去看看。也许正因为此,楚国大诗人屈原在《天问》中感喟道:既然禹肩负天降之重大使命,难以顾全室家,又为什么要图一夕之欢爱与涂山氏女匹合呢?言外之意充满了对这位痴情女子的同情。不过禹其实并非无情之辈,当治水大业完成时,他不无辛酸地追忆道:"我创业时,娶了涂山氏女,只相聚了辛壬癸甲四日,就南行了。我的儿子启呱呱而蹄,我都未曾抚育他一天……"启后来建立了夏朝,尊这位贤淑而孤苦的母亲为"高禖氏",并为她更名为"女娲",意思是其母的功绩可追比创造人类的初祖女娲氏。

夏王启

禹与涂山氏哀丽悲壮的爱情,使人们不忍令他们这样长相分离,于是又造作了另外多种传说,有的说涂山氏女一直追随着大禹,直到禹为天下之主建都安邑时还在禹身畔,但因为思念故乡,便建了一座名叫青台的高台,常常登台东南望乡,故此台又名涂山台。又有一说,涂山氏女随禹治水,为他送午饭。禹开通辕辕山时,因山路崎岖曲折,山石顽固坚硬,便显出真身——一头硕大无朋的黄熊,奋力开山,恰恰涂山氏送饭来,见到这情状,感到羞愧,便跑到辕辕之东的嵩山,化为石,这时她正要生启,禹对石呼喊"还我孩子",于是石向北破坼而生下了启。这些传说应当都是禹建都安邑后,当地民间由原来东南的神话移植改造而来。石破生子的设想则应由禹子名启,后来因避汉景帝讳又改称开而来。不过启之名见于史乘,应当是开启第一个世袭王朝之意。石开生启的命名也应是一种神话式的附会吧。《汉书》曾记载汉武帝曾于嵩山旁缑氏县见到启母石并立庙祀之,但到汉元帝时便废除了,想来也因为这传说附会成分太多吧。

无论如何,南北各地的众多的涂山氏"遗迹",正说明了华夏民族对这位老祖母优秀德性与悲剧遭遇的敬仰与同情吧!

第十篇 九州攸同 四海归一

第十篇 九州攸同 四海归一

前此,我们介绍了大禹治水有关河、济、淮、江——后世称为四渎——的主要工程。余下的如豫州境内的济水上段(主要在今河南地区)与荥泽、菏泽、孟渚三泽的综合治理,雍州境内今甘肃地区的导弱水西流向流沙(大漠),导黑水由今甘肃三危山入南海等,或为前述工程的延伸(如济水上段与三泽),或相对独立而兼有分杀河源水量的作用,这里也就不一一细析了。大功告成,接下来的工作就是《禹贡》所称"导水"了,导水如《禹贡锥指》作者胡渭所说:"及九州功毕,其水之大而切于利害者有九,禹舟行从源(源头)至委(流程),核其治否,故谓之导,非疏瀹决排之谓。"意思是导水为工程结束后对境内水道通畅与否的总体验核,而并非施工。不过这种验核的目的又不仅止于水利,更是进一步考察贡道。由于当时向帝都平阳的贡赋主要是靠水道,因此,导水更具有显示"水土既治,天下大同"的社会与政治意义,这就是《锥指》总结性的第十八卷至三十卷《五服篇》开宗明义所说的"九州攸同"。因此我们把它归入介绍治水工程告成后,禹的社会政治建设中来一起介绍。

一、导水与民族国家的雏型——九州、四海与五服

1. 神话传说

也许因为导水主要是循察已通流的水系而无多少惊心动魄的土功,因此这方面的神话传说比较少且零碎,今集腋成裘,并略加评说如下。

> 禹平天下,二龙降之,禹御龙行域外,既周而还。(敦煌书钞《瑞应图》引《括地图》)

御龙巡察四海的神话,亦见于颛顼、黄帝,既表现了三者为龙族而相传承,又反映了后世帝王巡察四境之举实肇始于远古的天下共主。《括地图》记禹乘二龙循行更至于域外,正说明《禹贡》堪称后世舆地图的鼻祖。

前文已举示《吕氏春秋·慎行论·求人》记载禹巡行的范围及禹所见奇奇怪怪的邦国,故这里仅撮要并加辨析如次。

东至,可考者唯榑木,即日出之所扶桑,今日本。

南至,可考者唯交趾,在今越南。

西至,可考者唯西北隅的三危之国,在今甘肃敦煌东南,已在流沙的东端。其地理位置实近今甘肃、青海、新疆之交界区域之甘肃端。三危山属祁连山脉,祁连又名天山。

北至,大略可知者为"夏海之穷",夏指大,此当指大海之北端,古时亦称北海,当今河北辽宁一带海域。除此之外,尚提到类似后世地名的北"衡山",南"巫山"等,其方位均与今山不合,故当属神话性质地名,此略。

四至外更列有杳不可知其所在的四方镇山。东为"揣天之山",揣即抚、扪,指此山高可及天。南为"九阳之山",九为阳数之极,指极南之地。西为积金之山,金属西,性至刚,故为西极之山。北方则有"积水积石之山",积石山有大小二处,均在今甘肃青海交界处,但都在西至的三危之南,不当于述北方时兼及之,故此六字当连读为"积水积石之山",北方属水,水由石出,故名,在此条中又与北方之神"禹疆之所"相连,则当如前三山之例,为极北之山。

四至与四方镇山相连,其间又杂有不可知的神话地名,其实反映了禹时在实际控制之地外,更有已知且影响所及之地,这与下面我们要重点讲到的九州、五服、四海的关系又是可以互参的。

此条又述禹四方巡省之中见到了许多奇怪的邦国,这些邦国大都见于《山海经》,因其有趣而为作画好素材,故举其要。

东方:青丘之国。《山海经·海外东经》:青丘在君子国北,其狐四足九尾;黑齿国,《海外东经》记黑齿国又在青丘国之北,"为人黑(齿),食稻啖蛇,一赤一青,在其旁",又《三国志·魏书·东夷传》则称"倭国东南,四十余里,有裸国,裸国东南有黑齿国",则此国地在日本东南,参之《海外北经》之"黑齿国"条下即记日出之所旸谷与扶桑树,则《魏志》所指地理位置大抵不差。

南方则有羽民国、裸民国、不死之乡。《山海经》之《海外南经》《大荒南经》均记有羽民国,"其为人长头,身生羽";《海外南经》又记"不死民",在"交胫东",其为人黑色,寿,不死。"《大荒南经》亦有"不死之国"。裸民国未见于《山海经》,然《战国策·赵策二》记"禹祖入裸国",则颇有入乡随俗之美。裸国的方位各书记载不一。《述异记》所记在桂林东南海上,与本条相近。

羽民国

又西至奇肱国,一臂三面国,均见《山海经·海外西经》。其记"奇肱国"云:"其人一臂三面,有阴有阳,乘文马,有鸟焉,两头,赤黄色,在其北。"奇肱为一臂,则与一臂国有重复。《淮南子·墬形训》作"奇股",则为独腿人,当从之。一臂国,《海外西经》记"其人一臂一目一鼻孔,有黄马虎文,一目而一手",这种描写,似为人体之一半,所以郭璞注称"此即半体人也,各有一目、一鼻孔、一臂一脚",则当即《三才图会》所说"半体比肩,犹鱼鸟相合"者,这些

奇肱国

都与本条所记"一臂三面之乡"有所差异,颇疑"三面"当另是一国。

其北,则经人正之国。此国未见于《山海经》,顾名思义,人正国,其人当以"正直"为特点。《海外西经》有丈夫国,"在维鸟北,其为人衣冠带剑",人正国或即丈夫国,谓其正直有大丈夫气概。又记北经犬戎之国,夸父之野,禺疆之所。犬戎国,见《山海经·大荒北经》,其人"人面兽身,名曰犬戎"。"夸父之野"当即《大荒北经》所记"大荒"之中有夸父兽的"成都载天之山"一带,夸父形象已见前,此不赘。禺疆为北海神,亦见于《大荒北经》,"人面鸟身,珥两青蛇,践两赤蛇",处"北海之渚"。

以上我们将《吕氏春秋》本条所记国,与《山海经》有关记载对照,可见其方位均合于《山海经》中成帙较早的《海外》《大荒》所属诸经,则可见吕不韦所记并非随意所举,而是有较早的传说为依据。吕不韦本条名"求人",则意指大禹巡省有求贤之意,故又称禹不辞辛劳,"以求贤人,欲令地利"。高诱注则谓禹此行得到五位辅佐,其中唯"之交"不知谁人,余四人为皋陶、伯益、直成、横革。四人均为相关记载中提到的禹的助手,尤其是皋陶、伯益,更是《尚书》《史记》所记禹的左膀右臂。可见这也是历史的神话化。

由以上比较可知《吕氏春秋》所记这则禹巡省的神话实为史载禹治水事与《山海经》等故事糅合所成。

禹导水巡行境内,除查验水道畅通与否外,还伴有祭祀名山大川,访问各地风俗之事。《吴越春秋·越王无余外传》记:

> (禹)遂巡行四渎,与益、夔共谋,行到名山大泽,召其神而问之。山川脉理,金玉所有,鸟兽昆虫之类,及八方之民俗,殊国异域,土地里数。

《十洲记》更记:

> 禹经诸五岳,使工刻石,识其里数高下。其字科斗书,……不但刻剧五岳,诸名山亦然,刻山之独高处尔。

四渎,是周代方有的名称,五岳之名则晚至汉代才出现,所以这两条都是周汉间的追记,应是后文要讲到的禹导水或稍后"九山刊旅、九川涤源"的改写。有趣的是:①《吴越春秋》条记禹与益、夔相谋,与《史记》等以皋陶与益为禹最主要的助手小异,这当是因为夔本为东海神兽,其部族当为东夷之属,故以夔代皋陶;②《十洲记》条记禹铭名山为"使工刻石",而前述《拾遗记》记玄龟负青泥并以额下印记印泥上识九州山川,两相对照,可知禹刻石识名山当实有其事,而《拾遗记》归之玄龟,则是神话化的改造,这是因为龟为四灵之一,且有负河图以献圣王之传说。龟甲为占卜所用,当与这一系列神话有关。

虽然导水循行境内水系,较之导山,施工来得轻松,但也并非绝无凶险。《吕氏春秋·知分》记:

> 禹南省方,济乎江,黄龙负舟,舟中之人,五色无主。禹仰视天而叹曰:"吾受命于天,竭力以养人。生,性也;死,命也。吾何忧于龙焉?"龙俯首低尾而逝。

《吴越春秋·越王无余外传》亦录有这则故事,更接着记曰:

> 禹南到计(会计)于苍梧而见缚人(被绑的罪犯),禹拊其背而哭。益曰:"斯人犯法,自合如此。哭之何也?"禹曰:"天下有道,民不罹辜;天下无道,罪及善人。吾闻:'一男不耕,有受其饥;一女不桑,有受其寒。'吾为帝统治水土,调民安居,使得其所。今乃罹法如斯!此吾德薄不能化民证也。故哭之悲耳。"

这则故事或许是由本书"尧舜"章中所引《说苑·君道》"尧存心于天下"条所记帝尧故事移植过来的。之所以作这样的嫁接,不仅因为越人尊禹,更显示了这样的观念,禹之所以能感化将要覆舟的黄龙,是他至善爱民的德性所致。这种德性,甚至在他身后仍惠泽天下。晋张华《博物志》记:

> 海上有草焉,名蒒,其实食之如大麦,从七月稔熟,至冬乃讫,名曰自然谷,或曰禹余粮。今药中有禹余粮者,世传昔禹治水,弃其所余食于江

中,而为药也。

中药禹余粮又名"禹粮石",是一种褐铁矿石,神话指其为禹所弃余粮所化,而又名"自然谷",则其初是一种叫作"䕲"的草本食物的果实,《本草经》更记其物"久服能忍寒暑,不饥"。矿石性质的"禹粮石",是否确是"自然谷"所化,这有待于专家研究,而我们所要注意的是,大禹治水,为人们留下了一种兼有食用与药效的"自然谷",正所谓"功在当时,泽及后世"。那么禹弃余食是在理水的哪一个阶段呢?想来,有余食可弃,应当不是在艰苦卓绝的导山与施工时期,所以我们将这则故事归入导水部分。下面我们就由神话进入历史说说导水。

2. 导水与九州攸同

以《禹贡》的相关叙述与神话对看,是很有启发性的。

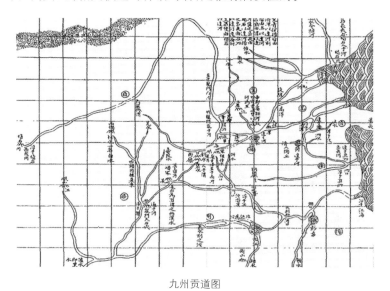

九州贡道图

《导水篇》述禹由源头开始的循察水流是否通畅之大川凡九条,此举其首尾,必要处则略举各川中程要点。

其一,导弱水,入于西裔的流沙,亦称西海。

其二,导黑水,经甘肃三危山入于南海。

其三,由甘肃西部近青海西藏的积石山起导河水入于大海,其大体流程已见前述工程。

其四,导漾(汉)水,由处今陕西宁强之嶓冢山起导漾,东流为汉水,至大别入于江,经彭蠡入于大海,此为"三江既入"之"北江"。

其五,导江水,由横亘今川甘交界处的岷山起导江,汇合汉水后称中江,入于大海。

其六,导沇水,东流为济水,沇济分三段,中为伏流,乱于河水,又在今河南山东交界处会汶水向北,又东入于大海。

其七,导淮水,由今河南与湖北交界处的桐柏山起,合沂泗二水,东入于大海。

其八,导渭水,由今甘肃渭源西南的鸟鼠同穴山起导渭,合澧、泾、漆、沮诸水入于河(随河入海)。

其九,导洛水,由今陕西商州一带的熊耳山起导洛,合涧、瀍、伊水入河(随河入海)。

综合上述,可见:

① 就流向看,九川所导,均以查验其是否通畅入海为归宿,既与《尚书·益稷》记禹自述"予决九川距(至)四海,浚畎浍距川"相吻合,又为《礼记·王制》《尔雅·释地》"四渎"观念的先行。这一点前文已析,不赘。

就流域看,河济与渭洛主要流域在冀、兖、豫、青四州,江、淮与汉水主要流域在荆、徐、扬三州,弱水与黑水主要在雍州与梁州。其间又有所交叉,如江源在梁州西,河源在雍州西等等。可见"导水"是一项遍及九州水系、包括相关支流湖泊的全局性的水系通塞普查,这应是《吕氏春秋》所记禹四方巡察的神话的现实基础。后文我们会讲到二书所记四至的关系。

② 就最终目的看,导水的最终目的是验核九川之水是否能成为通连八方而辐辏帝都平阳的贯通网络。帝都平阳三面各有支水连通大河,因此九水之导除前举都通向周边四海外,更有一个重要特征,即都可入于河或河的重要支

流。《禹贡·九州》记：

  冀州：岛夷皮服,夹右碣石入于河。

  兖州：浮于济漯,达于河。(济水与河水通过漯水沟通)

  青州：浮于汶,达于济。(由济及漯达河)

  徐州：浮于淮泗,达于河。

  扬州：沿于江海,达于淮泗。(由泗入河)

  荆州：浮于江沱(江之别流)、潜(汉之别流)汉,逾于洛,达于河。

  豫州：浮于洛,达于河。

  梁州：浮于潜,逾于沔(东汉水),入于渭,乱于河(乱为横绝)。

  雍州：浮于积石,至于龙门西河,会于渭汭。雍州贡道分南北二道,入于渭汭而达河,为南道,浮于积石至西河者为北道。

  这样以黄河为主动脉,各州均通过其支流达于河,再通过平阳三面的大河支流到达帝都,其中扬州要走一小段海路,弱水、黑水流域的梁、雍、豫部分地区可能要走一小段陆路。这就是所谓九州"贡道",而记载禹治水理贡的这部著作也就因此名为《禹贡》。由此可知,虽然各大川流都养育了千万儿女,其中长江,流域更大于黄河,但是数千年来,我们只是称黄河为"母亲河",其原因,就在远古时代直至禹理水后所形成的这种地理格局。后世帝都位置虽有变化,但以河水为主动脉沟通全境而辐辏帝都的基本形态一直延续到近世。所以,以黄河为母亲河是一种已超出经济范畴而兼具有社会、文化、政治意义的观念。长江流域的研究者正不必因"母亲河"仅言河而有所不平。

  总之,导水完成,九州贡道畅通,一种以九州攸同为总纲的新的政治经济文化格局就确定了。

3. 九州、五服、四海——民族国家雏型辨说

  《导水》后,《禹贡》对全篇作了总结,一般称《五服》,大体分为两节,前一节描述治水完成后盛世的大致景象：

  九州攸同——这是总领句,说的是"水土既治,天下大同"(《尚书正义》),以下则分述之：

四隩既宅——意谓九州边边角角的地方，都已可安居。

九山刊旅——"九山"与其下"九川""九泽"，旧注或以为实指，但其中唯"九川"可以由上述《导水》所述印证，而九山、九泽则各以所据，众说纷纭。因此，古来学界主流的主张认为"九"是举成数而言。这与"九"这个数字的神秘性有关。《易疏》："乾(阴、天)体三画，坤(阳、地)六画，阳得兼阴，故其数九"；《素问·三部九侯论》："天地之至数，始于一，终于九"。合两条观之，大意是阴阳二气变化始于一，终于九，九九归一，周而复始。九州、九山、九川、九泽，均由一派生而又归于大同(一)。鉴于本书的性质，不再仔细分辨二说的短长，读者只需大致知道"九山刊旅"，是说诸名山既经刊查，而至功成，便置坛场行"旅祭"之礼，以告功成。旅祭是定祭祀的等次(如五岳等三公，四渎等诸侯)并立标以镇之。这一条当为《吴越春秋》等所载神话之所本。

九川涤源——说的是各大川连同其源头都已得到清理，也就是《益稷》中禹所说的"决九川距(至)海，浚畎浍距(至)川"之意。

九泽既陂——各大湖泽均已筑陂以降水，使之无有决溢。可见禹治水大致使用台骀氏治川宜宣、治泽宜障的方法。

四海会同，六府孔修——这是承上启下的两句。"四海会同"承上大意谓由于山川泽得治，贡道畅通，四海之内(含四海)，包括东夷、西戎、南蛮、北狄均得以会同于京师。(这里"四海会同"与首句"九州攸同"的关系是有关"九州"疆域的重大疑问，后文再述)。"六府孔修"则启下贡赋之事，大意谓水土既平，九州四海既同，则水、木、金、火、土五官与主司"谷"的田正各司其职，政令进一步得以修治，便得政通人和，资产增值。

庶土交正，厎慎财赋；咸则三壤，成赋中邦——这是说既已"六府孔修"，则天下众(庶)土经界得正；于是可恭慎地处理财赋之事，其大抵方法是将土壤分为上中下三品(三壤，再细分为九等)来规定各邦国田赋的品种与数量，旧注更记"成赋中邦"的中邦即下文要说到的五服中部的甸服、侯服、绥服三服，南北与东西各约三千里。此三服周边的要服、荒服不纳田赋，只特贡当地珍贵方物，以示臣服之意。这应当是当时对边裔少数民族的优惠政策吧。

以上为《禹贡》总结的第一节。总的意见是水土治平,天下会同于一尊而大治,即《尚书·大禹谟》所说"地平天成"。今日本天皇之年号"平成",即由此而来。

总结的第二节,主要是承上细述当时的五服制度。我们不再逐句解析而撮其要点并阐析如下。

其一,第二节以"锡(赐)土姓,祗台德先,不距朕行"总领,意思是赐土地姓氏,也就是"修封建之法"(封建为封爵建邦),并昭告天下,要敬顺地以"德"为先,这首先由"朕""台"(均为我)始作则,而天下不违于我。这个"我",旧注一般都以《禹贡》为禹作,"朕"即指禹。笔者认为"台""朕"在上古虽不仅为君主自称,但此时禹受舜命,不当以自身行为作天下之准则。因此即使姑且认为《禹贡》为禹作,也应是禹代舜立言,而《禹贡》应为治平后禹代舜而作昭示天下的文告。无论如何,其由上而下以德为帝王乃至被"赐土姓"者必须谨守的首要原则是明确的,所以这一节最后以"声教讫于四海"呼应之。

其二,是建立五服制度。五服为甸服、侯服、绥服、要服、荒服。服大抵是服事之意。五服以帝都为中心而服事于帝。

五服图

帝都四周各五百里为甸服,"为天子治田出谷"以服事之,甸服之内不设诸侯。甸服四周又各五百里为"侯服",侯服一百里内为天子卿大夫的采地(食邑),二百里内始设最小一级诸侯"男",其外三百里方设级别更高的诸侯。旧注或说为公侯伯子男五等,或统合伯子男为一,实三等。以上句"二百里男"度之,当以公侯伯子男五等为近是。

侯服之外四方又各五百里为绥服,旧注对侯服以下是否设置诸侯有异说,但设有五方之长则无异议,其职能是以文(礼法)教化民人,而其中外围的二百里则更兼有"奋武卫",亦即振武以防蛮夷的职能。

绥服之外又四方各五百里为要服。要为要约,即约束之义,因为这一服内所居都是被称为"夷"的少数民族,"夷"当为易简平易之意,其俗简易,"直情而径行"(子游语),所以不能完全照搬华夏族的礼法,而只能以文教加以约束。其地外围之二百里又为轻一等的罪人流放之地。

绥服之外四方各五百里为荒服,荒为荒远之意,是五服中最边远的地区,其居人被称之为"蛮",蛮为简慢之义,较之易简的"夷",更不守礼法的约束,所以虽亦施以后文所说的"声教",但是更强调"因其俗而治之",略似后世的羁縻州,所谓"其来(犯)则惩而御之,去则备而守之,其嘉义贡献则接之以礼让,羁縻不绝,使曲在彼"(班固语)。蛮服最外围的二百里则为重罪之人的流放之地。

如前析,以上五服是以"德"先为总纲的,所以礼法之宽严虽有不同,但声教之精神是一以贯之的,所以《禹贡》以这样几句话为之作结:

东渐于海,西被于流沙,朔(北)南暨(及),声教讫于四海。

意思是东渐入大海,西被覆而至流沙,南北两向同样渐入而被覆,声教所播,及于四裔的蛮夷戎狄。

以上"五服"之制的设计有两点极可注意:

① 设内外之防,启华夷之辨

较之黄帝时期的政治设计,《禹贡》要精致得多,这从五服职能的相互关系上可以看出。

首先是明内外之别,诸侯的设置是为了拱卫服事京师,但同时《禹贡》的设计又明显有防止诸侯尾大不掉的用意。因此核心的甸服纵横各千里之内不设诸侯,而直属于帝王。甸服外第一层外围侯服四方最近于甸服的百里之内,设计为王官的采地(食邑),这当然是因为王官直接供奉王室,赐之采地,既是酬劳之以固其忠心,而采地又非邦国,无兵师可调,则不能对帝都造成威胁,"百里采"之外围又百里(合采地为二百里),只设最下一级的诸侯"男",当然是因为小诸侯势单力薄,易于控驭,以上二百里,我们不妨借用后世的一个名称,称之为"畿辅",辅拱卫王畿,是对帝都的一种有效保护。侯服"辅"外方设有大中诸侯,其主要作用当然也是拱卫帝都,防止蛮夷的入扰。而同时因为有了"辅"的隔离,万一大诸侯离心离德,也因离甸服二百里之遥(离帝都则为七百里),也不至立刻威胁帝都。侯服外之绥服则处于内外的中间地带,与以上二服同样实施礼法管理外,其外围的四周各二百里强调"奋武卫",则是直接应对蛮夷保卫"中邦"的第一道有力屏障,如抵御不了,则有侯服的众多大小诸侯为第二道屏障。侯服之外,要服、荒服则为蛮夷之地,夷较平易,蛮较简傲,故对归化度较高的夷以礼教约束之,而对归化度较低的蛮则示之以礼让而使之远居最外并羁縻之。当然一旦入扰,有以上两层屏障抵御之。此二服都划有流放罪人的二百里区域,从尧放四罪来看,这是一举二得的政措。一方面放而不杀,是使他们既远离腹心之地,又有过新的机会,以示天子仁德;另一方面,被放罪人负有"迁于四裔,以御魑魅"的责任,也就是宣教王命并防范边地作乱。

由上析可见五服制是在论功勋、赐土地的名义之下的一种极其巧妙的政治格局设计,它在对帝王、王官、大小诸侯、不同族属,各种政治力量的轻重权衡中形成了防范内乱外患的总体平衡;然而事物总是有两面性,它也同时开启了贯穿中华历史数千年的"华夷之辨"。

华夷之辨的概念虽未出现于《禹贡》乃至《虞夏书》各篇中,但是设要、荒二服于边地,已说明当时已有其实。不能说这种意识开始于大禹,从黄帝起,中原部族对夷族的征战就屡见文献,黄帝征蚩尤(夷)即是这种现象的典型表现,但是黄帝时代,这种征战尚是在"天下共主"名义下部落联盟或城邦联盟中的内部事务,如前述,黄帝伐蚩尤,是一次宗族内部的战争,而到禹划分五服,则以政令的形式明确固定中邦与蛮夷戎狄的区划。

禹启华夷之辨是一种可叹的历史循环,却又是一种必然的历史选择。

本来所谓中原地区的华夏族,乃是一个经伏羲氏与二昊氏以来多次民族大融合的产物,所谓华夏族的骨干组成成分是西部的羌戎族与东部的夷族。《山海经》记黄帝既为禹的白马族之祖,又为犬戎族之祖,更前的东部太昊与西部伏羲则合一为太昊伏羲,便是这一历史情状的反映。所谓华夏族,乃至更后的汉族之称,本是远古以来民族大融合的产物。然而随之也产生了中原部族与其他部族经济乃至文化上的差异,而入主中原便为"天下共主"的态势,使战败的部族,被迫迁向边地,更加深了这种差异。后文将要讲到的禹征三苗后,三苗被迫由洞庭一带迁向甘肃西部的三危,就是这种格局最终形成之浓墨重彩的一笔。由此便衍生出商周以降文献中随处可见的"夷华之别""夷华之大防"。也由此许多兄弟民族的创世神话都说汉与藏、与苗、与彝、与瑶……本来是兄弟,是一家,如同天地、阴阳一样,而"皇(黄)帝"把大家分开了(如藏族民间传说"分开汉藏的是皇帝")。

从这种态势看,"华夷之辨"观念的形成有其历史的必然性,然其性质是"辨"而不离,"防"而不拒。虽有远近之别,却仍处于一个民族共同体之中并扩展了这一共同体。维系这个共同体的纽带有三:首先是龙主凤辅,"本为同根生"的族际血缘关系;其次是以"礼法"为主的核心价值观念,要服接受礼法的约束,荒服亦声教所及,就这点而言,华夷之辨与中邦内部的等级之分,是一个问题的两个方面,是共同体内部两种尊卑之别;三是相应的亲睦政策,要、荒二服不纳田赋,唯有象征服事的土产特贡的经济让步,虽施以声教却"因其俗而治之"的文化包容,对最边远地区的"礼让"态度等等。这些都开了后世民族政策的先河。正是由这三条纽带相连接,凡服内均不是"化外之地"的"外国",这样上述由分散而融合,由融合而辨别的历史循环中又伏埋了再一轮大融合的重要因子,这种更为高层的大融合,从皇帝被推翻,孙中山倡五族共和开始,以中华人民共和国成立"民族大团结""民族大家庭"为标志,正在势不可挡地进行中。

② 开封建之端,启州郡之渐——五服与九州

虽然赐姓封土,在有关黄帝的记载中已经出现,如《史记·五帝本纪》记黄帝登基,"二十五子,其得姓者十四人",以及尧之为唐尧,舜之为虞舜,都是封土赐姓的反映;但是《禹贡》在水土平治、四海攸同基础上,与"五服"划分同时进行的"赐土姓",却具有划时代的意义,它反映了"赐姓封土"覆盖全境

的制度化,并与内外之别、华夷之辨的伦理意识相结合,从而开启了嗣后夏商周三代的封建(封爵建国)制度。

与五服制同时并行的又有九州制。五服制规定的是各姓封国君长(诸侯与五方长)服事帝君的不同义务与相应权力——在形式上是以"分"为主;而九州制,在形式上则是以"合"为主,它由中枢领导集团(舜时为二十二贤臣)簇拥帝主为一尊,以下则为四岳九牧。方国号称"万邦",实际上,据相关史料,大大小小有二千个左右,如此之多的邦国如何形成"江汉朝宗于海"那样的合力,除了帝王的权威之外,主要就是靠九州制中的岳牧们宣达王命并督导实行。《史记·夏本纪》记治水以禹、皋陶、伯益为主,"命诸侯百姓兴人徒以傅土";《五帝本纪·舜》则记"十二牧行,而九州莫敢辟违","禹之功为大,披九山,通九泽,决九河,定九州,各以其职来贡"。两条合看,可知治水时由帝舜任命的中枢团队命百姓诸侯动员组织,而中间传达王命的则是舜时的十二牧,治水后地平天成,禹遂在这一基础上确立了九州与五服制,而其相互关系则正如上析。

我们知道,秦始皇废封建而实行郡县制,然而推本追源,郡县制并非突如其来,而正是由舜禹时的十二州、九州制发展而来。

至少从理论上看,九州制与五服的政治设计师相当精致。分封中其实有合,百姓诸侯对施封者帝王的感恩戴德,是内在的维系,而九州制更从行政上来保证这一向心的合力。九州制的"合"中又有"分",其所宣达的王命要通过分散的百姓诸侯,发挥其"能动性",方能落实到位。

而从《礼记·王制》等相关记载来看,百姓诸侯,除了"守土有职"宣文教、奋武卫、纳赋贡,更承担了两项重要职责:一是举选贤能到中央,二是参与中央重大政措的讨论,后世的"三礼图"中绘有一幅议政图,其中就有"百姓"的座席,这个百姓就是禹时"赐土姓"开始的各姓诸侯与边远地区的五方长(五国为一方立一长),也就是各姓酋长,而并非后来意义的黎民。

不过任何精巧的设计都会有两面性,秦废封建行郡县,当然是有鉴于封建制所导致的春秋战国乱世,但是行郡县制的强秦却二世而亡,这就引发了后世长达数千年的"封建"与"郡县"之争,一直到唐初,这还是当时国家制度建立的一个重大的争论焦点。而实际上虽然秦汉以后郡县制成为主要的行政区划,但"分封"仍以各种变化了的形态存在于直至清代的政治设计中,成为郡县制的一种补充形态。因此我们完全有理由得出这样一个结论:

以帝王为尊为核心的"五服"与"九州"相互为用的制度,不仅直接催生了中国历史上第一个世袭王朝夏朝,宣告了城邦联盟时代的终结,更孕生了两种政治制度——封建制与郡县制,这两种制度的轮替与交互为用,成为约四千年中国政治制度的基本形态,这为我们民族国家的形成提供了必不可少的机制,而这一历史演进的经济基础就是禹平治洪水的伟大胜利。

4. 舜禹时代民族国家的疆域

民族国家形成的一个重要标志就是相对稳定的疆域与为域内人民所普遍认同的文化。

舜禹时代的四至,是一个争议尤多的问题,这涉及九州与五服所涉区域是否叠合一致这一根本问题。

有鉴于本书的性质,详细的讨论留待专文,这里仅挈其大要如下:

① 汉儒主张九州、五服广狭不一,如刘向、班固等大儒均是,其说大抵认为九州所及为五服中部三服:甸服、侯服、绥服,即所谓"中邦"之地;而外围的要、荒二服则为四海之地、蛮夷所居。

② 我们认为,汉儒的意见是对的,这不仅因为汉时去古未远,更因为这可由《禹贡》前引总结性的两段文字之文理得到证明。

第一节文字起云"九州攸同",而在述九山、九川、九泽得理后又说"四海会同",可见,"九州"与"四海"在《禹贡》中不是相等的概念,不然,岂非同义重复?

第二节文字则于述荒服后总结说"东渐于海,西被于流沙,朔南暨,声教讫于四海",这说明五服的范围及于四海,四海,据《尔雅·释地》是指"地"而不是后世所说的"水"(胡渭在这一点上也持此说),即东夷、西戎、北狄、南蛮所居之地。《尔雅·释地》与郭璞注,又都称九州之外为四海,四海之外为四荒,四荒之外是四极(《淮南子·墬形训》以"八方"代"四方",最外围为八极,大意则同)。刘向《说苑》则说"八荒之内有四海,四海之内有九州",正是由《禹贡》所述要、荒二服而来。要服为"夷",荒服为"蛮",而均括东西南北各五百里,则此夷、蛮必括戎狄而为言(古籍中于此四者多举二而括四),也就是说九州为四海所环绕者,主要为华夏族所居,四海则为九州之外围,为少数民族所居。

③《礼记·王制》记:"凡四海之内(指九州,不含四海),绝长补短,方三千里";《禹贡》"五服"则各服四周各五百里,则纵横各一千,其中邦三服正为方三千里,与《王制》合,而五服合计则纵横各五千里,也就是方五千里,较四海(不含四海)之内的九州要大得多。

需要说明的有三点:

其一,《王制》所说方三千,并非有学者译为的三千平方里。这个方是"见方"之方,即纵横各三千里(方五千里亦然),也就是九百万平方里(方五千里则为二千五百万平方里)。

其二,这个"方"是约略言之的。纵横实际上未必相等,方也不是正规的正方形,而只是"绝长补短"而为言,谓面积大体上相当于如此纵横的正方形。

其三,古今尺、步、里不一,有以为古制大于今制者,有以为古制小于今制者,具体换算就有所不同,这里暂不详论,读者只需先有这样一个大体概念,禹时已有主体可确定的疆域,包括九州内外两部分。

④ 说"大体可确定的疆域"是因为当时五服最外的四至实际上是模糊的,所谓"东渐于海,西被于流沙,朔南暨",四者皆无法厘定。海无边,流沙即西海,为大漠,亦无可穷尽,朔(北)、南则仅是一个方位,也就是说当时疆域为两部分,中部"中邦"三服绝长补短,方三千里是稳定的,要荒二服,主要是荒服即班固所云"羁縻"而"礼让"之境域,四夷各族或附或去,故只是大抵而言声教渐及,九州之外南北与东西各两千里左右。

前举《吕氏春秋·求人》条之所以在举一大致实有的坐标外,更列有许多不可考的国名、镇山名,应当就是这种大体可定而边裔模糊疆界之反映。这是民族国家刚诞生时必然的疆域形态。这种形态一直延续到晚唐五代时。检二十四史所列边裔传,明确设立"外国传"的始于宋人薛居正主纂的《旧五代史》,以下《宋史》有"外国传",《元史》有"外夷传"等等,这正说明唐代之前,正史对于四裔各族尚无明确的中外之别,五代之前,正史列入的边裔各传,均为声教所渐所被之地。

综上,汉儒所主张《禹贡》五服大于九州说,是言之有据的。

明确主张五服、九州相叠合的是《禹贡锥指》作者胡渭,胡渭应知道此说与《禹贡》本文及《礼记》《尔雅》以下晚周至汉代文献不合,故取宋儒金履祥四夷有内外之分说,并称汉代以下唯金氏独得此义。然而殊不知,如前述二十四史"外国传"的设置情况,内外夷之分是宋代才确立的观念,这应当是五代至宋时民族国家的疆域周边已较稳定的反映,并不合此前的历史情状。

胡渭所主叠合说,还是以五服及方五千里为准的,因此此说虽非,但并未减损禹时初生的民族国家的幅员。然而近代以来,同样由外而及中,则由此发挥,仅以九州及中邦可考知地名、山名来说禹时疆域幅员,置《禹贡》中明确涉及九州之外的地名、族名(如东海之外的岛夷、雍州迤西的织皮昆仑等西戎)于不顾,这样就把禹时疆域局囿于九州之中,这样不仅将禹时疆域缩小了百分之六十(方三千里为九百万平方里,方五千里则为二千五百万平方里),更因这样计算而来的九州疆域大大小于五服之方五千里,便由叠合说出发,怀疑《禹贡》所记的可靠性。

然而当我们明了五服包含有九州之外的四海时,这种说法的基本根据也就不复成立了。以下,不妨再从正面来略加辨说。

其一,以五服九州与《周礼》《礼记》等所载周制对看,有重大区别。首先周代实行的是九服(一说十服)制,其幅员约方万里,远远大于《禹贡》所记;《周礼》《礼记》所述王官制度远较《禹贡》细密,就行政组织而言,详细到乡里一级,这同样为《禹贡》所无。而周代行政区划的一个最基础的概念"井田",在《禹贡》中根本未曾出现。这说明相对于《周礼》《礼记》有关描述而言,

《禹贡》的五服九州说明显具有草创性质,因此退一万步来看,即使《禹贡·五服》篇的记叙出于周人手笔,也是基于周人对夏禹时代的历史记忆,而引以为周制合理性的权威先行;而我们更认为,夏禹距周代仅1200余年,在礼制繁缛的周代前一千多年前有五服九州这样粗线条的政治设计,是完全可能的,周人不可能凭空创造出《王制》那样细密的一整套政制与礼制。《禹贡·五服》以及《导山》《导水》的基本面应与《九州》性质相同,至晚应是商周人据夏代史料撰成。

其二,以《禹贡》所记疆域与其他先秦文献相比,具有明显的朴实无华的特点,它既没有如《吕氏春秋》这类子书以超出《山海经》的传说来人为地夸大当时的四至;甚至相比于《史记》等所载基于神话传说的黄帝、颛顼等古帝时的四至,还要缩小一些。"东渐于海,西被于流沙,朔南暨"的模糊表述,恰恰是其严肃而不妄言的最佳证明。

其三,从《禹贡》各篇相互关系来看,本身没有显著的矛盾,如"东渐于海"正相应于"冀州书"所说的"岛夷皮服,夹右碣石入于河";"西被于流沙"则正与"雍州书"在述贡道后所说"织皮昆仑,析支,渠搜,西戎即叙"相应。也就是说当时的九州东至今东海黄海渤海,西至今甘肃西部敦煌、张掖、积石山一线(均迫近青海与西藏,即为流沙之东端),大致是可以确定的,而所谓西边的织皮昆仑等与东边的岛夷皮服等,则当属于要荒之服已"叙"——归服的蛮夷诸族,至于"朔南暨"所说的南北二端,当其实就无从确定。后人所考则众说纷纭。为了给读者一个大体的印象,这里仅举胡渭所引唐狄仁杰神功元年疏的说法"东距大海,西阻流沙,北横大漠,南阻五岭,此天所以距戎狄而隔中外也"。胡氏说狄疏可为"朔南暨"作注,也就是说,九州南至五岭以北,北至北方大漠之南端。而荒服之南北端则在五岭迤南,大漠迤北。南端大抵当至南海(《导水》有"入于南海"),《吕氏春秋》实指为交趾,则当据神话所说颛顼等古帝的南至而来,未足凭信,故《禹贡》不取。北端到何处则更无从确认,这当与漠北为北匈奴各部(匈奴亦为龙族)所在地,居无定所,时去时从、此去彼从有关。故《禹贡》仅以"渐""被"二字表述之,虽模糊,却是十分恰当而朴实的说法。

最后，我们不妨将《禹贡》所记中邦三甸合计方三千里、五服统计方五千里与我们今天的国土相对照，看《禹贡》是否夸大其辞。古制今制有不同，目前较权威的说法是顾炎武《日知录》的推算。谓古里一百里，相当于今里的62里，也就是31公里，这样《禹贡》所谓中邦三甸合计方三千里，也就是今制930公里见方，其面积仅为864900平方公里，加上以礼法约束之总体可控的要服则方四千里，面积合今制1537600平方公里，仅为今土的六分之一强，而五服统计方五千里，也就合今制1550公里见方，其面积也仅为2402500平方公里，仅为今天960万平方公里的四分之一。再以大致确定的《禹贡》东西界来推想，东起东海之滨(且不计东海岛屿)，西至甘肃西端的敦煌，即使其直线距离也绝不止古制的五千里(合1550公里)。可见《禹贡》所记禹时方五千里的大体疆域(四边有所不定)，绝非夸大。这一估算尚可以从《汉书·地理志》所记汉代疆域证之，其所记汉代东西九千三百另二里，南北一万三千三百六十八里。据《王制》，汉制百里小于古制百里，仅当古里82里左右，换算成今制其东西约2371公里，南北约3408公里，面积为8080368平方公里，略小于今土约150万平方公里。较夏禹时则为3.36倍，这正可佐证《禹贡》所记并不夸大。汉之大于夏禹时的部分应是汉时开疆拓土，深入东海东部岛屿，西及西域部分地区，南及东南亚，北兼匈奴之地直至贝加尔湖所致，即已深入夏禹时尚不可知之地。欧洲、日本学者要否认之，将禹时疆域局囿于不足90万平方公里的范围内，其用意不难理解，而我们自己则应当谨慎对待这类外来的论断。

综上所述，《禹贡》所记载的九州、五服二制相辅相成的政治设计是可信的。大体可确定的疆域，以礼乐刑政为根本内容而影响及于边裔的文化认同，以及五服九州本身的制度形式与相关政措，构成了我们民族国家的可以考定的雏形，也就是说我们一体多元的多民族国家于四千年前已呱呱坠地，而这一婴儿诞生的经济基础，正是以大禹平治水土为核心的对于境内经济的重整。治水，已远远超出了其本身的工程含义，是我们研读有关故事时，必须具备的意识。

二、舜禅大禹，地平天成

治水功成，舜对禹的考察有了一个最为完美的结果，历史也就进入了新一轮的政权轮替。其形式依然是先摄政再禅让，而时间则大体经历了近二十年，虽然整个过程似乎是尧禅舜的拷贝，但是却显示了一种有意味的新气象，下面我们就来讲述这段故事并作诠释。

1. 禹赐玄圭与北阿祭天

《禹贡》篇最后一句话是"禹赐玄圭，告厥成功"。告厥成功，文意明白，是说禹向舜报告治水并经理疆界，弼成五服，这整个一套"系统"工程已成功。"禹赐玄圭"则众说不一。赐即与，先秦文献中可以用作上赐下，也可用作下献上，所以就有是禹赐圭于舜呢，还是舜赐圭于禹的争论。不妨结合神话，略作推敲。

在治水过程中，禹曾多次得到天赐之玉圭，如至东海，得碧玉圭，圆如日月，开宛委山则得赤玉圭如日，碧圭如月，反正，圭在这里有象征日月之意(均见《遁甲开山经》)，而最有名的就是玄圭。《艺文类聚·帝夏禹》引汉代纬书《尚书璇玑钤》：

> 禹开龙门，导积石，玄圭出，刻曰"延喜玉受德，天赐佩"。

欧阳询注："禹功既成，天出玄圭以赐之，古者以德佩，禹有治水功，故天佩以玄圭。"铭文的意思是此玉可延续福泽而唯有德者能得之，天赐与他佩戴。纬书所记此故事应本于《竹书纪年》："治水既毕，天赐玄圭，以告成功。"这样看来，"禹赐玄圭"，当以禹献玄圭于舜更合理，这样与下句"告厥成功"连接也更顺，即禹以贡献玄圭的形式，来向帝舜报告自己不辱使命而成功。那么为什么禹在所得数枚玉圭中，独以玄圭献舜呢？玄不仅代表水，"天地玄黄"，玄亦为天色，如前述，圭可象征日月，所以玄圭代表了天，献之于舜，可见禹并不居功自大而尊帝舜一如既往。由此我们不妨想象：

当时禹在皋陶、伯益、稷等一班治水功臣簇拥下，手捧铺有黄缎(黄为地色)之木盘,盘上放着这枚代表天赐福佑于德者的玄圭,想来还应当有那篇传为治水功成后他自撰的《禹贡》篇以及《禹贡山川图》。在传说也是他所作的《九箾》之乐中,恭慎地向帝舜进献而"告厥成功"。

"告厥成功",也许不仅是告于帝舜,告于天也是题中之义,于是又有禹北阿祭天的传说:

《史记·夏本纪》在记禹"告厥成功"后,又述舜与禹等臣下群议而敬禹,并以禹为"山川神主"事(详后)。接着记曰"帝舜荐禹于天,为嗣",也就是定下了禹为接班人。《史记集解》引刘熙说"摄禹使得祭祀钦?"北阿之祭或许即"舜荐禹于天"而确立其为"嗣"地位之举,事见《十三州志》:

> 昔禹治洪水既毕,乃乘桥车到钟山,祠黄帝于北阿,归大功于九天也。

钟山,见《山海经·海外北经》,为极北常寒之地,其神烛阴即开辟之神的候选者之一烛龙,与盘古形象有些关系(见第一篇),禹治水功成祭天至极北之山之北阿,当是因为北方主水,而其神烛龙又是关乎昼夜四时,也就是"阴阳消息"者。治水功成而告天,也就是《大禹谟》所说的"地平天成"。所以后世附会有神话说,正当禹祭天膜拜时,南方天际涌起朵朵紫色的祥云,不一会化为羽盖与霓旌,羽盖下跃出一匹雄骏壮猛的神马,还有一头玄喙黄尾的灵兽,那灵兽会说话,自称为"跃蹄",又指神马为飞菟,并说我们都能日行三万里,天帝遣我们来为您驱使(《宋书·瑞符志》)。跃蹄为后土之兽,王者仁孝而见,所以这则神话是舜将禅禹的神话表述。

2. 祗台德先与舜禹相禅

赐圭告成而祭天,可以说是舜禅禹形式上的准备,而在实质上舜更为禹能顺利继位,做了一系列宣扬与培固其"德性"的铺垫,这就是《禹贡》中举以为万邦准则的"祗台德先"的体现。

《尚书·虞夏书》中《大禹谟》《皋陶谟》《益稷》等详细记录了治平后舜与群臣具有"总结经验""论功叙德"意味的讨论。其中后二篇并见于今古文"尚书"(今文《尚书》合作一篇),而《大禹谟》则仅见于晋代梅赜所献《孔安国传古文尚书》。据《尚书》学界研究,此书虽系伪托,然所据资料多从先秦经史与诸子所引《尚书》辑得,所以可视作西晋时的《尚书》辑佚本,亦具有相当高的资料价值。因此下文我们的介绍合三篇资料之要而略述之。

整个讨论,围绕治水后施政方针,在一种诚恳谦和的氛围之中展开,要点是:

其一,君、臣、民的关系。要旨是在上位者要以修德为先,修德以慎身,慎身而思永,思永而能知人善用,并使民生得安,而所谓"天道",不外乎如此。这方面前文已叙及,不赘。

其二,提出了"无教逸欲"的原则与"知人"用人的九条标准——行有九德。

"德性"不是抽象的,而是由行为体现的,这首先是"无教逸欲"——不贪图安逸,不放纵私欲。具体而言就是所谓行事九德,九德译成白话就是临事之际——宽宏而能谨重,温和而有原则,厚道而能恭肃,顺利时犹敬谨从事,纷乱时能果敢有断,正直而不失温煦,简易而不失棱角,刚正而不流于空疏,强毅而不有违道义。

"九德"之中能经常为其三,可以为卿大夫;能经常行其六,则可为诸侯。天子如能合受此三六之德,以布施政教,则九德都可得到发扬,使得"俊乂在官,百吏肃慎"。而如果不讲九德,致使"非其人居其位",就是所谓"乱天事",必会遭致天的惩罚。

"无教逸欲"与"行事九德"相结合,务使"俊乂在官,百吏肃慎",是远古时期一条重要的治政经验。这些不仅提出了富于辩证意味,知行合一的用人标准,而且明确提出了在位者在"祗台德先"的前提下是否知人善任,也就是"吏治"的好坏、高下,是"天道"能否体现于人道的关键所在。也因此这些都成为后世君上治政与学士著述反复称引的原则,对今天也是富于启发意义的。

其三,树立了标竿,确定了禹的嗣统地位。整个讨论,就主持者舜的用意而言,是要确定一位接班人,而舜所属意者就是在治水中立下不世功勋的后起之秀大禹,所以一开始,舜就说:"来,禹,朕居于帝位已三十三年,现在年高体衰,于政事已力有所不逮;你一直未曾懈怠,你来代我统领师众吧?"禹推辞道:"臣的德行尚不足以担此重任,不足以让民人信服,皋陶勇任力行,广泛地布行您的仁德,因此在民间德高望重。您要考虑啊,专心致志于布敷德政的是皋陶,向人民诠释的是皋陶,推行落实德政的是皋陶。您一定要考虑到他的功勋啊。"舜于是充分表彰皋陶的功勋。皋陶也进而提出了以刑赏治国的政见。舜加以肯定,然后又坚持己见,说:"禹,洪水是上天对我们的警示(泽水警号),你言行一致,不辞辛劳,不自满,不矜夸;然而天下没有什么人会与你争功,我要光大你的德行,嘉奖你的功勋。天运的历数应在您的身上。您必当成为君主。"禹还是推辞说:"那么,就筮卜吧,看吉兆应在谁身上。"舜说:"筮卜的用途是在不决之时来断定志向,我的志向已定,也已询问了众人的意见,大家都同意我的安排,而且我已经用大龟占卜过,龟卜所呈之象正与我想法一致,又何必再卜呢?"禹还是辞谢再三,舜说:"不必推辞了,只有你,最合适!"

于是,在正月初一早晨,舜在尧帝的宗庙里,举行了定禹为嗣的仪式,夔作乐,祖考来止,《箫韶》九成,凤凰来仪,百兽率舞,舜帝作"元首"股肱之歌,皋陶更和歌二阕:"元首明哉,股肱良哉,庶事康哉";"元首丛脞哉,股肱惰哉,万事堕哉!"皋陶之歌很有意思,既显示了对舜的安排之赞从,也含有警示即将嗣位摄政的大禹之意吧。

以上情节除最后一小节宗庙之祭参《益稷》篇外,均本《大禹谟》。如前述《大禹谟》仅见于《伪孔传古文尚书》,所以见疑于后人。按此篇所描写舜定嗣情节要点有二,一是显示禹的谦逊,甚至没有《皋陶谟》《益稷》篇中禹对自身功业的自述;二是显示舜帝的知人善任与对禹的大力维护。二者相合,显示禹继统的合理合法性。试想一下,如果纯为商周之人的伪托,是没有必要这样表述的,而只有夏族之人才会如此来记录。因此我们认为,无论《大禹谟》成于何时,其所据素材应为夏时所遗存,所以这一舜禅禹的故事的内容与《皋陶谟》所举"知人""九德"合若符契。

舜以禹为嗣,摄政后十七年崩,三年丧毕,禹正式即帝位。禹在摄政其间,仍在舜的指导下干了不少大事,其中最重要的是"徂征三苗",下面我们就来讲讲这一故事。

3. 徂征三苗与地平天成

《大禹谟》在记舜告帝尧定嗣大禹后即记"徂征三苗"事。可见徂征三苗是上述舜禹关系的延续,可视作舜为树立禹的威望以使之顺利嗣位的又一次铺垫。此事广见于前秦时代十数种典籍,有较高的可信度,今先综述如次,更略辨此征性质。

据《大禹谟》,禹受命于尧之宗庙,摄政总率百官后,舜说:"禹,现在有苗不遵政令,你去征伐之。"禹就会集诸侯,誓师,历数有苗"反道败德,君子在野,小人在位,民弃不保"的罪恶,下令"尔等务必同心协力,建立功勋"。

关于三苗的"不德",《墨子·非攻下》记:"昔者三苗大乱,天命殛之,日妖宵出,雨血三朝,龙生于庙,犬哭乎市,夏冰,地坼及泉,五谷变化,民乃大振(震怖、恐怛)。"《随巢子》所记略同,而《太平御览》卷四引《金匮》则记"三苗之时,三月不见日"。要之是一片乱象,天怒神怨。因此"徂征三苗"是以有道伐无道,所以《随巢子》又记:"昔三苗大乱,天命殛之,夏后(禹)受命于玄宫,有大神,人面鸟身,降而福之。"不仅如此,更命司禄之神助以食而使民不饥,命司金之神助以富而使国家殷实,命司命之神助之以寿命使民不夭折,于是四方归之。

然而尽管如此,征三苗之役其初并不顺利。《大禹谟》又记,禹出师三旬,应当是三十天吧,苗民抗命。当时伯益任祭师,为禹辅佐,便进谏说:"只有德才能感动天,无远不至。满遭损,谦受益,实为天道。当初舜帝耕于历山,往田间去时,每天都向昊天哭泣呼吁(因此能三年成聚);对于苛待他的父母,总是自己背负着罪名,不惜招致恶名,恭敬地奉侍瞽叟,庄敬而又小心,瞽叟也终于缓和了。可见至诚能感动天神,况且那个有苗呢?"

禹拜领了这番美言,说:"对啊!"于是班师回朝,且整顿师旅。舜帝更大布文教德政,并命武士一手执盾,一手执羽,舞于宫室前的台阶两边。这样,七十天后,三苗就顺服了。

战事的过程,《墨子·非攻下》所记有所不同,说是当时禹亲把天之瑞命,以四方电光请来神祇,有神人面鸟身,"若瑾以待,扼矢有苗之祥",这才成功。"若瑾以待",应当是人面鸟身之神执香草与玉瑾随侍大禹,而扼制住了有苗的祥气,遂使苗师大乱。合《墨子间诂》辑上述《随巢子》条以释《墨子》此条观之,则墨家虽以此役归之于神助,但"非攻"之意与《大禹谟》同,而将神话与历史合看,更显示了早期中国以德徕远,必得神佑的观念。只是墨家尊鬼神,儒家则"子不语怪力乱神"而有所同异,此外《韩诗外传》更以法家"臣有其劳而君有其成功"(《韩非子·主道》)的观念作了改编,说是禹请伐三苗,而舜不许,曰"我以文教劝喻之,尚未做到家",于是耐心地天天施以声教,苗民终于请服。因此天下之人都以禹为寡义而称美舜之仁德,有人问曰:"这样看来禹的德性不及舜吧!"答:"不是这样的,禹之所以请命伐三苗,是为了彰显舜帝的仁德。所以好事都归之于君,过错都归之于自己,这正是臣下应有之义啊。"三种记载虽以观念有所不同而情节略异,但所反映"徂征三苗",没有大规模的杀戮,而是以德为先则一;而对事件不同阐述本身更反映了这是确有且引起广泛讨论的重大历史事件。因此下面我们要再深入一步讨论一下,禹征三苗事件的性质与作用。

有关三苗的族属与发源有很多争论,探其本源,应出于《山海经》二条看似矛盾的记载。

《海外南经》记:

三苗国在赤水东,其为人相随,一曰三毛国。

《大荒北经》则记:

西北海外,黑水之北,有人有翼,名曰苗民(郭璞注:三苗之民)。颛顼生骧头,骧头生苗民,苗民厘(黎)姓。

此二条所记三苗,一称在西南之极,一称在西北之极。相去极远。这个"矛盾"可由以下资料悟解:

其一,《大荒北经》所称"骧(讙)头"同样见于《海外南经》所记"三苗

讙头国

国"之前,又称"讙朱国",值得注意的是讙头、苗民、三苗三民的形象同一,讙头国"其为人人面有翼,鸟喙",苗民如前记有翼,三苗据《神异经》为人面而"胳下有翼"。这些都是东夷鸟族的特征。前面我们已多次说到《山海经》中的"生",多指部族裂变,"颛顼生讙头,讙头生苗民",当指讙头由颛顼族分出,苗民再由讙头族分出。颛顼氏初为鸟族少昊氏之裔,属东夷,因此苗民(三苗)系出东夷,为颛顼氏之分支,可以无疑。又《海外经》成帙早于《大荒经》,因此大抵可判断,三苗作为颛顼、讙头之分支,初居南部,后来至少有一部迁往西北。在第一篇中我们已介绍,"太昊伏羲"族所代表的华夏族的前身,本由西来的伏羲(很可能为西羌)与东部的二昊氏(东夷)融合而来,所以东夷族本来就是华夏族的重要构成成分。

其二,《尚书·吕刑》与《国语·楚语》记颛顼时九黎之君蚩尤氏乱德,苗民从而"弗用灵",致使民人杂糅。遂有颛顼命重黎"绝地天通"之事(见第二组),"其后三苗复九黎之德,尧使育重黎之后(裔)不忘旧者,使复典(管理)之"(《国语·楚语》),可见苗民为九黎之族,故如《大荒山经》所说"苗民厘(通黎)姓",而三苗则系颛顼而为苗民之能复九黎之旧德者。

其三,《墨子·非攻》记此役为"高阳乃命(禹于)玄宫,禹亲把天之瑞命,以征有苗",高阳即颛顼氏,玄宫乃北方天庭,所以这里的颛顼是以北方天帝之面目出现的。之所以如此记述,说明《墨子》将此征看作是同族之争。因为尧舜均出东夷,据《史记》所记,也都是颛顼之族裔。

尧曾"与有苗战于丹水之浦"(袁珂先生认为当是三苗不服尧禅舜,而支持尧子丹朱遂有此战,近是),其结果,则是三苗由南方江淮、荆州之地被迁于西北之三危,"以变西戎"。其时间当在鲧治水之时(《史记·五帝本纪·尧纪》),故禹治水时,有"三危既宅,三苗丕叙"之记载(《禹贡·九州·雍州》)。

因此整个尧舜时期对三苗的征伐都是颛顼系同族之间的战与和。舜立禹为嗣后，命"徂征三苗"，正是从蚩尤时到尧时这一系列征战争斗的延续，所以颛顼这位族祖要以天帝的面目出现来处理族间的纠纷。神话与历史都强调这次征伐不是靠杀戮而是以仁德，应当与双方本是同根生有关。

数次同族斗争的失败者，由江淮、荆州之地亦即九州中的扬徐荆三州被迫迁往雍州之西端近于西海之地，甚至"西北海外，黑水之北"，也就是荒服，甚至荒服之外，这一支当与西戎融合为后来的有髳、茅戎（钱穆《古三苗疆域考》）；又一支则当依《海外北经》所述迁往赤水之东，如郭璞注所说叛入南海，为西南苗族黎族之先。也可能在荆州湘鄂川交界处也仍留有一部分，是为后来所谓五溪蛮之先。一度强大的三苗从此分散四离，而被定格为蛮夷，因此可以说，尧、舜、禹时代对三苗的征讨平服，不仅完成了九州五服制的最后一块拼图；也由舜所命武士一手执盾，一手执羽以舞，显示了尚德经武、恩威并施的治国基调，于是出现了《大禹谟》所称"帝德广远，乃圣乃神，乃文乃武"，在位者"罔（不）违道以干百姓之誉，罔咈（违反）百姓以从己之欲，无怠无荒，四夷来王"，也就是"地平天成"的新一轮的太平盛世。

相较于此前的盛世，其德治以为民的理念更形明确，即所谓"德唯善政，政在养民"。具体措施更有所谓六府三事之九功，即"水木金火土谷"六府孔修，"正德、利用、厚生"三事"唯和"，"六府三事允治，万世永赖"。这是禹向舜提出的施政方针，而他自己则又一次做出了表率。

先秦与两汉的典籍中有关禹德政的记载可称俯拾皆是。

（禹）克勤于邦，克俭于家，不自满假（《大禹谟》）

勤俭而无教逸欲，是一应德政的出发点。因此，他自己饮食菲薄而敬孝于鬼神，憎厌华美的衣服而仅仅注意代表帝王权威的绶带与冠冕，自己的宫室很卑狭而省下费用来尽力于农田水利（《论语·泰伯》）；帝女命仪狄作酒而美，仪狄进献于禹，禹"饮而甘之"，却疏远了仪狄，舍弃了美酒，说是"后世必有以酒亡其国者"；他甚至将珠玉抛弃到五湖之渊，以杜绝淫邪之欲，绝去追求瑰奇之物的念头(《新语·术事》);甚至在死前还遗命薄葬,桐棺三寸,以葛条捆扎而已(《墨子·节葬下》)。

"正德"的同时,他更注重民生,即所谓"利用、厚生",其中尤其重要的是民生事业的制度化。

他以历山之铜铸币赠于民,而天下称仁(《盐铁论》),看来汉人认为钱币的发明始于禹时,这是继神农"日中为市"后,又一重大的经济措施。同时他又安民治室,让民人由山上下来,伐木为邑,更调整划一度量衡,以为法度(《吴越春秋·越王无余外传》),这当与钱币的制作相辅相成。

《逸周书·大聚解》记周公旦云:

> 旦闻禹之禁:春三月,山林不登斧(斤),以成草木之长;夏三月,川泽不入网罟,以成鱼鳖之长,且以并农力执(桑),成男女之功。

这说明夏禹之时已有了环境保护意识,对斫伐山林、捕捞泽鱼有了相应的时节禁令。这是十分可贵的。由此结合《淮南子·墬形训》所记,禹观察日行九州七舍,"以为朝昼昏夜",《古今注》所记禹作"伺风鸟",虽然还不能因此尽信《竹书纪年》所记我们现在还在使用的夏历为禹所颁定,但据上述,改历授时,以利用、厚生的工作,禹必承尧舜之绪而一直在进行,从而为夏历之产生准备了条件。

作为新一代的君主,禹非常可贵的是不忘其初心,始终保持谦逊好学的品格,而将"允迪厥德,谟明弼辅"的治国原则贯彻终始,这尤其体现于他继位后与他治水时的主要助手皋陶、伯益的关系上。《墨子·所染》记,禹之所以能王天下而"功名蔽天"的一个重要原因,就是他"染(受到感染)于皋陶、伯益",因而他"治天下,举皋陶与益以赞(辅弼)其身"(《大戴礼记·五帝德》),且推而广之,求贤若渴。《吕氏春秋·有始览·谨听》记:

> 昔者,禹一沐而三握发,一食而三起,以礼有道之士,通乎己之不足也。

《鹖冠子》更记：

> 禹之治天下也以五声听。门悬鼓钟铎磬，而置鞀於簨虡（鞀为一种大鼓，簨虡为乐器架），曰"教寡人以道者，击鼓；教寡人以义者，鼓（敲）钟；教寡人以事者，振铎；语寡人以忧者，击磬；语寡人以狱讼者，挥鞀。——此之谓五声也。是以禹尝据馈而七起，日中不暇食，于是四海之士皆至。

禹这种尚贤礼士的行为，成为后世的楷模，所谓周公"一沐三握发，一食三吐哺"的传说，是《吕氏春秋》所记的翻版，而在《天问》中对上古传说多所质疑的屈原，对此似也深信不疑，他在《离骚》中这样赞叹道：

> 禹严而祗敬兮，周（周遍）论道而莫差。举贤而授能兮，循绳墨而不颇（偏颇）。

这样一种昌明有序的政治格局，自然会得到"天"的嘉赏，《述异记》记：

> 先儒说，夏禹时，天雨金三日。古诗云"安得天雨金，使金贱如土"是也。

又记：

> 大禹时，天雨稻。古诗云："安得天雨稻，饲我天下民。"

天降金、降稻自然是神话的美丽想象，然而，以禹作为夏商周三代盛世的肇始者却见诸于《诗经》之《商颂》（《商颂》为商后裔宋国的史诗，多涉早商时史事）与《周颂》。孔子则称对于禹，"吾无间然矣"，意谓禹的德行功业是无可指摘的，而正史的评论更可以视作盖棺论定。

《史记·夏本纪》称：

> 九川既疏，九泽既洒，诸夏乂安，功施于三代。

《汉书·宣元六王传》更称：

> 昔禹治水,百姓罢劳,成功既立,万世赖之。

《史记》《汉书》二史以上二条是禹启三代、泽万世的最佳总结。

三、由涂山到稽山——鼎定天下

与仁德普施如影随形的是威权的建立。这从黄帝时代已经有明显的表现,而到禹的时代更以制度化的形态得以加强。涂山大会、荆山铸鼎、会稽山大计这三件大事,最足以说明问题。

1. 涂山大会与诛防风氏

《左传·哀公七年》记:

> 禹会诸侯于涂山,执玉帛者万国。

《竹书纪年·帝禹夏后氏》则记:

> (帝即位)五年,巡狩,会诸侯于涂山。

所谓"五年"当是由《礼记·王制》所说天子五年一巡狩而来,未必可靠。但视作"告成"以后的事,当大体不差。这里的涂山,据《竹书》笺,就是安徽怀远古涂山国之涂山,也就是禹匹合涂山氏女之地,此地有禹会村,传称即大会之址。《左传》杜预注"执玉帛者万国"谓:"诸侯执玉,附庸执帛",所谓附庸想来当是五服之外之附属国,即《禹贡》所称"岛夷皮服""织皮昆仑"之属。

在"炎黄"组中我们曾介绍黄帝胜蚩尤后有泰山会群神的神话,见载于《管子》等先秦古籍。然而,禹涂山之会,如上引先秦古籍均称来会者为执玉帛之诸侯与附庸。如果说黄帝神话着重渲染的是神格化的"帝",那么禹神话突出的是万邦来朝的人间之"王",而其中尤其突出的是制度。

执玉帛即是一种礼制,玉为玉圭,是代表诸侯身份的证信之物,帛则代表和平,今天西藏地区的"哈达"即其遗意,附庸执帛是表示来服之意,启后世的邻邦朝贡的先声。

今天能看到的此会有神参与的最早资料，为五代后唐马缟的《中华古今注·军容袜额》：

> 昔禹王集诸侯于涂山之夕，忽大风雷震，云中甲马及九十一千余人，中有服金甲及铁甲，不被甲者以红绢袜其首额。禹王问之，对曰："此袜额。"盖武士之首服，皆佩刀以为卫从，乃是海神来朝也。一云风伯雨师。

袜额，又作抹额，即以布扎额。据《中华古今注》与《事物纪源》等，后来秦始皇至海上亦有神抹额来朝，这样由夏及秦，"侍卫自此抹额，遵为军容之服"。唐朝时，娄师德即以红抹额应猛士诏（《新唐书·娄师德传》），由此可见这则后出的神话不同于黄帝神话之重在"帝"有通神之能，而重在禹开后世侍卫"军容之制"。

又所谓"海神来朝"则透露这则神话当产生于越地，因怀远涂山不近海。由于禹曾会计于茅山（会稽山），并卒于此，葬于此，故越地尤多禹传说。"海神来朝"说当是越人揽禹匹合涂山氏女与涂山之会事于己地所致。越地有涂山，在会稽（今浙江绍兴）西北四十五里处，当因附会故事而指称者。这一推断有一旁证。《竹书纪年》记禹五年大会诸侯于涂山，八年，会诸侯于会稽山。八月卒于是。二事相距仅三年，同在一地大会诸侯，殆无可能。

然而，禹大计于会稽有一事正可与涂山之会禹之崇威仪、定制度相参证，这就是著名的禹诛防风氏故事。因此我们将此事略提前至"禹铸鼎"事前，与涂山大会事一并介绍。

禹诛防风氏事见于《国语·鲁语下》、《史记·孔子世家》、《吴越春秋》、《博物志》、《述异记》、贺循《会稽记》等多种古籍及越地民间传说，甚至"子不语怪力乱神"的圣人孔子也为之作评，这本身就说明此事意蕴丰富，今综合之，略述并评议如下。

首先要注意的是防风氏的姓氏。由《国语·鲁语下》所记孔子的解说，防风氏其初为神话系统中从属于"王者"的山川之神。防风氏在虞、夏禹时期称汪罔氏(至周代又称长狄),是一个封国,其地在古扬州境内今浙江武康的封禺之山。由此可知,所谓防风氏,当是夏禹时汪罔氏的始祖神。"防风"当与"风姓"有关,汪罔又作汪芒,芒通汒,则汪芒之国名尚有"防风"之余意。又孔子说汪罔氏厘姓,则与前文所说的"三苗国"同姓而为颛顼氏之后,颛顼为二昊氏后,亦风姓,可见防风氏为古老的东夷族之分支。

六朝任昉的《述异记》称:"今南中有姓防风氏,即其(禹所诛防风氏)后也,皆长大。越俗祭防风神,奏防风古乐,截竹长三尺,吹之如嗥,三人披发而舞。"这一记载可证以上的推断——防风氏为防风族,亦即汪罔族的始祖神,而禹诛防风氏其实是诛杀了一个诸侯,即汪罔氏的国君。

越地传说又称防风氏为禹之外甥,这也并非全然无据的附会。可从两个系统来考察。就《史记·夏本纪》所说来看,禹为颛顼氏之孙;而就越地的神话系列来看,指禹为越人。无论如何,说禹与防风氏有那么一点葭莩之亲,并非无中生有。这样禹诛防风氏之举,便有一点大义灭亲的意味了。

禹为什么诛防风氏,《国语》记为:"禹会稽大会时,防风氏后至,禹杀而戮之。"防风氏因为迟到,禹不仅杀之,而且戮其尸,这说明禹是要借大义灭亲而立威。民间传说却说,禹甥防风氏,仗大禹之势,骄横而欺凌百姓,故禹腰斩之。二说不妨合参,防风氏一贯仗势欺人,会稽大会时更托大而姗姗来迟,禹因此杀而戮之。这就有点后世所说"王子犯法,与庶民同罪"之意了。

禹诛防风氏,更有一些有意思的后话,介绍如下。

春秋时,吴国伐越,得一巨大的骨节,要专用一辆车方可装下。吴国遣使问于孔子,孔子向吴使讲了上述故事,并说防风族人长达三丈,到周时由汪罔氏改称长翟(狄),现在又称大人(《国语·鲁语》),则防风族当与夸父族相近为东夷之巨人族。《会稽郡故书杂集》辑贺循《会稽记》又论防风氏身长三尺,临刑时刽子手够不到他,就筑了一个很高的隄,立隄上施刑,这堤就叫"刑塘",塘即堤、即防,颇疑防风氏之"防"或与此相关。要之凡东夷的巨人族自蚩尤起在神话中都与当时的在位者不甚合作。《博物志》更记,禹诛防风氏后,防风之二臣怒而射禹所乘之二龙,迅风雷雨,二龙飞去。二臣怒,以刃自穿其心而死。禹哀之,拔去其刃,以不死药疗之。这就是后来的穿胸民。《博物志》将这故事置于《外国》章。而《国语》所记"长狄",据《水经注·河水》在临洮,属西北边裔。由此二事可见,防风氏被诛杀后,其族被流放至四裔之地,当在五服之荒服甚至四海之外。这与《禹贡》所记要荒二服之外围二百里为流放之地相合。虽然如此,"龙首牛耳、连眉一目"的防风族尽管沦为蛮夷,但仍属于龙的子孙,这正应了后来所说的"五百年前是一家"。

禹诛防风氏的传说与前面所介绍的尧放四凶,舜放帝鸿氏、少昊氏、颛顼氏、缙云氏诸古帝的不才子,说明晚周至汉时认为黄帝时开始的礼法并用、恩威并施的施政原则,至尧舜禹时代已进入制度化的阶段。这种制度化的最高象征,便是与所谓"天赐洪范"相对应的"禹铸九鼎"。下面我们就来讲讲这个故事。

2. 禹铸九鼎的意蕴——王权与天地人

① 鼎与天下的关系——鼎定天下

禹铸九鼎的意义,可从成语"问鼎天下"中悟得。《左传·宣公三年》记有楚王问鼎的故事,《史记·楚世家》录而改写,唯细节有出入,今综合之以白话介绍如下:

楚庄王八年(前606年),讨伐陆浑戎(洛阳西南有陆浑山),到了东周都城洛邑,遂于郊野陈兵耀武。周宣王派王孙满慰劳楚王,楚王问存于周室的宝鼎究竟有多重,王孙满巧妙地答道:"治理天下,在德不在鼎。"楚庄王说:"您不要阻我问九鼎,楚国将全国的钩尖折下来,也足以铸成九鼎!"王孙满叹息了一声,说道:"君王可能忘记了吧。当初虞夏盛世,远方皆来归服,九州牧进献精铜,铸鼎以图象方物,百物都具备于鼎上,从而使民人知善神与奸恶。夏桀乱德,宝鼎迁至殷商,殷商延续了六百年,至殷纣王又暴虐失德,宝鼎遂迁于周朝。可见如果仁德休明,鼎哪怕再小也必重大难移;如果奸恶昏乱,宝鼎哪怕再重也必轻小可移。当初,成王定宝鼎于洛北丰饶的郏山(周武王迁之,周成王定之),卜得周朝将传位三十世,享祚七百年,这是天之所命啊。现在周德虽已衰落,但天命尚未改,因此鼎之轻重,不可问也。"楚庄王听了,就回去了。

这段记载中所述鼎的形制，下文再详，这里先就意蕴提挈三点。

其一，关于九鼎的作成时代。

有二说，一说为夏后启所作，见《墨子·耕柱》，而《史记》则记为虞夏之盛，当为虞舜夏禹之时。前此《左传》仅称"昔夏之方有德也"。司马迁"网罗天下放佚旧文"，其作史的态度是很严谨的，其所以断鼎为虞夏时作，必有所依据。现在可考见的，有殷商古易《归藏》佚文所记："启筮徙九鼎，启果徙之"（《路史》罗泌注引），可见夏后启只是迁鼎而非铸鼎，铸鼎当为"虞夏"之时。由启所以要迁鼎推断，所谓"虞夏之盛"当是舜命禹嗣位摄政之际。铸鼎以象治水后地平天成，监作者为摄政的夏禹，而鼎所象征的天下名义上还是虞舜之朝。故夏后启开国后，对于要否迁鼎有所犹疑而筮卜以决疑，想来筮卜的结果为"吉"，所以"启果筮之"。参以后世所记"禹作神鼎"（《易林·小畜》）、"禹铸九鼎"（《拾遗记》），以上推断当可成立。

其二，关于"德"与"鼎"的关系。

从王孙满所说，殷代夏，周代殷，必有迁鼎之举。则得鼎者得天下，鼎为天下之象征当可无疑。所以王孙满所称"在德不在鼎"，并非真以为鼎无足轻重，而是强调得天下者必以德为先，而得鼎不仅是得天下，更是德被天下的象征。这由王孙满所说周成王"定鼎"于郏山之"定鼎"可悟得。夏鼎"三足而方"（《墨子·耕柱》），方象地，三足则是稳定支撑的必要条件，定鼎于洛北郏山，是将鼎稳定安放在具有代表意义的高山之上，以象德被四方。因为鼎具有这样重大的象征意义，所以王孙满巧妙却又坚决地回绝了楚庄王问鼎之轻重。

要之，鼎是象征国家兴旺的国之重宝、神器，故又称宝鼎、神鼎，九鼎则又称"九宝"，今天人民大会堂主会场外大厅，就放有大鼎一具，即其遗意。

其三，夏鼎是一还是九。

《左传》仅云"贡金九牧，铸鼎象物"，《史记·楚世家》之改写方言"九鼎"。史迁的改写当依《墨子·耕柱》所言启之"九鼎"与《战国策·国策》所言"昔周之伐殷，得九鼎"。参以下文所要说的"九"的含义，我们采取《史记》说为"禹铸九鼎"。

② 九鼎与《洪范》九畴——夏禹王权制度化的总体象征

禹以九州贡铜铸鼎,三足而方,其数为九,天赐禹《洪范》九畴,其数亦为九。二者合以观之,即象征着"地平天成"而其核心便是王权,这又有一个发展过程。

铸鼎以为国之重器,其实始于黄帝,唯黄帝所作为天地人三鼎,象征天地合德,人在其中。三与九都是"神秘"数字,道生一,一生二,二生三,三生万物。三是万物之总名(说见前)。由三而九,则是以上观念的细化,因阳爻为三画,阴爻为六画(每一画中间断开则为二)故三可兼六是为九。一为数之始,九为数之极,至极而反始,所以称九九归一,因此夏商周三代都重"九"之数,应反映了大一统民族国家形成初期的观念形态,也因此,夏禹之时,称天所赐治国大法《洪范》有九畴,其地又划分为九州,而居于天地之中的人,首要的是具备九德,一应政措又称为"九功",构成了一个九九归一的数字概念系统。而其中代表天意的九畴则含蕴了有关治国为政的哲理化的核心理念。

《洪范》篇属《尚书·周书》,是周武王向箕子问治国方略,箕子阐述禹得天赐《洪范》九畴的记录,其中纲领性的"六十五字"据传即《洛书》,《洛书》由玄龟驮浮出洛水而献于禹,这就是所谓"天赐"。《洪范》篇,即是箕子对这"六十五字"的阐述,后世所谓"范畴"即出于"洪范九畴",所以天赐洪范九畴,就是体现天意的大(洪)法九类。虽然说是天赐,但讲的都是"人事",其九畴的次序很有意思,分别是:

一、五行——水木金火土及其性质;

二、敬用五事——有关貌、言、视、听、思的五种行为标准;

三、农用八政——农为"勉"意,指八种政务官各敬其事;

四、协用五纪——协和岁、月、日、星、历数五者;

五、建用皇极——详后;

六、乂用三德——正直,刚克,柔克三德,以中正平直为安;

七、明用稽疑——用卜筮来解答疑难以致明;

八、念用庶征——关注各种天象的变化征兆以趋利避灾;

九、饗用五福，威用六极——使民人能安享寿、富、康等五福而敬畏凶、短、折等六极。

九类之中，二、三、四与六、七、八凡六项都是有关具体行为与政措的观念，而首尾一、九二项，与居中的第五项则是比较抽象的概念，而恰恰这是最重要的理念。五行是自然存在，居首，指万事万物的发生原，故《洪范》在举示中，特意标为"初一"，尾项五福六极，意指九畴的归宿是利用厚生，是说要将天意落实到民生。从一至九的中位是"五"，五称为"皇极"，是九畴首尾由天意到民生转化的关枢。皇极，今人多注作"君王的准则"，恐未尽其意。极当取义于北极星，古人以北斗七星斗柄所指来测时间与季节变化，但无论北斗如何旋转，其第二星与第一星的连线（斗勺之外侧）永远指向一颗大而且明亮的星（在连线五倍处），因此古人名此星为"北极""极星"，被认为是处于天之中为众星所拱卫而永远不变的。《论语·为政》说"为政以德，譬如北辰（北极星别名），居其所而众星共之"，即其意。皇极之"极"，即意谓不可移易的准则。皇极之"皇"，则虽与"王"有关，却又有所不同。

"皇"本义为大为天（天为大），见《诗经·大雅·皇矣》《文王》本文及毛传，因此皇极的第一层意思是天（或天帝）之极则，而这个极则在《洪范》中是通过"王"来体现的，箕子阐述说："无偏无颇，遵王之义；无有作好，遵王之道；无有作恶，遵王之路。无偏无党，王道荡荡；无党无偏，王道平平；无反无侧，王道正直。会其有极，归其有极。"并结云"天子作民父母，为天下王"。皇与王的以上关系更可从考古发现中得到证明。有虞氏（舜族）王者戴一种插有羽饰的冠冕也叫作皇（初作"㿝"），《周礼·天官·掌次》则记"王大旅（旅祭）上帝，则张毡案，设皇邸"，可知王、皇（天帝）有别，而舜之有虞氏那种羽饰王冠"皇"，当是其"王"祭天时所服用者。由此可知"皇极"的第二层意思也就是：皇天通过礼天而得中正之道的"王"来体现的权威性的不变准则。也因此王为天子（天之子），为天下王，为民父母。这样，初一之"五行"、居中之"皇极"、归宿之"五福六极"，就构成了这样一个系列：调理五行，使民趋吉避凶的关键正在居于中位的"皇极"，而皇极——天的意志，是通过为民父母的天子——王来体现的,换言之圣王是天之意志的执行者,故其所定法则具有准则、极则的性质。而洪范九畴的核心意蕴,就在于圣王是转化天意为民意、民生的关枢。他所奉行的王道就是无偏无颇、无反无侧的天之"中道",所以在天数中,它居于从一至九的中枢地位——五;而于地数,它居于九州"中邦"之中央帝都。这样王也就是天意、民意的集中体现,是"会其有极、归其有极"的绝对权威,当然这样的王,前提是"祗台德先"集九德于一身的圣王,似虞舜夏禹之属。从这一数序化的架构可见,所称中国古代"民本"观念的两大特征:其一,民本是"天道为仁"的归宿;其二,"民本"与"王权"尊崇是一个问题的两个方面,近世之前,不存在脱离王权的所谓"民主"思想,其得失是值得深入研究的。

《洪范》九畴的这一数位系列与九州五服制又正构成了天地之数的适配。九州是由君王垂直管理所划分的行政区域,据《礼记·王制》,中邦之外为东西南北四方(四海),四方细分则为八隅,无论四方还是八方都辐辏于中央之一方。五服是由君王赐姓封土所构成的封建制度(可视作横向管理),五服(讫于四海,五四亦合为九)通过四通八达的贡道,同样辐辏于中邦之中的中央帝都。可见九州与五服的叠合点正是五方之中方。这与《洪范》以一至九之中位"五"来安置"皇极",正相适配。因此九州五服的划分,就是"天数"的体现。天地合德,其中为人。此人当然就由王集中体现。而所谓"九鼎"(同样是九),就是王的权威的体现。鼎不仅是食器,更因为它"调和五味"(五味与五行、五方适配),而更是最重要的礼器,其上浮的馨香之气,正是王者祭天、上达天听的表征,《周易》有《鼎卦》即通过鼎象来测吉凶。鼎音同"定",故禹铸九鼎的意蕴便是"鼎定"天下,而周世武王迁鼎,成王定鼎于洛邑北郏山,正是以上意蕴的最好说明。

以上便是《洪范》"九畴"(天),禹划"九州""五服"(地)与铸九鼎(人)的内在联系。它由古老的三才意识出发而发展为一套对王权的威严作绝对肯定的观念体系,这正是"国家"形成的理论与制度反映。

顺便我们还可对后世的两个概念作些探讨。

其一是所谓"九五"之尊,此称一般都以乾卦自下向上数第五爻阳爻名"九五"释之。而从《洪畴》九畴之五为皇极来看,这一数序同样可解释"九五"之尊。二者关系涉及《洛书》与《易》数的对应关系,是一个很复杂的问题,读者只需大体了解,洛书象龟形,其八方与中央以一至九个黑白圆点象征。白为阳,黑为阴,而"互居中央",其南北为一与九,皆为白点,这正说明了九畴中一五九三畴的以上关系,所以神话说洛书为神龟所献。

其二,还是"中国",由《洪畴》九畴一、九与中位"五"的关系可进一步证明前面所说到的中国之"中"不仅是地域概念,更是一种哲理意识。能"宅兹中国"之人必是得无偏无颇的"天"之"中道"者。因此《大禹谟》称"惟精惟一,允执厥中"。意谓君王要精诚专一地恪尊中道,中道的核心是"不偏不颇",亦即孔子所说"时中",其归要则在于不同之中的"和",故又称"中和",和而不同。四千年前的这个核心观念,说明了我们这个伟大民族之"性格",它至今还为我们继承发扬,绝不是偶然的。

3. 荆山铸鼎与会稽殡天

① 荆山铸鼎

明确了以上背景,再来看禹铸九鼎的有关传说,便容易理解了。此事有以下几个要点。

其一,九鼎的材料,《左传》《史记》都称来自"贡金九牧",就是以九州所贡精铜来铸作的,之所以要九州贡铜铸鼎,自然是象征"九州攸同",天下归一。

其二,铸鼎的地点是在荆山,见《汉书·地理志》引《帝王世纪》。之所以于荆山铸鼎,综合各书所记,大抵有三:

首先是荆山地理位置的重要。就《禹贡》所述可知,荆山实为冀、豫、雍、荆四州的交界处。《左传·昭公四年》所记"九州之险"七处,荆山便是其中之一,而更重要的是,禹治水首先是导山勘查,而导山九条路线的第一条路线便是"导岍及岐,至于荆山,逾于河,壶口雷首,至于太岳",就是说由雍州的岍山开始,经岐山至荆山过河而至帝都平阳附近的太岳。河工第一役壶口、梁山、岐山之役,由此而确定。由此看来,铸鼎于荆山当有取天下之中而同时纪念治水工程之意。

其次是禹摄政后须避尧舜之所居,故其主要居地是安邑(今山西夏邑),即位后则都于安邑,安邑为平阳属地,相距很近,而荆山北支之南端,是距离安邑最近的名山与"九州之险"。选此山铸鼎,当有怀念尧舜并显示即将成立的新朝气象之意。

最后,黄帝采首山之铜而铸天地人三鼎于荆山下(《汉书·郊祀志》),则禹选荆山为铸鼎处,显然有承黄帝之绪的意义在。

综上三点,禹命九州贡铜而铸鼎于荆山,便有在敬承黄帝,尊重尧舜的同时,显示自己因功业而居天下之中的用意在。

其三,禹鼎的形制。

首先是重。《战国策·东周策》:

> 昔周之伐殷,得九鼎,凡一鼎而九万人挽之。九九八十一万人,士卒师徒器械被具,所以备者称此。

后一句是说为挽鼎者做后勤的又有81万人。策士所说虽不免夸大其词,但九鼎巨大则是肯定的。

其次是九鼎与术数的关系。《拾遗记》卷二记:

> 禹铸九鼎,五者以应阳法,四者以象阴数,使工师以雌金为阴鼎,以雄金为阳鼎。鼎中常满,以占气象之休否。当夏桀之世,鼎水忽沸,及周将亡,九鼎咸震:皆应灭亡之兆。后世圣人,因禹之迹,代代铸鼎焉。

这是说九鼎的铸造原理是阴阳二气的调和,故可以据以观占国家的气运。阳鼎为五,较阴鼎四个多一个,这一个应是代表"中",在天为中道,在地当代表帝都所在的冀州。《拾遗记》为晋人书,所称阳五阴四及雌金雄金未知所据,或为附会,但是其所言之原理则当由前析鼎象征天地(阴阳)合德与《洪范》一、五、九之数而来,故能由此知国运之休否。可与此互参的是《太平御览》引

《晋中兴书》所记：

> 神鼎者，神器也。能轻能重，能息能行。不炊而沸，不汲自盈。絪缊之气，自然所生也。乱则藏於深山，文明应运而至，故禹铸鼎以拟之。

这是说禹鼎是仿能自然而生絪缊之气的神鼎而铸成的。《晋中兴书》此条是有来历可循的。《墨子·耕柱》就说九鼎"不炊而自烹，不举而自藏，不迁而自行"，又说"逢逢白云，一南一北，一西一东，九鼎既成，迁于三国（夏商周）"。《论衡·儒增》则记："世俗传言，周鼎不炊自沸，不投物，物自出。"这些便是《晋中兴书》所本，其所谓"絪缊之气，自然所生也"，也就是《拾遗记》所记九鼎阴阳合德之意。

再次是九鼎的形状与作用。《左传·宣公三年》记：

> 远方图物，贡金九牧，铸鼎象物，百物而为之备，使民知神奸（善神恶煞）。故民入川泽山林，不逢不若（善、顺）。螭魅罔两，莫能逢之。用（因）能协于上下，以承天休。

这是说，禹铸鼎以象物，其材料是九牧所贡精铜，而鼎上的图案，则依"远方"所图绘的各地方物。百姓可以"按图索骥"，趋吉避凶，以免撞上不祥之物与山妖水怪，因此九鼎的巨大作用，是使上下协和而承沐天之福佑，"协于上下，以承天休"正是《洪范》由"五行"始，而以"五福、六极"止的反映。而其合天地之德以铸鼎者正是神禹。想来这也是《拾遗记》阳五阴四说的又一来源吧。

最后要讨论的是九鼎的形状、材质与可能性。

一应古籍，仅《墨子·耕柱》讲到九鼎的形状为"三足而方"，但《玉海》本却作"四足而方"。考古发现的铜鼎都是圆鼎三足两耳，方鼎四足两耳，夏代的陶质方鼎也是四足的。这样看来，禹鼎既方，当以四足为是。然而深入想一下，"三足而方"，反而应当是《墨子》本文。因《玉海》为南宋类书而晚出，先就可疑。又《墨子》所以不同于其他先秦古籍，而特记九鼎"三足而方"，当是言其形制特殊。如为四足,只要说鼎方即可,此鼎本是不烧自沸,不汲自盈的神器,则"三足而方",也是神话的设计。圆鼎三足,方鼎四足都是由稳定性出发而设计的,方鼎而三足,一般而言,难以稳定放置,禹鼎方而三足都能稳定,可见其神奇。《玉海》本当以其不合常理而改为"四足"。那么"三足方鼎"如何使之稳定呢,因无实物可参,也只能推测了。殷周铜器中有一类在主体容器下有一下垂的深浅不同的半卵形,想来"三足而方"的禹鼎或在方形下有一卵形下垂体,三足当安置于卵形之下。之所以要铸这样一个奇形怪状的鼎,想来是因三足所支撑的是圆形,方鼎三足则于地方中暗寓天圆之意以见天地合德吧。至少《墨子》这样记载当有这层意思。当然这些都是推想,供构图参考。

紧接龙山文化的二里头文化是夏文化的代表,在山西夏邑(禹都)与河南偃师二里头遗址都发现有铜器铸造的痕迹,如石范等。偃师二里头遗址的铜礼器,发掘有二百多件,其中就有鼎。在一些小形器物上还有绿松石镶嵌的花纹。虽然神话中那样巨大且图象百物的禹鼎,在当时应无可能,但以上考古发掘可证,禹时铸铜鼎则是有现实可能的。

禹鼎的材质是什么呢?考古发现最早的范铸完整铜器物为甘肃林家遗址的铜锡合金的青铜刀,距今5000年左右;而偃师二里头铜器已经成分检测的62件器物中,各类青铜器为37种,所以设想九鼎为青铜器,应无问题。

河南省偃师市二里头遗址出土
嵌绿松石铜牌饰

先秦文献记载,禹卒于会稽大计之后数月,所以铸鼎事当在此前,而其上限当在涂山大会与征三苗后。会稽大计《竹书纪年》记为禹即位八年(《史记》记为十年),是年八月大禹卒于此地。这样算来铸鼎事距大禹之死大抵也就十来年吧。我们不妨在介绍会稽事后,再将二事整合为一则故事。

② 会稽殡天

在述主体故事前,须对前文未及的禹嗣位后的事迹稍作补叙。

据《史记·夏本纪》，舜立禹为嗣后十七年崩，"三年丧毕，禹辞让舜之子商均于阳城（一说安邑）。天下诸侯皆去商均而朝禹，禹于是遂即天下位。"也就是将尧禅舜、舜辞丹朱之事重演了一遍，更有传说其间禹曾访隐士，想把天下让于他，这又是尧让许由、舜让善卷故事的翻版，凡此皆带过可也。

要着重补叙一下的是禹即位后与皋陶、伯益二位伙伴的关系。禹即位定都安邑（夏邑）后，"举皋陶而荐之于天且授政焉，而皋陶卒"（《史记·夏本纪》）。这是说禹又有了禅位于皋陶的意向，但皋陶不久就死了（《竹书纪年》记在禹三年），于是禹封皋陶之后于英、六（蓼），为诸侯（《夏本纪》）。皋陶既死，禹又授政于伯益，且在会稽殡天前让天下于益，益不受，避之箕山之阴，但这下情况变了，"天下之人，不之益而之启，曰'吾君之子也'，讴歌者不讴歌益而讴歌启，曰'吾君之子也'"。这故事见于《孟子·万章上》。意思无非是说禹功高齐天，死后民人怀之，归心于其子启而不拥戴伯益。虽然屈大夫《天问》对此有过质疑，《战国策·燕策》更记"启与支党攻益而夺之天下"，但无论如何，禹死后以禅让为标志的"公天下"时代结束，家天下时代开始则是明载于史的。《越绝书·吴内传》又记，益死后，启每年以上好的牺牲荐之，即所谓"夏启善牺文圣"，看来，启在伯益身后对他还是礼敬的。不过益的后嗣未见有封爵分土之记载，看来远不如皋陶的后代幸运。虽然有记载说是启即位后"益干启位"（《古本竹书纪年辑校订补》），但与更多的益的谦让记载相比，这只是孤证，不足为凭。所以我们不妨从大处着眼，这是因为时代不同了，大禹与益与皋陶在"公天下"的背景下有数十年同甘共苦，同舟共济的经历，而启与益既不存在这种关系，且"公天下"又转而为"家天下"，益的身后哀荣不及皋陶，便在情理之中了。

我们要略述这段史事是想强调一点，周汉之际文献所记载的一应禹与皋陶、伯益前述种种协和一体的关系，是后来《孟子》所称"朋友有义"的伦理观念的范例。这种"有义"的关系，在面对继嗣时，在成为君臣时仍然不变，是难能可贵且足为后世法式的。

闲话表过，回过头来再说禹会稽大计事。此事，文献记载多与涂山之会相混淆。如《越绝书·外传·记地》记"禹始也,忧民救水,到大越,上茅山,大会计,爵有德,封有功,更名茅山,曰会稽"。所谓"爵有德,封有功"即《禹贡·五服》篇所说"赐土姓",是治水结束,告成于舜之前事,至晚应在涂山大会时,而不可能为禹死前数月的会稽之会的内容。太史公应看到了这个问题,故仅记为禹即位十年,东巡狩,而崩于会稽,以天下授益。这与《竹书纪年》所记大抵相合,仅《竹书》记为禹八年事。

东巡至于会稽,最大的事件是诛戮其同族诸侯防风氏。此事已提前合并于上一节介绍,此不再赘。这里先要着重指出的是,禹崩于会稽,应当是没有疑问的。这不仅因为由《墨子》起至汉初《淮南子》等一应文献均记载禹葬于会稽,而且可从后世所称大禹遗迹得到证明。后世各地争圣人葬所之所有权,屡见不鲜。如黄帝殡天处,前文介绍至少有五六处。然而于禹,各地遗迹虽不少,除前文已述及之外,其尤著名者更有甘肃禹籀文碑,河南禹庙、禹王山、禹王台,山西禹王村,陕西禹穴、禹丁字沽,山东禹城,江苏禹期山,江西禹亭船山及蝌蚪碑文,湖北龙负禹舟处、禹功矶,湖南禹王碑、禹系船所,四川禹迹山、禹亭船山等,不一而足。这不仅说明禹治水足迹之广,民人怀念之深,更可与文献所载互参以进一步考察禹治水之实际所至。然而有意思的是,对于禹的葬所,则没有与浙江绍兴(即会稽)争其所有权的记载。由此可见,《竹书纪年》《史记》所记禹即位后(八年或十年)东巡至于会稽而崩于此地,当无可疑。

关于禹崩于会稽又有诸多神话传说,为避免行文重复,我们就在下一小节"故事综述"中结合九畴、九州、九鼎的有关记载再展开吧。

③ 荆山铸鼎与会稽殡天故事综述

三苗既定,"九州五服"的最后一块拼图也就完成了。当初黄帝平定天下后,曾采首山之铜,铸天地人三鼎于荆山,以象天地人三才合德,天下太平。作为黄帝的传人,业已摄政的禹自然要继承这一传统,铸鼎以示"地平天成",然而他的思路与做法却又与黄帝有所不同。从众多史料的比对中可以发现,禹将铸鼎视为纪功业、定制度、立"皇极"三位一体以体现应天顺运,王道无偏的新生民族国家的象征。

天赐"洪范"九畴,无论确为玄龟驮河图送来,还是托天意为人事的治国核心理念,都是禹奉为至高无上的准则,九州与五服四海(五四亦合为九)的划分,便是神秘数字"九"与当时五方观念的结合,所以禹不依黄帝三鼎之成法,而要作九鼎,九鼎制作所需的大量精铜又必须由九州牧贡献,这样九九归一才能显示"九州攸同""四海会同"的大一统帝国的新格局、新气象。当然随精铜贡献的还应当有五服四海的方物土仪,以供铸鼎与定鼎大典所用。据《禹贡·九州》所记,可以设想:

兖州由业已疏通的九河进入济水、漯水,而到达黄河干流,送来了上等的丝、漆与装在编筐中的绫、锦。

青州由汶水进入济水,抵达大河,送来了山谷中的丝,洁白的海盐,珍稀的海产品,各种奇形怪状的海石,以及松与铅等。

徐州由淮河入泗水,抵达黄河,除了丝织品外,特别珍贵的还有峄山之阴的孤桐,泗水之滨的磬石,这是制作名琴、清磬的最佳材料。

扬州则由江口入海,走一小段海路到达淮河入海口,更由淮入泗水到黄河,送来的丝织品为名贵的贝锦,与金银铜"三金";此外更有孔雀、翡翠等珍禽的羽毛,这是仪仗、冠冕必不可少的装饰;还有江南的名贵木材、五光十色的贝壳,尤其是经过仔细包裹的当时北方极其罕见的桔柚,祭祀时用作珍品。

荆州由江汉等河流,或许要走一小段陆路,到达洛水再到黄河,他们的丝织品是一种玄绛色饰有小珍珠的组带,也有金银铜"三金",以及象牙、犀角等;又有美竹,想来应是传说中的斑竹之类。更了不得的有两种"神圣"的贡品:一是青茅,是过滤祭酒,去掉残渣所必不可少的;二是九江捕获的一种特大的龟,自然,他的甲壳将用于占卜。

豫州则从各支流到达洛水,进入黄河,它们贡献来洁白的上好的漆、麻、葛、纻、麻与筐装的五色细绵细绸,此外还有磬石。

梁州在西南,由黑水通过潜水、沔水进入渭水,到达黄河,他们的贡品中有品级尤高的紫磨金,朱提银以及可作箭簇的砮石,精美的石磬。据说还有柔坚不同的两类铁,这一点有待考古发掘进一步证明(《山海经·五臧山经》

中记产铁之山甚多,可互参;郭沫若认为铁的发现在商代)。此外更有熊、罴、狐、狸的皮毛与"织皮"——以皮革条编成的织品。

西北的雍州,或直接由泾、渭入大河,或由河源积石山辗转以达渭水而入河,他们的贡品最重要的是球、琳、琅、环等各种美玉制品,这些是贵族官服礼服不可或缺的饰品。

冀州,直接服事于王室,其田赋最重,所以不作特贡,也以此区别于其他八州而显示其王畿的地位。在一至九与五方的数序中,它处于中央"五"的地位。但其外围的岛夷,应属于四海范畴之内,还是由右碣石入黄河,送来了皮制的衣服。同样为少数民族而来进贡的不少,如扬州的贝锦、桔柚就是穿草服的岛夷所贡,徐州的淮夷则进献蚌珠与鱼类等等,尤其是应在荒服甚至服外,穿织皮衣的昆仑一带之西戎各族也来进贡,梁州的贡品织皮(以皮革条编成的织品),想来应由织皮昆仑传入。

以上贡品,可说包括了铸鼎以及定鼎祭礼所需一切物资,可注意的是贡品不但有铜更有"铅",旧注以为即锡,无论铅、锡,都是合成青铜的重要材料。梁州的紫磨金,则为精铜,可知当时冶铜业的发达。各类贡品与以中邦三服为主的田赋所纳各种食粮、禾秸等是定鼎大典的物质依托,而反过来,集九州之力而成的鼎也将成为华夏大地富足兴旺与安定的象征。

铸鼎必依大山,禹选定在冀雍交界处今朝邑附近的荆山,这不仅因为荆山下有荆渠,连通洛水、渭水、河水,便于大量物资的运送,更有多重历史文化的考虑。首先,荆山与安邑隔河相望,安邑为禹摄政时常居之地,又在帝尧帝舜都城平阳辖下,禹即位后以安邑为都城,所以荆山铸鼎当既有显示即将诞生新朝气象之意,又表示了对帝尧帝舜的怀念敬崇。其次治水起自导山,而导山的第一条路就是由岍山始,经岐山、至荆山,由朝坂抵河壖,而向帝都一带。河功首役三山并治的方案,即源于此。故荆山铸鼎,又有纪念治水大业之意在。最后黄帝铸天地人三鼎即在荆山,则荆山铸鼎,应有昭示继统黄帝之意。

铸鼎必用水,所以荆山下的荆渠之畔,尤其是自荆山渡河所由朝坂下的河壖,当是铸鼎的理想所在。《战国策·东周策》记一鼎移动需九万人牵挽,自然是策士的夸饰，但作为国之重宝，其重而且大是必然的，九鼎铸成后要由山脚下河边运至山上祭礼处，恐也非千军万马莫办。铸鼎运鼎的具体情景，史无明文。可以合理推断的是，由山脚河边运鼎上山，也许是取道朝坂吧。

我们说九鼎落成典礼应在荆山之上，是由周宣王定鼎于洛邑附近的郏山之上而来的推想，既然铸鼎于荆山脚下，则定鼎也应在此，这不仅因为运鼎便利不必劳民伤财，更因为《左传》所举"九州之险"七处，唯荆山距禹都最近。

九鼎落成典礼的场景同样史无明文，也只能用作参考而不足为据。这里我们主要由文献资料，先略述有关要素，再综合以作合理描述。

1) 冕服：《尚书·益稷》记有舜命禹制作可用以"观古人之象"的服饰，或彩绘或文绣，有十二种纹饰，这就是所谓"十二章纹饰"，其名目与含义如次：①

日、月、星三项，取三光照临之意。

龙，取龙变化入神以象人君随机布教。

山，取其兴云雨而能镇物，象征王者镇靖四方。当然云雨与龙相伴随，故龙、山亦相呼应。

华虫，即雉，取其有文章而性耿介，表现王者之文德。又雉为凤的原型之一，取之或有龙凤合德之意。

宗彝，即宗庙礼器，虞夏以上取虎彝、蜼（长尾猿）彝，前者示威猛，后者示智慧仁孝，合以见恩威并重。

藻，水草之有文者，取其洁，以见玉洁冰清。

火，取其炎炎向上而明，象征率臣庶归命上天。

粉米，洁白而能养，象征君王有济养之德。

黼、黻二项，二种符号形纹饰，黼为斧形，白刃黑銎，黼音同斧，象征决断之权威，黻则为两个相背的"已"形，古文似两把弓相背，黻音同弼，当为君臣相辅相弼之意。

以上十二章据郑玄注，分作五等，王者之服十二章全备，公取山龙以下九

---

① 以下主要参考周锡保《中国古代服饰史》（中国戏剧出版社，1984年）的综述。

章(无日月星),侯伯则取华虫以下七章,子男取藻以下凡五章,卿大夫只有粉米及黼、黻三章,这五等也称"五服"。

综观以上十二章,上礼天,下惠民而君德君威在其中,是与《洪范》九畴的含义相应的。

当时的服装参《周礼》所述,还是上衣下裳制,上衣的底色为玄色,下裳的底色是纁色,为赤黄色,再配以山龙赤色,华虫黄色,宗彝黑白,藻白色,火纯赤色,便成《益稷》所说的"以五彩彰施以五色",又有说前六种纹饰施于上衣,用绘,后六种纹饰施于下裳,用绣,依此则子男以下二等上衣便无纹饰了,所以未必如此,画家作画时也取其大意即可。

上衣、下裳外是否有袍服,是一个疑问,山东沂南县所发现的古帝像有袍,但画作时代已晚至东汉末年,西汉武梁祠石刻所绘尧舜像均为上衣下裳(唯禹的上衣较长,有点像袍),但所绘当并非祭服。禹时祭典中是否有袍只能见仁见智了。

服之外又有冕,其形制均可参上述画像,冕服之外又有附件:主要为芾(蔽膝),革带、大革、佩绶、舃履等,此不一一(可参周锡保《中国古代服饰史》)。前述十二章的形状等该书亦有图案可参。

2) 礼器,除鼎之外,考古发掘所见夏代礼器觚、爵、斝、盉、豆等已齐备,陶制为多,铜制则仅见鼎、爵、斝、盉。与礼器相应的还有兵器类的仪仗,除黄帝时代各种之外,钺、戚等铜兵器亦有发现。

有关细节既已大体明了,我们便可对典礼场景作合理想象了。

荆山,东距大河,山势险峻,古人指为"九州之险"七处之一,登其巅,泾渭河三水俱在目前,故又传为即"嵯峨山",由此可见其山势之一斑。九具巨鼎已被安放在山顶的坛场上,都以黄绸覆盖,从河墕将这些传说要九万人方能挽动一个的大家伙牵挽上山顶,想来当沿朝坂——一面斜坡逐步上移,仅平整山道即工程浩繁,无怪乎后人说是牵挽九鼎用了81万人,其后勤支持又81万人,说法虽夸大,但千军万马,号子声响彻云霄当在情理之中。

山脚下围观的万千民众突然发出了一阵欢呼,原来在一众辅佐的簇拥下,新嗣大位的禹王出现了,他们之前是一大队举持大钺、长戟、翠羽、华盖的仪仗,而九州牧守、五服方长,以及四海之外赶来参加鼎成大典的异邦来宾则紧随其后,如同众星拱卫北极……

禹庄敬地走到中间最大的那个三足方鼎后,环眺四周,应是感慨万千。当初导山时他由岍、岐二山至此渡河向帝都平阳时,脚下是一片汪洋。而现在西望八百里秦川,如在掌中,东眺,即将成为新都的安邑近傍为尧舜都城平阳,这更使他怀念二位提携扶持他成长的圣王,所幸丽日当空,现在已是"地平天成"的又一番景象了。

禹就位后,皋陶、伯益、稷、契、伯夷、夔、龙、彭祖等八位主要大臣也依次在其余八鼎后就位。万民又一阵欢呼,只见禹身着绘绣有日、月、星、龙、山、雉、虎与蜼型的宗彝、水藻、粉米、黼、黻十二种纹章的王者吉服,上衣玄色,下裳纁色,更饰有皮制的系缚二寸宽带子的蔽膝,素面朱里、下垂四寸宽的绅之大带,白玉为饰、玄色丝编的组带,足登大典时穿的朱红色履,而头顶前高广、后低平,中似覆杯的王者冠冕,在日光照耀下,威若天神。八大臣的服色形制略似,只是上衣下裳上没有日月星三光,因为三光象征天,唯王者方能用之。

当司礼的巫师唱喝揭幕开鼎时,《夏龠》九成之乐奏起,禹等礼拜天地毕,一起揭开九鼎上的黄绸,人群中更爆发出又一阵山崩地裂般的欢呼声,而天空上纷飞的五色卿云间纷纷洒落下无数的金粟……

太神奇了,九鼎都是三足方鼎。按常例圆鼎三足,方鼎四足,三足方鼎而又能稳稳地立定于坛场之上,似乎不可思议,但这就是神鼎,方鼎却用了圆鼎的三足,正寓有天地合德的意蕴,后世的墨子更说他能"不烧而自烹,不举而自藏,不迁而自行",则方鼎三足能稳稳而立,当然不在话下。果然人们听到空鼎之中汩汩生响,一会儿鼎中水已自满,又一会竟不炊自沸,冒出了一股股洁白的水气,上达天际,欢呼声因此更响彻山谷,惊天动地。

九鼎之数上合天赐"范畴"九畴之数,阳数多出的一个代表中央所在的冀州,应合九畴之中央五位的"皇极",而其余八鼎则代表其他八州,这正是九州攸同,而辐辏中央,王道无偏,广及四海的象征。也因此九鼎上都刻镂有各州的山川方物,善神奸煞,这是禹令九州图其山川神道方物,而依样刻铸的,目的是让民人按图索骥,入山林川泽可趋吉避凶以免撞上魑魅魍魉。九鼎太巨大了,所以较近处的民众都能看清上面的图案,啧啧称奇之余,更纷纷感叹禹王圣明,我们以后劳作远行不必再担惊受怕了。五阳四阴的九鼎制作,包蕴阴阳五行,归于民人福祉,而中寓尊奉中央皇极之意。这就与《洪范》九畴的结构相对应而见地平天成之象了。

礼成之后,自然少不了君民同乐的歌舞欢庆。这些就请读者见仁见智,发挥想象了。反正荆山之巅神奇的九鼎与将成为新的帝都的安邑隔河相望,这就是定鼎于一,象征着即将诞生的新朝之福祚永长……

禹定鼎荆山后数年,又东巡,至会稽一带,大计天下,这年八月就崩于会稽了,《史记》记为禹即位的第十年。人们将这位集中华美德于一身,开辟民族历史新纪元的伟大君王,葬在会稽山的洞穴中,后世称为禹穴,传说时有金马碧鸡现身,交相辉映。禹穴旁有禹庙,传说庙殿的大梁是一棵大梅树斫成的,在春天里时时会绽出嫩生生的枝叶,据说这梅树是金龙的化身。禹墓禹庙周围,有群象时时出没,自愿来耕作;这里的祭田更有飞鸟翔舞,春耕秋获时,必定来助农。春天啄去草根,秋天叼走枯叶,当地人称为鸟社,从不猎杀这些小生灵。这些自然都是越地人们对大禹功德恩泽的纪念。

从治平洪水到造就民族国家的雏形,禹的功德永在人心。"仰登砥柱,北望龙门,茫茫禹迹,浩浩长春",一代英主唐太宗李世民虽无缘再登上碣石,却在三门勘察时,这样刻石歌颂之,这也是千秋万代华夏子孙共同的心声……

图书在版编目(CIP)数据

开天辟地:中华创世神话考述/赵昌平著.—上海:复旦大学出版社,2019.1
ISBN 978-7-309-13986-0

Ⅰ.①开… Ⅱ.①赵… Ⅲ.①神话-研究-中国 Ⅳ.①B932.2

中国版本图书馆 CIP 数据核字(2018)第 233200 号

开天辟地:中华创世神话考述
赵昌平 著

出 品 人 严 峰
责任编辑 方尚芩
装帧设计 马晓霞

复旦大学出版社有限公司出版发行
上海市国权路 579 号 邮编:200433
网址:fupnet@fudanpress.com http://www.fudanpress.com
门市零售:86-21-65642857 团体订购:86-21-65118853
外埠邮购:86-21-65109143 出版部电话:86-21-65642845
上海盛通时代印刷有限公司

开本 787×960 1/16 印张 29 字数 392 千
2019 年 1 月第 1 版第 1 次印刷
印数 1—5 100

ISBN 978-7-309-13986-0/B·680
定价:98.00 元

如有印装质量问题,请向复旦大学出版社有限公司出版部调换。
版权所有 侵权必究